초판 1쇄 인쇄 2017년 6월 23일
초판 1쇄 발행 2017년 6월 30일

저　자　케니스 케인 킹혼 (Kenneth Cain Kinghorn)
역　자　이은재 (감리교신학대학교 교회사 교수)
펴낸이　이　철
펴낸곳　C M I
편집인　박동찬
등　록　제300-2014-155호
주　소　110-730 서울특별시 종로구 세종대로 149 감리회관 13층
전　화　(02)399_3959 (대표)
팩　스　(02)399_3940
홈페이지　www.cmi.ne.kr

기획편집　장이려
디자인　하늘공작소(02_416_3076)

ⓒ 속회연구원
ISBN 979-11-954307-8-9

- 이 책은 원 출판사인 EMETH PRESS와 저자 Kenneth Cain Kinghorn의 허락을 받아 제작한 것으로 저작권법에 따라 보호받는 저작물이므로 무단전재와 무단복제를 금지하며, 이 책의 전부 또는 일부를 이용하려면 CMI출판사의 서면 동의를 받아야 합니다.
- 잘못된 책은 구입한 서점에서 교환하여 드립니다.

미국 감리교회 유산

The Heritage of American Methodism

케니스 케인 킹혼 (Kenneth Cain Kinghorn) 저

이은재 (감리교신학대학교 교회사 교수) 역

서문

존 웨슬리라는 인물은 연구하면 할수록 점점 깊은 매력에 빠지게 된다. 그의 어린 시절 하나님의 말씀대로 살고자 몸부림쳤던 모습이나 젊은 시절 동생 찰스 웨슬리와 함께 신성클럽(Holy Club)의 지도자가 되어 전도와 구제, 섬김의 삶을 살고자 했던 그의 신앙적 모습은 어느 순간 매너리즘에 빠져 있던 나에게 큰 충격으로 다가왔다. 미국 조지아로 선교를 떠나는 존 웨슬리의 구령열정과 풍랑 속에서 겪었던 깊은 신앙적 갈등, 그리고 올더스게잇 거리의 영적인 체험은 관념과 철학 속에서 자라난 신앙이 얼마나 보잘 것 없는 것인지를 보여주었고, 동시에 연약한 한 사람을 불굴의 의지를 가진 하나님의 사람으로 훈련시켜나가시는 하나님의 섭리가 어떠한 것인지를 볼 수 있어 감동이다.

이런 그의 생애를 통해 존 웨슬리에게 붙여진 별칭이 많다. 불굴의 전도자, 탁월한 조직가요 행정가 그리고 훌륭한 제자를 만드는 위대한 스승이다. 또 그는 표준이 되는 설교자이면서 동시에 뜨거운 성령운동가이기도 하다. 이렇게 존 웨슬리에 대해 장황한 설명을 늘어놓는 데에는 이유가 있다. 그의 이런 신학과 사상 그리고 신앙인으로서의 몸부림이 미국 감리교회의 뿌리가 되고 있기 때문이요, 그 뿌리로부터 전해지는 영양분은 오늘 한국 감리교회의 좋은 자양분이 되고 있기 때문이다.

금번에 감리교 속회연구원(Class Meeting Institute)에서 케니스 케인 킹혼(Kenneth Cain Kinghorn)의 저서 '미국 감리교회 유산'(The Heritage of American Methodism)을 한국어로 발간하게 되어 참 감사하다. 미국 감리교회의 이야기를 이렇게 자세하면서도 쉽게 잘 소개한 책을 찾기란 쉽지 않다. 더군다나 한국 감리교인들 중 미국 감리교회의 이야기를 잘 아는 사람이 많지 않다는 점에서도 이 책의 발간은 의미 있고 감사한 일이 아닐 수 없다.

역사를 공부하고 배운다는 것은 매우 의미 있는 일이다. 그 역사 속에서 행하신 하나님의 섭리를 볼 수 있기 때문에 그렇고, 또 그 역사의 한 끝이 우리와 이어져 있다는 것을 발견할 수 있어서 더욱 의미가 있다. 미국 감리교회의 역사와 유산을 연구하는 것이 어찌 보면 우리와 상관이 없어 보이기도 한다. 그러나 그 줄기를 통해 우리 한국교회라는 가지가 만들어졌다는 것을 무시하는 것은 어리석은 일이다. 바라기는 이 한권의 책을 통해 한국 감리교회의 형성배경을 이해하고 더 나아가 우리 한국감리교회의 유산을 다시금 잘 정리하고 세워나가는 기회가 되었으면 좋겠다.

이런 역사의 연속성 속에서 분명히 믿는 것이 있다. 존 웨슬리를 통해서 일하신 하나님, 영국과 미국의 감리교회를 통해 일하신 하나님께서 오늘은 한국 교회를 통해 일하실 것이란 확신이다. 하나님께서 만들어 가시는 이런 역사의 흐름 속에 내가 있음이 참 감사하다. 그리고 존 웨슬리를 알게 하신 하나님이 참 감사하다. 또 이름도 없이 빛도 없이 자신의 역할을 충실히 감당하고 떠나간 수많은 주의 일꾼들의 이야기를 알게 하시니 감사하다. 바라기는 이 한권의 책을 통해 뜨거운 가슴의 수많은 웨슬리안들이 일어나길 기대한다.

박 동 찬 목사
기독교대한감리회 속회연구원 원장

Foreword

연합감리교회는 미국에서 매주 중요한 위치를 차지하는 개신교 종교단체 중 하나로 현재 8백만 명이 넘는 성도가 섬기고 있다. 이 교인들 중 많은 이들이 연합감리교회 안에서 성장해왔다. 또 이미 장성한 후 연합감리교회에 소속하게 된 교인들도 있다. 성도들의 삶에서 연합감리교회의 영향을 받은 시간이 오래되었을 수도, 그렇지 않을 수도 있는 것이다. 그러나 어느 쪽이든 연합감리교회의 유산들과 역사에 관심을 보이는 일은 드물다. 우리는 이 유산이 무엇인지를 알고, 역사가 우리에게 전하는 메시지에 대해 생각해보아야 한다.

연합감리교회란 무엇인가? 그 기원은 어디인가? 어떻게 발전되었는가? 이 땅에서 연합감리교회의 사명은 무엇인가? 어떤 업적을 이루어왔는가? 그 신념은 무엇인가? 이 책은 이런 질문에 대해 명쾌하고 정확한 대답을 하고자 한다.

미국에서 연합감리교회에 대한 이야기는 간단하지 않다. 식민지 시대, 작은 운동에서 시작된 연합감리교회는 19세기에 이르러 가장 큰 개신교 교회로 성장하였다. 이 한 문장으로도 우리는 그 과정에서 많은 우여곡절이 있었음을 짐작할 수 있다. 이 책에 수록된 많은 전기들과 역사적 자료들은 연합감리교회가 어떻게 성장하였는지, 어떻게 난관을 극복해왔는지 잘 설명해 줄 것이다.

연합감리교회는 세 개의 독립된 종교전통을 이어받아 구성되었다. 감리교회, 그리스도 연합형제교회, 복음주의 연합회가 그것이다. 연합감리교회는 이 세 전통의 계승자이다. 그 과정 속에서 거대한 성장을 이루었으며, 신학적 혹은 사회적 논란에 도전해 왔고, 때로는 분열의 아픔을 겪기도 하였으며, 마침내 연합의 기쁨을 이루었다. 본문에서는 연합감리교회의 기원부터 현재에 이르기까지 중요한 역할을 담당했던 이들을 소개하며, 그들의 신념과 행동을 따라가 보고자 한다.

이 책에 수록된 그림과 글들은 연합감리교인들에게는 역사적 정체성을 상기시켜 줄 것이며, 연합감리교회에 친숙하지 않은 사람들에게도 그 역사와 유산을 전달시켜 줄 것이다.

찰스 이리고옌(Charles Yrigoyen, Jr.)
연합감리교회 역사기록 보관 위원회 총무

Preface

　　미국이 발전을 거듭하던 1760년대, 감리교회는 작은 씨앗으로 뿌리를 내리기 시작했다. 1783년 독립전쟁이 종결되었을 때만해도 감리교회는 규모가 작고 영향력이 없는 하나의 종교운동에 불과했다. 반면 다른 교파들은 한 세기 반의 세월동안 번영을 누리고 있었다. 18세기 후반의 감리교회는 그저 급부상한 광신자들의 무리로 여겨지며 그 영향력을 인정받지 못했다.

　　그러나 이후 몇 십 년 동안 감리교회는 놀랄만한 성장을 이루었다. 조합교회, 성공회감독교회, 장로교회의 신도들을 합친 것보다 더 많은 신도들이 감리교회에 등록했다. 1850년에는 미국 감리교회의 신도 수가 미국의 모든 교회 신도를 합친 수의 3분의 1을 차지하기에 이른다. 19세기 미국에서 감리교회가 가졌던 종교적 사회적 영향력은 다른 어떤 종교 운동들의 것보다 위대했다. 이러한 업적은 미국의 종교 역사 중 가장 주목할 만한 점으로 평가된다. 이 책은 바로 이 놀라운 이야기들을 들려줄 것이다.

　　흔히 과거에 대해 이야기하기 위해 연도와 계보, 사실들을 나열한다. 이는 학자들이 주로 사용하는 접근 방식으로 매우 중요한 방법론이다. 역사에 있어서 사실이란 인체의 골격에 해당하는 필수적 요소임에 틀림없다. 그러나 사실과 연도에 집중하여 역사를 기술하는 이러한 방식은 그 역사에 참여했던 많은 이들의 꿈, 신념, 영향력을 담아내는 데에는 역부족이다. 우리는 사건과 결과를 보며 그 원인과 이유를 알고 싶어 한다. 누군가의 행동과 그 방식을 결정하는 것은 그 사람의 동기와 삶의 태도이다. 따라서 이 책은 역사적 사건들이 일어나는 데에 결정적 역할을 한 사람들의 정신과 그 자질을 독자들에게 알려주고자 한다. 독자들의 이해를 돕기 위해 이야기체의 친숙한 서술기법을 구사할 것이며, 다양한 사진 자료를 제공할 것이다. 이를 통해 독자들은 놀랍고 위대한 미국 감리교회의 드라마를 접할 수 있을 것이다.

연합감리교회는 그 어떤 개신교 교파들보다 풍부한 고문서 사료들을 소장하고 있다. 나는 이 책을 준비하며 수많은 1차 자료를 활용하였고, 필요에 따라 초기 단어들을 그대로 인용하였다. 물론 제한된 지면을 효율적으로 활용하기 위해 선별 작업을 거치는 일도 잊지 않았다. 250여년에 이르는 연합감리교회의 역사와 이 역사를 이루어 온 인물, 이슈, 사건을 이 한 권에 모두 담아내는 것은 불가능한 일이다. 따라서 이 책에는 미국 감리교회의 본질을 나타내는 대표적인 내용들이 담겨있다.

각각의 사건들과 인물들은 특별하며 동시에 개별적이다. 그러나 분명한 것은 이 개별적인 사건들과 인물들은 전체를 구성하고 있다. 말을 타고 오하이오 지역을 순회하며 설교하는 것은 카누를 타고 북서지방을 순회하던 선교사의 정신을 잘 나타낸다. 우리는 감리교회의 역사를 구성하는 개별적인 부분들을 살펴보며 그 본질을 이해하고자 하는 것이다. 미국 감리교회의 유산이란, 위대한 교파를 형성한 사람들과 장소들, 사건들과 밀접한 관계를 맺고 있다. 이 유산은 분명 알아야 할 가치가 충분하다.

케니스 케인 킹혼(Kenneth Cain Kignhorn)

목차

1. 미국 감리교회를 위한 영국의 유산   7
2. 감리교회, 미국의 문을 두드리다   25
3. 미국 감리교회, 마침내 교회가 되다   45
4. 작은 공동체에서 국가적 명성으로   62
5. 성도들을 양육하다   81
6. 복음주의 연합형제교회의 유산   96
7. 감리교회와 흑인   116
8. 지식과 경건   139
9. 웨슬리 방식의 예배   159
10. 찬송가의 유산   175
11. 그리스도께 드려라   190
12. 온 세상을 위한 복음   209

1 미국 감리교회를 위한 영국의 유산

미국 감리교회에 대한 이야기는 18세기 성공회 교구목사인 사무엘과 그의 아내 수잔나 웨슬리로부터 비롯된다. 이들은 존과 찰스 웨슬리의 부모로서 가정교육에 특히 힘썼다. 수잔나는 자신이 가지고 있는 신앙을 굳건히 유지하며 자녀들을 존중하고 그들의 영성과 생각이 깊어지도록 도왔다. 그녀는 아이들이 각각의 능력에 맞추어 배울 수 있도록 배려했다. 또 자녀들의 신앙생활에 도움을 주기 위하여 종교에 관한 짧은 책들을 쓰기도 하였다. 자녀들이 성장한 후에도 조언을 아끼지 않으며 용기를 북돋아 주었고 그들의 삶이 한결 풍요로워지도록 도와주었다. 수잔나 웨슬리는 감리교회의 영적 어머니로 일컬어질 충분한 자격을 갖춘 여인이었다.

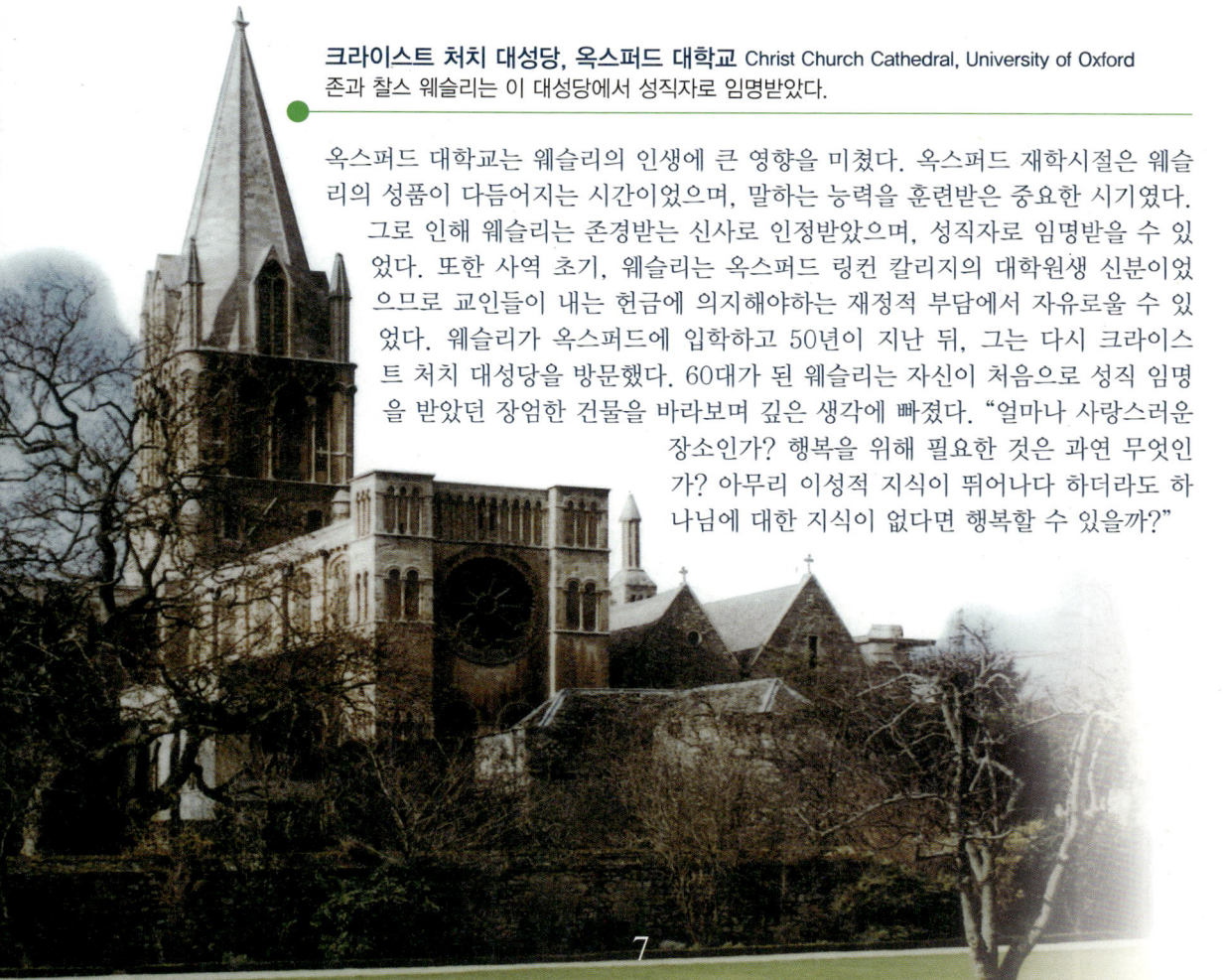

크라이스트 처치 대성당, 옥스퍼드 대학교 Christ Church Cathedral, University of Oxford
존과 찰스 웨슬리는 이 대성당에서 성직자로 임명받았다.

옥스퍼드 대학교는 웨슬리의 인생에 큰 영향을 미쳤다. 옥스퍼드 재학시절은 웨슬리의 성품이 다듬어지는 시간이었으며, 말하는 능력을 훈련받은 중요한 시기였다. 그로 인해 웨슬리는 존경받는 신사로 인정받았으며, 성직자로 임명받을 수 있었다. 또한 사역 초기, 웨슬리는 옥스퍼드 링컨 칼리지의 대학원생 신분이었으므로 교인들이 내는 헌금에 의지해야하는 재정적 부담에서 자유로울 수 있었다. 웨슬리가 옥스퍼드에 입학하고 50년이 지난 뒤, 그는 다시 크라이스트 처치 대성당을 방문했다. 60대가 된 웨슬리는 자신이 처음으로 성직 임명을 받았던 장엄한 건물을 바라보며 깊은 생각에 빠졌다. "얼마나 사랑스러운 장소인가? 행복을 위해 필요한 것은 과연 무엇인가? 아무리 이성적 지식이 뛰어나다 하더라도 하나님에 대한 지식이 없다면 행복할 수 있을까?"

사무엘 웨슬리 Samuel Wesley (1666 – 1735)
이 그림은 리처드 더글라스(Richard Douglas)가 그린 것으로, 옛 엡웟스 주택에 걸려있다.

사무엘 웨슬리는 존과 찰스 웨슬리의 아버지로 자녀들에게 문학적 영향을 준 인물이다. 사무엘 웨슬리는 일생을 글 쓰는 일에 전념하였다. 이는 자녀들에게도 큰 영향을 주었다. 존 웨슬리는 200권 이상의 책을 집필하였고, 100권 이상의 책을 편집했다. 찰스 웨슬리는 전설적인 찬송작곡가였으며, 그의 형제 사무엘 웨슬리 주니어 역시 찬송을 만들었다. 웨슬리의 딸들은 몇 권의 문학 작품을 남겼다.

수잔나 웨슬리 Susanna Wesley (1669 – 1742)
이 그림은 세계 감리교 미술관(World Methodist Museum)의 허락을 받아 사용하였다.

수잔나 웨슬리가 감리교회에 미친 가장 큰 영향은 자녀들을 향한 영적 양육과 교육방식이다. 그녀의 가정교육은 하루 2개의 프로그램으로 구성되어 있다. 이 프로그램은 오전 9시부터 12시, 오후 2시부터 5시까지의 두 차례에 걸쳐 진행되었다. 웨슬리 자녀들이 어머니에게 받았던 영적 훈련에는 성경 읽기, 교리문답서 공부, 모음집 외우기, 기도문 읽기가 포함되어 있었다. 또한 수잔나는 자녀들에게 예의범절과 윤리, 절제를 가르치는 것도 잊지 않았다. 그녀가 존과 찰스웨슬리를 양육했던 방식은 기독교인으로서의 인격을 다듬는 데에 큰 영향을 주었고, 이 신앙 훈련의 결과는 영국은 물론 미국에까지 전파되었다.

존 웨슬리 John Wesley (1703–1791), 감리교회 설립자

존 웨슬리의 초상화는 1742년, 존 마이클 윌리엄스가 그린 것으로 현재 영국 브리스톨 웨슬리 칼리지에 보관되어 있다. 역사학자들이 윌리엄스의 초상화가 존 웨슬리의 모습을 가장 잘 표현하고 있다고 평가한다. 1754년, 존 돈즈가 이 초상화를 판화로 제작했다. 돈즈의 판화는 존 웨슬리의 "신약성서주해" 첫 번째 모음집의 권두 삽화로 사용되었다. 존 웨슬리의 초상화와 판화는 그의 생애 동안 엄청난 양으로 만들어졌다. 감리교회의 설립자인 웨슬리는 아직도 많은 사람들에게 존경받으며 기억되고 있다.

아버지 사무엘 웨슬리 역시 자녀들에게 큰 영향을 미쳤다. 사무엘은 재정적인 어려움에도 불구하고 목사로서 신실하게 교회를 섬겼으며, 성실한 자세로 연구를 이어나갔다. 가정 교육은 아내에게 전적으로 일임했지만, 존과 찰스에게 교회에 대한 충성과 기독교의 전통이라고 할 수 있는 인내와 감사의 자세를 물려주었다. 또한 자녀들에게 고전적인 문체와 시를 가르쳤다. 존과 찰스 웨슬리가 가졌던 종교적이고 지적인 유산은 엡워스, 즉 어린시절 부모와 함께 자랐던 그 집에서 이미 형성된 것이다. 이 소중한 유산은 감리교회의 초기 발전에 큰 힘을 발휘하였다.

사무엘 웨슬리의 무덤. 존과 찰스 웨슬리의 어릴 적 교회였던 엡워스(Epworth) 교구 교회
The tomb of Samuel Wesley at Epworth Parish Church, the childhood church of John and Charles Wesley.
존과 찰스 웨슬리의 아버지인 사무엘 웨슬리의 무덤이 있는 전경으로 H.O 토마스가 찍은 사진이다.

존과 찰스 웨슬리의 부모인 사무엘과 수잔나 웨슬리는 1696년부터 1735년까지 엡워스 교구를 섬겼다. 웨슬리의 자녀들은 태어나면서부터 부모로부터 지식과 경건을 배웠다. 또한 수잔나의 양육과 교육으로 인해 그들은 어려서부터 매우 우수했다.

사무엘의 딸인 메흐타벨은 8살 때 그리스어로 신약성경을 읽을 만큼 뛰어났다. 수잔나는 자녀들에게 매일 아침 공부가 시작될 때와 저녁 시간에 시편(찬송)을 부르도록 했다. 개인 기도를 마친 후, 나이가 많은 자녀들은 어린 동생들에게 성경을 읽어주었다. 사무엘과 수잔나 웨슬리는 자녀들에게 성경 지식, 뛰어난 학습 능력, 경건한 신앙의 모범을 유산으로 남겨주었다. 존 웨슬리는 75세 때, 엡워스 교회의 뜰을 거닐다가 아버지의 무덤 앞에서 문득 멈춰섰다. 그리고 이렇게 말했다. "'한 세대가 가고 다음 세대가 온다'의 참된 의미를 이제야 깨달았구나." 또한 '처음 태어난 땅은 얼마나 달콤한가! 어느 누가 처음 숨을 쉬게 된 곳을 잊을 수 있겠는가?'라는 구절을 인용했다. 그리고 웨슬리는 이런 말을 남겼다.

"엡워스, 난 세상 어느 곳보다 이곳을 여전히 사랑한다."

옥스퍼드 감리교인들

존과 찰스 웨슬리는 독실한 기독교 가정에서 충분한 교육을 받으며 자랐다. 그럼에도 불구하고 그들이 옥스퍼드 대학에 입학했을 당시, 하나님에 대한 경험적 지식은 부족했다. 훗날 존 웨슬리는 자신이 학생으로서 사역자(일꾼)라는 믿음은 있었지만 아들이라는 믿음을 가지지는 못했다고 고백했다. 22살이 되자 존은 동생 찰스와 함께 진심어린 신앙에 대한 연구를 시작했다. 이 연구는 그의 일생에 걸친 주된 관심사가 되었다. 수잔나 웨슬리는 아들 존이 종교적으로 깊은 관심을 갖고 있음을 알고 있었다. 그녀는 존에게 "신앙을 너의 일생의 성실한 과업으로 삼으라"고 편지를 보냈다.

옥스퍼드 대학 크라이스트 처치 칼리지
Christ Church College, University of Oxford
존 월터스(Jone Walters)의 사진이다.

1720년, 존 웨슬리는 옥스퍼드 크라이스트 처치 칼리지에 들어갔다. 훗날 그는 그 당시를 회상하며 "내적인 경건함에 대한 개념은 많이 알지 못했던 시기였다."라고 기록했다. 웨슬리는 1725년부터 신앙에 대해 큰 관심을 갖기 시작하며 영국 교회에서 목회자로 안수를 받기 위해 준비했다. 마침내 1726년, 웨슬리는 학자로서의 우수한 능력을 인정받으며 링컨 칼리지의 대학원생으로 임명 받았다. 그는 옥스퍼드에서 수학하며 첫 번째 감리교도를 조직하는 일에 힘쓰기 시작했다.

옥스퍼드의 크라이스트 처치 대성당 내부
Interior of Christ Church Cathedral at Oxford, site of John Wesley's ordination.
존 웨슬리가 사제 임명을 받은 곳으로 존 월터스가 찍은 사진이다.

존과 찰스 웨슬리는 영국 성공회에서 양육된 인물들이다. 이 영국 성공회는 미국의 감리교회 발전에 크게 기여하였다. 이 교회의 성공회 주교인 존 포터는 존 웨슬리를 성직자로 임명하였고, 감리교회 설립자들과 우호적인 관계를 유지하였다. 포터 주교는 웨슬리에게 이렇게 조언했다.

"만약 네가 의미 있게 살기를 원한다면, 논란의 여지가 있는 것들에 대해 찬성하거나 반대하는 것에 시간을 낭비하지 말아라. 그러나 죄에 대해 증언하고 진실한 삶과 경건의 본질을 추구하는 것에 있어서 삶을 아끼지 말아라."

1729년, 존과 찰스 웨슬리는 같은 생각을 가진 학생들을 모아 옥스퍼드에서 신성클럽이라는 작은 종교모임을 만들었다. 존과 찰스 웨슬리의 지도 하에 학생들은 그리스어 신약 성경을 읽고, 고전문학을 공부하였으며, 기도와 신학적 토론을 위한 정기적 만남을 가졌다. 이들은 학생으로서 영국 성공회의 규칙을 철저하게 지켰으며, 옥스퍼드 대학의 규칙들을 충실히 이행했다. 또한 정기적으로 성만찬 예식에 참여했다. 이들은 가난하고 힘들게 사는 것이야말로 내적이며 동시에 외적인 의를 얻을 수 있는 길이라고 믿었다. 따라서 자신들을 더욱 엄격하게 훈련시켰다.

신성클럽 회원들은 영적이며 지적인 훈련에만 몰두하지 않았다. 이들은 사회적인 참여를 시도했다. 기독교 문학, 의복, 음식, 연료 등을 가난한 사람들에게 나누어주었다. 또한 불쌍한 이들을 위해 자신들의 것을 기꺼이 나누어주었다. 돈을 아끼기 위해 걸어다니고, 적게 먹고, 추운 방에서 공부하며 가난한 이들에게 나누어 줄 몫을 준비했다. 또 옥스퍼드 시의 보카도 감옥을 방문하여 범죄자들을 돕기도 했다. 그들은 죄수들이 빚을 갚는 일을 돕고, 가난한 어린이들을 위해 학교를 세웠다.

존 웨슬리는 열정이 넘치는 젊은 청년이었다. 그는 미지근한 기독교는 개방된 죄보다 악하다고 여겼다. 그리고 자신의 모든 삶을 예수 그리스도께 복종시키기 위해 노력했다. 그러나 웨슬리를 비롯한 신성클럽 회원들의 열정적 행동은 오히려 다른 사람들의 조롱거리가 되기도 했다. 일부 학생들은 이들의 열정과 자기부정의 삶을 조롱하며 '성찬주의자들', '성경벌레', '열광주의자들'이라는 별명을 붙여 불렀다. 그러나 주변의 부정적 시선에도 불구하고 신성클럽 회원들은 철저한 훈련을 이어나갔다. '감리교'라는 칭호는 마치 낙인처럼 신성클럽 회원들을 부르는 말이 되었다.

존 웨슬리의 찻주전자 John Wesley teapot
조지아(Georgia)의 세인트 시몬 섬(St. Simon's Island)에 있는 아서 무어(Arthur J. Moore) 감리교회 박물관 겸 도서관에서 소장. 더글라스 베일(Douglas Veal)의 사진이다.

이 찻주전자에 새겨진 글은 '식사 후(after meat;food)' 식탁에서 드린 '웨슬리의 은혜'로 잘 알려져 있다.

우리에게 음식을 주심에 주님께 감사합니다.
그러나 예수님의 사랑 때문에 더욱 감사합니다.
우리의 영혼들에게 만나를 내려주시고 하늘로부터
생명의 빵을 내려주시옵소서.

찻주전자의 반대편에도 식탁의 은혜가 계속된다.

우리가 감사의 입술로 찬양하게 하소서.
우리가 풍성한 삶을 누리며 살아가는 동안에 존귀하게 되실 때까지, 우리는 당신의 이름을 찬양합니다.
그리스도 어린 양과 축제를 나누는 동안에

또 다른 웨슬리의 식탁 은혜는 전 세계의 감리교인들에 의해 "식사 전(before meat)" 기도로 알려져있다.

주님, 저희의 식탁에 함께 하소서. 이곳과 또 어느 곳에서든지 흠모를 받으시옵소서. 주님의 창조물을 축복하시고 허락하여 주소서. 우리가 주님과 함께 천국에서 잔치를 베풀 수 있도록.

조지 휫필드 George Whitefield (1714-1770)
이 그림은 1770년 경 어느 무명화가에 의해 그려졌다. 그림의 원본은 세계 감리교회 박물관에 보관되어 있으며, 박물관의 허락을 받고 여기에 사용하였다. 설교단 위에는 '모든 것을 보시는 하나님의 눈'이라고 적혀있다.

조지 휫필드는 아마 초기 옥스퍼드 감리교인들 중 가장 뛰어난 연설가였을 것이다. 어린 시절 생긴 흉터로 인해 휫필드의 눈은 마치 사시처럼 보였다. 이를 두고 휫필드를 비방하는 사람들은 그를 '사팔뜨기 박사'라고 불렀다. 휫필드는 원고가 없이 설교하는 감리교회 특유의 형식을 형성한 선구자였다. 그는 조지아에서부터 메인까지 '불꽃'처럼 다니며 미국을 일곱 번이나 방문했다. 그의 설교를 들었던 많은 사람들이 예수 그리스도를 영접하고 믿게 되었다. 또 휫필드는 자신의 조각상이 있는 펜실베이니아 대학교를 비롯하여 50여개의 미국 대학교를 설립하는 데에 기여하였다.

그는 하나님께 선택 받은 사람들을 위한 '그리스도의 제한된 속죄'와 운명예정설을 믿었다. 이로 인해 그리스도가 모두를 위해 죽으셨고, 그리스도를 믿는 이는 누구든지 구원받을 수 있다고 믿는 존 웨슬리와 다른 길을 걷게 되었다. 비록 신학적 의견이 일치하지 않았으나 존 웨슬리와 조지 휫필드는 평생 친구로 지냈다.

보카도 감옥, 옥스퍼드 Bocardo Prison, Oxford, England. H.O 토마스의 사진이다.

존 웨슬리의 신성클럽은 정기적으로 이 감옥을 방문했다. 옥스퍼드 감리교인들은 죄수들이 감옥에 갇힐 만한 죄를 지었는지 확인하고, 죄에 대해 회개하고 있는지, 거룩한 성만찬 예식에 참여하길 원하는지 살폈다. 또 자신들이 가진 책과 약, 필수품을 죄수들에게 나누어 주었다. 죄수들의 빚을 갚아주기도 하고 그들이 풀려날 수 있도록 돕기도 했다.

조지아의 사바나에 위치한 웨슬리 기념 감리교회 내부
Interior of Wesley Monumental Methodist Church, Savannah, Georgia
더글라스 베일(Douglas Veal)의 사진이다.

1875년, 감리교 남부 조지아에서 개최된 연례회의는 미국으로 건너온 최초의 감리교인인 존과 찰스 웨슬리의 공헌을 인정하기 위해 이 교회를 세우기로 결정했다. 이 교회는 캘훈 광장에 세워졌다. 캘훈 광장은 조지아 식민지의 설립자인 제임스 오글도르프가 1733년에 계획한 사바나 도시의 24개 광장 중 하나였다. 이 교회는 미국 전역과 유럽 여러 나라의 기부를 받아 세워졌으므로 모든 감리교인의 것이 되었다.

웨슬리 기념 감리교회의 첫 예배는 1890년 3월 31일에 드려졌다. 수많은 스테인글라스 창문들은 감리교회의 역사에 관한 이야기를 묘사하고 있다. 특히 예배당 뒤쪽에 있는 웨슬리 창문에는 존과 찰스 웨슬리의 모습이 실제 크기대로 그려져 있다. 이 창문에는 "세계는 나의 교구다."라고 적혀있다.

옥스퍼드의 감리교인들은 철저한 삶과 선행, 헌신을 이어나갔지만 하나님의 사랑에 대한 확신을 갖기에는 역부족이었다. 이들은 끝없이 자기 시험, 엄격한 영성 훈련, 헌신적인 선행에 힘썼지만 구원의 확신을 얻을 수는 없었다. 이런 훈련들은 평안과 기쁨을 가져다주지 못했다. 존 웨슬리는 훗날 이런 상황을 '영적인 광야'라고 불렀다. 실제로 이들은 영적인 수렁에 빠져 있었다.

알 수 없이 따뜻해진 마음

1735년, 존과 찰스 웨슬리는 선교단체로부터 당시 영국의 식민지였던 조지아와 사바나 지역에서 사역을 해달라는 요청을 받았다. 찰스 웨슬리는 조지아 식민지의 첫 번째 총독인 제임스 오글도르프의 비서로 활동했다. 존 웨슬리는 영국식민지의 사제 직분과 미국 인디언들을 위한 선교사 역할을 맡았다. 존은 조지아 행을 결정하며 "나의 선교의 목적은 내 자신의 영혼을 구원하는 것이다."라고 기록했다.

글린 아크레에 의해 만들어진 존 웨슬리의 청동상
Bronze figure of John Wesley, created by Glynn Acree.
데이브 핸더슨(Dave Henderson)의 사진이다.

애즈베리 신학교 캠퍼스에 세워져 있는 존 웨슬리의 청동상은 글린 아크레에 의해 실제 크기로 만들어졌다. 이 동상은 18세기의 웨슬리가 설교하고 있는 모습을 표현하고 있다. 웨슬리의 삼각모가 그의 발 옆에 놓여있다. 동상 옆 동판에는 이런 글이 적혀 있다.
"웨슬리는 옥스퍼드의 정신과 올더스게이트의 마음으로 학자들은 물론 소외된 이들까지 모두를 품었다."

그들의 선한 의도에도 불구하고 조지아 선교는 성공적이지 못했다. 존 웨슬리는 성실한 자세로 자기를 부인하는 일에 힘쓰는 인물이었으나, 독단적이고 인내심이 부족했다. 또 미국 원주민들은 존과 찰스가 기대했던 것과 달리 기독교에 관심을 보이지 않았다. 원주민들은 사역에 호의적이지 않았다. 선교사역이 실패하자, 웨슬리 형제는 심각한 영적 침체에 빠졌다. 마침내 1737년, 존 웨슬리는 신체적으로 영적으로 쇠약해져 영국으로 돌아갔다.

존 웨슬리는 배를 타고 영국으로 돌아가는 내내 선교의 실패에 대해 생각했다. 자신의 사역은 물론이고 하나님의 사랑에 대한 확신마저 희미해졌다. 그는 그 당시의 심정에 대해 "나는 여전히 내 안의 고통의 무게를 감당할 수 없었다. 내가 뜻하는 곳으로 갔지만 어느 곳에서도 평안을 얻지 못했다."라고 기록했다. 이 뼈아픈 경험으로 인해 웨슬리는 '하나님을 위해 무엇을 할 수 있는가?'가 아닌, '하나님께서 우리를 위해 무엇을 하실 수 있는가?'에 대해 깊은 생각을 하게 되었다.

1738년 5월 24일, 런던의 올더스게이트 거리에서 기도회가 열렸다. 존 웨슬리와 관련된 일화 중 가장 잘 알려진 '마음이 따뜻해지는 경험'이 바로 여기에서 일어났다. 존과 친구들은 이 영적 경험의 기쁨을 알리기 위해 찰스를 찾아갔다. 존은 자신의 형제 찰스에게 "나는 믿는다."라고 말했다. 그러자 찰스 역시 바로 며칠 전에 일어난 자신의 회심을 고백했다. 이들은 찰스가 자신의 회심을 기념하며 만든 찬송을 다 함께 부르며 행복해했다.

"떠도는 내 영혼은 어디서부터 시작해야 할까?"

존과 찰스 웨슬리는 마침내 하나님과의 올바른 관계를 증거하시는 성령 안에 거하게 된 것이다.

영적인 변화를 경험한 존과 찰스는 이제 그 삶의 중심을 율법보다는 은혜에 두기 시작했다. 이들은 이제 율법학자가 아닌 복음주의자가 되었다. 하나님의 사랑을 체험한 그들은 영적인 평안과 전도에 대한 열정을 갖게 되었다. 또한 하나님의 사랑을 바탕으로 사회의 악을 바로잡으려는 꾸준한 노력을 이어나갔다. 존과 찰스는 남은 인생을 하나님의 사랑을 증거하는 복음을 전파하는 데에 쓰기로 결심하였다.

18세기 영국 성공회는 본질적인 교리를 잃어갔다. 이는 많은 사람들로 하여금 등을 돌리게 만들었다. 감리교회가 이에 비해 새로운 교리를 제시한 것은 아니었다. 오히려 감리교회의 목적은 교회의 메시지를 공적으로 선포하고 선교를 회복시키는 것에 있었다. 그러나 많

존 웨슬리 John Wesley
헨리 에드리지가 그린 초상화로 당시 웨슬리는 88세였다. 이 그림이 웨슬리의 생전에 그려진 마지막 작품이라고 전해지기도 한다.

존 웨슬리는 이렇게 적었다. "나는 변치 않는 교리가 무엇인가에 대해 가장 쉬운 방법으로 말하려 애써왔다. 마치 신령과 진정으로 예배드리는 사람들과 같아 보이는 이교도인과 이름뿐인 기독교인들과는 다르다. 우리의 주 교리는 회개, 믿음, 거룩함 이 세 가지를 포함하고 있다. 이는 신앙의 입구, 신앙의 문, 그리고 신앙 그 자체로 비유할 수 있다."

은 사람들이 감리교회가 '새로운 교리'를 가르친다고 오해하며 이를 이유삼아 몰아세웠다. 존 웨슬리는 옥스퍼드의 세인트 마리아 교회에서 다음과 같은 말을 남겼다.

"어느 훌륭한 사람이 말을 하고 있습니다. 하지만 사람들은 이를 비관적인 메시지로 받아들입니다. 그는 가장 필수적인 기독교의 의무를 설명했을 뿐입니다. 그러나 청중들은 그를 '새로운 교리의 창시자'라고 여깁니다. 이것은 매우 위험한 일입니다. 왜냐하면 대부분의 사람들은 기독교의 본질에서 벗어난 채 살고 있으며 그 생활을 고수하고자 하기 때문입니다. 누군가 진리를 제안하는 순간, 사람들은 이렇게 외칠 것입니다. '당신은 아주 낯선 것을 우리에게 강요하는군요!'"

초기 감리교회의 교리는 세 가지로 정리된다. (1) 모든 사람은 구원 받을 수 있다. (2) 모든 사람은 자신이 구원받았음을 알 수 있다. (3) 모든 민족과 사람들이 죄의 세력으로부터 구원받을 수 있다.

모든 사람들이 구원받을 수 있다는 감리교회의 교리는 영적으로 힘든 시기를 보내고 있는 사람들과 낮은 지위에서 억압당하고 있는 사람들에게 믿음을 갖게 했다. 모든 사람이 자신이 구원받았다는 사실을 알 수 있다는 가르침은 회심의 개인적 경험을 통해 자기 안에 그리스도가 살아계신다는 것을 깨달을 수 있다는 희망을 주었다. 죄의 세력으로부터 모두가 구원받을 수 있다는 교리는 하나님과 이웃을 향한 사랑을 갖게 하였고, 개인과 사회의 영적 변화를 이끌었다.

1738년, 존과 찰스 웨슬리는 복음적 변화를 경험했지만 당시 영국의 종교적 상황은 그리 좋지 못했다. 프랑스 합리주의자 샤를 몽테스키외는 이 시기 영국을 방문한 후 이런 글을 남겼다. "나는 프랑스가 너무 적은 종교를 가졌다고 생각했다. 그러나 반대로 영국은 너무나 많은 종교를 가지고 있다." 성공회 주교인 조지 버클리는 이렇게 선언하기에 이른다. "우리의 미래는 매우 절망적이다. 그리고 이것은 점점 더 악화되고 있다." 이후에 캔터베리의 대주교가 된 토마스 세커는 이렇게 말했다. "대중은 기독교를 신뢰하지 못하고 분노하고 있으며 기독교의 지도자들은 대중을 기만하고 있다."

시대가 기독교를 향한 혹독한 평가를 내리고 있었지만 웨슬리를 필두로 한 감리교회는 사회에 긍정적 영향을 끼치고 있었다. 존과 찰스 웨슬리는 대중의 존경과 사랑을 받았다. 이에 웨스트민스터 대성당은 웨슬리 형제와 그들의 업적을 기념하기 위해 기념비를 세웠다. "케임브리지 근대사"는 18세기 영국사회에 기여한 가장 긍정적 영향으로 '존 웨슬리와 그의 일생에 걸친 영적부흥'이라고 기록하고 있다. 이 영국 감리교회의 긍정적 힘은 미국이라는 신대륙의 역사에 중요한 시발점이 되었다.

미국에서의 사역

1760년대 북미감리교회의 시작은 두 명의 평신도 설교자들에게서 비롯되었다. 이들은 아일랜드에서 감리교의 설교를 듣고 기독교로 개종한 인물들이었다. 1768년 평신도인 존 테일러는 존 웨슬리에게 편지를 보내 뉴욕에서 태동하고 있는 감리교회의 움직임을 알렸다. 그는 그 편지를 통해 웨슬리에게 새로운 감리교도들을 설교자로 보내달라고 요청했다. 만약 설교자들을 보내준다면 자신들의 옷을 팔아서까지 그들의 항해 비용을 지원하겠다는 내용도 덧붙였다.

존 웨슬리는 테일러의 강력한 요청에 감동받아 미국 감리교인들에게 설교자들을 보냈다. 스스로를 '목자 없는 양'이라고 묘사하던 테일러를 비롯한 미국 감리교인들은 마침내 설교자들을 영접할 수 있었다. 1769년에서 1774년 사이에 12명의 영국 감리교회 목사들이 미국으로 파송되었다. 이들은 존 웨슬리로부터 직접 임명을 받았거나 합의가 된 사람들이었다. 그러나 미국과 영국 사이에 전쟁이 발발하자, 애즈베리를 제외한 영국인 목사들은 다시 자국으로 돌아갔다. 이들의 사역은 짧았으나 미국 초기 감리교회 운동에 큰 영향을 주었다.

존 웨슬리는 미국 감리교도들에게 성직자들이 필요하다는 사실을 분명하게 인지하게 되었다. 웨슬리는 성공회 주교에게 성직자들을 미국으로 파송할 것을 간청하였으나 묵살 당했다. 그럼에도 불구하고 웨슬리는 미국 감리교도들에게 성직자들을 보내주기 위한 노력을 이어나갔다. 그는 1784년, 리처드 왓코트와 토마스 베시를 미국 사역을 위한 성직자로 임명했다. 또한 토마스 코크를 미국 감리교회 최초의 '감리사'로 임명했다. 웨슬리의 적극적 노력으로 인해 연합감리교회의 성직자들이 미국으로 파송되기 시작하였고, 이들은 미국에서의 사역을 감당해나갔다.

예배 형식

영국이 미국 감리교회에 남겨준 두 번째 유산은 예배 형식이다. 존 웨슬리는 미국 감리교회를 위해 예배 서식(낱장의 종이로 된)을 준비하였고, 코크, 왓코트, 베시는 이것을 미국으로 가져왔다. 웨슬리는 이 예배 서식에 '북미의 감리교도들을 위한 주일 예배와 그 외의 예배들'이라는 이름을 붙였다. 그는 성공회의 공동기도서에 근거한 예배와 기도의 형식을 미국 감리교회의 실정에 맞게 적용시켜 서식을 작성했다. 도입부에 이런 말이 적혀있다.

"이 형식은 영국 성공회의 공동기도서보다 확실하고, 성서에 입각한 이성적 경건함을 추구한다. 이것은 고대에도 현대에도 없는 예배 형식이다."

1784년, 미국 감리교도들은 자신들이 새로운 교파임을 공식적으로 선언했다. 이에 공식적인 개회회의가 웨슬리의 주일예배 형식에 따라 진행되었다. 이 회의는 '크리스마스 회의'라고 알려져있다. 일부 목사들은 웨슬리의 기도서에 있는 기도문을 그대로 사용하였지만 대부분은 즉흥적으로 기도하는 것을 더 선호했다. 또 눈을 감고 기도하면 더욱 경건하고 깊이 있게 하나님을 느낄 수 있고 하나님과 대화할 수 있다고 믿었다. 결국 미국 감리교인들은 전통 주일예배 형식에서 벗어나, 변형되거나 축소된 예배를 드리게 되었다. 오늘날까지도 연합감리교인들은 성만찬, 세례, 결혼, 장례, 성직임명의 의식에서 웨슬리의 '주일예배 형식'에서 유례된 절차를 따르고 있다.

교리와 신학

미국 감리교회가 물려받은 또 다른 유산은 교리에 관한 것이다. 존 웨슬리는 미국의 새로운 교회를 위해 종교강령을 준비했다. 개회회의를 통해 임명된 성직자들은 이 종교강령에 의거하여 교리를 가르치고 설교해야 함을 강조했다. 또 미국 감리교회는 존 웨슬리의 '설교집'과 '신약성서주해'의 영향을 받았다. 현재 감리교회에서는 이를 '감리교회 가르침의 전통적 기준'이라고 부르며 따르고 있다.

1808년, 미국 감리교회는 웨슬리의 "종교강령"을 바탕으로 각 교회의 교리 기준을 보장해주는 '제한 규칙'을 채택했다. 이 제한 규칙은 오늘날의 감리교회에도 이어져 내려오고 있다. 최초의 제한 규칙은 "총회는 종교강령을 바꾸거나 폐지할 수 없고, 현재의 교리 기준에 반대되는 새로운 법규나 기준을 만들 수 없다."라고 명시하고 있다. 이후 1968년 연합을 위한 합병에서 유사한 기준을 가진 복음주의 연합 형제교회의 '신앙고백'을 추가하였다.

오늘날 연합감리교회는 교육에 대해 다음과 같이 말한다. "우리의 선조들은 사도들이 그랬던 것처럼 고대 기독교의 메시지를 우리의 삶의 현장에 적용하고, 이를 믿음 안에서 끊임없이 확인하고자 했다. 그들의 설교와 가르침은 말씀에 기초한 것이며, 기독교의 전통을 지켰다. 또한 경험을 근거로 생동감을 지닌 동시에 이성적으로 증명할 수 있는 것이었다."

존 웨슬리는 교리가 사소한 문제를 따지거나 세부 사항의 옳고 그름을 판단하는 기준이 되는 것을 경계했다. 그는 신학의 사소한 문제에 사로잡히는 것이 그리스도인의 분열을 초래하며, 나라, 특히 교회를 개혁하여 성경적 경건함을 널리 전파해야 하는 사명에서 멀어지게 하는 일이라고 보았다. 웨슬리는 '가톨릭 정신'과 함께 모든 그리스도인들과 교제를 유지하고자 하는 마음을 가진 사람이었다. 그에게 교리란, 교리 자체로 머무는 것이 아니라 그리스도인들을 진리 안에 서게 하고 나아가 사랑으로 하나가 되게하는 수단이었다.

웨슬리는 가톨릭 정신에 대해 다음과 같은 생각을 가지고 있었다. "가톨릭 정신은 추측에 근거한 광교주의, 혹은 무관심이 아니다. 진정한 가톨릭 정신을 가진 사람이라면 기독교 교리에 대해 태양처럼 고정된 기준으로 판단하고 생각한다. 광범위하게 교리를 걸쳐두고 이리저리 바꾸어 판단하는 것은 진정한 가톨릭 정신에서 볼 때 축복이 아닌 저주이다. 또한 결코 화해할 수 없는 적이며 천국의 유물이 아닌 지옥의 자식이다." 또 그는 성도들에게 "원대한 성경적 교리와 가까이 해야 한다. 믿음의 본질을 굳게 붙잡아야 한다."라고 설교하기도 했다.

물론 웨슬리 역시 세례의 방법, 예배의 방식, 교회의 체제 등에 관해서는 유연한 생각을 갖고 있었다. 그러나 기독교의 '본질적인 교리' 만큼은 절충할 수 없는 절대적인 것으로 인식했다. 그는 삶이 경건하지 않거나 복음을 반대하는 사람은 설교를 하거나 신앙의 충고를 할 수 없다는 글을 기록하기도 했다. 그의 종교규약과 신앙고백에는 삼위일체, 그리스도의 신성, 속죄, 믿음으로 의인이 된다는 것, 성령의 역사에 관한 본질적 교리가 분명하게 명시되어 있다. 그 외에 존 웨슬리의 설교집과 신약성서 주해에도 웨슬리의 교리가 수록되어 있다.

교회 정책

존 웨슬리의 업적 중 하나는 교회를 구성하는 조직을 효과적으로 만들어냈다는 것이다. 그는 개인과 소그룹, 순례, 회의, 그리고 관리하는 조직까지 효율적으로 구성했다. 웨슬리가 구축한 조직은 현지의 성도들과 큰 교회들이 서로 연결될 수 있도록 도와주었다. 이 '연결 조직'을 통해 교회는 더욱 효과적으로 사역하고 기독교의 전통 가르침을 수호할수 있었다. 또한 연회를 통해 관리하는 감독을 두어 필요에 따라 요구사항을 요청할 수 있도록 했다. 이 조직체계는 단지 성도들 사이의 관계를 연결하는 기능을 가졌던 기존의 교회 조직과는 차이가 있었다.

감리교 행정조직은 다음과 같은 신념을 바탕으로 구성된다.

(1) 개인은 전체를 이루는 한 부분으로서 신앙 공동체로부터 분리될 수 없다.

(2) 개인은 교파에 대한 책임이 있고, 교파 또한 개인에 대한 책임이 있다.

(3) 신실한 리더와 충성으로 리더를 따르는 사람들이 조직되었을 때, 교회는 선한 영향력을 발휘한다.

모든 교인이 교리와 교회의 사명에 관하여 헌신하고 한 마음으로 나아가는 것에서 연합감리교회의 행정조직이 시작된다. 교회는 하나의 주, 하나의 믿음, 하나의 세례, 한 분 하나님을 기준으로 하여 모든 것 위의 하나님, 모든 것을 통한 하나님, 모든 것의 아버지 되신 하나님에 대한 고백을 통해 하나가 된다. 각 교인은 교회 안에서 자치하는 것이 아니라 서로를 향한 상호적인 책임을 갖는다. 성직자들은 파송된 곳으로 가서 섬기고, 성도들은 파송된 성직자들을 받아들이고 지원해야 한다. 이를 통해 서로를 사랑하고 존경하며 도울 수 있는 기회를 갖게 된다.

찰스 웨슬리와 웨슬리언 찬양

미국 기독교가 18세기 영국으로부터 받은 가장 소중한 유산을 꼽으라면 단연 웨슬리 찬송일 것이다. 찰스 웨슬리는 일생동안 자신이 체험한 은혜를 찬양과 시를 통해 기록했다. 그는 6,000여 개가 넘는 찬양과 시를 썼으며 죽음의 순간에서도 찬양의 가사를 남겼다. 이 가운데는 당시의 특정한 목적에 의해 창작되어 오늘날에는 부를 수 없는 곡들도 있다. 그러나 찬송가를 연구하는 많은 학자들은 찰스 웨슬리의 찬양이야말로 시대와 언어를 초월하는 가장 훌륭한 찬양이라고 평가한다.

웨슬리 찬양의 중요한 특징은 성경구절을 많이 인용했다는 것이다. 또한 창조, 주권, 섭리, 죄, 은혜, 속죄, 회심, 확신, 성령, 믿음 등 하나님을 찬양하고 영광을 돌리는 성경적 가르침을 다루고 있다. 몇몇 신학생들은 만약 성경이 없어지는 일이 생긴다면 웨슬리 찬양으로부터 성경의 많은 부분을 복원시킬 수 있을 것이라고 말하기도 한다.

존과 찰스 웨슬리는 평신도들이 쉽게 부를 수 있는 언어로 찬양을 구성해야한다는 생각을 갖고 있었다. 웨슬리 형제는 가사를 쉽게 이해할 수 있고 찬양의 능력을 강조할 수 있는 언어를 사용하였다. 감리교인들은 집에서도, 직장에서도, 또 가정예배에서도 웨슬리의 찬양을 부담없이 부를 수 있었다. 특히 웨슬리 찬양의 가사는 가난하고 소외된 사람들에게 희망과 기쁨을 주었다.

1780년, 웨슬리는 감리교인들을 위한 찬송모음집을 펴냈다. 이 찬송모음집에는 525개의 찬양이 실려 있으며, 이 가운데 대부분이 찰스 웨슬리에 의해 쓰였다. "경험적이고 현실적인 신학의 모음집"으로 편집된 이 찬양집의 서문에서 존 웨슬리는 이렇게 기록하고 있다. "지금까지 이러한 찬양집이 영어로 출판된 적이 없었다고 겸손하게 말하지 않겠다. 그러나 이처럼 뚜렷하고 완벽하며 성서적 기독교를 설명한 다른 어떤 책은 본 적이 없다."

이 찬송모음집은 지금까지 출판되어온 그 어떤 찬양집보다 뛰어나다는 평가를 받고 있다. 찬송가 학자인 버나드 매닝은 이렇게 말했다. "이 작은 책은 시편과 카논과 같이 평가된다. 이 곡들을 바꾸려고 하는 것은 어리석은 일이다. 이것은 영적 천재의 위대한 헌신적 예술 작품이다." 또 존 줄리안의 찬송학 사전에서는 이렇게 기록하고 있다. "찰스 웨슬리는 역사상 가장 위대한 찬양 작곡가이며, 양적으로도 질적으로도 그렇게 평가될 수 있다." 영국이 남겨준 유산, 웨슬리 찬양은 미국 감리교회에서 그 어느 것과도 바꿀 수 없는 소중한 선물이다.

찰스 웨슬리 Charles Wesley (1707 - 1788)
이 사진은 영국감리교회 이사의 허락을 받고 사용하였다.

이 '백합 초상화'의 작가와 그려진 시기는 알려지지 않았다. 그러나 그림 속 성경과 백합으로 보아 찰스 웨슬리의 성직자 임명을 기념하기 위한 그림으로 추정된다. 찰스 웨슬리가 감리교회에 남긴 업적이란, 두말할 것도 없이 수천 곡의 찬송이다. 이 찬송은 지금까지도 전해져오고 있다. 그 중 잘 알려진 찬송으로는 하나님의 크신 사랑(찬송가 15장), 천사 찬송하기를(찬송가 126장), 비바람이 칠 때와(찬송가 388장), 십자가 군병, 만입이 내게 있으면(찬송가 23장), 만유의 주 앞에(찬송가 22장) 등이 있다. 찰스 웨슬리의 찬송은 감리교회 뿐 아니라 세계 모든 기독교인들이 지금까지도 부르고 있다.

찰스 웨슬리가 22년간 살았던 영국 브리스톨의 찰스 스트리트4번가에 위치한 집 On the left is # 4 Charles Street, Bristol, England, where Charles Wesley lived for twenty-two years.
이 사진은 영국 찰스 웨슬리 재단의 허락을 받고 사용하였다.

현관의 쇠창살과 벽은 예전 모습 그대로 고스란히 남아 있다. 찰스는 20년간 감리교회의 전도자로서, 또 야외 설교자로서 활동하였다. 건강이 쇠약해지자 브리스톨에 정착하였고, 그 후에는 런던으로 옮겨갔다. 찰스 웨슬리는 이곳 다락방에서 6,500여 곡의 찬송을 만들었다. 이 때 만들어진 곡들은 대부분 비교할 수 없는 대작으로 평가되고 있다. 그는 죽는 순간에도 침상에 누워 마지막 가사를 받아 적도록 했다.

감리교인들이 사용한 찬송가 모음집의 표지
Title page of A Collection of Hymns for the Use of the People Called Methodists

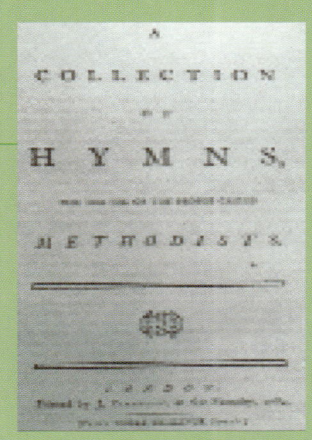

1780년에 편집된 이 찬송가는 존 웨슬리의 일생동안 만들어진 찬송을 집대성한 것이라 해도 과언이 아니다. 웨슬리는 "감리교인들을 위한 찬송 모음집"을 만들기 위해 43년간 출판된 50여권의 찬송집에서 525개의 찬송을 선별하였다. 그리고 구원의 길, 기독교인들의 체험, 신앙생활 등의 주제로 엮어 배열하였다. 존 웨슬리는 이 찬송집의 서문에 다음과 같이 기록했다.
"(1) 이 찬송집은 더 이상 수정하거나 첨가할 필요가 없다. (2) 과장되거나 과소평가된 부분이 없도록 편집하였다. (3) 위선적인 표현이나 의미 없이 쓰인 단어도 없다. 이 찬송집을 비판하는 사람들이 있다면 그들은 자신들이 무슨 말을 하고 있는지도 모르는 사람들이다. 우리는 그들과 상관없이 명확하고 분명한 언어를 사용하였다. (4) 이 찬송집은 영어가 가진 우아함과 강인함, 순수함이 잘 드러나지만 동시에 모든 사람들이 사용하기에 쉽고 단순한 언어를 사용하였다. 마지막으로 문학을 아는 이들에게 판단을 맡긴다. 이 판단은 아무나 할 수 있는 것이 아니라 특별한 문학적 재능을 가진 사람들이 할 수 있는 것이다. 스펜서, 세익스피어, 밀턴 등을 흉내 내면서 이런 저런 평가를 하는 이들이 시의 진정한 정신과 뜻을 알지 못하는 것과 같다."

감리교회의 또 다른 영웅들

18세기 영국 감리교회는 감명 깊은 기독교 영웅들의 유산을 미국 감리교회에게 물려주었다. 존과 찰스 웨슬리 뿐 아니라 이들의 업적은 오늘날까지도 우리를 풍요롭게 한다.

그 중 존 플레처(John Fletcher, 1729-1785)는 웨슬리언 전통에 있어서 가장 중요한 해석자이다. 영국 감리교회의 회의록에는 플레처의 죽음에 대해 이렇게 기록되어있다. "경건의 모범. 한 세기에서 그와 비교할 자가 없었다."

또 존 웨슬리 역시 플레처에 대해 이렇게 말했다. "80년 동안, 많은 경건한 사람들을 알아왔지만 그와 견줄만한 사람은 없었다. 그는 하나님 앞에서 한결 같이 헌신적인 사람이었다. 이처럼 모든 면에서 나무랄 데가 없는 사람을 유럽에서도 미국에서도 찾을 수 없었다."

플레처는 또한 매우 똑똑한 신학자였다. 그는 신학적으로 논란이 되는 부분에 대하여 상세히 설명했다. 당시 몇몇 사람들은 하나님이 선택하신 사람들은 도덕적인 법에 대하여 순종할 필요가 없다고 말하며 '특별한 선택'을 강조했다. 심지어 하나님의 은혜로 인해 원하는 대로 살아도 된다는 극단적 결론을 내리는 사람도 있었다. 이는 율법에 반하는 '도덕폐기론(Antinomianism)'을 주장하기에 이르렀다. 플레처는 "도덕폐기론 점검 (Checks to Antinomianism)"이라는 에세이를 통해 도덕폐기론이 성경적이지 않다고 주장하며 이를 매우 위험한 이론이라고 결론짓고 반대하였다.

존 플레처 John Fletcher (1729-1785)
영국의 감리교 교회 목적을 위한 이사회의 허락에 의해 복원된 사진이다.

존 플레처는 학식과 신앙심의 본보기로서 감리교회에 공헌하였다. 그는 어린 시절부터 불어, 독일어, 라틴어, 그리스어, 히브리어를 공부했다. 플레처는 영국 매들리(Madely)에서 교구목사로 섬겼는데, 그의 설교는 매우 교훈적이며 감동적이었다고 전해진다. 또한 플레처는 19세기까지 감리교인들을 위한 훌륭한 글들을 많이 남겼다. 그의 글들은 선택된 자들이 아닌, 믿는 사람 모두에게 주시는 은혜와 성령이 영에게 증거하시는 것, 그리스도인의 성화에 초점이 맞춰져 있다. 그는 자신의 글을 통해 대조적인 성경구절을 잘 조화시키고 조정하는 능력을 보여주었다. 존 웨슬리는 감리교회의 가장 훌륭한 논쟁자인 플레처에게 상당히 의지하였다. 플레처의 훌륭한 업적들은 현대에 이르러 재발견되고 있다.

플레처는 매우 덕망이 높은 사람이기도 했다. 당시 비-감리교인 중 어떤 한 사람은 플레처에 대하여 이렇게 말했다. "이처럼 살아있는 경건함과 온전한 자애로움은 어떤 시대, 어떤 나라에서도 찾아볼 수 없을 것이다. 또한 이처럼 사도와 같은 사역자도 없었다. 어떤 시대, 어떤 나라에서도 플레처는 성인이 되었을 것이다." 그는 빈정대거나 비방하지 않으면서도 제대로 논쟁했던 논쟁자 중 한 사람이었다. 그가 쓴 책과 논평의 내용에는 사랑과 공의가 가득했다. 플레처를 존경했던 영국의 대법관은 그에게 영예를 주기 위해 대성당 참사회의원, 지방 부감독, 주교의 자리를 권했다. 그러나 플레처는 이렇게 대답할 뿐이었다. "감사합니다. 하지만 저는 더 많은 은혜 외에는 원하는 것이 없습니다."

존 플레처는 원죄의 비극적 현실에 대한 신학적 비평에 동의했다. 처음 그는 우리의 구원이 오직 하나님의 은혜에 달려있다고 믿는 이들과 뜻을 같이 했다. 그러나 플레처가 그리스도는 선택 받은 자들만이 아닌 모두를 위해 돌아가셨다는 것을 주장하면서 그들과 멀어지게 되었다. 또한 그는 인간의 구속에서 하나님의 은혜에 대해 개인적으로 응답을 할 수 없다는 관점에 반대했다. 구원은 오로지 하나님의 은혜이며, 하나님의 은혜에 대한 저항은 곧 지옥살이로 이어진다는 것이 플레처의 주장이었다.

플레처의 글은 명료하고, 정중하였으며, 공손했다. 그를 잘 아는 사람들은 물론 그의 작품을 읽은 사람들 모두가 그를 존경했다. 미국 감리교회의 첫 번째 감독인 토마스 코크는 플레처의 글을 자주 인용하였으며, 프랜시스 애즈베리의 글에서 플레처가 좋은 신앙인으로서 묘사되기도 했다. 플레처의 "도덕폐기론 점검"은 초기 미국 감리교회 목사들의 필독서가 되었으며, 그의 글들은 이후 미국 감리교회의 여러 세대들에게도 많은 영향을 미치며 수많은 편집본이 출간되었다.

초기 미국 감리교회를 부흥시킨 영국 감리교 주역들 중 또 한 사람은 신학자 리처드 왓슨(Richard Watson, 1781-1833)이다. 왓슨은 플레처와 마찬가지로 신학적인 논쟁에 관한 많은 글을 남겼다. 당시 영국과 미국의 영적 리더들은 이신론(Deism)에 주목하고 있었다. 이신론이란, 하나님은 개개인에 신경을 쓰시기에 너무나 크신 분이시므로 우리는 오직 자기 자신을 의지해야 한다는 철학이었다. 또한 사람의 이성이야 말로 행복과 건강은 물론 종교적 진리를 얻을 수 있는 수단이므로 신의 계시란 따로 필요하지 않다고 주장하였다.

리처드 왓슨은 이 이신론 철학을 반박했다. 그는 이신론의 '자연신론'에 대항하여, 하나님께서 자신을 우리에게 보이시기로 선택하셨다는 '계시종교'를 위해 싸웠다. 말씀과 그리스도의 힘으로 논쟁을 한 것이다. 왓슨이 이성의 이해를 무조건 부정한 것은 아니었다. 뛰어난 논리학자였던 그는 '하나님에 대한 우리의 이해는 이성의 이해 안에 제한되어 있다'는 이신론 사상을 매우 논리적으로 반박하였다.

또한 왓슨은 그리스도께서 우리 모두를 위해 죽으셨다고 주장했다. 당시에는 그리스도가 하나님이 창세 이전에 선택하신 사람들만을 위해 죽으신 것이라고 주장하는 사람들이 있었다. 그들은 선택받지 못한 사람들은 구원 받지 못한다는 '제한된 속죄'를 믿었다. "선택받은 자들은 구원받을 것이니 원하는 대로 행하라, 선택받지 못한 자들은 심판 받을 것이니 할 수 있는 것을 행하라"라는 말이 널리 퍼져 있었다. 왓슨은 그리스도의 속죄가 모든 사람을 구원할 수 있으나 모두가 구원을 받지는 못한다는 교리를 옹호하였다. 그는 하나님의 은혜에 대한 우리의 반응이 구원 역사에 있어 매우 중요한 부분이라고 하는 웨슬리의 주장에 동조하였다. 리처드 왓슨의 책 "신학의 원리: 증거, 교리, 도덕, 기독교 제도(Theological Institutes: Evidences, Doctrines, Morals, and Institutions of Christianity)"는 초기 미국 감리교회 목사들에게 큰 영향을 주었다.

미국 감리교회에 중요한 영향을 미친 또 한 명의 영국 신학자는 선두적인 성경 주석자, 아담 클라크(Adam Clarke, c. 1760-1832)이다. 그는 심오한 학문적 관점과 실질적 사역의 관점을 잘 조화시킨 인물이었다. 일생동안 감리교회 목사로 순회하며 섬기고, 학교를 짓고, 여성 교육을 위해 힘쓰며, 배고픈 자를 먹이기 위해 노력했다. 또 목회자들이 퇴직 후에 살 수 있는 전용 아파트를 계획하기도 했다. 한편, 콥트 언어의 번역을 완성하고 영국 정부를 위해 기록보관 담당자로 일하기도 하였다. 또한 여러 권의 설교집을 출간하고 성경을 다른 여러 언어로 번역하는 데 힘썼다.

아담 클라크의 가장 위대한 업적은 40여 년에 걸쳐 완성된 성경 해설일 것이다. 아담 클라크는 일반 성도들이 성경을 잘 이해하도록 돕는 일에 관심을 갖고 있었다. 그의 글쓰기 방식은 '일반 사람들을 위한 평범한 진리'를 표방했던 존 웨슬리의 것과 비슷했다. 그러나 클라크는 성경을 쉽게 해설하려고 노력하면서도 성경이 신적인 영감으로 작성된 것이며 절대적인 진리를 포함한다는 것을 간과하지 않았다. 오늘날까지도 많은 미국 감리교회 목회자들과 평신도들, 성경공부를 하는 학생들의 책장에는 클라크의 해설집이 꽂혀있다.

18세기 영국 감리교회의 특별함 중 하나는 여성들의 목회를 인정하였다는 점이다. 그 당시 영국 사회는 여성들의 활동을 제한하고 억압하는 분위기가 관습적으로 이어져 내려오고 있었다. 영국 감리교회는 이에 대항하여 여성들의 사역을 제한하는 전통에 이의를 제기하고 여성들을 지지했다. 당시 영국 감리교회에서 활동했던 여성들은 경건한 인격과 지적인 힘을 겸비하여 대중적인 사역을 펼쳐나갔고 유연한 리더십을 보여주었다. 이러한 면모는 유산으로 남아 미국 감리교회로 전해졌고, 미국 교회의 부흥에 큰 원동력이 되었다.

엘리자베스 모티머, 메리 플레처, 소피아 쿡 브래드번, 헤스터 앤 로저스와 같은 여성들은 이 유산의 영향을 받은 대표적 인물들이다. 이들은 교회에서 조용하지만 큰 영향력을 발휘하였으며, 영적 성화의 겸손한 삶을 보여주었다. 또한 리더들의 사역이 성공적으로 이루어질 수 있도록 힘껏 도왔다.

아담 클라크 Adam Clarke (1760-1832, 추정)
영국감리교회 이사의 허락을 받고 사용한 사진이다.

아담 클라크는 아일랜드 인으로, 17살에 감리교회에서 설교를 듣고 그리스도께 회심하여 감리교회 속회모임에 참여하기 시작했다. 킹스우드(Kingswood) 학교에서 정원을 가꾸던 클라크는 땅에 떨어진 반 기니(guinea, 영국의 옛 금화)를 발견하였다. 그는 그 돈으로 히브리어 성경을 샀다. 이는 훗날 클라크가 성경의 원어를 연구하는 훌륭한 학자가 되어 영국과 미국 감리교회에 큰 영향을 미쳤다. 클라크는 복음과 배움의 일치를 강조하였으며 상류층의 검소함, 목사의 보살핌, 폭 넓은 교제의 의무를 중요시하였다. 그는 세 번에 걸쳐 영국 감리교회의 총재로 임명되었다.

또한 뛰어난 학식으로 아일랜드 왕실 학술원(Royal Irish Academy)과 그 외의 많은 배움의 자리에서 활약하였다. 16개의 언어를 구사함은 물론, 라틴어, 그리스어, 히브리어 그리고 동양 언어의 대가라는 명성을 얻었으며, 이는 가히 전설적이었다. 클라크의 가장 영향력 있는 업적은 '신성한 글을 이해하도록 도움을 주는' 성경의 해설이다.

메리 플레처는 존 웨슬리에게 여성 설교자를 옹호하는 편지를 쓴 첫 번째 인물이다. 그녀는 성경 말씀에 여성에 대한 하나님의 부르심이 존재한다고 말했다. 웨슬리는 그녀의 편지를 읽고 하나님께서 여성들에게도 기름을 부으시며 축복하신다는 것을 인정했다. 이것은 지금까지도 감리교회가 여성들의 목회를 합당하게 인정한다는 근거가 되고 있다.

18세기 영국 감리교회가 미국 감리교회에 전해준 유산의 가치는 점점 과소평가되거나 잊히고 있다. 그러나 이 유산이 오늘날 교회에 큰 기여를 했다는 사실을 잊지 말아야 한다. 존과 찰스 웨슬리를 비롯한 영국 감리교인들이 보여준 미국교회를 향한 관심은 훗날 그들의 뒤를 따르는 신앙의 후배들의 삶과 사역에 상상하지 못할 원동력이 되었다.

리처드 왓슨 Richard Watson (1781-1833),
영국 감리교회 설교자이자 신학자 English Methodist preacher and theologian

리처드 왓슨은 어렸을 때부터 학문적으로 두각을 드러냈다. 그는 6살 때 18권으로 이루어진 세계사 책을 읽었으며, 17살에 감리교회 목사가 되었다. 그가 2권으로 펴낸 "신학의 원리(Theological Institutes)"는 19세기 동안 영국과 미국 감리교회에서 가장 영향력 있는 신학 서적이었다. 그 외에도 왓슨은 감리교회 조직과 신학 사전, 존 웨슬리의 기본적인 전기에 대하여 중요한 서적을 남겼다. 리처드 왓슨은 웨슬리 신학을 명확하고 논리적으로 보여주는 신학자이다. 이는 그의 책을 통해 증명되고 있다.

엘리자베스 모티머
Elizabeth Ritchie Mortimer

소피아 쿡 브래드번
Sophia Cooke Bradburn

메리 플레처
Mary Bosanquet Fletcher

헤스터 앤 로저스
Hester Ann Roe Rogers

초기 영국 감리교회에서 선출된 여성 지도자들 Some Elect Ladies of early British Methodism

　초기 감리교회는 그 어떤 교파보다도 앞장서서 여성들의 사역을 허용하였다. 엘리자베스 모티머, 메리 플레처, 소피아 쿡 브래드번, 헤스터 앤 로저스 이 4명의 여인들은 초기 영국 감리교회의 중요한 인물들이다.

　엘리자베스 모티머는 종종 존 웨슬리를 집으로 초대하여 교제했다. 웨슬리와 엘리자베스는 많은 편지를 주고 받았으며, 엘리자베스는 마지막까지 웨슬리와 함께 하며 그에 대한 기록을 상세하게 남겼다.

　메리 플레처는 존 웨슬리가 가장 아꼈던 조력자, 존 플레처의 부인이었다. 메리는 후에 감리교회 최초의 여성 설교자이자 평신도 신학자가 되었다.

　소피아 쿡 브래드번 역시 존 웨슬리를 자주 초청하여 교제했다. 웨슬리는 그녀를 친구로 받아들이며 이런 편지를 썼다. "나와는 격식을 차릴 필요가 없습니다. 당신의 마음 속에 있는 생각을 모두 이야기하십시오. 그리고 당신이 생각하는 것들을 하나님을 경외하는 마음으로 기도하고 실행에 옮기십시오."

　헤스터 앤 로저스는 영국의 여성 감리교인이었으며 능력이 매우 출중했다. 그녀는 존 웨슬리의 설교를 듣고 회심하여 감리교인이 되었다. 저명한 잡지 아르미우스 매거진에는 그녀가 남긴 글들이 실려있으며, 이 글은 미국의 감리교인들에게 큰 감동을 주었다. 헤스터는 그 외에도 많은 책을 출판하고, 다양한 신앙 이야기로서 감리교회 목회자들을 격려했다. 그녀의 자서전 '헤스터 앤 로저스의 짧은 회심 이야기'는 많은 독자들에게 감동을 주었다.

2 감리교회, 미국의 문을 두드리다

감리교회가 미국 사회에 정착하기 전, 그들은 30여년간 영국을 본거지로 활동했다. 1730년, 존과 찰스 웨슬리가 조지아에서 성공회 선교사로 활동한 적이 있지만, 본격적으로 감리교회를 세우는 데에는 역부족이었다. 웨슬리 형제는 다시 영국으로 돌아가 감리교회를 세우며 활발한 활동을 펼쳐나갔다. 그러나 조지아에서의 경험으로 인해 미국에서의 사역 계획은 세우지 못했다.

그 후 1739년, 조지 휫필드가 델라웨어에서 작은 감리교회 공동체를 만들었지만 이것 역시 실패로 돌아갔다. 존과 찰스 웨슬리, 조지 휫필드의 시도는 성공적이지 못했으나, 그들은 미국에서의 사역을 시도한 첫 번째 인물들이었다.

미국에서 감리교회의 시작은 다른 인물들의 업적에서 비롯되었다. 1760년대, 로버트 스트로브리지와 필립 엠버리가 미국으로 이민을 왔다. 이들은 아일랜드 감리교회 평신도 설교자들이었다. 당시 두 사람은 서로를 알지 못한 상태로 스트로브리지는 메릴랜드에, 엠버리는 뉴욕에 정착했다.

사바나에 있는 존 웨슬리 동상 John Wesley monument in Savannah

존과 찰스 웨슬리는 1736년부터 1737년까지 조지아에서 선교사로 활동했다. 그러나 이들은 아직 영적으로 준비되지 않은 상태였다. 존과 찰스 웨슬리는 미국 땅에 감리교회 공동체를 세우는 것에 실패한 후, 실망하고 좌절하여 영국으로 돌아왔다. 존 웨슬리는 미국에서의 경험에 대해 "나는 사바나에서 허공을 치며 모든 시간을 보냈다."라고 기록했다.

훗날 두 사람은 미국 감리교회의 시작이라고 볼 수 있는 공동체를 함께 세웠다. 이 공동체는 당시 미국사회에 이미 존재하고 있던 다른 교파들에 비해 규모도 작고, 잘 알려지지도 않았다. 그러나 감리교회가 점점 성장하여 미국 사회에서 자리를 잡고 부흥하기 시작하자, 몇몇 교파들은 이를 경계하기 시작했다. 그들은 자신들의 교회가 감리교회 공동체보다 우월하다고 생각했다. 감리교회의 열정적인 설교, 큰 찬양 소리, 손뼉을 치며 큰 소리를 내는 행위는 비난의 대상이 되었다. 실제로 감리교회의 설교자들은 대부분 교육을 제대로 받지 못했거나 교양을 갖추지 못했다. 감리교회를 반대하는 무리들은 이 점을 비난하며 자신의 성도들에게 감리교회 모임에 참석하지 말라고 권고했다. 이처럼 감리교회의 시작은 초라하고 미약했다. 그러나 감리교회는 꾸준히 노력을 이어나갔고, 마침내 미국에서 가장 역동적인 공동체로 성장하였다.

로버트 스트로브리지

미국 감리교회의 본격적인 역사는 평신도 설교자 로버트 스트로브리지에 의해 시작되었다고 해도 과언이 아니다. 1760-1761년 경, 스트로브리지와 그의 아내 엘리자베스는 아일랜드를 떠나 메릴랜드의 프레데릭 카운티에 정착했다. 그는 곧 설교 사역을 시작했다. 스트로브리지는 유창한 설교자이자 아름다운 목소리를 가진 찬양 인도자였다. 이후 스트로브리지는 1763년 경 존 에반스의 집에서 감리교회 공동체를 조직하였다. 이 공동체는 미국 최초의 감리교회 공동체였으며, 이후 꾸준히 활동을 이어나갔다. 스트로브리지는 이웃사람들을 모아 조직을 만들어 헌신적으로 섬겼다. 그의 목회로 인해 많은 사람들이 회심하고 주님께로 돌아왔다. 회심하여 개종한 사람들 중 일부는 감리교회의 속회 리더와 설교자가 되어

로버트 스트로브리지 Robert Strawbridge
(1732-1781 추정)

1763년 경, 스트로브리지 부부는 미국 최초의 감리교회 속회를 조직했다. 아내 엘리자베스가 가족과 농장을 돌보는 동안, 로버트는 동부 메릴랜드와 버지니아 서부, 뉴저지, 펜실베이니아를 순회하며 설교를 했다.

스트로브리지를 기억하는 사람들에 의하면 그는 강인하고, 늠름한 체격에 살집이 없는 체형이었다. 또 검은 머리에 얼굴뼈가 두드러진 날렵한 얼굴을 가졌으며, 아름다운 목소리로 노래를 잘 불러 아이들에게 인기가 많았다. 스트로브리지는 감리교회 공동체를 조직하기 전부터 사람들에게 인기가 많았고, 그가 순회설교를 다니기 시작하자 이웃들은 그의 농장과 가족을 돌보아 주었다.

새로운 공동체를 만들기도 했다. 훗날 프랜시스 애즈베리는 그의 일기에 이렇게 기록하였다. "스트로브리지는 메릴랜드와 미국에서 최초의 감리교회 공동체를 형성하였다."

미국 감리교회 역사에서 스트로브리지는 '최초'라는 단어와 연관이 깊다. 미국 감리교회 최초 개종자인 존 에반스를 도왔던 것도 스트로브리지였다. 아내 엘리자베스가 에반스의 개종에 큰 영향을 준 것은 사실이지만, 스트로브리지의 역할도 매우 컸다. 또 스트로브리지

미국 감리교회 최초의 설교 장소였던 존 에반스의 집
The John Evans House, Site of American Methodism's First Preaching Station

존 에반스는 스트로브리지 부부의 사역으로 미국 감리교회 최초의 개종자가 되었다. 로버트 스트로브리지가 순회 사역을 할 때, 에반스는 속회의 지도자 역할을 맡았다. 이 속회는 1764년에 지어진 존 에반스의 집으로 옮겨갔으며, 이는 41년 동안 지속되었다. 1768-1809년까지 프랜시스 애즈베리 감독을 비롯하여 68명의 감리교회 순회 목회자가 이곳에서 설교하였다. 1868년, 스트로브리지의 설교 강단이 에반스의 다락방에서 복원되었으며, 현지의 설교 강단은 스트로브리지의 최초 통나무 예배당의 나무와 함께 러블리 레인 박물관에 전시되어 있다.

로버트 스트로브리지의 통나무 예배당, 1764
The Robert Strawbridge Log Meetinghouse

미국 감리교회 최초의 예배당으로 24 피트 스퀘어 크기에, 바닥은 흙으로 되어 있다. 한쪽에는 통나무로 출입구를 만들었으며, 창문이 있었는지 확실하지는 않지만 창문으로 추정되는 작은 구멍들이 나 있다. 프랜시스 애즈베리를 포함한 많은 감리교회 목사들이 이곳에서 예배를 드렸고, 스트로브리지의 자녀 중 제인과 베시는 설교단이 있던 곳에 묻혔다.

오래된 석조 예배당, 1783
The Old Stone Chapel

1783년, 미국 감리교회 최초의 성도들은 '올드 하이브'라 불리는 석조 예배당을 지었다. 이 예배당은 앤드루 폴슨이 기부한 땅에 세워졌다. 2층 구조의 건물이었으며 3면에 좌석이 있었다. 17년 후 벽이 무너지기 시작하자, 성도들은 이 건물을 무너뜨렸다. 그리고 1880년, 같은 곳에 동일한 모습으로 새 건물을 지었다. 1883년에는 좌석을 없애고 천장을 낮추어 재건축하였다.

레베카 도로시 리즈리 Rebecca Dorsey Ridgely
(1739-1812)
존 헤셀리우스(John Hesselius) 그림의 사본으로 프릭 미술 도서관(Frick Art Reference Library)의 허락을 받고 사용하였다.

리즈리 부부는 로버트 스트로브리지에게 무료로 농장을 빌려주며 그를 도왔다. 초기 감리교회 목회자들이 순회 사역을 할 수 있었던 것은 리즈리 부부와 같은 너그럽고 친절하며 헌신적인 사람들의 지원 덕분이었다.

1789년 리처드 왓코트(Richard Whatcoat)는 리즈리의 집을 방문한 후 일기를 기록했다. "내가 리즈리 대령이 인도하는 철야예배에 도착했을 때, 존 콜먼(John Coleman) 목사의 설교가 끝나가고 있었다. 나는 포스터(Foster) 형제에게 설교를 하고 권면했다. 그곳에는 성령의 뜨거운 역사가 있었고, 사람들은 함께 울부짖으며 기도했다. 나는 12시까지 계속되는 모임에서 나왔지만 몇몇 성도들은 새벽 3시까지 남아서 기도를 했다. 사람들 중 10~12명 정도가 평안을 얻은 것 같았다."

올드 래봇 예배당 Old Rehboth Chapel

1786년에 지어진 이 예배당은 알레게니(Allegheny) 산맥 서부에 있는 가장 오래된 개신교 교회이다. 이 건물 내부에는 가로 21피트, 세로 29피트 크기의 좁고 긴 의자들을 배치하여 많은 사람들이 앉을 수 있게 하였다. 당시 인디언들의 공격을 피하기 위한 의도로 건축되기도 했다. 이 교회에 최초로 파송된 순회목사 존 스미스는 그의 일지에 1788년 최초의 감리교회 임명식이 이곳에서 행해졌다고 기록하고 있다. 이 교회를 자주 방문했던 프랜시스 애즈베리 감독이 예배를 담당하였다.

이 통나무 건물은 1760년대 이후 몇 십년 간 미국 전역에 세워졌던 감리교회 첫 세대 건물의 전형적 형태이다. 천장의 보호막은 오래된 건물을 보존하기 위해 나중에 덮은 것이다. 토지를 기부하고 건물을 세운 에드워드 키넌(Edward Keenan)은 '풀이 자라고 물이 흐르는 한' 이 예배당은 보존되어야 한다고 말했다.

공동체의 성도들은 1764년경, 메릴랜드의 뉴 윈저 마을에서 남쪽으로 1마일쯤 떨어진 곳에 미국 감리교회 최초의 예배당을 지었다. 통나무로 지어졌던 이 예배당은 1800년에 돌로 지어진 예배당으로 옮겨갔다.

스트로브리지가 정식으로 성직자 임명을 받은 것은 아니었으나, 그는 성찬의 필요성을 느끼고 있었다. 마침내 1762-1763년경, 스트로브리지는 미국 최초로 성찬을 진행하였고 최초로 유아 세례를 베풀었다. 그러나 이는 감리교회 규율에 위반된 것이었다. 당시 존 웨슬리는 오직 임명된 성공회 목사들만이 감리교인들에게 성찬을 베풀 수 있다고 가르쳤다. 그러나 스트로브리지의 성찬은 존 웨슬리가 주장하는 성공회 성찬이 미국 공동체의 형편에 맞지 않는다는 것을 증명하는 사건이었다.

스트로브리지의 사역은 감리교회의 엄청난 부흥을 일으켰으며, 강력한 복음주의적 흐름의 근원이 되었다. 그는 여러 곳에서 설교 초청을 받으며 나날이 사역 활동을 활발하게 펼쳐나갔다. 주변 사람들은 그의 농장과 가족을 돌보고 자녀들을 지원하며 스트로브리지의 순회 사역을 지지해주었다.

찰스 리즈리 부인은 1776년부터 1781년까지 스트로브리지 가족에게 농장을 무상으로 빌려주었다. 리즈리 부인 외에도 여러 평신도들이 스트로브리지를 물심양면으로 도왔다. 이에 스트로브리지는 동부 메릴랜드, 델라웨어, 펜실베이니아 그리고 버지니아까지 순회하며 사역 활동을 펼쳐나갔다. 그는 6개의 예배당을 비롯하여 약 30여 곳에 설교할 수 있는 공간을 지었다. 프랜시스 애즈베리는 그의 일지에 메릴랜드가 종교 활동의 '진정한 중심지'였다고 기록하고 있다.

스트로브리지 사역의 특별한 점은 영적인 자녀들을 많이 양육했다는 것이다. 복음 안에서 길러진 영적 아들들은 감리교회의 속회 리더, 권고자, 순회 설교자로 성장했다. 이 중 야곱 투굿(Jacob Toogood)은 미국 감리교회의 최초 흑인노예 출신 설교자가 되었다.

스트로브리지가 죽은(1781) 후 장례가 치러졌던 집 The house where Strawbridge died (1781) and where his funeral was held

스트로브리지는 볼티모어 근처 휠러(Wheeler) 과수원에 묻혔다. 그의 제자 중 한 사람이었던 리처드 오웬(Richard Owen)은 스트로브리지의 장례식 설교에서 이렇게 말했다. "주 안에서 죽은 자는 복되도다. 성령께서 말씀하신다. 이제 그들은 쉼을 얻을 것이며 그들의 노고가 그 뒤를 따를 것이다."

1866년, 미국 감리교회 역사 공동체의 설립자인 조지 로버트(George C. Roberts)는 스트로브리지 부부의 유품들을 볼티모어에 있는 마운트 올리베 공동묘지(Mount Olivet Cemetery)로 옮겨와 다른 위인들의 유품과 함께 '감독의 물품(Bishop's Lot)' 안에 보관하였다.

스트로브리지는 이 영적 자녀들을 3~4개의 그룹으로 묶어 서로 돕고 책임을 지며 격려하도록 권장했다. 그들은 감리교회의 메시지를 전달하기 위해 국경을 넘나드는 일을 마다하지 않았다. 이 평신도 사역자들은 집집마다 방문하며 기도하고 찬양을 불렀고, 하나님의 은혜를 받을 것을 권했다. 몇몇은 영적 각성이 일어나지 않은 알레게니 지역 너머로 이주하기도 했다. 1770년대에는 설교자들을 비롯한 감리교인의 절반 이상이 스트로브리지의 영향력이 강한 지역이었던 메릴랜드와 버지니아에 거주했다.

초기 감리교회 공동체는 스트로브리지의 업적을 크게 인정하지 않았다. 앞서 언급했듯, 그가 존 웨슬리의 성찬 규율을 어겼기 때문이었다. 이 때문에 프랜시스 애즈베리는 스트로브리지를 냉대하며 인정하지 않았다. 감리교회의 정책을 어겼다는 이유로 1775년 이후, 스트로브리지의 이름은 감리교회 설교자 명단에서 찾아볼 수 없다. 그러나 스트로브리지는 흔들리지 않고 '감리교회의 독불장군'으로 복음을 전하며 새로운 성도들을 양육해 나갔다.

로버트 스트로브리지는 1781년 죽기까지 사역의 열매를 맺기 위해 끊임없이 수고했다. 그가 죽었을 때, 제자들과 이웃들은 죽음을 이긴 크리스천의 승리를 노래한 찰스 웨슬리의 찬양을 부르며 그의 장례를 치렀다. 그는 미국에서 최초로 감리교회 공동체의 역사를 만든 사람이며, 수천 명의 삶을 어루만진 사역자였다. 그는 '미국 감리교회 최초의 사도'라는 칭호를 마땅히 받을 만한 인물이었다.

필립 엠버리

감리교회를 미국으로 옮기는 일에 선구적 역할을 했던 또 한 명의 중요한 인물은 필립 엠버리이다. 엠버리는 1752년 크리스마스에 개종했던 아일랜드 평신도 사역자였다. 그는 자신이 1756년 존 웨슬리의 설교를 듣고 감리교회의 속회 리더이자 평신도 사역자로 부르심을 받았다고 말했다. 줄곧 가난한 생활을 했던 엠버리와 그의 친구들은 더 나은 삶을 위해 미국으로의 이민을 결심한다. 이들은 뉴욕에 정착했지만, 감리교회 공동체를 세우는 일에는 실패하여 다른 교파의 교회 예배에 참석하였다. 엠버리와 친구들은 점차 아일랜드에서 굳게 지켜왔던 진실한 믿음을 잃어버리기 시작했다. 큰 죄에 빠진 것은 아니었으나 설교를 하거나 속회모임을 갖는 일은 하지 않았다. 엠버리는 자신과 친구들이 안일한 신앙생활을

필립 엠버리 Philip Embury (1728-1773), 뉴욕 시티의 감리교회 평신도 설교자
pioneer Methodist lay preacher in New York City

1766년, 엠버리는 뉴욕 최초의 감리교회 공동체를 조직했다. 그를 기억하는 사람들은 그가 겸손했으며 그가 하는 말은 확신을 주었다고 말한다. 그는 설교 도중 자주 눈물을 흘리기도 했다. 가족의 이야기를 적은 책이 엠버리의 아들에게 전해지고 있는데, 그 책의 한 부분에는 엠버리가 그리스도를 영접한지 1주년이 되는 크리스마스에 기록한 내용이 담겨있다.
"1752년 12월 25일 월요일, 크리스마스. 그분의 구원의 사랑이 나의 영혼에 비추어졌다. 영원토록 영광 받으실 예수 그리스도 안에서 진심으로 구원에 대해 감사하며. 아멘. 필립 엠버리." 미국으로 온 이후, 엠버리는 '뉴욕 감리교회의 사도'라는 별칭을 얻었다.

바바라 러클 헤크 Barbara Ruckle Heck (1734-1804), '미국 감리교회의 어머니' 'The Mother of American Methodism'

필립 엠버리는 뉴욕에서 자신의 집을 최초의 설교 장소로 공개했다. 여기에는 바바라 헤크의 강력한 권유가 있었다. 바바라 헤크는 인내심과 자제력, 참을성이 강한 여인이었다. 엠버리의 이 최초 예배에는 흑인 하녀를 포함하여 6명이 참여하였다. 이후 공동체가 점점 커져가자, 헤크 부인은 뉴욕의 오래된 존 스트리트 교회의 건물을 마음에 두었다. 그녀는 이것이 하나님께서 주신 생각이라고 확신했다. 뉴욕 감리교회 공동체는 그녀의 계획을 받아들여 건물을 짓기 시작했다. 헤크 부인은 미국 감리교회의 설립자 중 한사람으로 기억되고 있다. 그녀가 복음에 대한 열정을 갖고 있었기에 가능한 일이었다.

뉴욕 시티에 있는 엠버리의 집 Drawing of Philip Embury's house in New York City

1766년 가을, 엠버리는 뉴욕 최초의 감리교회 설교를 했다. 작은 성도들로 이루어졌던 이 공동체는 점점 성장하여 곧 굳건하게 자리를 잡았다. 뉴욕에서 엠버리의 사역이 부흥하는 동안 메릴랜드와 버지니아에서는 스트로브리지의 사역이 빠른 속도로 성장하고 있었다. 마침내 1800년이 되었을 때, 65,000명의 감리교인들이 미국 감리교회 공동체를 이루었다. 또 이보다 몇 배나 많은 사람들이 감리교 예배에 참석하였다.

하는 것에 마음이 쓰였지만 그렇다고 친구들에게 진지한 신앙생활에 대한 권면을 하지도 않았다.

이때, 아일랜드 출신 감리교회 이민자들 사이에서 영적 각성의 불씨를 일으킨 여성 지도자가 있었다. 그녀는 바로 필립 엠버리의 사촌인 바바라 헤크였다. 헤크 부인은 자신의 친척과 친구들 사이에 싹트는 반종교적 분위기에 경각심을 가졌다. 1766년 10월, 사촌 필립 엠버리를 만난 헤크 부인은 그에게 설교를 다시 시작하라고 눈물로 간청했다.

"당신은 설교를 해야만 해요. 그렇지 않으면 우린 모두 지옥에 가고 말 거예요. 하나님께서 우리의 피 값을 당신에게 돌리실 거예요."

그러자 엠버리는 되물었다.

"설교할 장소도, 들을 사람도 없습니다. 이런 상황에서 어떻게 설교를 할 수 있단 말입니까?"

이에 헤크 부인이 대답했다.

"당신의 집에서 당신과 함께 하는 사람들에게 먼저 설교하세요."

엠버리는 그녀의 권고를 받아들였다. 그리고 자신의 집에서 감리교 예배를 진행할 계획을 세웠다.

헤크는 엠버리의 첫 번째 성도가 되었다. 자신의 집에서 일하는 흑인 하녀 3명도 함께였다. 엠버리가 찬양과 기도 후 설교를 하였고, 이것은 속회로 만들어졌다. 시간이 지나자 속회에 참여하는 사람들이 늘어났다. 또 그리스도께로 돌아오는 새로운 예배자들도 생겨났다. 교인들이 점점 늘어나자 더 큰 예배당이 필요했다. 엠버리는 영국군이 있는 곳 근처로 모임 장소를 옮겼다. 그곳에서 엠버리는 사례를 받지 않고 설교를 하며 2개의 속회를 더 만들었다. 영국 군인들을 비롯한 많은 사람들이 이 일을 도왔다. 엠버리는 자신의 설교를 원하는 가난한 사람들을 위해 빈민구호소를 찾기도 하며 여러 도시에서 설교를 해 나갔다.

메릴랜드와 뉴욕에서의 예배는 첫 모임부터 흑인과 백인이 함께 예배를 드렸다. 베티(Betty)는 바바라 헤크의 하인이었으며 엠버리의 최초 속회원 중 한 명이었다. 베티는 다른 흑인들도 감리교회 예배에 참여하는 것을 허락받았다. 이렇게 함께하게 된 '아프리카 흑인들'은 곧 그들만의 속회를 만들었다. 뉴욕에서 섬겼던 사역자들의 편지와 일지에는 그 지역 초기 감리교인들 중 절반이 아프리카계 미국 흑인이었다고 기록되어 있다. 그 후 뉴욕의 감리교회는 첫 번째 예배당을 지을 때, 흑인들을 구분하기 위한 '노예 좌석'이라는 별도의 계단식 좌석을 만들었다. 이러한 분위기에도 불구하고 수천 명의 흑인들이 감리교인으로 성장했다. 그 중 몇몇은 속회 리더와 설교자로서 공동체를 섬기기도 했다.

토마스 웹 대령

어느날 필립 엠버리의 뉴욕 교회에 새로운 인물이 등장했다. 그는 제복을 입고 칼을 찬 모습으로 사람들에게 위압감을 주었다. 성도들은 두려움과 불안을 느꼈다. 그러나 그가 예배와 찬양에 참여하는 모습을 보며 성도들은 경계심을 풀었다. 예배가 마치자, 그는 자기 자신을 소개했다.

"나는 십자가의 군인이며, 존 웨슬리의 영적인 아들입니다. 또한 감리교회 평신도 사역자입니다. 성도님들을 돕고 싶습니다."

그는 바로 영국군 장교인 토마스 웹 대령이었다. 실제로 그의 헌신은 초기 뉴욕 감리교회에 큰 도움이 되었다. 그는 설교할 때 제복을 입고, 칼을 설교단 앞에 두었다. 흥미로운 그의 모습은 사람들이 그의 설교에 빠져들게 만들었다.

현대 감리교회 설교자들은 토마스 웹에 대

해 다음과 같이 말한다.

"그는 영적인 체험을 많이 한 인물이다. 대장간에서 쇠모루에 의해 다듬어지는 쇳조각처럼 하나님의 은혜를 받기 위해 밤낮으로 하나님과 싸웠다. 이러한 영적인 싸움으로 인해 하나님으로부터 총애를 입어 하나님에 대한 완벽한 설교를 할 수 있을 만큼 담대해졌다."

존 애덤스(John Adams, 미국의 제2대 대통령)는 어렸을 때 들었던 웹의 설교를 기억했다.

"그는 내가 아는 사람들 중 가장 유창한 설교자였다. 자신의 열정과 상상을 매우 잘 전달했으며 예의 바르고 겸손하게 자신을 드러냈다."

필립 엠버리의 성도들은 또 다시 새로운 예배 장소가 필요했다. 이번에는 돛을 수리하는 조선소의 삭구 작업장을 공동체 모임의 장소로 정했다. 성도들은 가로 18피트, 세로 60피트의 방을 벤치와 강대상으로 채웠다. 그들은 다른 교회의 예배시간과 중복되는 것을 피하기 위해 주일 아침 6시와 목요일 저녁에 모임을 가졌다.

삭구 작업장은 곧 사람으로 넘쳐났다. 오히려 주님의 말씀을 듣기 원하는 사람들의 반을 수용하기에도 모자랐다. 1768년, 성도들은 존 스트리트의 다른 장소를 빌려 가로 42피트, 세로 60피트의 새로운 예배당을 세웠다. 당시 뉴욕에는 세금으로 지원을 받는 국가 교회들이 지정되어 있었다. 따라서 다른 교파의 성도들이 교회를 세우는 것이 법으로 금지되어 있었다. 감리교인들은 예배당이 집으로 분류될 수 있도록 교회 안에 벽난로와 굴뚝을 지었다. 그들은 그곳을 '웨슬리 교회'라고 불렀다. 존 웨슬리는 이 예배당의 사정을 듣고 성도들에게 돈과 서적, 시계를 보냈다.

토마스 웹 대령 Captain Thomas Webb (1724-1796)

1778년, 이 영국군 사령관은 뉴욕에 최초 감리교회를 세우기 위해 30파운드를 기부했다. 이 도움이 없었다면 교회는 세워질 수 없었을 것이다. 이후 토마스 웹은 필라델피아로 향했다. 그곳에는 조지 휫필드의 설교를 듣고 회심한 제임스 에머슨(James Emerson)이 만든 속회가 있었다. 웹은 이 속회를 필라델피아의 최초 감리교회 공동체로 발전시켰다. 1769년, 조셉 필모어(Joseph Pilmore)와 필라델피아 성도들은 웹의 재정적 도움으로 세인트 조지 교회(St. George's Church)를 구입했다. 또한 웹은 델라웨어에 감리교회를 전하며 뉴캐슬(Newcastle), 윌밍턴(Wilmington)을 비롯한 여러 지역에서 설교를 했다. 웹이 영국으로 돌아가야할 때가 이르자, 이 지역의 성도들은 존 웨슬리에게 목회자를 미국으로 보내달라고 간청하였다.

존 웨슬리는 토마스 웹의 가치를 이렇게 평가했다.

"대령의 내면은 생명과 불로 가득 차 있습니다. 비록 영적으로 깊은 설교가 아니었으나, 그보다 더 나은 설교자를 만나지 못한 사람들은 웹 대령의 설교를 듣기 위해 몰려왔습니다. 많은 사람들이 그의 설교를 듣고 믿음에 확신을 갖게 되었습니다." 토마스 웹은 설교자이자 권고자였으며 후원자였다. 그의 사역은 미국 초기 감리교회에 귀중한 유산이 되었다.

삭구 작업장 The Rigging Loft

    1767년부터 1768년까지 뉴욕의 초기 감리교인들은 뉴욕시 윌리엄 스트리트 120번가에 위치한 장소에서 예배를 드렸다. 필립 엠버리와 토마스 웹은 미국을 관리하던 영국군 소속의 몇몇 성도들의 도움을 받아 이 공동체를 꾸려나갈 수 있었다.
    성도들은 점차 성장하여 이곳에 최초의 감리교회를 세우기로 계획하였다. 당시 뉴욕시의 인구는 약 15,000명이었다.

존 스트리트 교회의 본래 모습과 목사관 Original John Street Church and parsonage
스미스(J. B. Smith)가 그린 그림으로 뉴욕 시립 미술관에 소장되어 있다. 미술관의 허락을 받고 싣는다.

    1768년 8월 필립 엠버리의 감리교 공동체는 뉴욕시 존 스트리트의 두 곳을 교회 부지로 구입했다. 성도들은 250명의 후원자들의 도움을 받아 그 부지에 서둘러 예배당을 세웠다. 예배당의 이름은 '웨슬리 예배당'이었다. 엠버리의 감독으로 건축이 진행되었으며 총 600~800 파운드 가량의 비용이 들었다. 이곳에서 미국 감리교회의 최초 총감독인 토마스 코크가 첫 설교를 하였고, 1789년에는 감리교회 목사들의 회의가 열렸다. 또한 토마스 코크와 프랜시스 애즈베리는 미국의 제 1대 대통령으로 선출된 조지 워싱턴(George Washington)에게 공식적인 축하인사를 할 수 있는 권한을 받았다.
    1787년 세워진 존 스트리트 교회는 1818년, 기존 교회를 허물고 확장 공사를 하게 된다. 이후 1840년 존 스트리트 거리가 확장되자, 1818년에 지어진 교회를 허물고 다시 새 교회를 지었으며 1841년 엘리야 헤딩(Elijah Hedding) 감독이 봉헌하였다.

존 웨슬리의 공식적 미국 사역

조지 휫필드는 웨슬리에게 감리교인을 미국으로 보내달라고 요청한 최초의 사람이다. 1764년 9월, 휫필드는 필라델피아에서 웨슬리에게 편지를 보냈다. "이곳에 100명의 순회 설교자들을 위한 공간이 있다"는 내용이었다. 그 후 토마스 웹이 웨슬리에게 미국으로 설교자를 보내줄 것을 간청하는 편지를 썼다. 이는 뉴욕 공동체가 소원해왔던 일이었다. 비슷한 시기에 영국인 이민자였던 가구장이 토마스 벨(Thomas Bell) 역시 찰스타운에서 편지를 보냈다. "미국인들은 제대로 된 양육을 받지 못하고 있습니다. 이들은 잃어버린 양이 아닙니까? 왜 영국인 설교자들은 이곳으로 오지 않습니까?"라는 내용이었다. 또한 1768년, 메릴랜드와 뉴욕의 감리교인들은 독자적으로 존 웨슬리에게 미국의 감리교 공동체를 도와줄 것을 강하게 요청했다.

존 웨슬리는 미국이 사역자를 필요로 한다는 것을 인지하게 되었고, 가능한 한 빨리 그들을 돕기로 결심했다. 그리스도인, 특히 새롭게 개종한 사람들에게는 목사의 적절한 돌봄이 필요하다는 것이 웨슬리의 생각이었다.

"어느 곳이든 사람이 깨어났다 다시 잠들기까지 그저 내버려두는 것이야말로 사단이 원하는 것이라 확신한다. 그래서 나는 내가 하나님의 은혜를 따르지 못하는 곳에서는 어떤 일도 시작하지 않겠다고 결심했다."

연로했던 웨슬리는 직접 미국으로 건너갈 수가 없었다. 또한 아직까지 영국의 감리교회는 웨슬리의 열정과 에너지를 필요로 했다. 결국 그는 다른 사역자들을 미국에 보내기로 결정했다.

1769년, 존 웨슬리는 특별한 결단을 내리기에 이른다. 그 해, 리즈(Leeds)에서 영국 감리교회의 설교자 회의가 열렸다. 그 자리에서 웨슬리는 다음과 같이 발언했다.

"우리는 뉴욕의 형제들에게 도와달라는 긴급한 요청을 받았습니다. 그곳으로 가기를 원하시는 분이 있습니까?"

다음 날, 두 명의 젊은 사역자가 나섰다. 2주가 채 안되어 그들은 바로 미국으로 향했다. 두 사람의 이름은 리처드 보드맨(Richard Boardman)과 조셉 필모어(Joseph Pilmore)였다.

당시 영국 감리교회에 빚이 있었음에도 불구하고 사역자들은 리즈 회의에서 70파운드를 모금하였다. 그 중 20파운드는 교통비로, 50파운드는 뉴욕 예배당의 빚을 갚는 데에 사용했다. 폭풍과 맞서는 9주에 걸친 항해 끝에 보드맨과 필모어는 드디어 필라델피아에 도착했다. 그들은 곧바로 사역을 시작했다.

리처드 보드맨

리처드 보드맨은 필모어보다 한 살이 더 많았으며, 웨슬리가 미국에서 자신의 보좌관으로 선택한 사람이었다. 당시 '보좌관(Assistant)'은 존 웨슬리의 감독 아래 순회의 일을 감독하는 사람을 부르는 명칭이었다. 보드맨은 뉴욕에서, 필모어는 필라델피아에서 사역을 시작했다. 두 설교자는 매년 3번씩 예배 장소를 서로 바꾸었다. 이들은 감리교회를 이전보다 더욱 널리 알리며 다른 식민지 땅에서도 설교를 했다.

말을 타고 오가는 긴 이동시간 안에서 성도들과 잦은 만남을 가져야 했던 그들은 철저하게 계획적으로 일과를 구성했다. 보드맨은 한 주에 4번 설교를 하였고, 수요일 저녁에는 작은 모임에서 성도들과 교제를 나누었다. 그는 편지에 이렇게 기록했다.

"가는 길은 멀고 험하였으며 삶은 매우 가난했다. 그러나 이 모든 어려움을 잊을 수 있었던 것은 예수님께서 하셨던 것처럼 죄인들

존 웨슬리는 두 명의 영국 감리교회 목사를 미국으로 보냈다. 이는 미국으로 선교사를 보낸 감리교 최초의 공식적 파송이었다. 그들은 1769년 10월 24일에 뉴저지 글로체스터 포인트(Gloucester Point)에 도착하여 사역을 시작했다. 이 두 사역자는 미국과 영국 사이의 정치적 긴장감으로 인해 1774년 겨울에 다시 영국으로 돌아가기 전까지 미국에서 사역 활동을 해 나갔다.

리처드 보드맨 Richard Boardman (1738-1782)

리처드 보드맨은 '깊은 경건의 사람, 정감 있는 사람, 깊은 이해심의 사람'으로 평가된다. 존 웨슬리는 보드맨에 대해 "경건하고 착하며, 분별력이 있고, 주변 사람들에게 사랑받는 사람"이라고 말했다. 그의 설교는 매우 설득력이 있었고, 이는 미국 감리교회에 긍정적 영향을 주었다. 또한 리처드 보드맨이 보여준 이타적인 헌신은 미국 초기 감리교회 확립에 있어서 좋은 본보기가 되었다. 그의 지속적인 도움과 충성적인 헌신은 동부해안의 초기 감리교회에 방향성을 제시하였으며 영감을 제공했다.

조셉 필모어 Joseph Pilmore (1739-1825)

조셉 필모어는 뛰어난 능력과 깊은 경건을 갖춘 목회자였다. 미국으로 오기 전, 필모어는 하나님께 다음과 같은 약속을 했다.

"첫째, 이제부터 저의 영혼을 하나님께 드리오니 저는 영원토록 당신의 것입니다. 저는 주님의 멍에를 지고 모든 일에서 당신의 인도를 기다리겠습니다. 저의 모든 생각이 순전하고 거룩하게 하옵소서. 저의 모든 소망에서 당신이 중심이 되게 하시고 나의 모든 사랑이 당신께만 있게 하소서. 이를 위해 이 세상의 즐거움에서 모든 욕망이 끊어지게 하시고 세상의 모든 것을 십자가에 완전히 못 박히게 하소서.

둘째, 저의 몸을 영원히 당신의 것으로 드립니다. 모든 죄와 유혹, 더러운 것으로부터 나의 몸을 지키시고 온전히 당신의 성전으로, 당신이 영원히 거하실 수 있도록 순결하고 깨끗하게 지켜주시옵소서. 당신의 소유인 저의 몸과 영으로 영광을 받으소서.

셋째, 나는 당신의 사역 속 모든 시간에서 모든 재능과 능력을 당신의 영광과 명예를 위해 사용할 것을 약속합니다.

마지막으로 나를 죽음으로부터 들어 올리셔서 당신의 성도들과 더불어 영광 가운데 살게 하소서. 조셉 필모어."

에게 진리를 알게 하고 하나님의 나라를 속히 오게 할 수 있다는 소망이었다. 순회를 하며 만난 수많은 사람들은 통탄할 정도로 사악하고 무관심했다. 또한 두려움이 없었고 하나님을 예배하는 것에 관심을 보이지 않았다. 그러나 그들에게 놀라운 변화가 일어났다. 그것은 바로 전능하신 하나님의 능력과 놀라운 사랑으로 인한 것이었다."

보드맨은 3개월에 15달러의 봉급을 받았다. 이로 인해 초기 미국 감리교인들은 설교자들의 보수를 '분기금(quarterage)'이라고 불렀다. 당시 감리교회 설교자들은 개인 소유의 집이 없었으며 순회하면서 음식과 쉴 곳을 제공받았다. 감리교인들은 1800년까지 개인 소유의 집에 대해 공식적으로 논의하지 않았다. 초기 감리교인들이 자신들의 설교자들을 위해 집을 짓기 시작한 것은 몇 십 년이 지난 후였다.

험난한 여정이 계속되고 불편한 상황들이 이어졌음에도 불구하고 보드맨과 필모어는 끊임없는 독서를 통해 자신들의 생각을 발전시키고 계발하였다. 감리교 공동체는 보드맨과 필모어에게 오직 4첩의 종이만을 허락하며 절약하는 생활을 하도록 했다. (1첩은 4장의 종이를 한 번 접은 것이다.) 종이를 사용하는 데에 제약이 있었으므로 이들은 적은 봉급으로 종이를 구입해야 했다. 이처럼 종이를 필요로 했던 것은 그들이 공부하는 일을 얼마나 중요하게 생각하였는지를 잘 보여준다. 독서와 글쓰기는 더 많은 사람들이 사모하며 은혜 받기에 충분한 설교를 할 수 있도록 만들어 주었다.

1769년 11월, 보드맨은 존 웨슬리에게 하나님의 말씀을 듣고 싶어하는 사람들은 많지만 그 중의 1/3만이 예배당으로 들어올 수 있다는 소식을 전했다. 평신도인 에드워드 에반스(Edward Evans)는 웨슬리에게 편지를 썼다.

"당신의 친애하는 두 사역자, 보드맨과 필모어 형제들은 우리가 환영하며 인정하는 분들입니다. 그들은 진실되고 신실하며 우리를 선하게 보살펴 주십니다. 그들이 보여주는 열정과 헌신은 우리를 기쁘게 합니다. 주님이 그들과 함께 하시며 그들을 소유하시고 축복하십니다."

보드맨은 흑인 공동체에 특별한 애정을 가졌다. 1769년, 보드맨은 존 웨슬리에게 이렇게 말했다.

"예배에 참여하는 흑인들은 나에게 많은 영향을 주고 있습니다. 그들 중 한 사람이 저에게 와서 자신의 주인이 말씀을 듣는 것을 허락하지 않기에 밥을 먹을 수도, 잠을 잘 수도 없다고 말했습니다. 그녀는 울며 주인에게 '내가 예배를 드리러 가는 것을 허락해주신다면 내가 할 수 있는 한 더 많은 일을 할 것이며 좋은 하인이 되도록 노력하겠습니다'라고 말했습니다. 다행히도 그녀는 영광스러운 회심을 경험했고 죽는 순간까지 그 기쁨을 간직했습니다."

보드맨은 1771년에 보낸 편지에서 그녀의 죽음에 대해 다시 한 번 언급했다.

"요즘 저는 구원의 하나님 안에서 기쁨의 시간을 보내며 죽음을 맞이한 몇몇 가난한 흑인들로 인해 큰 위안을 받고 있습니다. 죽음의 시점에서 저는 물었습니다. '죽는 것이 두려운가요?' 그러자 그녀가 대답했습니다. '아니요, 제 마음에는 복되신 구원자가 계십니다. 죽는 것을 기뻐합니다. 나는 주님과 영원히 함께 있기 위해 그의 곁으로 가고 싶습니다. 주님이 나를 사랑하신다는 것을 알고 있으며 내가 주님을 전심으로 사랑하고 있다는 것을 느낍니다.' 그녀는 하나님께서 자신을 데려가실 때까지 많은 사람들을 감동시켰고 하나님께서 그녀에게 행하신 많은 일들을 간증하였습니다. 그 외의 사람들 역시 생명이 죽음을 집어 삼키는 행복한 시간을 기다리며 죽음을 준비하였습니다."

보드맨은 웨슬리가 세운 미국의 첫 번째 보좌관으로서 새롭게 설교자로 세워진 사람들을 격려하는 사역을 감당했다. 필모어의 일기에 따르면, 보드맨은 '하나님의 역사 가운데 가장 중요한 일을 가장 잘 설교한 인물'이었다. 보드맨은 새롭게 세워진 설교자들에게 사명에 대한 중요성, 기독교 교리의 본질, 훈련된 삶의 필요성, 그리고 감리교회 행정절차의 중요성을 강조하며 전달하였다.

조셉 필모어

조셉 필모어 역시 미국 초기 감리교회에 큰 도움이 되는 사역을 한 인물이었다. 그가 필라델피아에서 설교를 시작한지 한 달이 되자, 예배를 드리러 온 사람들의 절반도 수용할 수 없을 정도로 많은 사람들이 교회로 몰려들었다. 그는 자신의 일기에 다음과 같은 기록을 남겼다.

"나는 말씀을 듣고자 하는 미국인들의 의지를 보았다. 그것은 내가 지금까지 보지 못했던 것이었다. 예배에 나오는 많은 흑인들이 나에게 큰 감동을 주었다."

"오늘 저녁, 나는 큰 자유함으로 수많은 사람들에게 설교를 하였다. 그리고 소망 없는 한 사람을 공동체로 데려왔다. 나는 하나님께서 귀중한 복음의 선포를 위해 이곳의 문을 열어주시는 것에 대해 감사하며 오늘 하루를 마감한다. 신성한 불씨는 더욱 넓게 번져나가고 있으며 소망은 날로 자라나고 있다!"

필라델피아 성도들은 더 큰 공간으로 이동할 것을 제안하였다. 1769년, 성도들은 성공회에서 건축하다가 포기하여 반만 지어진 채로 남겨져있던 세인트 조지 교회를 매입하였다. 새로운 건물은 갈급하고 간절했던 예배자들로 빠르게 가득 채워졌다. 세인트 조지 교회는 미국 감리교회의 역사적인 장소 중 하나로, 현재까지도 미국에서 사용하는 가장 오래된 감리교회 건물로 남아있다. 필모어는 필라델피아 뿐 아니라 메릴랜드, 버지니아, 남캐롤라이나에서도 감리교회 공동체를 조직하였다.

조셉 필모어는 미국 최초의 여성 속회 리더로 '메리 쏜(Mary Thorne)'을 임명하였다. 영국군이 잠시 동안 세인트 조지 교회를 징발하였을 때, 쏜 부인은 그녀의 집을 예배당으로 제공했다. 그녀는 조셉 필모어와 리처드 보드맨의 좋은 친구였으며 그들은 그녀를 '몰리(Mollie)'라고 불렀다. 세인트 조지 감리교회에는 보드맨이 메리 쏜에게 보낸 편지가 보관되어 있다.

"나의 좋은 친구여, 나는 희망으로 씨를 심고 땅을 가꾸는 것을 좋아합니다. 우리가 다 같이 모일 날이 올 것입니다. 나의 좋은 친구여, 나는 우리를 믿음 안에서 강하게 하고, 기도에 힘쓰게 하고, 우리의 의를 만족시키기 위해 모든 것을 공급하시는 예수 그리스도 안에서 큰 축복을 받고 있습니다. 그러나 이 모든 것 중에서도 우리는 은혜에 은혜를 받았습니다. 곧 주님께서 우리를 당신의 집으로 부르실 것입니다. 그 때까지 우리가 잘 준비되어 있기를 바랄 뿐입니다. 우리는 지금 이 땅에서 받는 고통과 어려움, 시험과는 견줄 수도 없는 놀라운 보상을 천국에서 받게 될 것입니다."

영원한 유산

웨슬리는 헤아릴 수 없는 수많은 사역을 행했고, 이는 미국 감리교회의 성장에 영양분이 되었다. 존 웨슬리는 미국에 총 8명의 선교사들을 보냈다. 그들은 리처드 보드맨와 조셉 필모어(Richard Boardman and Joseph Pilmore, 1769), 프랜시스 애즈베리와 리처드 라이트(Francis Asbury and Richard Wright, 1771), 토마스 랭킨와 조지 쉐포드(Thomas Rankin and

필라델피아의 세인트 조지 감리교회
St.George's Methodist Episcopal Church, Philadelphia

이 건물은 미국 감리교회에서 현존하는 것 중 가장 오래된 건물이다. 1763년에 세워져 1769년에 감리교인들이 구입했다. 이곳에서 감리교회 처음 세 번의 회의가 열렸다. 처음에 이 건물은 흙바닥으로 되어 있었다. 그 후, 벽에 회반죽을 바르고, 바닥을 만들고, 페인트칠을 했다. 검은 주석 촛대가 벽에 달려 교회를 밝혔고, 초 샹들리에는 천장에 달려있었다. (양초는 1파운드에 15센트였고, 타서 작아진 초는 1파운드당 8센트에 팔렸다.) 스토브 연통은 종종 물이 새어 진흙으로 메워야 했으며, 연기가 이따금 천정으로 흘러나왔다. 스토브가 난방의 역할을 제대로 하지 못해, 여성들은 따뜻한 양말을 교회에 가져와야만 했다.

복구된 후의 세인트 조지 교회 내부 모습
Interior of historic St. George's Church after its restoration

옛 세인트 조지(St. George) 교회의 허락에 의해 복원된 사진이다.

1763년, 독일 개신교 성도들이 세인트 조지 교회의 건축을 시작하였다. 처음 교회 이름을 세인트 조지라고 붙인 이유는 영국 성공회가 건축을 완공하는 것을 도와주기 바라는 마음에서였다. 감리교회가 이 교회를 구입하며 그 이름을 그대로 유지하였다. 프랜시스 애즈베리 감독은 교회 건축의 완공을 위해 돈을 모금하였다. 가로 55피트 세로 85피트의 큰 공간과 1,000명 이상을 수용할 수 있는 좌석 때문에 애즈베리는 이 교회를 '감리교회의 대성당'이라고 불렀다.

세인트 조지 교회는 많은 역사를 가지고 있다. 1779년 10월, 미국 감리교 공동체는 세인트 조지 교회를 위해 최초의 찬송집을 출판했다. 조셉 필모어는 이 교회에서 감리교회의 교리와 정책에 대한 최초의 공식 선언을 했다. 1769년 12월에는 미국 최초의 기도 모임이 이 교회에서 열렸다. 또한 이 교회에서 미국 감리교회 철야 예배가 처음 시작되었으며, 프랜시스 애즈베리가 미국에서 첫 설교를 한 장소도 이곳이다. 1784년, 미국 최초의 흑인 설교자인 리처드 알렌이 이 교회에서 설교자의 자격을 부여받았다. 1789년, 세인트 조지 교회는 감리교 책을 출판할 수 있는 부서를 조직하였다. 또한 교회의 성도들은 100개가 넘는 감리교 교회의 조직들을 도왔다. 그 후 시간이 흐르며 교회는 확장되고 보수되었다. 현재 세인트 조지 교회는 귀중한 문서와 책, 역사적 유물을 보관하는 박물관으로 운영되고 있다. 이 사진의 발코니에는 568명의 좌석이 있다.

Grorge Shadford, 1773), 마틴 로다와 제임스 뎀스터(Martin Rodda and James Dempster, 1774)였다. 그러나 미국의 독립전쟁으로 인해 프랜시스 애즈베리를 제외한 모든 선교사들이 영국으로 되돌아오게 되었다.

존 웨슬리는 초기 감리교 설교자 중 대표적인 인물 조지 쉐포드를 미국으로 파송하며 이렇게 말했다.

"너를 미국이라는 거대한 땅에 놓아주겠다. 태양의 정직한 얼굴 아래에서 복음을 전파하라. 또한 할 수 있는 모든 선한 일을 행하라."

쉐포드가 미국에서 보낸 시간은 5년이었다. 그러나 그는 매우 큰 영향력을 발휘했다. 쉐포드가 가진 담백함, 유머, 열정적 기도, 힘찬 설교는 수천 명의 사람들을 그리스도 앞으로 이끌었으며, 이는 부흥의 불씨가 되었다. 수많은 젊은이들이 그의 설교를 듣고 감리교회 순회 설교자가 되겠다고 결심했다.

사람의 힘으로는 설명할 수 없는 신비한 일이 감리교회 예배에서 종종 일어났다. 이 사건을 자세히 지켜보았던 미국 감리교회의 첫 역사학자 제시 리(Jesse Lee)는 다음과 같은 기록을 남겼다.

"죄인들의 몸이 떨리고 흔들려 그들을 붙잡는 일이 흔하게 일어났다. 그들은 곧 죽은 것처럼 바닥에 쓰러졌다. 수많은 사람들이 머리부터 발끝까지 경련을 일으키거나 땅에 무기력하게 누워 기도하는 것처럼 계속 말하기도 했다. 이렇게 죄를 뉘우치는 사람들의 주변

조지 쉐포드 George Shadford (1739-1816)

쉐포드는 존 웨슬리가 1769년-1774년에 미국으로 보낸 8명의 선교사 중 한 사람이다. 쉐포드 역시 초기 미국 감리교회에 많은 영향을 준 목사였다. 그는 쾌활한 성격과 유머감각으로 사람들의 마음을 이끌었으며 많은 사랑을 받았다. 쉐포드가 메릴랜드와 버지니아에서 사역을 하는 동안 수천 명의 사람들이 그리스도에게로 돌아왔다. 그러나 미국 혁명이 가까워지면서 일부 미국 애국자들은 영국시민권자였던 쉐포드를 박해했다. 이러한 정치적 소용돌이 속에서 쉐포드는 영국으로 돌아가라는 부르심을, 프랜시스 애즈베리는 미국에 남으라는 부르심을 받았다. 쉐포드는 영국으로 돌아간 후에도 계속 열매 맺는 사역을 해 나갔다. 삶을 마감할 즈음, 그는 이렇게 적었다.

"나는 이제껏 지금처럼 시간의 소중함을 느껴본 적이 없다. 모든 순간을 하나님을 위해 살며, 하나님이 주신 모든 기회를 붙잡고, 은혜 안에서 성장하기 위한 영적 대화를 나누어야 한다. 또한 삶의 목적을 세속적인 것에 두는 것이 아니라 천국과 영원한 영광, 하나님과 그리스도, 그리고 우리의 영혼에 대하여 사람들과 나누는 것에 두고 살아가는 지혜가 필요하다." 의사가 죽음이 임박했음을 알리자, 쉐포드는 "하나님께 영광!"이라고 외쳤다. 임종 전, 쉐포드는 모든 것이 분명하고, 그것에 대해 확신하는지에 대한 질문을 받았다. 그러자 그는 이렇게 대답했다.

"나는 양의 피를 통해 승리를 주신 하나님을 찬양합니다." 그리고 마지막 말을 남겼다.

"나는 찬양할 것이다. 나는 찬양할 것이다. 나는 찬양할 것이다."

초기 감리교인들에게 조지 쉐포드는 '따뜻한 기운과 왕성한 에너지를 가진, 꼭 필요한 사람'이었다. 이처럼 사람들의 마음을 사로잡은 목사는 많지 않았다. 또한 그는 언제나 정직한 위엄으로서 설교하였다.

에는 애통한 마음으로 회심하는 사람들이 있었다. 젊은이들은 빛나는 눈으로 뛰어다니며 하나님께서 행하신 일을 감사하며 기도했다. 이 모든 일은 나에게 충격으로 다가왔다."

"부흥회에서 일어난 이 모든 일들을 일시적이거나 감정적인 행동이라고 여길지 모른다. 그러나 주께서 행하신 이 신비한 일들을 두려움으로 바라보는 것은 은혜의 일들을 가로막는 위험한 행동이다."

미국 감리교회를 세우기 위해 언제까지나 영국 선교사들에게만 의지할 수는 없었다. 미국 감리교회가 진정으로 부흥하기 위해서는 본토의 설교자들이 필요했다. 이런 이유로 미국 감리교회의 역사는 미국 본토에서 자란 순회 설교자들에 의해 펼쳐지게 되었다. 그들이 남긴 일지와 일기, 그리고 그들에 대한 설명들에는 감리교회가 1세대에서 2세대로 넘어가는 데에 교량 역할을 했던 젊은이들의 흥미진진한 모험 이야기가 담겨있다.

감리교회 최초의 미국인 순회 설교자는 윌리엄 워터스였다. 그는 1778년에 열린 미국 감리교회의 첫 번째 회의에 참여한 설교자들 중 유일한 미국인이었으며, 사회자로서 회의를 진행했다. 회의에 참석한 동료들은 워터스에 대해 논쟁에서 자신과 다른 의견을 갖고 있다 하더라도 상대방을 존경과 애정으로 대했던 유일한 설교자였다고 기록했다.

워터스의 순회 설교는 성공적이었으나, 건강 악화로 인해 순회를 멈출 수밖에 없었다.

윌리엄 워터스 William Watters (1751-1827)
드루 대학교의 연합감리교회 문서보관 및 역사자료 위원회의 허락을 받고 싣는다.

워터스는 미국인으로서 최초의 순회 설교자였다. 그는 '기독교인의 삶과 사역'에 관한 짧은 글에서 다음과 같이 말했다.

"그 누구도 나에게 죄악에 대해 알려주지 않았다. 구원과 생명의 길로 인도해준 이도 없었다. 내가 알고 있던 두 명의 목사들은 부도덕하고 사역에 있어서 어떤 은사도, 열정도 없는 인물들이었다. 갈 바를 알지 못하는 눈 먼 목사들이 성도들의 눈을 멀게 하여 이끌고 있었다. 우리가 모두 지옥으로 떨어지지 않은 것은 전적으로 하나님의 자비 덕분이었다." 청년 시절, 워터스는 로버트 스트로브리지를 비롯한 감리교회 목사들의 설교를 듣게 되었다. 그 때 죄를 회개하는 마음이 그의 마음에 가득 찼고, 당시 감리교회 기도모임에서 그는 자신의 마음에 대해 '눈이 녹았다'는 표현으로 고백했다. 그리고 워터스는 집으로 돌아와 3일 동안 금식했다. 그 후 감리교회 친구들이 그와 함께 기도하기 위해 찾아왔다. 워터스는 이 경험에 대해 다음과 같은 기록을 남겼다.

"주님께서 들으시고 우리 가운데 영적으로 나타나셨다. 하나님의 빛이 내 영혼의 가장 깊은 곳을 비추었고, 정오의 태양 빛보다 더 밝은 빛으로 나를 둘러쌌다. 하나님의 영광과 내 영혼의 거룩한 빛이 마치 태양을 본 것처럼 선명하게 기억나지만, 하나님을 경험하지 못한 평범한 사람들에게 이 일을 어떻게 설명해야 할지 잘 모르겠다."

워터스는 20살이 되던 해에 감리교 속회에 참여하였으며, 21살에 설교를 시작했다. 영국 출신 감리교회 목사 로버트 윌리엄스가 워터스를 받아주었고 순회목사가 될 수 있도록 도움을 주었다. 사람들은 워터스를 강렬한 영성, 신중한 대화와 교제, 지칠 줄 모르는 열정, 성스러운 경건을 가진 사람으로 기억한다.

그러나 그는 1827년 생애를 마칠 때까지 최선을 다하여 사역에 힘썼다. 매튜 심슨(Matthew Simpson)은 워터스가 '성실하고, 경건하며, 모두에게 도움을 주는' 사람이라고 기억했다. 윌리엄 워터스는 누구든지 믿기만 하면 구원을 얻을 수 있다는 감리교회의 복음을 전파했다. 이는 그 뒤를 잇는 수 천명의 미국 감리교회 순회 설교자들의 메시지가 되었다.

프랜시스 애즈베리

웨슬리가 미국으로 파송한 선교사들 중 프랜시스 애즈베리만이 미국에 계속 남기를 원했다. 그는 미국에 남는 것이 하나님의 뜻이라고 믿었고, 온전히 그 뜻을 따르기로 했다. 미국의 독립전쟁이 시작되자, 애즈베리는 이렇게 기록했다.

"아직 미국에는 그리스도께로 돌아오지 않은 영혼들이 남아있다. 우리는 이들을 두고 절대 떠날 수가 없다. 이는 선한 목자가 위험한 때에 양을 두고 떠나지 않는 것과 같다. 나는 하나님의 은혜를 힘입어 그들을 떠나지 않기로 결심했다. 그 결과가 무엇이든 감수할 것이다."

애즈베리는 조지 쉐포드에게 자신의 비전을 편지로 전했다.

"오, 미국이여! 미국이여! 이 나라는 반드시 그리스도의 복음을 힘입어 세계의 영광이 될 것이다. 나는 미국을 사랑했고 지금도 사랑한다. 하나님과 이웃을 사랑하고 기뻐하자. 이로 인해 모든 차별이 사라질 것이다."

애즈베리는 경건한 삶으로 본보기를 보여주었으며, 영감이 넘치는 설교로 성도들을 감동시켰고, 뛰어난 리더십을 발휘하였다.

프랜시스 애즈베리의 일지에는 그의 헌신적 삶이 잘 드러난다. 그는 리처드 백스터(Richard Baxter)의 "The Saint's Everlasting Rest (성도의 영원한 안식)", 토마스 아 켐피스(Thomas a Kempis)의 "Imitation of Christ(그리스도를 본 받아)" 그리고 존 번연(John Bunyan)의 "The Pilgrim's Progress(천로역정)" 등의 책들을 읽었다. 그러나 성경이야말로 그의 가장 친밀한 동반자였다. 그가 설교에서 즉흥적으로 성경의 구절을 인용할 수 있었던 것은 새벽 5시가 되기 전에 일어나 성경을 공부했던 습관 덕분이었다. 그 뿐 아니라 히브리어, 그리스어, 라틴어를 함께 공부하며 성경 구절의 뉘앙스를 더 잘 이해할 수 있도록 노력하였다.

꾸준한 성경 공부와 더불어 기도 생활 역

프랜시스 애즈베리 Francis Asbury (1745-1816)
북 캐롤라이나의 주날루스카 호수에 있는 세계감리교회 박물관이 제공한 것으로, 데이브 핸더슨이 허락을 받고 찍었다.

이 프랜시스 애즈베리(Francis Asbury)의 유화 초상화는 1812년 감리교 연회가 애즈베리 감독에게 "나중에 애즈베리 감독의 판화나 초상화를 만들어 발행할 수 있도록 모델이 되어 달라"고 부탁 하여 그려진 것으로, 그림은 벤저민 태너에 의해 고용된 초기 미국의 예술가이자 감리교인인 존 파라다이스(John Paradise)가 그렸다.

시 그의 삶의 중요한 특징 중 하나였다. 삶의 많은 시간을 이동하는 말 위에서 보내면서도 매일 3시간씩 기도하는 일에 힘썼다. 순회하는 곳의 환경에 따라 추위와 빗속에서 기도를 해야 할 때도 있었지만 그는 기도를 멈추지 않았다. 애즈베리의 일지에는 순회를 하면서 겪었던 어려움과 불편함보다 기도할 시간이 부족했던 것에 대한 아쉬움과 후회가 담겨있다. 애즈베리의 장례식에 참석했던 에제키엘 쿠퍼(Ezekiel Cooper)는 이렇게 말했다.

"그는 마치 하나님께서 이 땅에 허락하신 것 외에는 어떤 것에도 관심과 열정이 없는 것처럼 보였습니다."

애즈베리는 좋은 설교의 예시를 많이 남기기도 했다. 그는 일지에 이렇게 기록했다.

"주여, 사람들의 귀를 즐겁게 하기 위해 헛된 설교를 하지 않고, 대신 사람들의 마음을 변화시키는 말씀을 선포하게 하소서."

그는 자신의 지식을 자랑하려고 하거나 똑똑하게 보이려고 노력하지 않았다. 단지 평범하고 단순한 진리를 설교하였으며, 자신의 마음이 사람들에게 잘 전달되도록 노력하였다. 그럼에도 불구하고 그의 설교는 큰 영향력을 가지고 있었다. 말하는 기술이 뛰어나거나 신학적 재능과 학식, 설교하기에 적합한 목소리를 가졌기 때문이 아니었다. 그의 설교는 듣는 사람으로 하여금 하나님께로 더 가까이 가게 하고, 하나님께서 성도들에게 더 가까이 임재하시도록 하는 힘이 있었다. 그는 청중들이 하나님의 말씀을 듣는 것을 돕는 것에 집중하였고, 하나님의 말씀이 가져올 영원한 결과에 대해 전달하려고 애썼다. 그는 지식이 지혜보다 중요한 것이 아니라는 것과 하나님을 경외하는 것이 지혜의 시작이라는 성경적 진리를 잘 알고 있었다.

애즈베리는 설교자들을 감독하고 교회를 관리하는 일에 있어 탁월한 능력을 갖고 있었다. 감리교회의 리더로서, 당시 애즈베리에 버금가는 사람이 없었다. 그는 상황을 정확하게 이해하는 직관을 갖고 있었고, 설교자들의 장단점을 파악하는 뛰어난 능력을 갖고 있었다. 어느 전기 작가는 애즈베리에 대해 이렇게 기록했다.

"그는 기한을 정확하게 맞춰야하는 중요한 일들이 많을 때에도 늘 완벽했고, 평상시와 다르지 않았다."

그는 뛰어난 직감을 가지고 사람들을 이끌었지만, 기분이나 감정에 의존하는 사람은 아니었다. 중요한 결정을 내리기 전, 여러 사람들과 면담을 갖고 보고서를 신중히 검토하였으며, 지속적으로 모임에 참가하면서 정보를 모았다. 또 설교자들에 대해 기록하고 그들의 순회 설교가 가장 효과적으로 이루어질 수 있도록 정하고 관리했다.

애즈베리는 흥미로운 일을 시도하기를 좋아하는 로렌조 다우(Lorenzo Dow)와 피터 카트라이트(Peter Cartwright)를 파송하여 새로운 감리교회 공동체를 정착시키는 일을 맡기기도 했다. 선교지가 정착되면 설교자들을 보내어 사람들을 훈련시키고, 질서를 세우고, 양육하도록 했다. 애즈베리는 어떤 설교자가 개척하는 일과 거점을 만드는 일에 알맞고, 또 어떤 설교자가 성도들을 양육으로 성숙시키는 일에 알맞은지를 잘 알고 있는 감독이었다.

애즈베리는 감리교회들을 두루 돌아다니며 살피는 가운데 교회의 필요와 사역의 기회에 대한 포괄적인 통찰력을 얻었다. 애즈베리는 정확하고 빠른 직관력과 겸손한 리더십, 공정한 관리, 도덕적 용기, 이타적인 섬김으로 인해 많은 사람들의 존경과 사랑을 받았다. 사람들은 그의 헌신과 노력을 보며 그가 최고의 설교자라고 인정했다. 애즈베리가 남긴 본보기는 그 시대 감리교회 설교자들이 믿음의 영웅으로 변화하도록 만들었고, 수많은 평신도들이 그리스도와 이웃을 섬길 수 있도록 도전하게 만들었다. 프랜시스 애즈베리의 영향력은 200년이 지난 지금도 교회 내에서 이어지고 있다.

미국 내에서 감리교회 운동이 활발해지자, 미국 감리교를 새로운 교파로 만들어야 한다는 목소리가 곳곳에서 나오기 시작했다. 그러나 1770년대 설교자들은 새로운 교파를 만들 만한 준비가 되어 있지 않았다.

1773년, 웨슬리의 파송 선교사들 중 한 사람인 토마스 랭킨(Thomas Rankin)은 필라델피아의 세인트 조지 교회에서 열린 미국 감리교회의 첫 번째 회의에 설교자들을 불러 모았다. 회의에 참석한 설교자들은 대부분 영국 시민권자들이었다. 결국 그곳에 모인 10명의 설교자들은 미국 감리교회가 존 웨슬리의 권한 아래 있다는 것을 동의했다. 또한 웨슬리와 영국 성공회에 대한 충성의 표시로 성찬을 삼갈 것을 결의했다.

영국에서 파송된 설교자들로 이루어진 1세대들은 미국에 감리교회를 정착시켰으며 헤아리기 어려울 만큼의 거대한 유산을 남겼다. 그러나 몇몇 사람들은 미국 감리교회가 새로운 교파로 세워지기를 마음속으로 바라고 있었다. 이들의 소원은 11년 후, 1784년에 이루어졌다. 애즈베리를 제외한 영국인 선교사들이 모두 영국으로 돌아간 후였고, 바로 그때가 미국인들이 자신들만의 교회를 세울 시기였다.

프랜시스 애즈베리의 승마상 Equestrian statue of Francis Asbury (1745-1816)
에버렛 와이어트가 만든 이 동상은 지금의 애즈베리 신학대학교 근처에 세워졌다.

애즈베리가 몸소 보여준 선구자적 사역은 미국 감리교회에서 가장 큰 존경을 받았다. 그는 사역하는 41년 동안, 일 년에 평균 6,000마일을 말로 이동하였으며 알레게니 산맥을 60회나 왕래하였다. 또 하루에 1회 이상씩 설교했다. 그의 투지 넘치는 헌신적 사역은 미국 감리교회의 성장에 큰 동력이 되었다. 39살에 감독으로 임명받은 애즈베리는 71살이 되던 해에 사역을 마감했다. 그가 처음 감독으로 임명받았던 1784년, 미국 감리교회 성도는 약 15,000명에 미치지 못했고 목사의 수는 약 80명이었다. 그러나 그가 생을 마감할 때, 감리교회 성도는 약 211,000명이 넘었고 그가 임명한 700명이 넘는 순회목사들이 교회를 섬기고 있었다. 프랜시스 애즈베리는 미국 감리교회를 19세기 미국에서 가장 역동적인 교파로 세우는 데에 그 어떤 사람보다도 큰 공을 세운 인물이다.

3 미국 감리교회, 마침내 교회가 되다

미국 감리교회가 새로운 교회로 세워진 것은 미국 종교 역사상 가장 감동적인 이야기 중 하나로 남아있다. 미국에서 감리교회가 시작된 것은 성공회 식민지가 버지니아에 정착하고 최초의 순례자들이 매사추세츠에서 세워진 지 150년 후의 일이었다. 19세기 중반, 감리교회는 마침내 미국에서 가장 크고 영향력있는 개신교회로 성장하였다. 이 성공의 배경에는 성경에 충실했던 기본 자세와 독특하면서도 효과적인 조직 체계, 헌신적인 섬김이 있었다.

초기 감리교인들 대부분은 개인의 이득이나 세속적 출세에 관심을 두지 않고 하나님을 섬겼다. 그들은 자신들의 노력을 기념하거나 증명할 만한 물건, 혹은 책을 남기지 않았다. 다행히도 감리교회 역사학자들이 많은 기록을 수집하여 그들의 삶을 성실하게 기록하였다. 우리는 이 자료들을 통해 미국 감리교회가 어떻게 현재의 영향력을 갖추게 되었는지 그 발전 과정을 이해할 수 있다.

연합감리교회 문서보관 및 역사자료 센터 The United Methodist Archives and History Center
달렌 슈웁에 의한 사진이다.

이 센터는 드루 대학교 캠퍼스 내에 위치하고 있다. 총 4층으로 이루어져 있으며, 6마일에 달하는 선반과 약 180,000큐빅의 넓은 문서보관소가 있다. 이곳에는 연합감리교회의 역사와 그 이전 교파들에 대한 내용이 담긴 책, 문서, 기록, 사진과 유물들이 보관되어 있다. 미국 감리교회는 두세기 반 동안 많은 역사적 유산들을 남겼다. 이 문서보관 역사센터는 이 모든 자료들을 보관하기 위한 교단의 공식 보관소이다.

박해받는 감리교회

초기 미국 감리교인들은 심한 박해를 받았다. 다른 교파의 성직자들은 감리교회 설교자들을 자주 비난했다. 그 비난의 내용은 감리교회 설교자들이 개인의 잘못된 생각을 설교하고, 사람들을 속이려 하고, 이단의 교리를 권장하고, 터무니없이 특별한 것을 격려한다는 내용이었다. 이 '터무니없이 특별한 것'이란, 극적인 설교, 생동감 있는 예배, 매주 개인적인 삶과 신앙을 나누는 속회모임을 일컫는 것이었다. 17~18세기에는 거의 모든 주에서 영국 국교회인 성공회를 지지했다. 기득권을 가진 국교회들은 새로운 종교 공동체를 반기지 않았다. 국교회가 아닌 종교 공동체는 예배를 드릴 수 없다는 법을 제정한 곳도 있었다. 프랜시스 애즈베리는 "나는 볼티모어 근처에서 복음을 전하다가 5파운드의 벌금을 물었다"는 내용을 일지에 남기기도 했다.

초기 미국 감리교인들은 영국 성공회 교회에서 성찬을 받았기 때문에, 자신들의 열심과 마음이 영국이 아닌 미국에 있다는 것을 알리기 위해 노력을 기울여야 했다. 게다가 1776년, 버지니아의 감리교인들은 영국 성공회의 식민지를 향한 특권을 폐지하려는 일에 반대하기도 했다. 당시 미국인들의 꿈은 정치적 독립이었다. 그러나 감리교인들이 보여주는 영국 성공회에 대한 충성은 미국인들에게 오해를 사기에 충분했다. 미국인들이 보기에 감리교인들은 정치적 독립을 원하지 않는 것처럼 보였다. 또 감리교인들이 충성했던 영국 성공회의 공동기도서에는 영국 왕실을 위한 기도가 포함되어 있었으므로 그 의혹은 더욱 커졌다.

또 일부 감리교회 순회 설교자들은 평화주의자였다. 그들은 적에게 무기를 사용하는 것에 반대했다. 미국과 영국의 정치적 긴장감이 한창 고조되었을 때, 몇몇 미국의 식민지 국가

독립전쟁 당시의 미국 소총수
An American Rifleman at the time of the War of Independence.

메릴랜드 서약은 청년들이 영국 국왕에게 충성하지 않으며, 메릴랜드 남자들은 영국군에 대항하여 무기를 들 수 있다는 내용을 담고 있다. 그 외의 다른 주에서도 비슷한 내용의 충성 서약을 하도록 했다. 초기 감리교회 목사들 중 대다수는 평화주의자였으므로 무기를 사용한다는 서약에 서명하지 않았다. 이는 그들이 영국에 대해 호의적이라고 판단되게 만들었으며 결국 박해로 이어졌다.

들은 시민들에게 '충성 서약'을 요구했다. 서약의 내용은 조지 왕의 군대에 맞서기 위해 장애가 없는 남자들은 무기를 사용해야 한다는 것이었다. 그러나 평화주의자였던 일부 감리교인들이 무기를 사용하는 것을 거절하자, 그들의 국가를 향한 충성심은 의심을 사게 되었다. 이러한 상황들은 감리교인들이 박해를 받는 것으로 이어지게 만들었다.

1775년, 존 웨슬리는 "미국 식민지에 보내는 조용한 연설"이라는 책을 출판했다. 이 책은 영국으로부터 미국이 독립하는 것에 반대한다는 것과 식민지들이 영국 왕실에 충실해야 한다는 내용을 담고 있었다. 이 책은 예상대로 미국 감리교인들에게 불리하게 작용했다.

웨슬리가 파송한 미국 선교사들 대부분은 영국을 지지했다. 그들 중 한 명인 토마스 랭킨은 미국 감리교인들에게 영국에 대항하는 자들의 편에 서지 말 것을 노골적으로 충고하기도 했다. 미국 감리교회 최초의 역사학자인 제시 리는 당시의 상황에 대해 다음과 같이 기록했다.

토마스 랭킨 Thomas Rankin (1738-1810)

1773년 초, 랭킨은 존 웨슬리의 주보좌 및 감리사로서 미국에서 사역했다. 그는 감리교회 공동체의 질서와 안정을 지키기 위한 '규율'을 강조하는 사람이었다. 그러나 그의 엄격한 성격과 훈련 방식은 미국인들의 마음을 사로잡지 못했다. 또 그가 식민지를 적극 후원하지 않았던 점은 미국 성도들의 마음을 불편하게 만들었다.

독립전쟁이 시작되자, 랭킨은 처음에 미국에 남고자 했으나 결국 1778년에 영국으로 돌아왔다. 그는 1773년 필라델피아에서 열린 미국 감리교회 목사들의 첫 번째 회의를 주도하고 설교했던 인물이기도 했다.

프리번 게렛슨 Freeborn Garrettson (1752-1827)

게렛슨은 로버트 스트로브리지, 조셉 필모어, 프랜시스 애즈베리를 통해 감리교회를 알게 된 미국인이었다. 그는 23살에 개종하고, 감리교회 순회목사가 되었다.

게렛슨은 순회에 참여하며 자신들의 노예를 풀어주었고, 이를 계기로 노예 제도를 반대하였다. 독립전쟁 중 게렛슨은 그 어떤 미국 감리교회 목사들보다 극심한 박해를 당했다. 피를 흘리는 것에 반대했던 그는 메릴랜드 서약을 거부했다. 결국 감옥에서 매를 맞고 돌팔매질을 당하기도 하며 총으로 위협을 받았다. 그러던 어느 날 심한 매질 후, 길에 버려져 생을 마감했다.

1784년, 프랜시스 애즈베리는 감리교회를 세우기 위한 회의를 알리는 일에 게렛슨과 해리 호시어(Harry Hosier)를 임명했다. 게렛슨은 새로운 교회에서 애즈베리를 도와 수석 장로로 순회 설교자를 섬겼다. 그는 열심히 순회사역을 감당했고, 뉴욕과 서부에서 새롭게 정착하고 있던 감리교회 공동체를 도왔다. 게렛슨은 프랜시스 애즈베리 이후로 초기 미국 감리교회에서 손꼽히는 지도자였다.

게렛슨 부부는 감리교회 순회 설교자들을 위한 넓은 집을 지었다. 게렛슨은 현명한 상담자이자 뛰어난 중재자였다. 그는 수천 명의 사람들을 그리스도께 이끌었고, 1819년 감리교회 선교사 모임을 설립한 사람 중 한 사람으로 기억되고 있다.

메릴랜드 캠브리지에 있는 코체스터 카운티 감옥
Dorchester County Jail, Cambridge, Maryland

프리번 게렛슨은 '조지 국왕의 사람'으로 간주되어 이곳에 갇혔다.

"만약 감리교회 설교자들을 박해하는 이가 있다면, 그는 토리당(Torry)의 일원일 것이다. 그들은 설교자들을 원하는 만큼 잔인하게 대할 것이다."

식민지에서 사역했던 많은 감리교회 설교자들이 구타를 당하고, 벌금을 냈으며, 감옥에 갇혀 고통을 당했다. 순회 설교자 칼렙 페디코드(Caleb Pedicord)는 심한 채찍질로 얻은 깊은 상처를 남은 생애동안 갖고 살아야 했다. 어떤 무리들은 페디코드의 친구인 필립 개치(Philip Gatch)에게 타르를 바르기도 했다. 그 무리의 리더였던 사람의 아내가 개치의 설교를 듣고 개종하자, 몹시 화가 났기 때문이었다. 프리번 게렛슨은 자신의 평화주의 신념을 지키기 위해 메릴랜드 의용군에 참여하는 것을 거부했다가 심하게 맞기도 했다. 1780년, 메릴랜드 캠브리지 마을의 대표들은 게렛슨을 영국의 동조자로 간주하고 그를 감옥에 가두었다. 감옥은 차갑고 더러웠으며 바람이 새어 들어오는 두 개의 창이 있었다. 그는 재판을

토마스 웨어 Thomas Ware (1758-1842)

웨어는 감리교회의 크리스마스 회의를 개최한 사람 중 한 명이다. 그는 후일 1832년 1월 Methodist Magazine and Quarterly Review를 통해 회의에 관한 기록을 남겼다.

"크리스마스 회의를 개최한 후 50년의 세월이 흘렀다. 나는 그 동안 그 회의의 순간을 수천 번쯤 떠올리며 기뻐했다. 크리스마스 회의는 이제껏 보았던 어떤 집회보다 장엄했던 집회로 전해진다. 나는 그 장엄한 집회의 모든 순간이 숭고했다고 확실히 말할 수 있다. 또 그 회의에서 사적인 모임의 불쾌한 언어나 형제답지 않은 감정들이란 없었다고 믿고 있다. 당시, 그리스도인의 사랑이 넘쳐흘렀고 우리는 서로에게 친절하고 다정하게 그 사랑을 보여주었다."

그러나 또 다른 기록을 통해 토마스 코크와 토마스 바시 사이에 약간의 '날카로운 말들'이 오갔다고 말했다. 또한 프랜시스 애즈베리와 장로교 교인 출신인 윌리엄 글렌디닝(William Glendinning)사이에 새로운 교회의 감독 형태의 통치에 관해 충돌이 있었다. 그러나 전체적으로 조화를 이루었으며, 새로운 교회는 크리스마스 회의에 참석했던 사람들의 만장일치로 지지를 받았다.

받지도 못하고 그 감옥에서 한 달 동안 머물러야 했다. 프랜시스 애즈베리가 델라웨어 주지사에게 도움을 요청하자, 교도소장은 게렛슨을 풀어주었다. 훗날 토마스 웨어(Thomas Ware)는 이 시기를 이렇게 회상했다.

"종교계는 우리의 교리를 무지하고 부적절한 것으로 간주하고, 우리의 영성과 신앙생활에 대한 열정을 비난했다. 그러자 대중은 더 강하게 우리를 공격했다. 이러한 공격은 자신들이 얼마나 우월한지를 과시하기 위한 오락거리에 불과했다."

박해가 이어지자, 설교자들의 순회 활동에도 차질이 생겼다. 애즈베리는 전쟁이 일어나는 동안 수많은 감리교회 설교자들이 감옥에 갇혀 있었기 때문에 공동체에 목회자들을 보낼 수 없는 상황을 한탄하였다.

박해받는 감리교회 사역자들은 그들의 연례 모임에서 슬픔과 눈물로 이 노래를 함께 불렀다.

우린 아직 살아있는가
지금 서로의 얼굴을 보고 있는가
구원하신 은혜를 위해
영광 찬양을 예수님께.

하나님의 손으로 보호되어
완전한 구원으로
예수님의 기도로 우린 모여
그의 눈 안에 거하네.

어려움 앞에서
갈등을 지나서
싸움 없는 두려움을 가지고
결국 우리는 모이게 되리.

모든 상황 가운데
우리를 사랑으로 부르시고
우리를 도우시며

우리의 어려움을 들으시는 주님.

죄가 보이지 않는
높은 곳으로 구원해 주시는
구원의 능력으로
우리의 자랑! 우리의 영광!

오랜 시간이 지나지 않아 감리교회 설교자들은 충실하지 못한 시민들이라는 오명을 벗게 되었다. 다수의 평화주의자 감리교인들은 비전투부대로 군대에서 섬기기를 원했다. 또 비평화주의 감리교인들은 조지 워싱턴 군대의 교인으로서 무기를 들고 전쟁에 참가했다. 독립전쟁이 끝나자, 감리교회 순회 설교자들은 정치적 책임에서 벗어나 다시 순회 사역을 시작할 수 있었다. 곳곳에서 감리교회의 부흥이 시작되었고, 교회는 다시 성장하기 시작했다. 제시 리는 당시에 대해 이렇게 회상했다.

"나라에 평화가 찾아오자, 주님은 이 연약한 지역에서 우리를 번성하게 하셨다. 사역 활동은 다시 활기를 찾았고, 감리교회의 천국 불꽃은 멀리 멀리 퍼져 나갔다."

성례전의 필요성

존 웨슬리는 감리교인의 독립적인 교파 형성을 반대했다. 사실 웨슬리는 미국과 영국의 감리교인들이 영국 성공회 안에 남아있기를 원했다. 따라서 미국 감리교인들은 정식으로 임명된 목사에게 성례전을 받아야 하며, 성례전을 받기 위해서는 성공회 예배에 참석해야 한다고 가르쳤다.

그러나 웨슬리의 기대와는 달리 미국 성공회 목사들은 감리교인들에게 우호적이지 않았다. 일부 성공회 목사들은 감리교회 설교자들을 '신중함이나 분별력을 갖추지 못한 무지한 사람들'로 간주하기도 했다. 성공회 성직자들이 감리교회 설교자들을 비난하고 몰아세웠던 가장 큰 이유는 그들이 성공회 교구를 침해한다고 생각했기 때문이다. 심지어 그들은 감리교인들이 성찬식에 오는 것조차 반기지 않았다.

반면 감리교인들은 성공회 목사들이 목회에 대한 열정과 영적 지혜가 부족하다고 생각했다. 실제로 성공회 목사들 중 일부는 술을 마시며 목사의 직분에 충실하지 않았다. 미국 감리교인들은 말과 행동이 일치하지 않고 세속적 가치를 좇는 목사들에게서 돌아섰다. 또한 자신들과 성례전을 공유하는 것을 원하지 않는 목사들은 감리교인들에게 적합하지 않다고 판단했다. 마침내 감리교 공동체는 다음과 같이 선언했다.

"우리는 지금껏 함께 해왔던 영국 성공회가 기독교 규율 중 중요한 몇 가지를 소홀히 여기고 있다고 확신한다. 소수의 사역자들과 교인들을 제외하고 영국 성공회는 힘과 생명을 잃었다."

이제 수천 명의 감리교인들은 세례를 받지 못하고, 성찬에 참여하는 것도 어렵게 되었다.

일부 성공회 성직자들은 법에 예외를 두어 감리교인들을 지지했다. 그 중 세 명의 목사들이 특별히 감리교인들에게 애정을 갖고 있었다. 새무엘 매가브(Samuel Magaw), 찰스 패티그루(Charles Pettigrew), 드브로 재럿(Devereux Jar-ratt)이 그들이었다. 이들은 프랜시스 애즈베리의 절친한 친구이기도 했다. 세 목사들은 감리교인들에게 기쁜 마음으로 성례전을 베풀고, 감리교회의 부흥을 응원했다. 재럿은 자신의 자서전에서 이렇게 말했다.

"나는 법규에 대한 불만을 잠재우기 위해 감리교회를 여러 차례 순회했다. 그리고 감리교회의 어린이들에게 세례를 주고 관리자들에게 성례전을 베풀었다. 이는 어떠한 보상이나 사례를 원해서가 아니었다."

미국 감리교인들은 매가브, 패티그루, 재럿 이 세 목사가 베푼 친절과 헌신적 섬김으로 많은 용기를 얻었다.

성공회 사제들은 감리교인들에게 세례와 성찬을 행할 수 있었다. 하지만 웨슬리는 성공회 회원이 되기 이전의 감리교인들에게 성례를 베푸는 것을 금지하는 규칙을 세웠다. 이 규칙이 시행되자 미국의 감리교는 성례를 행하는 일에 많은 어려움을 겪게 되었다. 미국에서 대다수 미국인들은 성공회의 회원으로 세례를 받지 않았기 때문이다. 미국 감리교인들에게 성례전을 위하여 성공회 회원이 되라고 하는 것은 실현 가능성이 없는 제안이었다.

1773년 필라델피아에서 열렸던 첫 회의에서는 존 웨슬리에 대한 존경심으로 성례전에 대한 규범에 동의했다. 그러나 이후 남쪽의 많은 감리교회 설교자들이 이에 반발하기 시작했다. 그들은 이 회의의 결정에 따라야 할 이유를 찾지 못했다. 또한 이 설교자들은 하나님께서 말씀을 선포하는 일 뿐만 아니라 성례전을 베푸는 일 역시 자신들에게 맡기셨다고 확신했다. 한바탕 혼란이 일어나고 6년 후, 남부지역 설교자들은 더 이상 참지 못하고 북부지역 설교자들과 상의 없이 버지니아의 플루바나 카운티(Fluvanna County)에서 독자적으로 회의를 개최했다. 그들은 이 회의에서 성례전을 원하는 감리교인과 설교자들끼리 서로 임명해주기로 결정하였다.

이 회의에 관한 일은 프랜시스 애즈베리와 북부지역 설교자들에게 큰 실망감을 안겨주었다. 당시 프랜시스 애즈베리와 북부지역 설교자들은 감리교회가 성공회와 우호적 관계를 유지하며 존 웨슬리의 지시를 거스르지 않는 방안을 찾고자 노력하고 있었다. 애즈베리의 권유로 북부지역 설교자들의 대표가 남부 지역을 방문하여 서로를 임명하는 일을 멈추기

버지니아에 있는 18세기 성공회 예배당
Eighteenth Century Anglican Chapel in Virginia

이 18세기 성공회 교회는 감리교회와 많은 교류를 했던 성공회 성직자 드브로 재럿(Devereux Jarratt)(1733-1801)이 목사로 있던 교회와 흡사하다. 재럿은 평소 '평범하고 우직하며 독실한 사람'이라고 생각했던 로버트 윌리엄스의 설교를 듣고 감리교회와 첫 교류를 시작했다.

미국 성공회 성직자들 대부분이 감리교회와 관계를 맺지 않았지만, 재럿은 감리교회의 부흥회에 참여하고, 감리교회 모임에서 설교하기도 하는 등 감리교회에 특별한 관심을 보였다. 또 감리교회 목사들에게 용기를 북돋워주고 성례도 베풀었다. 재럿은 특히 감리교 부흥회에 관심이 많았으며 방황하는 많은 사람들이 감리교회를 통해 한결같이 독실한 그리스도인으로 변화할 수 있다고 믿었다.

프랜시스 애즈베리는 재럿에 대하여 "그는 우리가 아직 친하지 않을때에도 비난을 받고 있는 감리교회 목사들을 집으로 불러 자신의 교구 안에서 공동체를 형성하도록 도와주었다."라고 말했다.

재럿은 미국 감리교회가 독립적인 교파를 세운 것에 실망했지만, 세상을 떠나기 몇 년 전 다시 감리교회와 우호적 관계를 회복하였다.

감리교인의 특징 The Character of a Methodist

1742년, 존 웨슬리는 그 유명한 "감리교인의 특징(The Character of a Methodist)"을 썼다. 그는 이 책을 통해 감리교회가 이질적인 종파가 아니라, 성경은 물론 이전의 교회들에 부합한 면을 갖고 있다는 것을 설명했다. 이 글은 믿음에 관한 본질적인 기독교의 교리와 견해를 구분하고 있다. 다른 사람의 의견을 존중해야 하는 것은 좋은 일이나, 그것이 곧 성경적 믿음의 중심은 아니며, 그리스도인들끼리 나눌 일은 아니라고 말한다.

웨슬리는 '감리교인은 누구인가?'라는 질문에 다음과 같이 대답했다. "감리교인은 '우리에게 주어진 성령으로 하나님의 사랑을 가슴에 품은 사람'이며, '온 힘을 다해 여호와 하나님을 사랑하는 사람'이다. 하나님을 사랑한다는 것은 하나님의 계명을 지키는 것이고, 계명을 지키는 것은 계명의 '일부'나 '대부분'을 지키는 것이 아니라 가장 작은 것에서부터 큰 것에 이르는 모든 계명을 지키는 것이다. 다시 말하면, 하나님께서 하지 말라고 하신 것은 하지 않고, 하라고 명령하신 일은 행하며, 이것이 작든 크든, 어렵든 쉽든, 즐거운 일이든 괴로운 일이든 온 힘을 다해 지켜야 한다는 것이다. 우리는 받은 달란트를 주님의 뜻에 따라 끊임없이 사용하고, 영혼과 몸에 내재한 모든 힘과 능력을 다해 사용해야 한다. 우리에게 주어진 경주를 해 나가는 데 있어 세상의 것들은 방해가 될 수 없다. 우리의 영혼은 하나님의 형상대로 새롭게 되며, 모든 진실함과 거룩함, 의로 인하여 새롭게 되어야 한다. 감리교인은 그리스도인의 마음을 품고, 그리스도께서 가신 길을 걷는 사람이다."

를 간청했다. 이에 남부 지역 설교자들은 분립을 막기 위해 이 문제에 대해 웨슬리와 합의점을 찾을 때까지 성례 사역을 멈추기로 했다. 그러나 세례와 성찬의식에 참여할 수 없다는 문제는 여전히 감리교인들에게 딜레마로 남았다. 공동체가 성장하기 위해서는 임명된 성직자가 필요했다.

"성직임명은 곧 분리이다!"

존 웨슬리는 미국 감리교인들에게 성례전이 필요하다는 것을 점차 이해했다. 그는 영국 성공회 주교에게 미국을 위한 성공회 주교를 임명해달라고 간청했지만, 호의적인 대답을 얻어내지 못했다. 그 사이 미국과 영국 간의 전쟁은 1781년 10월, 콘 월리스 경(Lord Cornwallis)이 버지니아 요크타운에서 조지 워싱턴 장군에게 항복하며 막을 내렸다. 이제 더 이상 미국은 영국의 지배 아래 있지 않았고, 미국 감리교회와 영국 성공회 간의 아슬아슬한 연결고리 역시 지속될 수가 없게 되었다. 1784년, 프랜시스 애즈베리는 존 웨슬리에게 다시 요청했다.

"우리는 도움이 필요합니다. 당신이 사역자와 설교자들을 추천해 우리에게 보내 준다면 큰 도움이 될 것입니다."

웨슬리는 성찬 문제를 해결할 때가 되었다는 것을 깨달았다. 그는 미국에서 성직자를 임명하기 위한 기념비적인 발걸음을 내딛었다. 미국 감리교회 최초의 '감리사'를 임명한 것이다. 웨슬리는 이 결정이 미국 감리교회와 성공회의 분리를 의미한다는 것을 알고 있었지만, 다른 해결책을 찾을 수 없었다. 그는 다음과 같은 근거를 바탕으로 미국 감리교회 사역자 임명을 정당화했다.

- 미국 혁명으로 인해 영국과 미국은 분리되었다. 따라서 영국 성공회는 미국에 관한 어떤 권한도 없다.

토마스 코크 Thomas Coke (1747-1814)
프랭크 솔즈베리 원작. 북 캐롤라이나 주날루스카 호수가에 있는 세계감리교회 박물관의 허락을 받고 데이브 핸더슨이 사진을 찍었다.

코크는 옥스퍼드 대학 출신으로, 영국 국교회에서 성직자로 임명을 받았다. 사역을 시작한 후 감리교인이 되었고, 존 웨슬리의 목회자 그룹 멤버로 활동했다. 웨슬리는 코크를 보좌관으로 두고 아끼며 의지했다. 코크는 웨슬리 대신 감리교회 회의를 주재하기도 했다.

존 웨슬리는 토마스 코크를 미국 감리교회 최초의 감리사로 임명했다. 웨슬리는 코크에게 프랜시스 애즈베리를 감리사로 임명하고 새롭게 형성된 감리교회의 공동 감리사로 임명하도록 하였다.

코크는 성경 해설 6권과 서인도의 역사와 신학을 주제로 한 연설 혹은 설교에 대해 많은 글을 남긴 작가이기도 했다. 또 헨리 무어(Henry Moore)와 함께 존 웨슬리의 공식 전기를 함께 만들기도 했다.

그는 아버지에게 물려받은 많은 재산을 복음 사역을 위해 사용했다. 그의 사역은 영국과 미국에서만 이루어지지 않았다. 코크는 인도(India)와 실론(Ceylon) 섬에 선교 사역을 시작하기 위해 항해하던 중 생을 마감했다. 미국 감리교회에서 토마스 코크가 사역했던 기간은 프랜시스 애즈베리에 비하면 훨씬 짧다. 그러나 그의 선한 마음과 관대함, 학문적 깊이는 미국 감리교회의 첫 번째 감독으로서 충분히 기여했다고 평가된다.

- 미국의 성공회 목사들 대부분은 감리교인들을 호의적으로 바라보지 않는다.
- 영국 주교들은 미국인 주교를 임명하지 않으면서 미국의 영적인 필요를 채워줄 수 있는 어떠한 노력이나 관심을 보여주지도 않았다.
- 웨슬리는 성직 임명 권한을 가지고 있는 영국 성공회 주교는, 원칙적으로 행정적 지위이지 사회적 계급이 아니라고 믿었다.
- 웨슬리는 성공회 교회로부터 무시당하고 비난받는 감리교인들을 감독해야 할 의무가 있다.

웨슬리는 감리교회에 대해 애정과 관심을 보이지 않는 성공회 주교들의 요구사항을 따르는 것보다 감리교회의 성장을 지지해주는 것이 더 중요하다고 판단한 것이다. 그는 이러한 믿음을 바탕으로 토마스 코크를 미국 감리교회의 첫 번째 총감리사로 임명했다.

코크는 옥스퍼드 대학원에서 시민법을 전

리처드 왓코트 Richard Whatcoat (1736-1806)
18세기 한 익명의 작가에 의해 그려졌다. 북 캐롤라이나의 주날루스카 호수가에 있는 세계감리교회 박물관의 허락을 받고 데이브 핸더슨이 사진을 찍었다.

리처드 왓코트는 미국으로 오기 전, 15년 동안 영국에서 순회 목사로 섬겼다. 코크, 바시와는 달리 왓코트는 그의 남은 일생을 미국에서 보냈다.

1800년, 미국의 목사들은 (프랜시스 애즈베리 이후) 세 번째 감독으로 왓코트를 선출했다. 왓코트는 감독으로서 켄터키와 테네시까지 동부 해안가와 내륙지방을 순회했다. 그는 초기 미국 감리교회 인물들 가운데 가장 거룩한 사람 중 하나라고 불린다. 그가 죽은 후, 회고록에는 그를 이렇게 기록하고 있다.

"그는 질투, 자신감, 칭찬에 대해서 관심이 없는 사람이었다."
애즈베리 역시 왓코트에 대해 이렇게 말했다.
"미국과 영국에서 이처럼 한결같은 사람을 만나본 적이 없다."

토마스 바시 Thomas Vasey (1746-1826, 추정)

고아였던 토마스 바시는 그의 삼촌에게 입양되었으며 삼촌의 재산을 물려받기로 되어 있었다. 하지만 바시가 그리스도께 회심하게 되자, 삼촌의 심기를 거슬리게 되었다. 바시가 감리교인이 되자 삼촌은 재산을 물려주지 않았다. 그가 영국의 순회 설교자로서 섬긴지 9년이 지났을 때, 웨슬리는 그를 미국으로 보냈다. 바시는 지적인 은사가 있었고, 예수 그리스도에게 집중하는 설교를 했다.

바시를 기억하는 사람들은 그가 '값없는 온전한 구원의 복음'에 대하여 설교했다고 말한다. 미국에서의 짧은 사역을 마치고 다시 영국으로 돌아와 1826년 생을 마감하기까지 그의 설교는 계속되었다.

공하여 박사 학위를 받은 유능한 인물이었다. 영국 감리교회 리더 가운데 한명이었던 코크는 이미 영국 성공회에서 임명받은 성직자였다. 따라서 웨슬리는 그를 따로 임명하지는 않고 감리사(미국인들은 '감독'이라는 단어를 선호했다.)로 임명했다. 또한 평신도 설교자인 리처드 왓코트와 토마스 바시도 함께 임명했다.

존 웨슬리가 미국 감리교인을 성직자로 임명하자, 영국에서는 소란이 일어났다. 특히 웨슬리의 동생 찰스는 이 임명을 강력하게 반대했다. 그는 "임명은 곧 분리이다."라고 주장했다. 존 웨슬리는 동생의 주장에 대해 이렇게 말했다.

"영국에는 법적 관할권이 있지만 미국에는 법적 관할권도, 교구 사역자도 없다. 이 때문에 미국에는 세례를 줄 수 있는 사람도, 성찬을 베풀 수 있는 사람도 없다. 나는 영적 양심에 충실하여 결정을 내렸다. 나는 법을 어기지도 않았으며 인권을 침해하지도 않았다. 수확할 일꾼을 임명하고 보내는 일은 당연한 것이다."

1784년 9월 18일 미국을 떠난 토마스 코크, 리처드 왓코트, 토마스 바시는 11월 3일, 뉴욕에 도착했다. 그들은 배에서 내리자마자 열렬한 환영을 받았다. 미국에 도착한지 2주도 채 지나지 않아 코크와 애즈베리는 만남을 가졌다. 델라웨어의 켄트 카운티에 있는 배럿 예배당(Barratt's Chapel)에서였다. 그들은 미국 감리교회 사역을 정식으로 인준하고, 독립된 감독교회(Inde-pen-dent Episcopal Church)를 조직할 것을 계획했다. 그리고 12월 24 볼티모어의 러블리 레인 예배당(Lovely Lane Chapel)에서 다시 만나 새로운 교회를 조직하는 일을 의논하기로 약속했다. 당시 미국 감리교회에는 83명의 설교자, 63개의 순례지역, 약 14,988명의 교인들이 있었다.

배럿 예배당 Barratt's Chapel

델라웨어 주의 초기 교회 중 하나인 이 감리교회 예배당은 델라웨어 도버의 남부지역에서 약 10마일 떨어진 곳에 위치해 있다. 프리번 게렛슨은 1778년 이곳에서 감리교회 공동체를 조직했다. 1780년, 성도 필립 배럿은 예배당을 위해 땅을 기부했다. 감리교회를 비난하는 무리들은 "전쟁이 끝날 때쯤, 저곳은 옥수수 창고로 변해있을 것이다."라고 비아냥거렸다. 그러나 이 배럿 예배당은 정식으로 임명된 감리교회 목사에 의한 최초의 성찬식이 거행된 곳이 되었다.

배럿 예배당은 코크와 애즈베리가 처음으로 만난 감리교회의 성지와도 같은 곳이다. 그들은 1784년 크리스마스 회의를 계획하기 위해 이 예배당에서 모임을 가졌다.

이 예배당은 여러 의미에서 '미국 감리교회의 발상지'라고 불린다. 주목할 부분은 1층에 있는 창문들이 현관으로 바뀌었다는 것이다. 이것은 미국전쟁 이전, 흑인 예배자들이 발코니에 올라가 예배를 드릴 수 있는 입구를 만들기 위해 성도들이 창문을 문으로 바꾸어 놓은 것이다.

웨슬리는 새로운 미국교회가 자신의 감독 아래 있도록 하려는 계획을 갖고 있었다. 그러나 프랜시스 애즈베리는 미국교회가 자체적으로 존재해야 한다고 주장했다. 애즈베리는 미국인들의 민주주의 정신과 독립에 대한 열정을 존 웨슬리보다 더 잘 이해하고 있었기 때문이다. 애즈베리는 이러한 이해를 바탕으로 토마스 코크에게 미국교회를 관리하기 위해서는 미국인의 정신에 대한 이해가 선행되어야 함을 설득했다. 그는 미국 감리교회가 성공적으로 세워지기 위해서는 자체적 결정권을 가져야 하며, 새로 구성될 교회의 구조가 목사들의 동의 하에 존재해야 한다는 것을 잘 알고 있었다. 따라서 애즈베리는 코크에게 목사들이 자신을 인정할 때, 감리사의 직분을 맡겠다고 알렸다.

교회는 특정 개인이나 의회의 연장선이 아니라, 목사들의 모임 안에서 그 권한이 인정되어야 한다. 미국 감리교회 감독들은 의회를 주도하고 각 교회에 목사들을 임명했지만 모든 정책을 회원들의 투표로 결정했다. 따라서 감독들은 자신들의 계승자를 마음대로 정할 수 없었고, 새 감독을 세우는 것은 의회가 결정했다. 애즈베리는 뛰어난 통찰력과 설득력을 발휘하며 새로운 교회를 성장시켜 나갔다.

미국 감리교회가 시작되다

코크와 애즈베리는 프리번 게렛슨과 해리 호시어에게 1784년 12월 24일에 개최될 예정인 회담을 미국 감리교회 목사들에게 알리도록 했다. 두 사람은 6주 동안 약 1,200마일을 말을 타고 달려 임무를 수행했으며, 당시 83명이었던 감리교회 목사들 중 60명에게 회담에 대한 소식을 알렸다.

감리교회를 조직하는 이 회담은 1784년 12월 24일 10시에 시작되어 1785년 1월 2일까지 계속되었다. 우리는 이 회담을 '크리스마스 연회(Christmas Conference)'라고 부른다. 목사들은 볼티모어의 러블리 레인 감리교회에서 만났다. 이 연회의 첫 번째 순서는 존 웨슬리가 토마스 코크와 프랜시스 애즈베리를 미국 감리교회의 공동 감리사로 임명한 편지를 읽는 것이었다. 연회에 참석한 목사들은 진심으로 그 편지를 승인하고, 새로운 교회의 이름을 짓기로 했다. 또한 그들은 조합교회나 장로교의 정책을 따르지 않고, 감독교회라는 정체성을 가질 것을 결의하였다. 이에 감독들은 목사들을 파송할 곳을 결정하는 권한을 갖게 되었다. 또한 존 디킨스(John Dickins)가 제안한 '감리교회(The Methodist Episcopal Church)'라는 명칭을 사용하기로 정식 승인하였다.

토마스 코크는 크리스마스에 리처드 왓코트, 토마스 바시와 함께 프랜시스 애즈베리를 집사목사로 임명했다. 이튿날 다시 애즈베리를 장로목사로 임명했고, 그 후에는 감리사로 임명했다. 애즈베리의 친구이자 훗날 연합형제교회(Church of United Brethren)의 설립자가 된 필립 윌리엄 오터바인(Philip William Otterbein)이 애즈베리의 임명을 도왔다. 또 크리스마스 연회를 통해 12명이 넘는 사역자들이 정식으로 임명되었다.

존 웨슬리는 영국 성공회의 39개 신앙조항을 요약했다. 새로운 교회는 이를 기준으로 25개 신앙조항을 채택했다. 또한 존 웨슬리의 기본 설교집과 신약성서주해를 추가하여 교리의 표준으로 삼았다. 제시 리(1758-1816)는 당시에 대해 이렇게 기록했다.

"감리교인들 대부분이 우리의 교회됨을 기뻐하며 연회에서 결의한 내용들을 즐거이 따랐다. 그 후 감리교회는 더욱 크게 부흥했다."

또한 윌리엄 워터스는 이렇게 기록했다.

"우리는 이제 종교적 집단이 아닌 하나의 교회가 되었다. 이는 우리 공동체에게 큰 기쁨과 만족을 주었다."

러블리 레인 예배당, 볼티모어
Lovely Lane Chapel, Baltimore

이 감리교회 예배당은 감리교회를 조직하기 위한 회담인 '크리스마스 연회'가 1784년에 열린 곳이다. 이 연회를 준비하기 위해 볼티모어 성도들은 스토브와 등받이가 있는 의자를 준비했다. 이 러블리 레인 예배당은 소박하고 화려하지 않았던 초기 감리교회 건축양식의 표본이다. 이 외에도 뉴욕의 존 스트리트 교회(1768), 델라웨어의 배럿 예배당 등의 초기 감리교회 예배당들이 있다. 이 예배당들은 첨탑이나 둥근 지붕, 종, 종탑 등에 페인트 칠을 하지 않고 소박한 모습을 유지했다.

프랜시스 애즈베리는 한 감리교 교회에 있는 종을 보고 이렇게 한탄했다.

"의자 위에 종이 있구나. 이 종이 부서지기를! 미국 예배당에서 종을 보게 되다니, 이것이 마지막이 되길 바란다."

애즈베리와 감리교회 1세대들은 교회 장식에 들어가는 비용이 예배와 불쌍한 자들을 돕는 감리교회의 사역에 방해가 된다고 생각했다. 볼티모어 성도들이 1774년에 세운 이 건물은 1786년에 붕괴되었다. 많은 사람들이 몰려 바닥이 두 번이나 무너졌다. 현재, 교회가 있었던 자리에는 그 역사를 말해주는 명판이 세워져 있다. 문이 두개 존재했는데, 각각 남자와 여자가 나뉘어져 입장하는 입구였다.

감리교회의 규율
Discipline of the Methodist Episcopal Church

1785년, 미국 감리교회의 조직회의는 최초의 규율(Discipline)을 출판했다. 이 규율은 교회의 율법, 정책, 교리, 교육, 절차의 기본서로 사용되었다. 1786년에 개정된 규율의 2차 개정판은 웨슬리의 "주일 예배"를 포함한 마지막 책이 되었다. 교회는 이 규율을 1792년까지 매년 개정하여 출판하였고, 이후로는 4년에 한 번씩 개정되었다. 1968년 이후, 교회는 예배에 관한 내용을 "예배서(the Book of Worship)"로 따로 출판하였다.

1784년 12월 27일, 프랜시스 애즈베리 사제 임명 "The Ordination of Francis Asbury, December 27, 1784."

이 판화는 질크라이스 캠벨(Gilchrist Campbell)의 작품으로, 토마스 럭클(Thomas Coke Ruckle)이 그린 그림을 본 딴 것이다. 무릎을 꿇고 있는 프랜시스 애즈베리를 (왼쪽부터)토마스 코크, 리처드 왓코트, 토마스 바시, 윌리엄 필립 오터바인이 둘러싸고 있다. 1784년 초, 존 웨슬리는 영국 성공회의 성직자 코크를 미국 감리교회 최초의 '감리사(감독)'로 임명했다. 그때 웨슬리는 미국에서의 사역을 위해 왓코트와 바시를 함께 임명했다. 이후 크리스마스 연회에 손님으로 참석했던 오터바인은 연합 형제교회를 세우는 데 중요한 인물이 되었다.

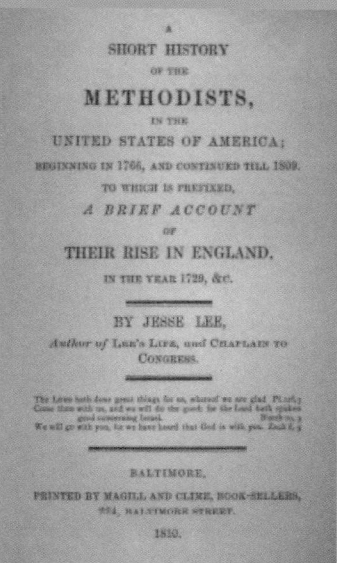

미국 감리교회의 첫 번째 역사 American Methodism's first history.

제시 리(Jesse Lee, 1758-1816)는 미국 감리교회 최초의 역사학자이다. 그의 "간략한 감리교회 역사(Short History of The Methodists, 1810)"는 직접 경험한 감리교회의 사건들을 기록하고 있다. 놀라운 것은 리가 미국 감리교회 역사에 대해 첫 번째 책을 내고자 했을 때, 감리교회가 출판을 원하지 않았다는 점이다. 교회 관계자들은 리의 책에 기록된 것들이 이미 잘 알려져 있는 사건들이므로 굳이 출판할 필요가 없다고 생각했다. 그러나 리는 흔들리지 않고 책의 출판을 도와줄 사람들의 서명을 모았다. 그는 책의 서문에 이렇게 적었다.

"우리가 처음부터 설교해 왔던 교리를, 또 지금까지 변함없이 간직해 온 것들을 우리의 공동체와 여러 사람들에게 보여주기 원한다."

한때 리는 프랜시스 애즈베리를 비판하고, 애즈베리 역시 리의 책 출간을 반대했다. 당시 사람들은 알지 못했으나, 리의 '간략한 감리교회 역사'가 아니었다면 귀중한 자료와 자원들이 손실되었을 것이다.

리는 애즈베리의 첫 번째 여행 동반자였다. 그는 애즈베리가 아픈 경우에 대신해서 연회를 주최하였다. 미국의 하원은 그를 하원의장으로 5번이나 선출했다. 1814년 그는 상원의장에 임명되었다. 그의 최대성과는 뉴잉글랜드 지역에 감리교를 뿌리내리게 한 것이었다. 그래서 그는 이 지역의 감리교 사도로 불렸다.

프랜시스 애즈베리 감독

프랜시스 애즈베리는 26번째 생일을 보내고 2주 후, 미국으로 건너왔다. 그는 항해하는 배 안에서 새로 시작한 사역일지에 이렇게 적었다.

"나는 어디로 가고 있는가. 무엇을 위해 새로운 세계로 가는가. 명예를 얻기 위함인가. 그렇지 않다. 나는 내 안에 있는 생각을 잘 알고 있다. 돈을 벌기 위함인가. 그것도 아니다. 나는 하나님을 위한 삶을 살기 위해 가는 것이다. 그리고 다른 사람들도 그렇게 살도록 돕기 위해 가는 것이다."

애즈베리는 1771년, 필라델피아에 도착했다. 그리고 미국을 자신의 새로운 고향으로 받아들였다. 그는 미국인들이 갖고 있는 영국에 대한 저항심, 피식민지민으로서의 불만을 마음 아파했다. 애즈베리는 감리교회가 전달하는 메시지야 말로 미국인들을 향해 '하나님을 위한 삶을 살고, 다른 사람들도 그렇게 살도록 돕는' 사명을 수행할 수 있는 가장 좋은 방법이라고 확신했다. 그는 자신의 일지에 이렇게 적었다.

"감리교회 교리에 대한 설교와 감리교회의 훈련 방식은 지금 이 세대 그 어떤 것보다 가장 순전한 것이다."

프랜시스 애즈베리 Francis Asbury (1745-1816)

북 캐롤라이나 주의 주날루스카 호수에 위치한 세계 감리교 빌딩에 전시된 이 초상화는 프랭크 솔즈베리(Frank O. Salisbury)에 의해 그려진 것이다. 이 책에 실린 사진은 데이브 핸더슨이 촬영했으며, 세계 감리교 미술관의 승인을 얻었다.

이 젊은 사역자는 미국 감리교회의 발전을 위해 어떠한 노력도 서슴지 않았다. 그는 당시의 다짐에 대해 이렇게 적었다.

"나는 기꺼이 고통을 당하고 기꺼이 죽겠다. 어떤 일을 겪든 내 믿음을 저버리는 것보다는 낫다는 것을 알기 때문이다. 모든 반대를 무릅쓰고 서는 것은 어려운 일이지만, 나에게 힘 주시는 그리스도로 인해 나는 모든 것을 할 수 있다."

미국에 도착한 후, 애즈베리가 했던 가장 중요한 일 중 하나는 순회 설교자를 세우는 일이었다. 애즈베리보다 2년 먼저 미국에 온 리처드 보드맨과 조셉 필모어는 도시에서 정착하고 사역하는 것에 관심을 기울였다. 그러나 애즈베리는 미국 국경 밖의 사람들에게까지 감리교회가 전해지기 위해서는 순회 설교자가 필요하다고 생각했다. 비록 필모어나 보드맨보다 나이는 어렸지만 애즈베리의 말과 행동은 리더십을 갖추고 있었다. 그는 일지에 다음과 같이 적었다.

"나의 형제들은 이 도시를 떠나고 싶어 하지 않는다. 하지만 나는 분명히 방법을 보여줄 수 있을 것이라 확신한다."

그는 미국 감리교회 사역의 상징이며, 이후 수십 년 동안 이어진 순회사역을 시작했다.

또 애즈베리는 미국인 목사들을 양육하는 일에 앞장섰다. 독립전쟁이 일어난 후, 영국인 사역자들이 본국으로 돌아갔기 때문에 그 자리를 대체하는 일이 시급했다. 애즈베리는 '사람을 읽는' 능력으로 큰 존경을 받았다. 그만큼 사람의 성품과 능력을 파악하는 데에 뛰어난 재능을 갖고 있었다. 그는 선교사로서 적당한 후보자를 찾은 후, 그들을 감리교회 설교자로 선발했다. 또한 목사들이 많은 글을 읽고, 목회자로서 자신을 계발하고 설교의 수준을 향상시킬 수 있도록 격려했다. 목사들 중에는 이제 막 청소년기를 맞이한 어린 설교자들도 있었다. 애즈베리는 어리고 젊은 목사들에게 조언을 해주는 일에도 힘썼다. 그가 선발한 목사들은 평범하면서도 놀라운 영적 헌신과 열정, 투지를 갖추고 있었다. 애즈베리는 일지에 이렇게 기록했다.

"부족하고 연약함에도 불구하고 주님께서는 이 사람들에게 위대한 일들을 행하셨다."

독립전쟁이 끝나갈 때쯤, 존 웨슬리는 미국인 목사들을 권고하기 위해 편지를 썼다. 감리교회 교리와 총 4권으로 이루어진 존 웨슬리의 설교집에 담긴 규율, 신약성서주해서를 지킬 것을 결심하기 원한다는 내용이었다. 이후 1798년, 코크와 애즈베리 감독은 "규율(Discipline)"을 출판했다. 감독들은 이 책을 통해 교회들에게 다음과 같이 당부했다.

"우리의 교리 중 작은 한 부분이라도 잊지 말고 읽고, 외우고, 이해하며 모든 것을 소화하길 소망한다."

그들은 신학적인 견해가 다르다는 이유로 분파를 나누거나, 철학적인 추측들을 규명하는 일에는 관심이 없었다. 그들의 관심은 목사들이 회개, 믿음, 경건의 큰 교리를 지키도록 권고하는 일에 있었다. 감리교회는 분파를 나누는 사람을 지향하는 것이 아니라 기독교의 중요한 중심교리를 분명하게 하는 신학을 바탕으로 하고 있다. '견해'란 기독교 신앙에서 필수적인 것이 아니며, 감리교인들은 자유롭게 생각하고 또 생각될 수 있었다. 그러나 기독교의 기본적인 가르침에 관해서는 절대 흔들리거나 움직이지 않았다. 감독들은 오직 성경적 메시지만이 감리교회가 '이 대륙을 개혁하고, 말씀에 기초한 경건함을 이 땅에 퍼뜨릴 수 있게' 할 것이라고 확신했다.

감독들은 존 웨슬리가 "감리교회에 대한 생각(Thoughts Upon Methodism)"에서 권고한 것을 기초로 자신들의 신념을 굳건히 세웠다. 웨슬리는 그 책에서 이렇게 적고 있다.

"사람들은 감리교인들이 유럽과 미국에 퍼져나가는 것을 멈춰야 한다고 경계한다. 그러나 전혀 두렵지 않다. 우리가 두려워해야 할 것은 그들이 종교의 능력 없이 형식만 가지고 죽은 신앙인으로 남아있어야 한다는 것이다. 그들이 처음 신앙을 시작할 때와 같이 교리와 영성을 굳건히 하고 제자 훈련을 하지 않는다면 그러한 결과를 맞이하게 될 것이다."

또한 웨슬리는 감리교인들의 믿음에 대해 명확하게 설명하고 있다.

그들의 기본적 교리는 무엇인가? 기독교인의 신앙과 삶에 있어 유일하고 완전한 원칙이란 오직 성경뿐이라는 것이다.

(1) 그들에게 종교는 내면의 원칙이다. 이는 다름 아닌 그리스도 안에 있는 마음과 생각이다. 바꿔 말하자면, 의와 진실함과 거룩함 안에서 하나님의 형상대로 영이 새롭게 되는 것이다.

(2) 이것은 성령의 능력 없이는 절대 우리 안에서 행해질 수 없다.
(3) 이것과 이 외의 모든 축복은 그저 그리스도를 위해 받는 것이다.
(4) 누구든지 그리스도의 마음과 생각을 갖고 있다면, 우리 모두는 그리스도 안에서 형제 자매이자 어머니이다.

코크와 애즈베리 감독은 '경건의 모양과 경건의 능력'이 모두를 가져야 한다고 확신했다.

애즈베리 감독은 미국 감리교회가 행정적으로 화합할 수 있도록 노력했다. 애즈베리의 리더십은 세 가지 특징을 갖고 있었다. 첫째, 그는 말씀에 기초하여 확고한 방향을 유지했다. 둘째, 그는 목사들 사이의 합일점을 찾기 위해 노력했다. 셋째, 그의 헌신적인 섬김은 다른 이들을 고취시키는 본보기가 되었다. 이러한 그의 리더십으로 알레게니 산맥 동부 지역의 거의 모든 도시에 감리교회가 세워졌다. 애즈베리가 생을 마치기 전까지, 그의 순회 설교자들은 서쪽까지 그 활동 영역을 확장하여 마침내 미루지와 아칸사스까지 감리교의 복음이 전해졌다.

프랜시스 애즈베리는 명예나 명성을 얻기 위해 미국에 온 것이 아니었다. 그는 명예욕과는 거리가 먼 사람이었다. 그러나 결국 그는 미국에서 가장 유명한 사람이 되었다. 어느 날, 영국에서 보낸 편지가 그에게 도착했다. 겉봉에는 주소 없이 '미국, 목사 애즈베리 감독'이라고 써져 있을 뿐이었다. 그 설명만으로도 편지는 애즈베리에게로 무사히 전달되었다.

1924년 10월 15일, 워싱턴에서 프랜시스 애즈베리의 승마상이 그 덮개를 벗었다. 오거스투스 루크맨(Augustus Lukeman)의 작품이었다. 캘빈 쿨리지(Calvin Coolidge) 대통령은 헌정 연설문을 발표했다. 1924년 10월 16일에 발행된 뉴욕 타임지에 쿨리지의 선언문이 실렸다.

"그의 거룩한 삶으로 인하여 우리는 위대한 교훈을 배웠습니다. 애즈베리 감독과 그의 친구들의 설교는 우리나라의 자유를 발전시켰고, 문명화에 큰 기여를 했습니다. 지금 이 나라에 얼마나 많은 교회가 세워졌는지 보십시오! 웨슬리의 이름으로 얼마나 많은 교육기관들이 세워졌으며, 이 고독한 순례자의 헌신과 섬김이 얼마나 우리에게 기여를 했는지 기억하십시오! 애즈베리야 말로 우리나라를 세운 한 사람으로 불릴 자격과 권한이 있습니다."

애즈베리는 미국에서 사역하는 45년 동안 목사들은 물론 평신도들과도 친밀한 관계를 유지했다. 그는 미국인들을 이해하고 사랑하였고, 그의 사도적인 비전은 새로운 나라의 사역에 강한 영향을 미쳤다. 그는 약 270,000마일을 말로 달렸고, 16,000번의 설교를 했으며, 4,000명의 사역자들을 임명했고, 연회를 224번 인도했다.

1816년 총회에서 애즈베리는 다음과 같이 연설했다.

"우리는 50년이 채 되지 않는 세월 동안 하나님께서 미국 감리교회에 행하신 헤아릴 수 없을 만큼 많은 일들을 생각해보아야 합니다. 복음을 전파하고, 순전한 사도들을 임명하고, 훈련하고, 관리하는 지금의 일들을 성실히 해 나간다면 하나님께서 우리의 후손들에게 얼마나 크게 일하실 것인지를 상상할 수 있을 것입니다."

그는 그 해에 생을 마감하였고, 이 연회는 그의 마지막 회의가 되었다.

1760년대에 시작된 미국 감리교회는 1816년 프랜시스 애즈베리가 죽음을 맞이할 때까지 놀라운 성장을 이루었다. 약 30년 간, 미국 감리교회는 단지 존 웨슬리가 의지했던 영국 성공회의 한 일부로 인식되었을 뿐이었다. 그러나 점차 새로운 공동체로서 한걸음씩 더 나아갔다. 이러한 성장은 목사들의 회의를 통해 자체적 결정을 내렸던 독립적 통치조직의 결과물이었다. 애즈베리 감독은 사망했지만, 이후 수십 년 동안 미국 감리교회는 미국에서 가장 크고 영향력있는 교파로 끊임없이 성장하였다.

프랜시스 애즈베리 Francis Asbury
이 승마상은 뉴저지 매디슨에 있는 드루 신학대학교에 세워져 있으며, 오거스투스 루크맨(Augustus Lukeman)의 작품이다. 달렌 슈웁(Darlene V. Shoop)이 찍은 사진이다.

처음 미국에 도착한 이후, 애즈베리는 감리교인들이 나태한 신앙 훈련을 하고 있음을 알게 되었다. 그는 '고르지 못한 나무의 뿌리에 도끼질을 할 것'이라는 결심을 하였다. 애즈베리는 웨슬리의 규율에 따라 감리교회 공동체를 훈련시키기로 했다. 감독으로서 발휘한 그의 리더십은 공정하고 확고했다. 감리교인들은 그의 감독 하에 당시 미국사회에 큰 영향력을 행사하던 악의 근원을 물리칠 수 있는 의의 군대로서 성장했다.

4 작은 공동체에서 국가적 명성으로

1776년 독립선언이 있던 해, 미국 감리교회는 미국에서 가장 작은 종교 공동체 중 하나에 지나지 않았다. 당시 감리교인의 수는 미국 인구의 800명 중 한 명 꼴이었다. 정식으로 임명된 성직자도 하나 없던 이 공동체의 움직임은 사람들에게 잘 알려지지 않았다. 감리교인들이 예배하는 장소를 교회로 여기는 사람은 아무도 없었다. 그곳은 공회당, 설교장, 예배당으로 불렸다. 1783년, 예일 대학교의 총장이자 회중교회의 목회자였던 에즈라 스틸스(Ezra Stiles)는 앞으로 미국에서 '웨슬리언들과 침례교인들'은 자리를 잡지 못할 것이라고 예상했다.

그러나 스틸스 총장의 예상은 보기 좋게 빗나갔다. 감리교회가 시작되고 몇 십 년 만에 미국 감리교회의 교인 수는 회중교회, 감독교회, 장로교회를 모두 합친 성도들의 수보다 더 많아졌다. 마침내 1850년, 감리교인들의 수는 미국 전체 개신교인의 1/3을 차지하게 되었다. 이 작은 공동체가 국가적인 명성을 얻기까지의 감리교회 성장 드라마는 미국 종교 역사에서 가장 주목받는 발전 사례 중 하나이다. 이것은 아직까지도 우리에게 교훈을 주며, 또한 현대의 신앙인들을 고취시키는 위대한 유산이다.

새로운 교회의 성장은 사회적 경영이나 어떤 회의의 결정으로 이루어지는 것이 아니다. 그것은 아직 하나님의 구원의 사랑 아래 거하지 못하는 이들에게 복음을 들려주고자 하는, 용감하고 헌신적인 영혼들의 노력으로 완성된다.

순회제도

프랜시스 애즈베리 감독은 사역을 시작한 후, 사람들이 꾸준하게 오하이오 강을 타고 산을 넘어 켄터키, 테네시, 오하이오, 인디아나 지역에 정착하는 것을 보았다. 그는 그곳에 목사들을 보내야 한다는 사명의식을 갖게 되었다. 감리교회 순회목사의 순회제도는 '서쪽 복음화'를 이루는 이상적 방법이 되었다. 1819년까지 감리교회에는 선교부가 조직되어 있지 않았다. 감리교 전체가 선교집단으로 여겨졌기 때문이었다. 애즈베리는 최전선에서 사탄의 공격에 맞서며 교회를 이끌었다. 순회목사로 불리는 이들과 순회제도는 교회를 성장시키는 원동력이었다. 이들의 헌신으로 인해 셀 수 없이 많은 사람들이 죄에서 의로 돌아섰다.

1771년 미국에서 사역을 시작한 이후, 애즈베리는 단 한 번도 순회사역을 소홀히 한 적이 없었다. 그가 목사들에게 사역지를 정해주고 설교 장소를 정하도록 지도할 때에도 자신의 순회사역 경험이 바탕이 되었다. 순회목사들이 설교 장소에 도착했을 때 이미 세워진 감리교 공동체와 평신도들을 만나기도 했다.

1773-1790년까지 미국의 인구는 75% 성장했다. 같은 시기 미국 감리교회는 5,500%가 넘는 성장을 이루어냈다. 1798년, 코크와 애즈베리 감독은 다음과 같이 말했다.

"우리의 원대한 계획과 방향점은 모두 순회사역을 향하고 있다. 순회사역만큼 중심에서부터 주변까지를 모두 아우르며, 지속적 성장을 일궈내는 좋은 제도는 없다."

순회제도는 모든 감리교 공동체가 설교를 듣고 목회자의 리더십을 경험할 수 있도록 보장해주었다. 1830년경에는 미국인 10명 가운데 9명이 전체 인구 2,500명 미만의 작은 마을에 거주했다. 즉, 그들에게 예배란 순회목사들이 그 마을을 섬겨줄 때만 가능한 것이었다.

순회목사들은 '할 수 있는 한 많은 죄인들을 회개하게 하는 것, 그리고 그들이 주님을 볼 수 없다는 말을 하지 않도록 경건하게 세우는 것이 바로 당신들의 축복이다.'라는 존 웨슬리의 말을 늘 마음에 두었다.

미국 감리교회의 첫 번째 규율은 다음과 같다.

"우리의 사명은 잃어버린 자들을 찾는 것이다. 그들이 우리를 찾을 것이라고 기대해서는 안 된다. 우리가 나서서 그들을 찾아야 한다. 우리의 가장 큰 걸림돌은 부유하거나 겁쟁이거나 게으른 감리교인들에게 그것을 기대하는 것이다."

순회제도는 목사로 하여금 사람들과 가깝게 지내도록 만들어주었다. 수천 번의 개인적 교제는 사람들이 감리교 공동체와 긴밀한 관계를 유지할 수 있도록 도와주었다.

또 순회제도는 성도들이 다른 교파에서처럼 폐쇄적이거나 내적으로만 성장하는 것을 방지하였다. 순회사역으로 인해 각각의 공동체는 하나의 순회로 연결되었고, 각각의 순회는 하나의 구역으로, 각각의 구역은 하나의 모임으로, 각각의 모임은 감리교회로 연결되었다.

또한 이 제도는 목사들이 가장 효과적으로 사역할 수 있는 곳으로 파송될 수 있다는 장점을 갖고 있었다. 존 웨슬리는 목사들의 개인적 능력에 대해 다음과 같이 말했다.

"한 명의 목사는 하나의 능력을 가지고 있고, 다른 이는 그 만의 다른 장점을 가지고 있다. 나는 공동체를 새롭게 시작하고, 지속시키며, 완벽하게 조직하는 모든 능력을 갖춘 사람을 본 적이 없다."

이에 애즈베리 감독은 목사들의 능력과 그에 대한 평가를 각각 기록했고, 목사들을 파송할 때 그 기록을 참고했다. 훈련이 충분하게 된 목사들은 마을 설교단으로 보냈고, 훈련이 더 필요한 목사들은 시골과 경계지역으로 보냈다. 목사들은 자신이 임명된 파송지로 가야 했다. 몇몇 경우의 예외를 제외하고 목사들은 감독의 임명에 동의하였다.

순회목사

초기 순회목사들이 담당했던 지역은 매우 넓었다. 그들은 약 200~500마일까지의 거리를 담당했고, 때로는 더 넓은 곳을 맡기도 했다. 뉴욕의 알바니 근처에서 목회하는 엘리야 울시(Elijah Woolsey)목사는 순회를 위해 8~9주 정도가 걸리는 약 800마일의 거리를 여행해야 했다. 목사들은 필요한 옷, 음식, 책, 종이를 안장에 가지고 다녔다. 1798년, 프랜시스 애즈베리는 존 코블러(John Kobler)에게 '북서쪽 지역에 새로운 순회지역을 만들고 첫 번째 복음의 씨앗을 뿌리라'는 임무를 내렸다. 1835년에는 감리교회의 구역이 북 일리노이와 북 아이오와까지 확장되었다. 목사들은 연회에서 사역지를 임명받으면, 예배당이나 목사관이 없는 지역일지라도 나아가야 했다. 순회목사들은 아침과 점심에 설교하고, 한 달에 단 며칠만 쉴 수 있었다. 이 헌신적인 목사들에게는 훌륭한 말이 필요했다. "규율"은 목회자들에게 신자들을 보살피고 관심을 가질 것을 권고하고 있었는데, 그들이 이를 수행하려면 훌륭한 말은 마땅히 필요했다.

새로운 순회를 시작할때 국경 지역을 맡은 목사들은 오두막집을 찾을 때까지 계속 걸어야 했다. 오두막집에 도착하면, '감리교회의 사역을 시작하기 위해 감독으로부터 임명받은 감리교회 목사'라고 자신을 소개했다. 그러면 그 지역 사람들은 목사를 저녁에 초대하거나, 집에 묵을 수 있도록 배려했다. 그 집에 머무는 동안 순회목사는 가르치고, 설교하며 그들을 권고했다. 집주인이 허락하는 경우, 그 집을 순회의 새로운 설교 장소로 만들 수 있었다. 목사가 다시 방문하기 전까지 집 주인은 이웃들과 함께 예배를 드렸다.

아이오와에 있던 한 순회목사는 다음과 같은 기록을 남겼다.

"나는 쾌스케톤(Quasqueton) 지역에서 설교했다. 그곳은 네 가구가 살고 있고, 반경 16마일 안에 아무도 살지 않았다. 나는 언제나 국경을 따라 마지막 집까지 찾아다녔다."

국경지역 마을에는 극장도 없었고, 오락거리도 거의 없었다. 그들은 순회목사가 오기만을 기다렸다. 목사들이 자신들에게 새로운 소식과 재미를 가져다주는 유일한 인물이었기 때문이다. 설교자들이 힘찬 설교를 하면 종교에 관심이 없던 사람들도 흥미를 가지고 목사의 설교를 들었다.

순회목사들은 점점 훌륭한 연설가로 성장하였고, 때로는 자신만의 설교 스타일을 개발하기도 했다. 예를 들어 제임스 액슬리(James Axley) 목사는 설교에 복화술을 사용했다. 그는 악마의 목소리를 재연하기도 하고, 성경 구절을 인용하여 그 악마와 대화를 하기도 했다. 로렌조 다우 목사는 특이하게 지옥으로부터 온 최근 뉴스를 알려주겠다고 설교를 시작했다. 어떤 순회목사들은 회중 안에 있는 죄인을 손가락으로 가리키며 "당신이 그 사람이다!"라고 소리치기도 했다. 그렇게 지적당한 사람은 그 자리에서 무릎을 꿇고 구원을 위해 하나님께 울부짖었다.

순회목사들이 사용했던 안장에 다는 가방
Circuit Rider's Saddlebags

이 가방은 북 캐롤라이나의 주날루스카 호수가에 있는 세계감리교회 박물관에 소장되어 있다. 데이브 핸더슨(Dave Henderson)이 찍은 사진이다.

1880년, 일반 회중교회 사역자의 연봉은 400달러였다. 그에 비해 감리교회 목사들의 평균 연봉은 불과 80달러였다. 심지어 약속된 보수를 받지 못하는 목사들도 있었다. 외투가 없어서 순회해야 하는 겨울의 긴 여행에서 담요를 덮고 말을 타던 목사들도 있었다. 애즈베리 감독은 1790년, 테네시로 가는 길에 만난 한 목사에 대해 다음과 같이 기록했다.

"여윈 몸에 옷도 제대로 입지 못한 가난한 목사를 만났다. 비록 돈이 없어 고난을 겪고 있지만, 믿음으로 부유하리라 소망한다."

한 연회에서 많은 목사들이 적은 급여마저도 받지 못하고 있다고 보고하자, 애즈베리 감독은 이렇게 기도했다.

"주님, 우리는 주님의 손에 달려있습니다. 부유함이든 가난함이든, 당신의 일을 위해 우리에게 가장 좋은 것이 무엇인지 아십니다. 모든 사람의 마음은 당신의 손에 달려있습니다. 우리가 주리고 고생하는 것이 당신의 교회와 우리에게 가장 좋은 것이라면, 사람들의 손과 마음을 닫아주시고, 우리가 삶에서 편안함을 누리는 것이 당신의 영광과 교회, 우리에게 더 좋은 것이라면 우리가 섬기는 이들의 마음을 열어주시옵소서. 그리고 우리가 풍요로울 때에도 부족할 때에도 만족하는 법을 배우게 하소서."

순회목사들의 사역은 불굴의 용기와 혁신을 필요로 했다. 제시 리는 코네티컷의 노어워크(Norwalk)에 도착했을 때, 그냥 길에서 찬양을 하며 사람들이 모여드는 가운데 그의 첫 번째 사역을 시작했다.

존 킹(John King)은 볼티모어에 있는 한 대장간에서 첫 번째 설교를 했다. 훗날 잘 조직된 공동체들은 대부분 집, 여관, 마당, 감옥, 학교, 법원, 앞뜰, 강가에서부터 시작했다.

1784년 당시 감리교인들에게 예배당은 단지 60개 뿐이었으나, 설교장소는 800곳이 넘게 있었다. 회의록에는 설교 장소를 교회가 아닌 성도들을 섬기기 위해 제공된 집으로 기록하고 있다.

모이는 군중들 Gathering a crowd

감리교회 목사들은 새로운 지역에서 감리교 공동체를 만들었다. 목사들은 즉석 설교단에 올라가 설교를 했다. 애즈베리 감독은 집, 담배창고, 제지 공장, 구빈원, 요새, 숲 속의 공터에서 설교를 했다고 기록했다. 통나무집, 농가, 채석장, 창고, 극장, 선상(船上) 등도 설교 장소가 되었다. 변두리 지역의 순회목사들은 여관의 술집에서 설교를 하기도 했다. 어떤 사람은 한 감리교회 목사가 도박장에서 설교를 하는 것을 들었다고 말하기도 했다. 그 설교를 들었던 사람은 이렇게 말했다.

"예수님 시대에는 하나님의 집을 도적의 소굴로 만들었는데, 지금은 도적의 소굴을 하나님의 집으로 만들고 있다."

순회목사들은 악의적으로 예배를 방해하는 무리들을 만나기도 했다. 그런 경우가 잦아지자, 목사들은 소란을 피우는 사람들과 맞서는 방법을 배우게 되었다. '윌버 목사님'으로 잘 알려진 제임스 하비 윌버(James Harvey Wilbur)의 설교 장소에 두 명의 방해꾼이 나타났다. 그들은 소란을 멈추라는 경고를 계속 무시했다. 찬송을 부르는 중, 윌버는 크게 찬양을 하며 복도로 내려갔다. 그리고 그를 미처 보지 못하고 대화를 나누던 두 방해꾼에게 다가가 찬양을 하며 그들의 머리를 세게 맞부딪혔다. 그리고 계속 찬양을 하며 다시 설교단으로 올라갔다. 소란꾼들은 더 이상 소란을 피우지 않았다.

국경지역은 사람들을 보호하는 법이 제대로 제정되어 있지 않았다. 따라서 순회목사들은 자기 자신 말고는 보호해줄 사람이 없었다. 살인자나 폭력배, 술 취한 사람, 강도들이 여행하고 있는 목사들을 덮치는 것은 놀랄 일도 아니었다. 국경지역에서 사역을 하던 피터 카트라이트(Peter Cartwright)는 자신의 수레를 개울로 밀어버리려고 벼르는 한 폭력배를 만났다. 그는 자서전에 그 때의 경험에 대해 기

야외전도집회를 망치는 소란꾼들 Rowdies attempting to break up a camp meeting
노블(W.F.P. Noble)의 '한 세기 복음사역(A Century of Gospel Work, 1876)'에서 가져온 사진이다.

어느 날 프랜시스 애즈베리 감독이 오하이오 러쉬빌(Rushville) 야외전도집회에 참석했다. 토요일, 약 20명의 술 취한 소란꾼들이 들어와 모임을 없애겠다고 소리쳤다. 그러자 목사 중 한 사람이 그 무리의 우두머리에게 사람들을 데리고 떠나라고 말했다. 그 말을 들은 우두머리는 화를 내며 그 목사를 쳐서 쓰러뜨렸다. 그때 용감한 버크해머(Birkhammer) 형제가 그 소란꾼을 두 개의 의자 사이로 쓰러뜨렸다. 그리고 보안관이 와서 그들을 데려가기까지 그 소란꾼들을 붙잡아 두었다. 모임  에 있던 한 연로한 성도는 한쪽에 서 있다가 소동이 끝나자 이렇게 말했다.
"내가 싸워야 할지라도, 우리는 하나님의 집에서 평안을 누릴 것이다."
소란이 끝나고 다시 평안이 찾아오자, 애즈베리 감독은 설교단으로 올라와 남아있는 소란꾼들에게 충고했다.
"당신은 교회에 있는 모든 성도들이 성화되지는 않았음을 기억해야 한다. 그들을 내버려 두는 것이 좋을 것이다. 만약 당신들이 그들을 화나게 한다면, 그들은 세상에서 가장 정복하기 어렵고 싸우기 힘든 사람으로 변할 것이다. 당신들이 그들을 좋아하지 않는다면 내버려두고 집으로 돌아가는 것이 좋을 것이다."
야외전도집회는 화요일 아침까지 계속되었고, 100명이 넘는 사람들이 그리스도께 돌아와 예배에 함께 참여했다.

록했다.

"수레가 지나갈 길은 하나밖에 없었다. 밤이 되자 나는 누운 채로 막대기를 들고 주위를 경계하고 있었다. 그때 윌리엄이 수레의 방향을 틀어 개울로 밀어내는 것을 보았다. 나는 재빨리 그에게 달려갔다. 그곳의 길은 하나였기 때문에 그는 두려워 강으로 뛰어들었다. 그리고는 다른 방향으로 나와서 도망갔다."

윌리엄은 코리나무 껍질에 개구리를 단 것을 들고 주일 밤 예배에 나타났다. 카트라이트가 기도할 때 그의 머리에 걸기 위해서였다. 카트라이트는 그때의 상황을 이렇게 회상했다.

"그가 자신의 계획을 실행에 옮기려고 할 때, 하나님이 강력한 힘을 그에게 행사하셨다. 그 예배에 참석한 많은 소란꾼들이 쓰러져 하나님께 돌아갔다. 개구리 사건으로 인해 약 70명의 성도들이 늘어났다."

여행 중에도, 예배 중에도, 회의에서도 순회목사들은 이런 소란꾼들을 처리해야 했다. 스데반 조지 로젤(Stephen George Roszel)의 설교 장소에는 한 소란꾼들 무리가 설교 모

피터 카트라이트 Peter Cartwright (1785-1872)

피터 카트라이트는 1801년 참여했던 야외전도집회를 통해 하나님을 모르던 삶에서 변화되었다. 그 후 감리교회에 합류하여 곧 목사가 되었다. 그리고 윌리엄 맥켄드리(William McKendree)와 프랜시스 애즈베리 밑에서 사역하였다. 카트라이트는 켄터키, 테네시, 오하이오, 인디아나, 일리노이에서 설교를 했다. 그는 유머감각과 재치, 그리스도를 전하려는 열정적인 마음, 그리고 모임을 방해하는 소란꾼들을 막아내는 주먹으로 유명했다. 카트라이트는 20년을 순회목사로, 50년을 주재목사로 섬겼다. 사람들은 그를 '감리교회 복음주의의 번연(Paul Bunyan)'이라고 부르기도 했다. 카트라이트는 미시시피 강을 넘어 감리교회를 전파하려는 계획을 세웠다. 그는 많은 교육을 받지 못했다는 한계를 뛰어넘고, 감리교회 학교를 세우는 데 성공했다.

카트라이트는 자서전에 다음과 같이 적었다.

"감리교회 목사들은 하나님께서 신학교를 찾아 헤매는 것 대신 설교하라고 부르셨다는 것을 느꼈을 때, 말한 마리와 여행도구들을 챙겨 자신의 도서관(성경, 찬송가, 훈련서 등)을 손에 들고 길을 떠났다. 그리고 변하지 않는 말씀으로 울부짖었다. '세상 짐을 지고 가는 하나님의 어린양을 보라!' 그들은 바람, 우박, 눈과 비의 폭풍을 지나 산과 언덕을 오르고, 계곡을 지나 늪을 건너 강을 헤엄쳤다. 지치고 배고프고 젖은 상태로 안장 담요를 침대 삼고, 안장이나 안장주머니를 베개 삼아 큰 외투를 덮으며 밤을 지새웠다. 때로는 쓰러져가는 오두막집에서 불을 피우고 흙바닥에서 잠을 잤으며, 껍질째 구운 옥수수를 빵 삼아 먹고 버터 밀크를 커피로 마시며 샐비어 잎을 달인 차를 크림 차 대신 마셨다. 좀 더 푸짐한 식사라면 사슴이나 곰, 칠면조를 아침, 저녁으로 먹는 것이었다. 그들의 입술은 항상 준비되어 있었다. '하나님의 어린양을 보라!'"

산간벽지에서 감리교인들의 야외전도집회, Methodist camp meeting in the backwoods 1849년으로 추정

임을 해산시키기 위해 꾸준히 나타났다. 로젤은 그 무리의 지도자를 나무에 묶어 주먹질을 하고 목을 울타리 사이에 고정시켜 하룻밤 동안 놔두었다. 다음날 그를 풀어주자, 소란꾼들은 더 이상 예배를 방해하지 않았다. 이렇게 용감무쌍한 순회목사들을 보며 한때 미국 역사학회의 대표였던 프랭클린 제임슨(Franklin Jameson)은 이렇게 묘사했다.

"순회생활은 그들의 심신을 건강하게 만들었다. 그들은 '상대를 쓰러뜨리는' 저항할 수 없는 거룩함으로 둘러싸인 것처럼 보였다."

이들은 배고픔과 추위, 외로움을 견디며 어려운 상황들을 이겨내야 했다. 그들의 사역에는 늪, 넘치는 강물, 적대적인 인디언, 범법자, 곤충들의 공격들이 도사리고 있었다. 따라서 강한 용기와 무장이 필요했다. 가끔 스컹크와 곰, 뒤따라오는 늑대를 만나기도 했다. 순회목사들은 위험이 언제 찾아올지, 피할 곳을 찾을 수 있을지 없을지 모르는 상황에서 별빛 아래 잠을 청해야 했다. 조지 쉐포드는 눈이 많이 내리는 겨울날, 숲에서 길을 잃기도 했다. 그는 밤새 숲을 헤매다가는 얼어 죽게 될 것이라는 것을 깨달았다. 쉐포드는 엎드려 하나님께 방향을 알려달라고 기도했다. 기도 후 일어설 때 그는 희미하게 개 짖는 소리를 들었다. 그 소리를 듣고 농가로 찾아가 죽음을 면할 수 있었다. 실제로 여행 중 위험을 당해 목숨을 잃는 순회목사들도 있었다. 19세기 중반까지 사망한 737명의 감리교회 목사들 중 200명이 넘는 사람들이 35세 이전에 목숨을 잃었다.

제임스 핀리(James Finley)의 오하이오 순회사역은 32번의 설교로 이루어졌으며, 순회를 마치기까지 몇 주가 걸렸다. 핀리는 천명이 넘는 감리교인들에게 말씀을 전하고 개인적 교제와 속회를 통해 그들의 영적인 필요를 공급해주었다. 예배나 성도와의 교제를 방해하는 사람들이 있으면 문밖으로 내쫓으며 맞서 싸우기를 망설이지 않았다. 핀리에 관한 기록에는 이렇게 적혀있다.

스데반 조지 로젤 Stephen George Roszel
(1770-1841)
위 사진은 켄터키 주 렉싱턴에 거주하는 캘버트 로젤
(Mr. Calvert T. Roszell) 씨의 소유로 스데반 조지 로젤
의 고손자이다.

로젤은 버지니아와 메릴랜드에서 지도목사로 50년 넘게 섬겼으며 볼티모어 모임의 저명한 성도였다. 그는 장로들을 탁월하게 주재하고, 뛰어난 토론 능력으로 회의를 이끌었으며, 다방면으로 뛰어난 것으로 유명했다. 그를 아는 사람은 이렇게 말했다.

"그는 말과 생각의 구사력이 뛰어났으며, 그보다 우수한 토론자는 없었다. 또한 불굴의 인내를 지니고 있었다. 생각한 것을 얻기 위해 지치지 않는 열정으로 노력했으며, 자신이 도울 수 있는 곳이라면 어디든지 달려가 도왔다. 그의 토론 능력은 총회에 큰 영향력을 행사했고, 당대에 그보다 더 교회에 많은 관심을 가지고 참여한 이는 드물었다."

로젤이 사망한 후, 1841년 연회의 의사록에는 그를 이렇게 기념하고 있다.
"로젤은 불굴의 용기와 절개, 자비를 가진 사람이었다. 그는 하나님에 대해 이야기할 때, 담대하였으며 타협하지 않는 목사였다. 강인한 정신, 뛰어난 언변, 강한 힘을 가진 그는 감리교회 순회목사로서 적합한 인물이었다."

"그의 이야기에는 긍휼이 가득 차 있었으며, 그가 보여준 우정은 다정했고, 오랫동안 지속되었다."

로버트 페인(Robert Paine)이 맥켄드리(McKendree) 감독과 함께 앨러게니(Alleghenies) 산맥을 넘을 때의 이야기이다.
"해질녘, 우린 산 아랫부분에서 쓰러져가는 작은 오두막집을 발견했다. 그 기회를 놓칠 수 없었다. 이미 날은 어두워졌고 근처에는 마을도 집도 없었다. 감독의 몸 상태는 점점 나빠졌고 통증으로 몹시 고통스러워했다. 우리는 그를 오두막집으로 데리고 들어가 응접실, 침실, 부엌, 식당으로 사용되었던 더러운 방의 침대 위에 반쯤 죽어가는 그를 눕혔다."

순회목사들에게는 사람이 많고 더러운 오두막집보다는 차라리 숲이나 탁 트인 초원 위에서 자는 것이 더 나은 일이었다. 목사들 중 한 사람은 또 이렇게 기록했다.
"숨이 막히는 오두막집보다는 파리와 벌레들이 밤새 괴롭히는 길 위가 더 나았다."

말을 타고 이동하기에는 너무나 험난한 길도 있었다. 그럴 때 목사들은 강을 따라 카누로 이동했다. 북서지역의 한 목사는 다음과 같이 기록했다.

"이 여행은 감리교회 목사들의 어떤 순회 여정보다 불안정하고, 위태로우며, 힘들었다. 카누의 노를 조금만 잘못 놀리면 보이지 않는 바위를 들이받게 만드는 거품이 있는 폭포로 떠내려갔다. 얼음장 같이 차가운 급류에서 조금이라도 앞으로 나가려면 몇 시간 동안 힘들게 밧줄을 붙잡아야 했다. 바람과 물결을 거스르며 끊임없이 노를 저어야 했던 이 여정은 지금껏 시도했던 그 어떤 순회여행보다 힘들었다. 하지만 거대한 숲의 적막함이나 넓은 평야에서의 고독함 보다는 나았다."

순회 설교자들 대부분은 가족이나 아내의 도움을 받지 않았다. 목사들이나 평신도들은 결혼이 순회사역에 방해가 된다고 여겼으며, 결혼 서약이야말로 목사가 사역에 전념하지 못하도록 '다른 사람들을 포기하는 서약'이라고 생각하는 이들이 많았다. 연회에서 결혼을 금지하는 일은 없었지만, 목사들이 결혼생활과 순회사역을 병행하는 것은 현실적으로 힘든 일이었다. 여행은 언제나 힘들었고 때로는 위험했다. 아내와 함께 순회를 하는 경우, 위험한 상황에 현명하게 대처하지 못하거나 더 위험한 상황을 자초하는 일이 생기기도 했다. 또한 순회지역의 사람들은 '목사의 아내까지 대접하는 것'을 부담스러워했다. 많은 평신도들이 목사의 배우자에게 재정적인 보조를 하는 것에 반대했다. 그들은 '한 번도 보지 못한 여자를 위해 돈을 모아야 하는 것은 부당한 일이다.'라고 주장했다. 이러한 이유들로 대부분의 순회목사들은 독신으로 남아 있었다. 1809년, 버지니아 연회에 84명의 목사들이 참여했는데, 그 중 기혼자는 단 3명이었다. 초기 감독 5인 역시 모두 독신이었다.

순회목사 The Circuit Rider
이 그림은 와드(A.R. Waud)의 작품으로, 19세기에 여러 차례 흑백으로 발행되었다.

감리교회 첫 번째 역사학자였던 제시 리는 1810년, 이렇게 말했다.
"독립전쟁이 끝나고 평화가 찾아왔을 때, 우리는 이제 두려움 없이 모든 곳을 다닐 수 있었다. 우리는 경계를 넓히며 이전에는 가보지 못했던 곳까지 찾아가 설교하기 시작했다."
순회목사들은 미국에서 아직 정착되지 않은 광야로 향하는 선구자들의 마차바퀴를 따라가거나 그들과 함께 떠났다.
미국 서부국경지역에서는 감리교회 목사들에 대해 이미 잘 알려져 있었다. 감리교회 초기, 애즈베리 감독은 한 개의 주보다 더 큰 지역을 순회하도록 임명하였다. 그들은 아주 적은 급여를 받거나, 아예 받지 못할 때도 있었다. 순회하고 설교하며 들이나 길, 또는 통나무 집, 곳간 같은 곳에서 잠을 청했다. 순회목사들은 개울을 건너, 늪을 지나, 인디언의 위협을 감수하며, 벌레들의 공격을 견디고, 뱀에게 물리며, 배고픔과 외로움, 고통을 이겨내야 했다. 그러나 이 모든 두려움을 이겨내고 미국 전역의 존경을 받았다. 폭풍이 칠 때면 사람들은 이런 농담을 하고는 했다.
"오늘은 밖에 까마귀와 감리교회 목사들 밖에 없을 거야."
테오도어 루즈벨트(Theodore Roosevelt) 대통령이 연설을 통해 감리교회 순회목사들에게 찬사를 보냈다.
"이 나라는 감리교회 목사들에게 감사의 빚을 졌습니다. 그들은 서부국경지역을 다니며 사람들의 영적 필요를 채워주고 있습니다. 비록 가난과 고난을 겪었지만 그 고난은 그들의 영혼 안에 존재하는 성령의 불을 끌 수 없습니다."

제임스 핀리 James B. Finley (1781-1856)

핀리는 '난동꾼들의 위협'을 제압하는 강한 힘으로 '군마'라는 별칭을 갖고 있었다. 그는 1809년부터 감리교회 순회목사로 섬겼으며, 와이언도트(Wyandott) 인디언 지역에서 선교사로 섬기기도 했다. 핀리는 19세기 초의 감리교회에 대한 글을 남겼다. 그는 디트로이트에서의 일에 대해 다음과 같이 기록했다.

"이 밤은 영원토록 기억될 것이다. 나는 목소리가 잠길 정도로 자비를 구하며 울부짖었다. 40명이 넘는 사람들이 기도를 받기 위해 앞으로 나왔고, 수많은 이들이 그 자리에서 죄 용서의 경험을 했다. 그 중 몇몇은 양의 피의 구원을 얻을 때까지 절대 쉬지 않겠다 다짐했다. 이 도시는 자비의 구름으로 둘러싸여 있다. 다음 날 모든 상점이 쉬었다. 나는 집집마다 다니며 모든 사람들에게 그리스도께 돌아오라고 권고했다. 그리고 술집에 들어가 군인들과 장교들에게 예수님과 부활에 대하여 설교했다. 나는 방문한 모든 집에서 기도했고, 마른 뼈들 사이에서 큰 떨림이 있었다. 이 모임으로 인해 약 60명의 사람들이 교회에 나왔다. 만약 내가 그곳에 더 머물 수 있었다면 더 많은 이들이 함께 할 수 있었을 것이다. 하지만 나는 빨리 돌아와야만 했다."

순회목사들 중 정식 교육을 받은 사람은 많지 않았다. 그러나 순회목사들은 끊임없이 책을 읽었고, 심지어는 말 위에서도 책을 읽었다. 정식 교육을 받은 어느 성직자가 프랜시스 애즈베리에게 대학이나 세미나 교육을 받지 못한 평범한 사람이 능력 있는 목사가 되는 것이 가능한지에 대해 질문했다. 애즈베리는 이렇게 대답했다.

"우리는 알고 있는 것을 서로 나누고 있습니다. 그리고 그것을 모두 사용합니다. 동전 하나가 놀고 있는 1달러보다 더 유용하게 쓰이는 것과 같습니다. 당신들은 책을 공부하지만, 우리는 언제나 사람과 성경, 찬송가, 웨슬리의 설교를 공부하고 있습니다."

애즈베리에게 질문했던 사람은 변변한 교육을 받지 못한 순회목사들도 정규 신학교육을 받은 사람들보다 더 뛰어날 수 있고, 성서를 설교할 능력이 충분하다는 것을 인정하게 되었다.

초기 감리교회 역사학자는 이 강인한 순회자들에 대해 이렇게 기록했다.

"그들은 사회적 지위로부터 오는 그 어떤 후원도 없이, 세상의 욕망과 자기 자신을 철저히 부인하고, 매 순간 박해와 멸시를 받았다. 그럼에도 눈앞의 궁핍함에 고개를 숙이지 않았으며, 하나님의 보살핌과 사랑을 믿고 자신들을 던졌다. 그들은 타고난 천재성과 성령의 인도하심을 받아 세상에서 이룰 수 없는 위대한 일을 시작했다."

초기 감리교회 목사들의 목표는 잃어버린 자들의 회심과 사람들에게 거룩함을 심어주는 일이었다. 그 목표를 위해 목사들은 오랜 시간 기도했다. 초기 감리교회는 매일 한 시간씩 새벽 4시와 오후 6시에 두 번 기도하고 묵상하고 말씀을 읽도록 교육하고 있었다. 또 "훈련서(Discipline)"는 아침시간을 공부하는 시간으로 활용하도록 조언하고 있었다. 애즈베리는 연회를 통해 목사들이 기도에 더욱 많은 시간을 할애하도록 권고하기도 했다.

순회목사들은 하나님의 지혜와 사역을 위한 은혜를 받기 위해 자주 금식하고 또 기도했다. 미국 국경 너머에 순회목사들의 말발굽 자국과 사람의 무릎 자국이 남아있다고 전해진다. 그들은 성경을 손에 들고 죄인들을 회개의 길로 인도하였으며, 믿는 자들에게는 삶 속에 거룩함이 있도록 인도하였다. 또 심판의 진실과 은혜에 대해 선포했다. 하나님께서는 가장 작고 낮은 자를 사랑의 힘으로 바꾸어서 새로운 피조물로 다시 만드실 수 있다는 메시지를 전했다. 감리교회 메시지에서 자주 반복되는 구호는 다음과 같다.

모든 사람을 위한 값없는 구원
모든 죄로부터의 완전한 구원

멈추지 않는 순회자 프랜시스 애즈베리는 1805년, 이렇게 기록했다.
"모든 사람에게 좋은 영향력을 미치는 한 영혼을 찾아 매우 행복하다. 1700마일을 순회하는 동안 찬송과 기도가 귀와 마음을 기쁘게 한다."

감리교회 예배당

감리교회는 안정된 공동체를 이루자 곧 예배를 드릴 수 있는 장소를 지었다. 소박하고 간단한 구조의 초기 예배당은 가능한 한 많은 사람들을 수용하기 위한 목적으로 지어졌다.

제이슨 리 Jason Lee (1803-1845)

1834년, 리는 미국 북서지방에 감리교회를 전해야 하는 임무를 가지고 '로키산맥'을 넘었다. 그 해에 리는 로키산맥 서쪽지역에서 최초의 개신교 설교를 했다. "너희가 먹든지 마시든지 모두 하나님의 영광을 위해서 하라"는 말씀이었다. 이는 그 광활한 지역에 개신교의 출발을 알리는 시발점이 되었다.

리는 '오리건 지역(Oregon Territory)'이라 불리는 남쪽의 위도 49도 선에 있는 분쟁지역이 미국에 소속되게 하는 데에도 큰 역할을 했다. 또한 미국 태평양 해안의 가장 오래된 대학인 오리건 연구소(Oregon Institute, 현재의 윌라메테 대학)의 설립을 도왔다. 여러 주에서부터 북서지역으로 이주해오는 사람들의 생각을 대변하여 땅의 가치와 희망에 대한 글을 쓰기도 했다. 제이슨 리는 미국 북서부 지역의 종교적, 정치적 발전에 큰 공헌을 한 인물이다.

기도하는 프랜시스 애즈베리 Francis Asbury at prayer
도로시 맥케인(Dorothy McKain)의 작품으로, 원작은 켄터키 애즈베리 신학교에 소장되어 있다. 이 장면은 눈 속에서 기도하고 있는 애즈베리와 저녁식사 준비를 하는 해리 호시어의 모습을 담고 있다. 데이브 핸더슨(Dave Henderson)이 찍은 사진이다.

    미국 감리교회 최초의 감독이었던 프랜시스 애즈베리와 토마스 코크. 그들은 서로 다른 방법으로 사역을 완수했다. 크리스마스 연회가 끝나자, 코크는 서부인디언들에게 감리교회를 전하러 떠났다. 그리고 남은 일생동안 먼 거리의 선교지들을 이동하며 복음을 전했다.
    반면 애즈베리는 긴 사역의 기간동안 미국에 남아있었다. 그에게는 미국 전역이 순회지였다. 집도 없이 계속 이동해야 하는 순회의 삶은 그에게 끊임없는 고생과 가난을 안겨다 주었다. 그러나 애즈베리는 가장 멀고 어려운 지역에 다른 목사를 보내지 않고 직접 방문했다. 다음은 애즈베리의 일지에서 발췌한 글이다. 이 글은 자신에 대한 연민이 아닌 사역에 관해 적은 것이다.
    "때로는 나에게 고통이 찾아온다. 어쩌면 이것은 나만이 겪고 있는 것일지 모르겠다. 나는 돌아갈 집이 없다. 다른 평범한 사람들에게는 아이들과 아내가 기다리고 있고, 따뜻한 요리가 있는 곳이며 길고 지독한 고독이란 찾아볼 수 없는 곳이 집일 것이다. 지난 32년 6개월 동안, 나는 동의할 수 없는 것들에 대해 굴복해야 할 때가 있었다. 물론 나는 이 세상에서 가장 친절한 사람들을 만났다. 그러나 그들의 작은 오두막에 짐이 될 수는 없었다. 추위와 비를 피해 6명의 성인과 많은 아이들, 가끔은 개와도 함께 머물러야 했다. 주말마다 50가정을 방문하며 50개의 다른 침실에서 잤음에도 불구하고, 20번은 족히 걸렸을 피부병에 한번 밖에 걸리지 않았다. 하지만 나는 유황에서 자는 것보다 이것이 더 안전하다고 믿는다."
    애즈베리가 나이가 들었을 때 그와 함께 여행하던 동료, 헨리 뵘(Henry Boehm)은 이 성인과도 같은 감독에 대해 이렇게 말했다.
    "애즈베리 감독은 내가 지금껏 만났던 그 누구보다 세상의 것에 관심을 두지 않으며, 기도와 헌신으로 나아가는 그리스도인의 자비와 봉사를 몸소 보여준 사람이었다. 또한 내가 아는 사람들 중 가장 이기적이지 않은 사람이었다. 나는 왓코트 감독을 사랑하며, 맥켄드리 감독을 존경하고, 애즈베리 감독을 공경한다."

버지니아 황야에 있는 감리교회 예배당
Methodist chapel in the Virginia wilderness

서부경계선에 사는 많은 사람들은 방 하나로 이루어진 통나무집에서 살았다. 또한 그들은 다른 가구나 못을 살 여력이 없었다. 그들은 나무못과 반으로 쪼갠 통나무로 의자를 만들어 예배당을 만들었다. 18세기 당시에 예배당에는 벽과 바닥이 없었다.

통나무 예배당 Log meeting house

1810년, 미주리에 지어진 실로(Shiloh) 예배당. 이 건물은 그 지역 최초의 감리교회 예배당이었다. 난방시설도 없는 흙바닥의 건물이었다.

콜팩스 예배당 Colfax Chapel

이 건물은 1872년, 남 다코타의 버밀리온(Vermillion, South Dakota)에서 북쪽으로 12마일 떨어진 곳에 뗏장으로 지어졌다. 다코타 지역의 두 번째 감리교회 건물이었다. 이 예배당의 이름은 건물을 짓는 데 50달러를 기부한 미국의 부통령 슐러 콜팩스(Schuyler Colfax)의 이름에서 유래되었다. 중심에 있는 기둥이 뗏장 벽으로 퍼지면서 주위의 기둥들을 지지하고 있다. 당시 이 예배당의 설교자는 수잔 안토니(Susan B. Anthony)였다.

존 보니(John R. Bonney)는 이 잔디떼로 이루어진 예배당에 대한 시를 남겼다. 예배당을 묘사하고 있는 부분은 다음과 같다.

하나님께서는 이곳에서 그의 택한 사람들은 만나네 / 이 작고 초라한 성전에서
사람들은 마음으로 느끼네 / 모든 곳이 거룩함을
높은 곳으로부터 성령이 내려와 / 하나님의 영광스러운 임무를 가지고 깨닫지 못하는 마음에
회개와 뉘우침을 가르치시네

1784년 연회에서는 새로운 교회의 첫 번째 "훈련서(Discipline)"에 다음과 같이 적었다.

"우리의 모든 예배당은 평범하면서도 품위 있게 지어져야 한다. 그러나 부담할 수 있는 비용 내에서 지어져야 한다. 만약 비용보다 값비싼 건물을 지으려고 한다면, 돈을 모으기 위해 부자를 찾게 될 것이다. 그렇게 되면 우리는 그들에게 의존해야 하고, 그들의 지배를 받게 된다. 이는 감리교회의 교육과 교리를 떠나게 되는 일이다."

그리고 1816년, 뉴잉글랜드 연회에서 다음과 같이 결정했다.

"이 회의에 참석한 모든 목사들은 값비싼 예배당을 건축하는 일을 막는 것에 힘써야 한다."

값비싼 교회를 건축하는 것을 지양했던 또 다른 이유는 그 비용으로 더 나은 것을 할 수 있기 때문이었다. 또한 교회를 화려하게 짓는 것은 영적인 분위기를 흐리게 되고 자만심과 허영으로 이끌 수 있다고 우려했다. 초기 감리교회 교인들 대부분은 가난했기에 화려한 건물을 지을 여력도 없었고 그 안에서 편안함을 느끼지도 못했다. 1860년대 감리교회 역사학자인 아벨 스티븐스(Abel Stevens)는 이렇게 적고 있다.

초창기 개신교 감리교회 예배당의 난방시설
Heating stove in an early Methodist Protestant chapel.

초기 감리교회 예배당은 난방시설을 갖추지 못한 곳이 더러 있었다. 겨울에 모임을 갖는 것이 힘들어지자, 성도들은 곧 난로를 들여놓았다. 수지초나 돼지기름을 태우는 버너로 조명을 대신하였기 때문에 저녁예배 시간에는 예배당 안에 연기가 자욱했다. 감리교회를 비난하는 무리들은 이 예배당을 '농가'라 부르며 비아냥댔다.

오하이오 예배당 Ohio Chapel

1856년에 지어진 이 감리교회는 서부국경지역의 통나무 건물을 대체하여 지은 대표적 건물이다. 1850-1860년 사이에 감리교회는 6,603개의 교회를 지었다. 이 숫자는 침례교와 천주교, 감독교회, 장로교를 합친 것보다 훨씬 많은 것이었다.

"우리의 사역은 주로 가난한 사람들을 위한 것이었다. 우리의 중심 사역이 역사적인 구별됨에서 멀어지게 된다면,. 우리가 바라는 주의 영광으로부터도 멀어지게 될 것이다."

또한 이렇게 덧붙였다.

"검소한 예배당은 우리에게 예외가 아닌, 법이 되어야 한다."

미국의 독립 이후, 감리교회는 서쪽으로 퍼져나갔다. 감리교회 운동으로 인해 먼 지역에도 많은 예배당이 세워지기 시작했다. 통나무로 지어진 이 예배당들은 지붕과 그 지붕을 받치는 기둥이 전부였다. 이 목조건물은 국경지대 사람들에 의해, 또 그들을 위해 만들어졌다. 그곳에는 목재가 풍부했기에 날카로운 도끼로 통나무를 잘랐다. 바닥에 판자를 대는 것은 시간과 장비를 필요로 했으므로 국경지대 예배당은 대부분 흙바닥으로 이루어져 있었다. 의자는 등받이가 없는 벤치였다.

감리교회의 영역이 초원으로 확장되면서 때로는 뗏장으로 예배당을 짓기도 했다. 초원에 정착하고 있는 주민들에게 목재는 흔치 않은 재료였기에 그들은 초원에서 구하기 쉬운 뗏장을 재료로 사용했다. 뗏장으로 만들어진 집과 교회는 여름에는 시원하고 겨울에는 따뜻했다. 지붕과 벽에서 잔디가 자라고 야생화들이 꽃을 피웠다. 하지만 약점도 있었다. 건물 내부가 어둡고 비도 샜다. 쥐와 빈대도 들끓었다. 좀 더 여유가 있는 교회에서는 비와 눈을 피하기 위해 지붕에 널빤지를 대놓기도 했다.

최초 감리교회의 "규율"에서는 남자와 여자를 분리하여 앉도록 했다. 예배당 가운데를 나누어 놓거나 남자와 여자를 나누는 칸막이가 있었다. 보통 2개의 입구가 있어서 남자와 여자가 서로 다른 문으로 출입했다.

예배당에서 교회로

일부 감리교회 성도들은 동부 지역에 정착한 후, 토마스 제퍼슨의 로마건축 방법에 따라 연방 스타일로 교회를 건축하기도 했다. 하지만 대부분의 성도들은 값비싼 건물을 세우지 않았다.

1850년대에 이르자 감리교회는 통나무 예배당을 목재, 벽돌, 돌로 틀을 잡은 건물로 대체하기 시작했다. 1860년까지 미국의 거의 모든 지역에 대략 20,000개의 감리교회 예배당이 세워졌다. 이 건물들은 대부분 많은 비용을 들이지 않은 간단한 구조였다. 서부의 작은 마을, 통나무 캠프, 목축지역, 농업지역, 광산지역, 목재공장 등에 이 건물들이 세워졌다. 임시교회로 사용하기 위해 목재 건물을 지었다가 수십 년 동안 사용하기도 했다. 감리교회는 더 많은 성도들이 섬길 수 있도록 오래된 건물을 헐고 더 큰 건물을 지었다. 이렇게 교회가 점차 늘어나면서 미국의 마을과 도시에는 감리교회가 우뚝 서게 되었다.

확장한 교회 건물은 대부분 벽돌과 돌을 재료로 삼았다. 감리교회 건물들은 성공회의 신성한 유산과 종교부흥 운동가의 회개기도에 대한 우려를 반영하기 위해 영성체 제단을 기본 구조의 모티브로 삼았다.

독립전쟁이 시작되기 전, 미국에서는 고딕양식의 건물이 부활했고 20세기까지 오랫동안 그 유행이 이어졌다. 감리교회는 재정적으로 넉넉해지자 소박한 교회를 짓고자 했던 초심을 잃고 크고 웅장한 교회들을 짓기 시작했다. 그 건물들은 오늘날까지도 남아있다.

워싱턴 D.C에 있는 메트로폴리탄 메모리얼 감리교회(Metropolitan Memorial Methodist Episcopal Church)는 고딕양식으로 건축된 교

벽돌 교회 Stone church
달렌 슈웁(Darlene V. Shoop)이 찍은 사진이다.

이 건물은 1844년, 프랜시스 애즈베리가 방문한 공동체에 의해 뉴저지에 세워진 마운트 베델(Mount Bethel) 교회이다. 19세기 초, 미국 감리교회 첫 세대의 통나무 교회와 지붕과 기둥만으로 이루어진 골격 구조의 교회를 대체하기 위해 돌과 벽돌로 된 교회들이 세워졌다. 이 교회에도 남자와 여자를 분리하기 위한 출입구가 있었다.

영성체 제단 The communion rail

19세기 감리교회의 내부이다. 영성체 제단은 감리교 교회의 구조에서 늘 중요한 위치를 차지해왔다. 이 영성체 제단은 무릎을 꿇고 성찬식을 받는 곳이라는 것과 기도를 하는 경건한 곳이라는 두 가지 의미를 갖고 있다.

서부국경지역의 감리교회 목사들은 교육을 제대로 받지 못한 이들이 많았다. 그들에게 교회에서 정식으로 영성체 의식을 행하는 것은 쉬운 일이 아니었다. 1834년, 제임스 길러트(James Gilruth) 목사는 그의 일기에 이렇게 적었다.

"성찬 예식 중 실수로 잔을 건드려 포도주를 흘리는 곤란한 상황에 처했다. 하지만 마음을 가다듬고 마치 아무 일도 없었던 것처럼 예식을 진행했다."

고딕건축의 부활 Gothic revival architecture

워싱턴 D.C.의 메트로폴리탄 메모리얼 감리교회(Metropolitan Memorial Methodist Episcopal Church)는 1869년 2월 28일 전국 각지에서 모인 교인들이 참석한 가운데 매튜 심슨(Matthew Simpson) 감독에 의해 봉헌되었다. 이 교회는 일명 '대통령들의 교회'라 불렸다.

1890년, 존 플레처 허스트(John Fletcher Hurst) 박사는 이 교회에서 아메리칸 대학교(American University)를 세우자고 제안하였다. 심슨(Simpson) 감독은 에이브러햄 링컨(Abraham Lincoln) 장례식에서 설교하였다.

찰스 카드웰 맥케이브 Charles Cardwell McCabe (1836-1906)

시민전쟁 당시, 맥케이브는 122 오하이오 보병대에서 사제목사로 섬겼다. 그러던 중 포로로 붙잡혀 리비(Libby) 감옥에 갇히기도 했다. 전쟁이 끝나자, 그는 감리교회 확장 신도회(Methodist Extension Society)에서 총무 역할을 맡아 여러 교회를 다니며 새로운 교회를 시작할 비용을 나눠주기도 하며 성도들에게 용기를 주었다. 그는 종종 관중들 앞에서 '리비 감옥의 은혜'에 대해 전했다. 그가 들려주는 이야기는 시민전쟁 당시의 감옥 생활을 궁금해 하는 사람들을 끌어모으게 했다. 맥케이브는 숭고한 정신, 끊임없는 찬양, 새로운 교회를 향한 열정으로 교회를 확장시키는 지도자가 되었다. 1896년, 교회는 그를 감독으로 선출했다. 교회가 죽어가고 있다는 로버트 잉거솔의 말에 대한 맥케이브의 유명한 답변은 많은 사람들에게 감명을 주었다. 알프레드 휴(Alfred J. Hough)는 이것을 노래로 만들었다.

신앙이 없고 어지러운 사람들이
한 데 모여 말하네.
전역에서 교회가 죽어가고 있다고.
마지막 남은 교회마저 곧 죽게 될 거라고.
그들이 이 소식을 들었을 때
그들은 경악을 금치 못했네.
'모두 예수 이름의 능력을 소리쳐라!'
우린 하루에 교회를 두 개씩 세우고 있다.

감리교인들은 이 노래를 모든 지역에서 불렀고 교회는 나날이 부흥해갔다.

회의 전형적인 예이다. 감리교인들은 전통적 종교의 가치를 상징하는 아름답고 웅장한 교회를 세우기 원했다.

19세기에 이르러 감리교회(Methodist Episcopal Church)는 미국에서 가장 큰 개신교파가 되었다. '우체국보다 감리교회가 더 많다'라는 말이 있을 정도였다. 이 시대 감리교회의 성장에서 가장 주목할 만한 지도자는 찰스 맥케이브(Charles C. McCabe)일 것이다. 맥케이브는 감독이 되기 전, 16년 동안 감리교회 확장 신도회(Methodist Extension Society)에서 총무로 섬겼다. 새로운 교회를 세우고자 하는 그의 열심은 감리교회 내에서 곧 유명해졌다.

유명한 불가지론자인 로버트 잉거솔(Robert G. Ingersoll)은 신문을 통해 "이 땅의 교회들은 죽어가고 있으며, 성도들은 죽음에 처해있다."라고 말했다. 맥케이브는 기차로 이동하던 중 그 기사를 읽었다. 그는 바로 다음 역에서 잉거솔에게 전보를 보냈다.

"친애하는 로버트, '모두가 소리 높여 예수 이름의 능력을 부르고 있습니다.' 우리는 이번 해에 매일 하루에 하나씩 감리교회를 짓고 있고, 이제는 하루에 2개씩 지을 생각이랍니다.

존 웨슬리 John Wesley
프랭크 솔즈베리(Frank O. Salisbury)가 그린 존 웨슬리의 초상화. 원작은 북 캐롤라이나 주날루스카 호수가에 있는 세계 감리교회 박물관에 보관되어 있다. 박물관에 허락을 받고 데이크 핸더슨이 사진을 찍었다.

존 웨슬리는 죽기 한 달 전, 미국 감리교회 목사 에제키엘 쿠퍼(Ezekiel Cooper)에게 편지를 썼다.

"나에게 할 이야기가 남은 사람들에게. 나는 지체할 시간이 없습니다. 나는 죽음이 멀지 않았음을 느낍니다. 비록 생이 얼마 남지 않았지만 지난 시간들에 대해 충분히 감사합니다. 육체는 점점 힘을 잃고, 눈이 보이지 않기 시작한 것은 1년 반 전부터입니다. 나는 뛰는 것은 어렵지만, 글씨 쓰는 것은 할 수 있습니다. 여러분들의 기도가 없었다면 나는 많은 것을 하지 못했을 것입니다. 높은 산과 폭풍우 치는 바다가 우리를 약하게 할지라도 감리교인은 이 세상에서 하나의 공동체라는 것과 그렇게 되리라는 결심을 알리는 기회를 놓치지 않기를 바랍니다. 우리 모두의 하나님께 나는 약속합니다. 나는 여러분의 사랑하는 친구이자 형제입니다."

맥케이브로부터."

1866년과 1884년은 미국 감리교가 100주년을 맞이하는 특별한 일이 있는 해였다. 1866년은 미국에 감리교회가 심겨진 지 100주년이 되는 해였고, 1884년은 미국 감리교회가 교회가 된 지 100주년이 되는 해였다. 100주년 기념의 목적은 '우리 성도들이 하나님께서 우리에게 하신 일들을 돌아보며 영적 성장을 하는 것과 감리교회를 통해 받은 축복을 감사하는 것'이었다. 교회는 지역 성도들의 필요와 '연결' 프로젝트를 위해 교인들로부터 많은 돈을 거두었다. 지역 교회들은 이에 충실하게 응했다. 성도들은 모인 돈을 다양한 지역의 필요에 따라 나누어 사용했다. 연결 자금의 많은 부분이 교육위원회의 학자금 대출을 포함한 열 개의 교육적 목적으로 사용되었다. 모금의 목표는 2백만 달러였지만, 모인 돈은 8백 7십만 달러가 넘었다.

또 미국 감리교회는 1919년, 감리교 선교사회(훗날 선교부, 오늘날의 국제사역부) 설립 100주년을 기념했다. 교회는 이 행사를 성공적으로 만들기 위해 처음으로 현대적인 광고기법을 활용하였고, 100,000명의 '일꾼'을 고용했다. 이는 오하이오의 콜럼버스(Columbus)에서 열린 세계 감리교회 박람회에서 그 절정을 이루었다. 교회들은 이 기념식과 관련된 지역 선교와 해외 선교를 위해 100주년 자금을 만들었다. 1919년 5월에 열린 8일 일정의 캠페인은 거의 1억 5천만 달러의 기부금을 모았다. 이는 목표치를 훨씬 넘는 금액이었다. 이제 감리교회는 미국에서 가장 영향력 있는 교회가 되었으며, 미국이라는 국가의 신앙적 정체성과 문화적 가치를 형성하는 데에 큰 도움을 주었다.

감리교회가 이처럼 괄목할 만한 업적을 만들 수 있었던 이유는 감리교회가 전달하는 메시지와 그 방법이 수백만 사람들을 그리스도와 개인적으로 대면하도록 이끌었기 때문이다. 이러한 체제는 사람들이 삶 속에서 매순간 하나님을 섬길 수 있도록 준비시켜 주었다. 교회는 교리를 실천하며 국가의 영적, 교육적, 의료적, 사회적 필요를 채우는 중요한 리더십을 제공했다. 감리교회는 교인들 간의 네트워크, 일반적 신학, 선교 위원회를 통합한 구조를 갖추어 연결과 소통의 역할을 감당해냈다. 이러한 구조 안에서 모든 성도들이 같은 교육을 받을 수 있었다. 또한 교인들은 기도와 참여, 은사와 섬김으로 교회의 사역에 신실하게 참여할 것을 서약하였다.

교회 안에서 의견 차이와 그로 인한 갈등은 존재하기 마련이다. 그로 인해 교회가 갈라지기도 했다. 하지만 그런 방해 속에서도 감리교회는 존 웨슬리의 '감리교인은 하나다.'라는 자랑스러운 선언을 잘 증명해주었다. 감리교회가 많은 역사를 이룰 수 있었던 것은 하나님께 믿음을 두고, 하나님의 약속에 소망을 두며, 사랑으로서 하나님과 이웃을 온 마음 다해 섬기는 사람들을 좋아하시는 하나님이 계셨기 때문이다. 한 세기도 채 되지 않아 감리교회는 작은 공동체에서 미국에서 가장 큰 영향력을 가진 신앙 공동체로 성장했다. 나아가 미국의 윤리와 관습, 문화의 형성에 큰 기여를 하고 있다.

5 성도들을 양육하다

미국 감리교회의 유산은 기독교 교육의 전통에서 비롯된 것이다. 존과 찰스 웨슬리가 전도의 중요성을 강조하면서 동시에 감리교회 개종자들이 하나님에 대한 지식과 은혜 안에서 자랄 수 있도록 돕는 것에 관심을 기울였다. 웨슬리 형제는 기독교의 사명이란 사람들을 전도하는 것과 함께 그들을 제자로 양육시키는 것이라고 확신했다. 감리교회의 메시지는 '하늘에 계신 아버지가 온전하신 것처럼 또한 우리를 온전하게 부르신다.'는 것을 강조하고 있다. 이러한 부르심에 따라 웨슬리 형제는 성도들을 양육하기 위해 조직적인 체계를 만들어냈다. 이 은혜의 방편들은 효과적이었으며, 모든 교회와 감리교회가 지속될 수 있도록 하는 데에 기여했다. 웨슬리의 관점에서 전도는 끝이 아니라 시작이었다.

조지 휫필드는 감리교회의 가장 훌륭한 전도자 중 한명이었다. 그의 능력 있는 설교는 존 웨슬리의 설교보다 더 많은 사람들을 그리스도께로 이끌었다. 그는 기독교 역사상 가장 위대한 설교자이며 전도자 중 한명이다. 그러나 그의 사역은 웨슬리의 사역과는 차이점이 있었다. 휫필드는 그리스도께 한번 회심한 사람은 절대 은혜에서 떨어지거나 구원에서 제외되지 않는다고 믿는 '칼빈주의 감리교인'이었다. 그러므로 그의 사역의 목표는 전도에 있었다. 그러나 그는 개종자들을 양육하는 일에는 소홀했다. 제대로 양육을 받지 못 한 몇몇 사람들은 다시 다른 길로 빠지기도 했다. 후에 휫필드는 이렇게 말했다.

조지 휫필드 George Whitefield

휫필드는 능력 있는 전도자였다. 전도에 있어 미국 역사상 비교될 사람이 없을 것이다. 수천 명의 사람들이 그의 설교를 듣고 그리스도인이 되었다. 화이트 필드는 미국에서 일어난 부흥운동, '첫 번째 대 각성 운동(First Great Awakening)'을 확산시키는 데에 크게 기여했다.

"나의 형제 웨슬리는 현명했다. 그의 사역을 통해 새롭게 눈을 뜬 영혼들이 그가 인도하는 속회모임에 참여하며 그의 사역의 열매로 나타났다. 나는 그것을 소홀히 했고, 나의 사역 아래에 있던 개종자들은 부질없이 사라지는 모래와도 같았다."

또한 웨슬리는 신앙을 잃어버리고 그리스도로부터 멀어지는 것에 대해 진지하게 경고했다. 그는 사람들이 개종한 후, 처음 마음에서 곧 멀어져 다시 죄악으로 되돌아가는 경우를 많이 목격했다. 감리교회는 성도가 신앙의 뿌리를 내리고 성화의 길을 걷기 시작하여 그리스도인으로 안착 되기까지는 완전하게 전도된 것이 아니라는 것을 강조한다. 존 웨슬리는 이런 말을 남겼다.

"아이들이 태어나자마자 더 이상 돌볼 필요가 없다고 생각하는 이들은 얼마나 어리석은가! 우리는 그렇게 해서는 안 된다. 바로 그때부터 진실한 보살핌이 필요하다."

웨슬리는 설교하는 곳마다 속회를 만들었다. 개종자들은 항상 속회로 모이게 하였고, 그 속회에 설교자를 보내어 속회를 안정되도록 이끌게 했다. 1750년, 웨슬리는 자신의 일지에 이렇게 적었다.

"콘월(Cornwall)에서 훈련받기 원하는 사람들이 큰 낙심을 경험하는 것을 보았다. 우리의 선조들은 '혼과 육이 사람을 만들고, 영과 훈련이 그리스도인을 만든다.'라고 말했다."

웨슬리는 개종자들이 은혜와 지식 안에서 성장하고 그리스도께 순종할 수 있도록 돕는 조직적 방법을 고안해냈다. 훈련이 부족한 곳에서는 공동체들이 감소하였고, 훈련이 효과적으로 진행된 곳에서는 공동체들이 성장하였다.

감리교회 전통의 규율

미국에서 1784년에 설립된 감리교회 연회는 그리스도인의 양육에 관한 웨슬리의 견해를 따랐다. 설교자들이 훈련된 삶에 대해 많은 관심을 기울인 것은 자연스러운 것이었다. 교회질서에 대한 그들의 접근은 새로운 교회의 가이드라인이라는 제목에서 잘 나타나 있다.

'미국 감리교회의 사역자, 설교자, 그리고 교인들을 위한 규율'. 감리교회는 방법적이며 제자들은 규율을 존중해야 한다.

감리교 신도회(Methodist Societies)의 규율은 설교자와 속회 지도자들이 비기독교적인 대화나 행위에 대해 '꾸짖음'을 행해야 한다는 내용이 포함됐다. 삶을 고치지 못하는 신도에 한해서는 때때로 추방하는 것도 필요하다고 여겨졌다.

감리교회의 총칙

감리교회의 규율은 존과 찰스 웨슬리가 1743년에 출판한 "연합신도회의 본질과 계획 및 총칙(The Nature, Design and General Rules of the United Societies)"이라는 글에 잘 나타나 있다. 이 '총칙'의 목적은 감리교인들에게 거룩한 삶을 위한 성경적 가르침을 알려주기 위함이었다. 이 지침은 인간적인 노력으로 거룩한 삶을 이룰 수 있다는 것을 알려주는 것이 아니다. 웨슬리의 표현에 의하면 하나님께서 하시는 일을 제외하고는 모두 '보잘 것 없는, 죽은, 텅 빈 것들'이다. 총칙은 목적이 아니라 방법과 수단이다.

감리교회의 총칙은 다음의 세 가지로 나눌 수 있다.

1743년에 간행된 '감리교회의 총칙'의 표지
Title page of the 1743 edition of Methodism's General Rules

'총칙'은 신성한 생활을 위한 지침을 제시하고 있다.
(1) 그리스도인들이 하지 말아야 할 일들이 있다.
(2) 그리스도인들이 꼭 해야만 하는 일들이 있다.
(3) 그리스도인의 양육에 있어서 은혜를 받는 수단을 잘 사용하는 것은 반드시 필요하다.

브리스톨의 뉴룸 The "New Room" at Bristol

이 예배당은 1739년에 세워졌고, 1748년에 재건축되었다가 1930년에 복구되었다. 지금까지 사용되고 있는 건물 중 가장 오래된 감리교회 예배당이며, 존과 찰스 웨슬리가 이곳에서 설교했다. 뉴 룸은 종교 부흥의 위대한 중심지였다.

찰스 웨슬리는 은혜의 방법은 그것으로 끝이 아니라 안내서라는 것을 설명하기 위해 23절로 구성된 '은혜의 수단(The Means of Grace)'이라는 찬양을 썼다. 우리 찬송가에 실린 적은 없으나 감리교회의 총칙을 담고 있는 중요한 찬양이다. 5절의 내용을 소개한다.

> 때로는 성도들과 함께
> 하나님의 제단 앞으로 이끌려
> 내가 알지 못했던 능력으로
> 나를 신성하게 하소서.
>
> 온전한 규율은
> 내 안에 있는 진리를 바라네.
> 우리의 온전한 마음과 소망과
> 하나된 마음을 바라네.
>
> 그러나 나는 나의 의를 내세우고
> 우상을 만들었네.
> 영성은 사라졌고,
> 중요한 것들은 보이지 않네.
>
> 나는 외적인 규율에만 신경쓰느라
> 내면의 깊은 뜻을 알지 못했네.
> 하나님 사랑의 그 길이와 깊이,
> 그 높이를 나는 알지 못했네.
>
> 나는 지금 어디에 있고,
> 나의 소망은 무엇인가?
> 나의 미련한 것들로 무엇을 할 수 있을까?
> 나의 영혼이 바라보는 주님 예수여,
> 나의 영혼을 새롭게 하소서.

프랜시스 애즈베리 Francis Asbury

1794년 폴크(Polk)에 의해 그려진 초상화이다. 뜨거운 난로 연통에 의해 애즈베리는 왼손을 다쳤다. 이 그림은 1934년에 다시 복원되어 현재 볼티모어의 러블리 레인 박물관에 전시되어 있다.

애즈베리는 성도들을 양육하는 일에 있어서 한 손에는 은혜와 자유를, 다른 한 손에는 의무와 책임을 들었다. 그는 하나님의 부르심이 없다면 우리가 아무 것도 감당할 수 없고, 하나님께서 보여주시는 계획에 대해 순종하지 않는다면 그 사역은 실패할 것이라고 믿었다.

(1) 해를 끼치지 않아야 한다.
(2) 선한 일을 행해야 한다.
(3) 하나님의 모든 의식에 참여해야 한다.

이 목록들은 그리스도인의 금지성, 그리스도인의 적극성, 그리스도인의 역동성이라고 말하기도 한다. 그리스도인들에게 '하면 안 되는 일', '해야만 하는 일'은 그들을 내적·외적인 경건으로 이끄는 성경적 방법이다.

총칙에서는 '하나님의 은총을 받는 방법' 다섯 가지를 제시하고 있다. (1) 기도 (2) 성경읽기 (3) 성찬식 (4) 금식 (5) 그리스도인의 모임 이다. 이는 은혜를 받을 수 있는 방법들로, 그리스도의 명령이 아닌 선물이다.

- 기도는 우리를 하나님께로 연결하고, 그의 존재를 우리 삶의 실제로 만든다. 존 웨슬리는 기도가 없다면 혼란스럽고 무능력한 '황무지 상태'가 될 것이라고 말했다. 기도는 우리의 생각을 맑게 하고 영성을 자라게 한다.
- 성경읽기는 우리가 하나님의 뜻을 이해할 수 있도록 만들어주는 성령의 방법이다. 신앙의 진리는 인간의 이성이나 사람들이 만들어낸 이야기가 아닌, 성경에 기초를 두고 있다.
- 성찬식은 살아계신 그리스도가 우리를 먹이실 것이라는 약속으로 시작된 신성한 의식이다.
- 금식은 우리가 세속적인 것으로부터 벗어나 영적 현실에 더 집중할 수 있도록 도와준다. 선진들의 전통에 따라 초기 감리교인들은 매주 금요일에 금식했다.
- 그리스도인들의 모임은 그리스도인 공동체의 중요성을 상징한다. 다른 성도들과 교제하는 일로 인해 서로에 대해 책임을 지고, 증거하며, 각자가 성장한다.

웨슬리가 훈련에 대해 각별히 강조하는 것은 그리스도인의 성화가 자신들의 책임이라는 신념에서 비롯된다. 그는 하나님께서 '우리의 필요에 따라' 미리 준비하시고, 구원하시고, 성화시키심을 전하기 위해 제정된 이 은혜의 수단을 통해 일하신다고 말했다.

1784년, 미국 감리교회는 새롭게 만들어진 총칙을 채택하여 목사들로 하여금 1분기에 한 번씩 성도들에게 읽어주도록 하였다. 1808년, 교회는 총칙을 철회하거나 바꾸는 것을 금지하는 금지령을 내렸다. 미국 감리교회는 오늘날까지 '규율'의 모든 편집본에 총칙을 포함시키도록 하고 있다.

1778년, 토마스 랭킨이 영국으로 돌아가자 프랜시스 애즈베리는 미국 감리교회를 이끌었다. 애즈베리는 감리교인들에게 규율을 지속시키기로 결심했고, 그 노력은 성공적이었다. 그는 삶을 마감할 때 이렇게 적었다.

"우리를 분열과 이단, 불화로부터 지켜준 것은 하나님 아래에 있는 이 규율과 명령이었다."

감리교회의 총칙은 다른 그리스도인과의 '교제'를 매우 중요하게 여겼다. 존 웨슬리는 기독교는 개인적인 것이 아니라 사회적인 종교라고 강조했다. 그는 다음과 같이 선언했다.

'거룩하지만 고독한 사람'은 거룩한 간통자보다 성경적이지 않은 사람이다. 그리스도의 복음은 종교가 아닌 사회적인 것, 거룩함이 아닌 사회적인 거룩함에 대해 말하고 있다. 그리스도는 이렇게 명령한다.
'사랑에 의해 움직이는 믿음은 그리스도인의 온전함의 길이와 넓이이자 깊이와 높이이다. 하나님을 사랑하는 자는 그의 형제 또한 사랑한다.'
우리는 모든 사람들, 특히 믿음의 가정에게 우리의 사랑을 선하게 표현해야 한다. 그의 형제를 사랑하는 자라면 누구든지 입으로만 사랑을 말할 것이 아니라, 그리스도가 그를 사랑하셨던 것과 같이 '선한 일에 열심'이어야 한다.

웨슬리는 그리스도의 제자들은 인내, 온유, 화평과 같은 그리스도인의 미덕을 개발하기 위해 다른 그리스도인들과 지속적으로 교제해야 한다고 믿었다.

1798년, 토마스 코크와 프랜시스 애즈베리는 이렇게 기록했다.

"사회적인 원칙은 인간의 영혼에 화사한 봄과 같다. 기독교의 목적은 원칙을 폐지하려는 것이 아니라 오히려 개선하고 구체화하여 굳세게 만드는 데에 있다. 우리는 그리스도인 사이의 교제의 중요성에 대해 이야기해왔다. 그러나 모임에는 엄숙한 시간이 있어야 한다. 그렇지 않다면 유익을 발견할 수 없을 것이다. 우리는 이 모임을 속회(Class-meetings)라고 부른다. '교제'에 대한 감리교회의 원칙은 '철이 철을 날카롭게 한다.'는 성경적 원칙에 의거하고 있다."

속회모임

그리스도인의 양육은 그리스도께 회심하기 전부터 시작된다. 구도자들(seekers)이 하나님의 부르심에 '눈을 떴을 때', 그들은 보통 예배에 참여하거나 속회모임에 참여한다. 평신도 속회는 리더의 지도를 따라 멤버들이 매주 모였다. 공동체가 자라면서 그들은 남자와 여자를 구분하여 속회모임을 만들었다. 속회는 감리교회의 기본적인 구조를 갖추고 있었다. 이 공동체들은 각각의 방이 전체를 이루는 벌집과도 같다. 이 속회들 간의 교류는 놀라울 정도로 강한 공동체 구조를 만들어낸다.

공동체는 구도자(seeker)가 그리스도인으로 회심하는 것을 요구하지는 않았다. 공동체 멤버가 되기 위한 조건은 다음과 같았다.
(1) 다가올 진노를 피해 죄악에서 구원받기를 소망할 것.
(2) 매주 모이는 속회모임에 참여할 것.

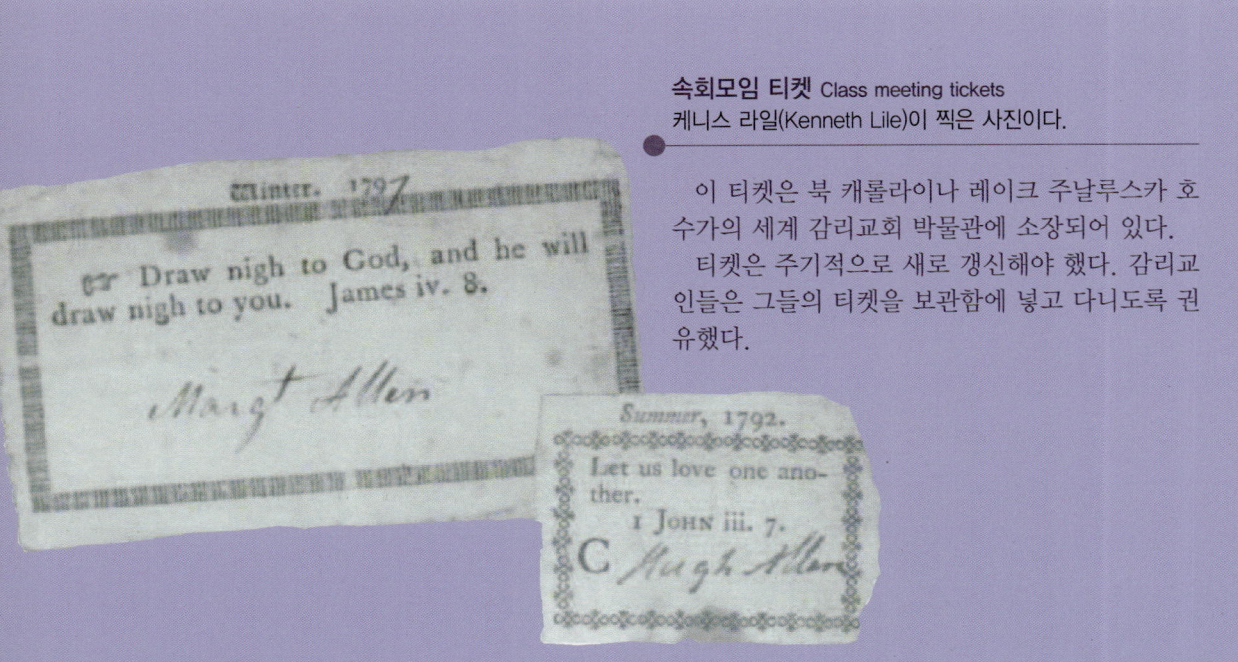

속회모임 티켓 Class meeting tickets
케니스 라일(Kenneth Lile)이 찍은 사진이다.

이 티켓은 북 캐롤라이나 레이크 주날루스카 호수가의 세계 감리교회 박물관에 소장되어 있다.

티켓은 주기적으로 새로 갱신해야 했다. 감리교인들은 그들의 티켓을 보관함에 넣고 다니도록 권유했다.

오하이오 첫 번째 감리교회 예배당, 1801
First Methodist meeting-house in Ohio

초기 감리교인들에게 예배당, 속회모임, 특별예배는 곧 그들의 일상이었다. 이 예배 활동들은 교인들 사이의 친밀한 관계를 형성하고, 지역사회를 돌보며, 영적인 양육을 하는 데에 안전한 환경을 만들어주었다.

속회의 리더들과 멤버들은 환자나 도움이 필요한 사람들을 방문하여 돌보았다. 교인들은 서로가 운영하는 상점들을 돕고, 함께 집을 짓고, 서로를 고용하고, 이자 없이 돈을 빌려주며 살아갔다. 초기 감리교회는 그 영향력을 증명이라도 하듯, 점점 영역을 넓혀나갔다. 한 비평가는 초기 감리교회가 교회 안의 교회가 아니라, 나라 안의 작은 나라라고 표현하기도 했다.

속회는 이를 진지하게 수행하는 사람들만 받아들였고, 멤버들은 매 분기마다 새롭게 시작될 때 리더로부터 초청장을 받아야 참여할 수 있었다. 이 속회모임은 많은 사람들을 그리스도 앞으로 이끌었다. 실제로 사람들의 개종에 있어서는 예배보다 속회모임이 더 큰 힘을 발휘했다.

속회모임은 찬양과 기도와 함께 영적 갈등이나 승리에 대해 서로 나누는 방식으로 진행되었다. 리더는 먼저 자신의 영적 상태를 나누고, 차례로 멤버들의 영적 상태에 대해 질문했다. 멤버들은 소망과 두려움, 유혹과 실패, 성공에 대해 함께 나누고 서로에게 기도와 충고, 명료한 설명, 격려로 답해주었다. 그들은 서서히 서로를 품기 시작했고 이내 창피함이나 험담에 대한 걱정 없이 자유롭게 나눌 수 있게 되었다. 속회 멤버들은 '모임에서 나누었던 말은 모임에서만 나눌 것'이라는 규칙을 잘 지켰다.

멤버가 그의 가정에서 첫 그리스도인일 경우, 속회모임은 그에게 영적인 가족이 되어주었다. 그들은 이 찬양을 함께 불렀다.

아서 무어 감리교회 박물관에 있는 존 웨슬리 동상 John Wesley statue, Arthur J. Moore Methodist Museum
9피트 크기의 이 동상은 조지아 세인트 시몬 섬에 있는 엡워스 도서관 및 박물관 원형 건물 안에 있다. 박물관의 허락을 받고 사진을 싣는다.

존 웨슬리는 조지아에서 선교사로 섬기는 동안 모라비아 교인들을 알게 되었다. 웨슬리는 그들과의 교제를 계기로 애찬식에 처음 참석하여 서로 빵과 물을 나누고, 영적 고민들을 나누었다. 이 관습은 초대교회의 아가페 식사로부터 유래된 것이다.

예수님 안에서 이 교제가
참으로 즐겁구나
그의 보좌 앞에서 우리가 만날 때
얼마나 황홀할지!

감리교인들은 서로의 집, 일자리, 빚에 대한 문제도 함께 감당했다. 앞서 말했듯, 초기 미국 감리교회는 속회모임에 참여하는 것이 필수였다. 신실하게 모임에 참여하지 않으면 그 모임에서 제명되기도 했다. 1930년대까지 감리교회의 훈련에는 속회모임 교육이 포함되어 있다.

순회 설교자 다음으로 초기 감리교회에서 중요한 인물은 속회 리더의 직분을 감당하는 사람들이었다. 이들은 평신도였지만 이동이 잦은 순회목사들의 빈자리를 대신하여 사역을 담당했다. 속회 리더들은 새로운 가정, 환자, 특히 영적 열정이 식기 시작한 사람들을 방문했다. 또한 밖으로 탈선하려는 사람들이 다시 돌아올 수 있도록 교육했다. 속회들은 공동체의 보살핌이 부족하여 떠나는 사람이 없도록 최선을 다했다.

속회는 각 사람의 능력에 따라 자신감을 얻을 수 있는 사회적인 환경구조였다. 이는 인재를 양성하기에 알맞은 사회 구조의 실천이었다. 에드윈 티핀(Edwin Tiffin)은 속회모임을 통해 얻은 자신감을 바탕으로, 프랜시스 애즈베리가 인정한 설교자로 성장했다. 이후 그는 오하이오의 첫 번째 주지사가 되었고 마침내 미국 상원의원의 자리에 올랐다. 이 외에 다수의 세계적 지도자들이 자신들의 자신감과 자존감의 원천은 은혜와 유머, 정념, 지혜와 사랑이 풍성했던 초기 미국 감리교회의 속회모임이었다고 말하고 있다.

또 속회모임은 교회의 리더들에게 워크샵 역할을 하기도 했다. 속회는 영적 성숙과 기독교 사역에 특별한 재능을 갖고 있는 사람들을 골라 훈련시켰다. 우선 그들에게 대중 앞에서 설교할 기회를 주고, 설교에 대한 하나님의 부르심이 있는지의 여부를 확인했다. 은사가 있는 멤버들은 리더, 교사, 순회 설교자, 감독이 되었다. 코크와 애즈베리 감독은 이렇게 말했다.

"하나님의 은혜를 통해 우리의 모임은 사역의 기둥이 되었다. 사역자를 양성하는 학교에도 영향을 주었다."

19세기에 이르자, 속회모임의 리더가 매우 줄어들었다. 리더의 수가 감소하게 된 것은 몇 가지 원인이 있었다. 우선 순회 설교자들이 점차 교구에 머물며 전임목사가 되었다. 목사들은 이전보다 더 자주, 쉽게 사람들을 만날 수 있었다. 이에 따라 속회 리더의 필요성이 줄어들었다. 또한 교육의 중요성이 점점 부각되며, 속회모임은 주일학교로 물러났다. 서로 자신의 영적 삶을 나누는 것보다 교사들에게 성경 말씀을 듣는 것이 더 인기가 있었다. 부흥의 불씨가 사그라진 것도 하나의 원인이었다. 지역의 영적 각성이 줄어들자, 성도들은 같은 이야기를 반복하게 되었고 속회모임은 점점 형식적으로 변해갔다. 결국 20세기 초반에 이르러 속회모임은 모두 중단되었다.

애찬식

존 웨슬리는 조지아에서 선교사로 섬기고 있던 1737년, 처음으로 애찬식에 참석했다. 그 애찬에는 조지아에 살고 있었던 9명의 모라비아 교인들도 참석했다. 웨슬리는 이 애찬식에 대해 다음과 같이 말했다.

"마치 사도시대에 그리스도인들이 그리스도의 훌륭한 사람이 되도록 임명받는 것처럼 품위있고 장엄한 기념식이었다."

이후 존 웨슬리는 마음이 따뜻해지는 체험을 했고, 얼마 지나지 않아 감리교회에서 애찬식을 지키도록 제정했다. 이에 대해 웨슬리는 이렇게 설명했다.

감리교인들이 하나님의 모든 자비에 감사하는 마음을 갖고 더욱 키우기 위해서는 선조 그리스도인들이 그랬던 것처럼 빵을 나누는 기념이 필요하다. 애찬식에서 사용하는 음식은 단지 평범한 빵과 물이겠지만 이는 '썩는 육체의 양식'이 아닌 '영원한 영생의 양식'을 의미한다.

또 웨슬리는 애찬식에 대해 이렇게 설명했다.

성도들은 친밀한 교제로 서로의 도움을 받게 되었다. 그들은 자신들이 고백한 죄를 고침받기 원했고, 서로를 위해 기도했다. 성도들은 죄에서 자유함을 얻었으며 더 이상 죄가 지배하지 않았다. 그들은 가장 거룩한 믿음 안에 심겨졌다. 또 하나님을 더욱 기뻐하게 되었으며, 사랑 안에서 강해졌고, 선을 행할 수 있는 힘을 얻었다.

1770년, 조셉 필모어가 처음으로 미국 감리교회에 애찬식을 소개했다. 그는 일지에 다음과 같이 기록했다.

"그것은 사랑의 시간이었다. 사람들은 마치 오랫동안 감리교회의 섭리를 알아왔던 것처럼 예절을 지키며 참여했다. 또한 모두가 하나님 나라 안에서 서로 빵을 나눌 수 있도록 준비하는 것을 도왔다. 그리고 다시 한 번 이런 시간을 갖기를 소망했다."

감리교회의 애찬식은 성찬식과 달랐다. 성찬식은 성사 가운데 하나였고, 애찬식은 교제의 시간이었다. 또한 성찬은 오직 임명된 성직자들만 베풀 수 있었으나 애찬식에서는 그리스도인이라면 누구든 애찬을 나눌 수 있었다. 초기 감리교인들은 교제하는 식사의 상징으로 빵과 물을 나누었다. 성도들은 원을 만들어 앉거나 한 식탁에 둘러 앉아 하나의 빵을 서로 나누고 양손잡이 컵에 물을 부어 건네었다. 또 자신들의 영적 삶을 나눈 후, 가난한 사람들을 위해 헌금을 했다. 이 모임은 약 2시간 동안 진행되었다.

황야의 전경 Wilderness scene
달렌 슈웁(Darlene V. Shoop)이 찍은 사진이다.

서부국경지역을 개척했던 초기 감리교회 목사들은 길도 없는 황야에서 눈에 띄는 몇 개의 건축물과 희미한 바퀴자국 그리고 해와 별을 지도 삼아 다음 설교 장소로 이동했다. 말들은 그 길을 잘 알고 있었기에 이동하는 동안 안장에 앉아 책을 읽을 수도 있었다.

1790년 1월, 리처드 왓코트는 애찬식에 참석하기 위해 울창한 숲을 지나갔다. 그리고 그날 일지에 이렇게 적었다.

"성찬식과 애찬식이 9시 반에 열렸다. 애즈베리의 설교를 들은 뒤, 많은 사람들이 하나님께로 성화되었음을 나누었다. 소중한 시간이었다."

애찬식에 사용된 컵 Love feast cups
이 컵들은 세계 감리교 미술관(the World Methodist Museum)의 컬렉션 가운데 일부이다.
이 사진은 데이브 핸더슨(Dave Henderson)에 의해 촬영되었고, 촬영허가를 받았다.

이 컵은 초기 미국 감리교회에서 사용한 전형적 모습이다. 성도들은 애찬식에서 양손잡이가 있는 컵을 옆 사람에게 건넸다. 존 웨슬리는 초대교회와 모라비아 신자들 사이에서 행해지고 있던 '아가페'라는 식사 교제를 1740년에 다시 부활시켰다. 1749년, 웨슬리는 이렇게 말했다.
"애찬식에서 우리가 나눈 것은 작은 빵과 물이었지만, 만족을 누리지 못한 사람은 없었다."
또한 조셉 필모어는 미국 감리교회에서 열린 최초의 애찬식에 대해 이렇게 적었다.
"모두가 하나님 나라 안에서 서로 빵을 나눌 수 있도록 준비하는 것을 도왔다. 그리고 다시 한 번 이런 시간을 갖기를 소망했다."

애찬식 컵 Love feast cup
케니스 라일(Kenneth Lile)이 찍은 사진이다.

토마스 웨어(Thomas Ware)는 그의 회고록에서 애찬식에 대해 이렇게 설명했다.
"우리는 애찬식을 위해 일찍 만났다. 하나님 안에서 평안을 가진 사람들과 그 평안을 얻고자 하는 사람들이 초대되어 농가를 가득 채웠다. 애찬식이 처음인 사람들이 있었으므로 마이어(Mair) 씨가 애찬식의 방법과 그 의미를 설명해주었다. 이는 성찬이 아니라, 그리스도인의 사랑의 표현으로써 초대교회의 전통을 이어 받아 작은 빵과 물을 나누는 것이다. 그리고 각자의 삶에서 하나님의 위대한 역사와 은혜를 나누는 것이다."

교회의 친교를 위한 공동식사 The Church Fellowship Supper
이 사진은 데이브 핸더슨(Dave Henderson)이 찍은 사진이다.

성도들의 친교 식사가 한때 감리교인들 사이에서 많이 행해졌던 애찬식으로부터 유래된 것이라고 말하는 학자들도 있다. 이 컵과 접시는 인디아나 연합형제교회의 친교식사에서 사용된 것이다.

1789년, 감리교회는 사역자들이 주기적인 애찬식을 의무적으로 행하도록 하는 '규율'을 정했다. 애찬식은 초기 미국 감리교인들에게 사랑받는 의식이 되었다. 1806년 윌리엄 워터스(William Watters)는 자신의 책에서 애찬식에 대해 다음과 같이 기록했다.

하늘은 질적으로도 양적으로도 이곳과는 다를 것이다. 나는 이에 대해 들어본 적이 없다. 우리의 눈에는 눈물이 차올랐고, 우리의 마음은 하나님과 이웃을 향한 사랑으로 흘러 넘쳤다. 성령의 불과 하늘로부터 내려오는 불꽃은 더욱 넓게 퍼져나갔으며 더욱 높이 올라갔다. 하나님을 여호와라 부르는 행복한 사람들이여, 너희 가운데 누구도 지치지 않기를 바란다.

역사학자 나단 뱅스(Nathan Bangs)는 감리교회 애찬식이 '하나님의 사람들과 그 영혼에 큰 도움이 된다'라고 기록하고 있다.

애찬식을 옹호하는 사람들은 예수님께서 제자들과 함께 식사하신 것을 강조했다. 또한 초기 감리교인들이 애찬을 하며 깊은 교제를 나누었던 것을 근거 삼기도 했다. 애찬식은 함께 모여 서로에게 우정과 관심, 존경을 표현하고 편안한 마음으로 마음을 주고받을 수 있는 기회였다.

오늘날에도 연회나 협의회(Charge Conferences), 언약 제자모임(Covenant Discipleship Groups)에서는 애찬식을 시행하고 있다. 애찬식은 그리스도인들에게 하나님께서 그들의 삶 속에 역사하고 계심을 보여주며, 그리스도의 사랑을 나눌 수 있는 기회를 제공한다. 현재 연합감리교회의 "예배서(Book of Worship)"는 애찬의식을 포함하고 있다. 애찬식에서는 이 찬양을 자주 부르고 있다. 바로 찰스 웨슬리의 '하나로 세우시는 사랑, 주를 찬양하라(Blest Be the Dear Uniting Love)'이다.

주를 찬양하라
우리를 떨어지지 않게 하는,
우리를 하나로 부르시는 사랑
우리의 몸이 떨어져 있을 때에도
우리의 마음은 여전히 하나라네.

그러나 서두르게 하소서
우리의 육체가 소생되는 날을
죽음에서 이기시고 우리의 몸이 더 이상 떨어져 있지 않는 그 날을

철야예배

초대교회의 그리스도인들은 중요한 축제를 앞두었을 때, 철야기도를 드렸다. 이 철야기도 혹은 철야예배는 예수님께서 중요한 결정을 앞두고 밤새 기도하셨던 것에서 유래된 것으로 보인다. 예수님께서는 십자가를 짊어지기 전날 밤, 그의 제자들에게 깨어 함께 기도할 것을 요청했다. 또한 초대교회 그리스도인들은 신랑이 오기까지 깨어서 기도했던 열 명의 처녀 비유에 깊은 감명을 받았다. 실제로 그리스도인들이 새로운 사역을 시작하거나 새로운 프로젝트를 시작하기 전에 철야기도를 드렸던 것이 역사에 기록되어 있다.

감리교회의 철야예배는 1740년, 존 웨슬리가 잊혀진 고대 기독교 관습을 다시 일으킨 데에서 시작되었다. 웨슬리는 양육의 한 방편으로 철야예배를 고안해냈다. 당시 광부들에게는 한 해의 마지막을 보내고 새로운 해를 맞이할 때, 술을 마시고 흥청거리며 노는 파티의 전통이 있었다. 그들은 토요일 밤을 그런 식으로 즐기며 보내기도 했다. 웨슬리는 광부들을 그리스도께로 이끌기 위해, 토요일

조지 워싱턴의 기도 George Washington at Prayer
아놀드 프리버그(Arnold Friberg)의 작품, '포지 계곡에서의 기도'이다. 프리버그 미술관의 허락을 받고 싣는다.

조지 워싱턴이 군인들을 이끌고 포지 계곡(Valley Forge)에 진을 쳤을 때, 군인들은 매우 지쳐있었고 상황은 절망적이었다. 워싱턴은 은행가였던 로버트 모리스(Robert Morris)에게 50,000달러를 보내 달라고 부탁했다. 1777년 1월 1일 해가 뜨기 전, 모리스가 친구들을 방문하여 잠을 깨우고 돈을 모아 워싱턴 대령에게 보냈다는 사실이 기록에 남아있다. 당시 로버트 모리스는 필라델피아의 세인트 조지 감리교회에서 철야예배를 마치고 돌아오는 길이라고 친구들에게 설명했다. 그 예배에 모였던 사람들은 포지 계곡에 있는 군대를 도와줄 돈을 모을 수 있게 해달라고 기도했다.

워싱턴이 스스로를 감리교회가 설립한 콕스베리 대학의 후원자라고 말했으며 감리교인들이 워싱턴을 위해 주기적으로 기도했다는 사실이 기록으로 남아있다. 워싱턴이 대통령으로 당선되고 4주 후, 감리교회의 회의가 뉴욕의 웨슬리 예배당(Wesley Chapel)에서 열렸다. 그 회의에서 코크와 애즈베리가 워싱턴 대통령의 '축하 연설'을 맡기로 결정되었다. 워싱턴은 감리교회의 여러 목사들과 감독들을 맞이했다. 애즈베리는 위엄있게 연설문을 이어나갔다. 워싱턴은 그 연설에 깊이 감동하여 이렇게 말했다.

"나는 언제나 신앙을 중요하게 여기고, 또 이를 위해 신실하고 공정한 후원을 하겠습니다. 또한 특별히 나를 위해 기도하는 여러분과 여러분의 공동체에 하나님의 축복이 함께하길 소원합니다."

밤을 파티로 보내는 대신 매월 철야예배를 드리는 방법을 생각해냈다. 선술집에서 토요일 밤을 보내던 광부들은 그리스도께 회심한 후 주일예배를 준비하며 주님 오시는 날을 '깨어서 기다리는' 저녁을 보내게 되었다.

존 웨슬리는 "성공회 공동기도서(Anglican Book of Common Prayer)"가 1년에 16번의 철야를 요구하고 있음을 잘 알고 있었다. 18세기 성공회 교회는 이 철야예배를 등한시 했지만, 존 웨슬리는 감리교회에서 특별행사를 앞둘 때마다 철야예배를 드렸다. 그는 다음과 같이 설명했다.

"우리는 보름에 가까운 금요일 밤마다 철야예배를 드리기로 했다. 멀리 사는 이들이 오가는 길에 달빛의 도움을 받도록 하기 위해서였다. 예배는 8시 반에 시작하여 자정이 약간 지난 시간까지 계속되었다. 우리는 이 예배를 통해 특별한 축복을 경험했다. 성도들은 하나님을 향한 깊은 경외심을 갖게 되었다."

교회의 일부 성직자들은 감리교회가 드리는 이 철야예배를 비판하기도 했다. 그들은 이 의식으로 인해 사람들이 교회를 멀리하게 될까봐 염려했다. 웨슬리는 그에 대해 이렇게 답변했다.

"내가 '심야 모임'을 갖는 것이 잘못되었다고 말하는 것이오? 당신은 공동기도서(Common Prayer Book)에서 '철야예배'라는 단어를 보지 못했소? 이것은 초대 그리스도인들이 기도로 밤을 지새운 관습이오. 이렇게 하루를 정하여 그 밤을 기도로 장엄하게 보내는 것에 대한 권한은 우리 교회뿐만 아니라 초기 기독교 역사의 모든 교회가 갖고 있던 것이오."

찰스 웨슬리는 철야에 대한 찬양을 만들기도 했다. 이는 그리스도 안에서 새 생명을 찾은 사람들이 부를 수 있도록 만든 곡이었다.

지난 시절로 충분하오.
지옥의 더러운 말들로 우리의 혀를 채우고
우리 뒤에 있던 당신의 말을 저버리고
술에 취해 크게 노래 불렀던 날들.
그러나 하나님 은혜의 능력으로
이제는 목소리 높여 찬양을 부르고
호산나를 크게 외치며
하나님을 모른다 하던 입이
찬양으로 변화되었네.

1770년 11월, 미국 감리교회는 필라델피아의 세인트 조지 교회에서 철야예배를 드리기 시작했다. 프랜시스 애즈베리는 이렇게 기록했다.

"사람들은 철야예배에 진지한 관심을 보였다. 아주 적은 수의 사람들만이 마지막까지 그 엄숙한 곳에 남아있었다. 예배가 끝나갈 때쯤, 시골에서 올라온 한 남자가 말하기 시작했다. 그의 말은 그 곳에 모였던 사람들의 마음에 엄청난 힘으로 다가왔다."

1770년 12월 31일, 조셉 필모어는 이렇게 적었다.

"우리는 철야예배를 드렸다. 일부 사람들이 이 위대한 일을 위협했지만 주님의 위엄이 오히려 그들을 두렵게 만들었다. 우리는 한 해의 마지막이 지나고 새해를 맞이할 때까지 하나님께 예배했고 자정이 넘어서까지 계속 기도했다. 나는 내가 하나님의 은혜 아래 있다는 의무감을 느꼈다. 그리고 내가 하나님의 무한한 선하심에 얼마나 빚을 지고 있는지 잊지 않기를 소망했다."

미국 감리교인들은 철야예배에서 놀라운 변화를 경험했다. 존 해거티(John Hagerty)는 왓코트 감독에게 철야예배의 결과에 대하여 이렇게 보고했다.

"하나님이 우리에게 찾아와 주셨습니다. 그리고 우리는 다시 태어났습니다!"

언약예배

존 웨슬리는 1755년, 감리교회에 언약예배를 도입했다. 감리교회는 이 예배가 매우 가치있다고 생각하며 받아들였다. 웨슬리에 일지에는 언약예배에 함께했던 사람들의 영적 축복에 대한 많은 이야기가 기록되어 있다.

"우리는 저녁 6시에 교회에 모였다. 하나님과 우리의 언약을 새롭게 하기 위해서였다. 하늘의 창이 열리고 하늘에서 의가 부어지는 축복의 시간이었다."

그는 또 다른 언약예배에 대한 기록도 남겼다.

"나는 이보다 더 큰 축복을 받은 적이 없었다. 예배가 끝난 후, 많은 사람들이 회개, 완전한 구원, 은혜의 새로운 징표, 이전의 악한 모습에서의 회복에 대해 감사를 드렸다."

존 웨슬리는 언약예배를 계획하며 청교도 성직자인 리처드 알레인(RichardAlleine)의 예배 형식을 채택하여 자신의 말을 덧붙였다. 이 예배의 초청문은 다음과 같이 시작된다.

당신은 그리스도의 종으로 헌신하십시오. 당신이 속한 주님께 당신을 드리십시오. 그리스도는 행할 수 있는 한 많은 예배를 드렸습니다.

어떤 것은 쉽고 영광스러우며, 어떤 것은 어렵고 부끄럽기도 합니다.

어떤 것은 우리의 성향과 관심을 끌지만, 어떤 것은 둘 중 어느 것도 아닐 수 있습니다.

우리가 그리스도를 기쁘게 하면 그것이 우리에게 기쁨이 되기도 합니다.

그러나 때로는 우리 자신을 부인하지 않고는 그리스도를 기쁘게 할 수 없을 때도 있습니다.

그러므로 우리는 그리스도의 종이 된다는 것이 어떤 의미인지 알아야 할 필요가 있습니다.

언약예배는 자신을 하나님께 굴복시키고, 그의 뜻에 따라 신실한 순종을 하도록 돕는다. 언약예배의 정신은 다음의 헌신기도문에 잘 드러나 있다.

존 웨슬리 John Wesley
이 긴 타원형의 초상화는 존 잭슨(John Jackson)의 작품으로, 찰스 쿨리지 팔린(CharlesCoolidge Parlin)에 의해 세계감리교회 박물관에 기증되었다. 박물관의 허락을 받고 데이브 핸더슨이 사진을 찍었다.

1783년, 존 웨슬리는 자신의 일기에 성 패트릭(St. Patrick)에서의 성직자 임명식에 대해 기록했다.

"나는 그 예식에서 보여주었던 대주교의 근엄함을 존경한다. 하지만 임명받은 성직자들의 무표정한 얼굴에서는 아무런 감동도 느낄 수 없었다. 그날 저녁 사람들은 하나님과의 약속을 새롭게 하기 위해 감리교회 예배당에 모였다. 그때 하나님이 함께하심을 느낄 수 있었고 그들의 무표정한 얼굴은 기쁨의 얼굴로 변화하였다. 윌리엄 페닝톤(William Pennington)의 딸의 얼굴에서도 변화를 느낄 수 있었다."

하나님, 당신은 오늘 속임수나 의심 없이 이 언약을 만든 것을 아십니다. 만약 조금이라도 거짓이 있었다면 바로잡을 수 있도록 인도해 주시옵소서. 이제는 나의 아버지 되시는 하나님께 모든 영광이 있습니다. 나를 사랑하여 주시고, 예수의 피로 나의 죄를 씻어주시고, 나의 구원자와 구세주가 되어주신 하나님의 아들, 주님께 모든 영광이 있습니다. 전능하신 능력으로 나의 마음을 죄에서 건져내어 하나님께로 이끌어주신 성령께 모든 영광이 있습니다. 전능하신 하나님, 언제 어디에서나 계시는 주님, 성부, 성자와 성령이신 당신은 이제 언약의 친구입니다. 또한 나는 무한한 은혜로 언약의 친구가 되었습니다. 내가 땅에서 한 이 약속이 천국에서 인정받게 하소서.

오랜 시간을 거치면서 감리교회 언약예배는 처음 웨슬리가 제시했던 형식에서 더 많은 성도들이 참여할 수 있도록 조금씩 바뀌었다. 언약예배에 관한 내용은 연합감리교회의 "예배서(Book of Worship)"에서 찾아볼 수 있다. 오늘날 언약예배는 새해 전날 밤에 드려지거나 혹은 철야예배와 함께 드려진다.

지금까지 살펴본 바와 같이 웨슬리가 제안한 영적 양육의 방법들은 기독교를 율법적으로 축소시키는 것이 아니라, 미국 감리교회가 이 양육의 원리 위에 올바르게 서도록 한다. 감리교회의 총칙에는 몇몇 사람들이 '율법주의'라고 일컫는 지침들이 포함되어 있다. 그러나 이는 성경에서 명확하게 가르치는 것을 근거로 하고 있으며, 지난 몇 세기 동안 전

세계 감리교회 협의회 건물, 북 캐롤라이나 주날루스카 호수가에 위치
The World Methodist Council Building, Lake Junaluska, North Carolina

세계 감리교회 협의회는 전 세계에 있는 감리교 전통교회들의 조합으로, 감리교회의 모든 것을 대표한다. 협의회는 교회들의 법을 제정하는 것이 아니라, 그들을 섬기고 그들의 간증과 사역에 통일성을 주기 위해 존재한다. 이 건물에는 협의회 사무실과 4,000 평방 피트의 감리교회 박물관이 있다. 박물관에는 감리교회의 정신을 담고 있는 유품, 편지, 문서, 사진, 그림, 도자기 등이 보관되어 있다.

세계 기독교의 모든 교파에 의해 받아들여진 것들이다.

오늘날 연합감리교회의 "규율"은 목사의 임무를 다음과 같이 서술한다.

"지역 교회의 양육사역과 전 세계를 향한 전도와 헌신의 사명을 다해야 한다. 또한 평신도들을 훈련하는 동시에 그들이 그리스도의 종으로서 사명을 다할 수 있도록 준비시키는 총괄적 사역을 감독해야 한다."

또한 "규율"은 감독의 책임에 대해 다음과 같이 서술한다.

"말씀과 전통에 나타나는 것처럼 사도의 믿음을 지키고 전달하며 가르치고 선언해야 한다. 또한 자신들이 성령을 통해 이끌리고 받았던 것처럼 믿음을 복음적, 예언적으로 설명해야 한다."

결국 교회의 사명 가운데 가장 중심이 되는 것은 그리스도인의 양육인 것이다.

세계 감리교회 협의회(World Methodist Council)의 공식적 사명은 성도들을 양육하고, 전 세계에 웨슬리의 간증을 퍼뜨리는 것이다. 1881년 조직된 이 협의회는 108개가 넘는 나라의 6,500만명에 달하는 감리교회 성도들을 섬기고 있다. 협의회는 나라간의 유대관계를 튼튼히 하고, 명확한 신학적, 윤리적 기준을 바탕으로 세계 감리교 공동체의 우선순위를 결정하는 사명을 갖고 있다. 또한 협의회의 주된 목표는 그리스도의 믿음으로 사람들을 이끌고, 믿음 안에서 그들을 양육시켜 세계로 나아가는 증인으로 성장시키는 것이다. 이 사명의 중심에 '그리스도인의 양육'이 있다.

그리스도인의 양육에 관한 웨슬리의 관점에는 하나님께서 개개인의 변화로 세상을 변화시키신다는 진리가 반영되어 있다. 감리교회 메시지의 중심에는 그리스도가 일생에 걸친 성화의 과정을 통해 그의 약속된 사람들을 부르신다는 믿음이 있다. 존 웨슬리의 신학적 교리인 '그리스도인의 순전함'은 하나님이 감리교인과 함께 하신다는 큰 믿음으로서 제시되었다. 우리가 은혜의 수단들을 성실하게 사용할 때, 우리 안에 찾아오시는 성령의 역사를 통해 성화가 완성된다. 미국 감리교회는 이 은혜의 수단을 사용할 수 있도록 하는 훈련을 통하여 누구든지 변화시킬 수 있다고 믿는다. 나아가 시대와 환경에 상관없이 어떤 교회든 새롭게 될 수 있다는 사실을 믿으며 또 증명하고 있다.

6 복음주의 연합형제교회의 유산

그리스도 연합형제교회(The Church of the United Brethren in Christ)와 복음주의 교회(Evangelical Church)는 모두 독일어를 사용하는 미국인들 사이에서 영적각성이 일어나며 시작되었다. 이 두 교회는 성경적 권위의 중요성, 믿음으로 의인됨, 교회의 양육, 성화, 사회적인 상황에 대한 기독교적 적용 등에서 감리교회와 공통된 이념들을 고수했다. 이 세 운동은 - 그리스도 연합형제교회, 복음주의 교회, 그리고 감리교회 - 모두 순회 설교자, 속회모임, 애찬, 열성적 찬양이라는 특징을 갖고 있었다. 이들은 서로의 부흥회에 참석하며 연합을 생각하기도 했고, 영적인 색깔이 아주 흡사했기에 일부 사람들은 연합형제교회와 복음주의 교회를 '독일 감리교인(German Methodists)'이라고 부르기도 했다.

당시 미국 교회들은 독일 이민자들의 영적 갈급함을 채워주지 못했다. 이들에게는 영적인 회복과 새로운 비전이 필요했다. 또한 독일 이민자들 중 다수는 교회가 거의 세워져 있지 않고 도덕적 수준이 낮은 서부 국경지역에 정착했다. 기존 교회들은 이들을 기독교로 이끄는 데에 실패했고, 이들이 봉착한 도덕적 문제에 대해 해결점을 찾아주기에는 역부족이었다.

이윽고 이 독일 출신의 미국인들 사이에서 영적인 필요를 채우고자 하는 사역이 시도되었다. 연합형제교회와 복음주의 교회 운동은 여기에서 비롯되었다. 목사들은 우리를 새로운 피조물로 바꾸시는 예수 그리스도에 대해 열정적으로 설교했다. 이 부흥 운동의 영향은 대단했다. 두 운동은 결국 교회를 이루었고, 이들의 등장과 그 성장과정은 미국 종교 역사에서 가장 놀라운 드라마로 기억되고 있다.

그리스도 연합형제교회

연합형제교회는 윌리엄 오터바인(William Otterbein)과 마르틴 뵘(Martin Boehm)에 의해 설립되었다. 이 두 인물은 모두 감리교회와 중요한 관계를 맺고 있었다. 먼저 오터바인은 감리교회의 설립 연회에 참석하였다. 또 프랜시스 애즈베리가 감리교회 감독으로 임명되는 임명식에서 그의 머리 위에 손을 올

필립 윌리엄 오터바인 Philip William Otterbein (1726-1813)
프랭크 솔즈베리의 원작 초상화 중 하나이다. 이 작품은 북 캐롤라이나 주날 루스카의 세계감리교연합회 박물관에 전시되어 있다.
이 사진은 데이브 핸더슨(Dave Henderson)이 찍은 사진이다.

오터바인은 미국에 있는 독일 개신교회의 목사로 사역을 시작했다. 그는 펜실베이니아의 요크(York, Pennsylvania)에서 목사로 섬길 때, 아이작 롱(Isaac Long)의 농가에서 열린 부흥회에 참석하게 되었다. 그 때 메노나이트 교회의 평신도로서 전도집회를 담당하던 마르틴 뵘이 설교를 하고 있었다. 그 날 두 사람의 평생지기 친구로서의 인연이 시작되었다. 이들의 상호적 사역은 1800년그리스도 연합형제교회의 설립으로 이어졌다.

렸다. 애즈베리는 오터바인의 교회에서 자주 설교를 했다. 오터바인과 애즈베리는 연합형제교회의 설립 이전에도 많은 의견을 나누는 사이였다. 또한 마르틴 뵘의 아들 헨리(Henry)는 감리교회에서 영향력있는 순회목사였다. 오터바인과 뵘은 감리교회의 신학, 방편, 정신을 받아들였으며, 초기 감리교회에 많은 기여를 하였다.

필립 윌리엄 오터바인

윌리엄 오터바인은 1726년, 독일 개신교의 저명인사 가정에서 태어났다. 그 가정의 6명의 아들들은 모두 사역자로 임명받았고, 한 명의 딸은 사역자와 결혼했다. 이들은 독일 경건주의자였던 신실한 부모님 밑에서 많은 것을 배우며 자랐다. 경건주의란 18세기에 독일에서 일어난 영적 각성운동이다. 이는 성경공부와 기도, 개인적 개종, 경건함, 전도, 다른 이들을 위한 섬김을 격려하는 운동이었다. 필립 윌리엄 오터바인은 이 독일 경건주의의 복음적 특징에 뿌리를 두고 자랐으며, 머리로만 이해하는 것이 아니라 마음을 통해 체험하였다.

1751년, 독일 선교사 미카엘 슐라터는 미국에 거주하는 독일 출신 성도들을 위한 목사를 데리고 오기 위해 독일로 돌아갔다. 슐라터가 찾는 사람은 그리스어와 히브리어로 성경을 읽을 수 있으며, 뛰어난 지식과 따뜻한 영성이 있는 사람이었다. 그는 '정통적이고, 교육을 받았으며, 독실하고 겸손하며, 부지런하고, 건강한 육체를 가졌고, 세상 것이 아닌 천국의 보물을 소망하며, 영생의 구원에 특별한 열정을 가진' 젊은이를 찾고자 했다.

당시 26세의 젊은 목사였던 필립 윌리엄 오터바인은 이 자격요건에 부합하는 인물이었다. 그는 즉시 미국으로 건너가 사역하는 일에 자원했다. 회의에서 철저한 검증을 거친 후, 오터바인은 1752년, 뉴욕에 도착해 펜실베이니아의 랭카스터(Lancaster, Pennsylvania)에서 목사로 임명을 받았다. 그의 사역은 성공적이었다. 그의 교회는 새로운 교인을 수용하기 위해 새 건물을 지어야 했다. 오터바인은 수년 동안 볼티모어의 오터바인 교회를 비롯하여 다른 독일 개신교 목사들을 섬겼다. 그는 그리스도가 우리 안에서 우리와 함께 사심을 강조했다. 또한 이렇게 선언했다.

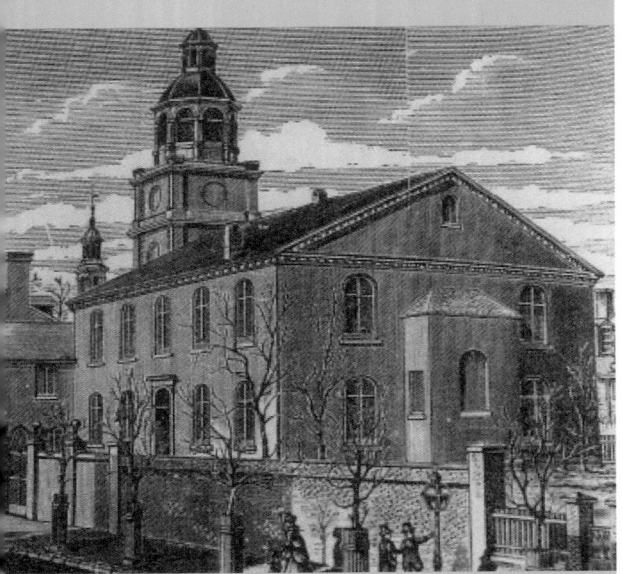

볼티모어에 있는 윌리엄 오터바인 교회
William Otterbein's church in Baltimore

오터바인은 그가 48세가 되던 1774년 볼티모어에서 사역을 시작했다. 성도들은 1785년에 벽돌과 돌로 이 건물을 지었다. 6,000달러의 비용으로 예배당과 인근의 목사관을 건축했다. 오터바인은 1813년 생을 마감할 때까지 39년 6개월 동안 성도들을 섬기며 목사로 활동했다. 이 교회는 볼티모어에서 가장 오래된 예배당이기도 하다.

"하나님의 시선이 그리스도 예수 안에 있는 새로운 피조물에 있다."

당시 사람들은 오터바인의 설교에 '힘과 능력'이 있으며 '열성적이고 혁신적'이라고 생각했다. 다음은 오토바인이 설교했던 내용의 한 대목을 발췌한 것이다.

우리가 죽음과 심판을 맞이할 때 어떤 일이 일어나는가? 지금은 용서로 여겨지는 그리스도의 피가 그때에는 복수로 여겨지게 될 것이다. 하나님의 선하심을 잘못 사용하는 이들은 하늘의 분노를 받게 될 것이다. 하나님을 생각하며 주의를 기울여 내 말을 들어보라. 정말 하나님께서 당신의 말을 들어주기를 원한다면, 당신은 왜 이렇게 고집을 부리는 것인가? 회심하지 않은 이들에게 무슨 희망이 있는가? 그러나 성령은 그들에게도 희망이 있다고 말씀하신다. 생명책에 회심하지 않은 '분노의

연합형제교회에서 사용되었던 첫 번째 인쇄기
First printing press of the Church of the United Brethren

이 인쇄기는 초기 연합형제회 운동에서 중요한 비중을 차지하는 '위대한 만남(Great Meetings)'의 공지를 인쇄하는 데에 사용되었다. 이 모임은 야외전도집회나 부흥회가 아니었다. 이틀에 걸쳐 진행되었던 이 '위대한 만남'은 대부분 설교로 이루어졌지만 가끔 성찬식과 애찬식이 행해지기도 했다.

1802년, 크리스천 뉴커머(Christian Newcomer)는 다음과 같이 기록했다.

"이번 한 해 동안 19번의 '위대한 만남'이 개최되었다. 이 집회는 개혁의 또 다른 연결고리를 형성하였으며 성공적으로 마무리 되었다. 이를 통해 더 넓은 지역에서 사역할 수 있게 되었고 신앙 교리들은 널리 퍼질 수 있게 되었다. 또한 도덕적 규칙을 실행할 수 있는 좋은 기회를 마련해주었다. 이 모임이 아니었다면, 평범한 신앙의 삶을 이어가던 수백, 수천 명의 사람들이 율법의 삶에서 구원받지 못했을 것이다."

자녀, 저주, 지옥의 구원받지 못한 벌레'라는 단어들과 함께 당신의 이름이 적혀있다! 회개만이 당신을 이끌 수 있다. 당신을 도와줄 그분께 나아오라.

오터바인에게는 진리를 쉽게 설명하는 능력이 있었다. 그의 설교를 들었던 사람들은 그가 무엇을 말하고자 하는지 그 뜻을 잘 이해할 수 있었다.

일부 사람들은 오터바인의 목소리가 억양이 없고 평이하다고 했다. 그러나 또 다른 사람들은 그의 설교에는 귀를 뗄 수 없을 정도의 설득력이 있다고 말했다. 결국 수천 명의 사람들이 그의 사역을 통해 예수 그리스도에게로 돌아왔다.

1774년 경, 오터바인은 더 넓은 지역을 회복시키고 그곳에서 경건함을 전파하고자 하는 목사들과 평신도들을 만났다. 그들이 처음부터 새로운 교회를 지으려는 생각을 갖고 있었던 것은 아니었다. 단지 모든 교회의 영적 회복을 격려하고 '반죽 전체를 부풀리기 위해' 기도하는 그리스도인의 모임을 만들고자 했다. 그들의 노력은 성공적이었고, 이로 인해 미국 중부 대서양 연안 주에 거주하는 그리스도인들의 영적 부흥이 일어났다.

오터바인은 목사로서 성도들을 섬기면서도 '위대한 만남'을 수차례 주최했으며, 전도자로서의 사명을 다 하기 위해 열심히 돌아다녔다. 이러한 전 기독교적 섬김으로 인해 수 백명의 사람들이 예수 그리스도를 구세주로 고백했다. 오터바인은 이 부흥의 열매들을 보존하기 위해 감리교회의 속회모임처럼 자격 있는 평신도들로 하여금 공동체를 이끌도록 했다. 성직자들은 평신도들에게 리더를 맡겼다는 이유로 오터바인과 그 모임을 비난하기도 했다. 그럼에도 불구하고 속회모임은 계속 되었고 연합형제교회는 나날이 부흥했다.

오터바인은 부흥운동을 이끄는 지도자였다. 그의 독일어 사역은 메노나이트(Mennonite), 개혁교회(Reformed), 아미쉬(Amish), 루터교도(Lutheran) 등 다른 교파에까지 영향을 미쳤다. 그는 파벌주의를 경계하며 모든 형제들이 하나가 되기를 원했다. 이러한 전 기독교적인 메시지는 그의 일생 동안 변함이 없었다. 오터바인이 죽기 전, 루터교 목사가 그를 간호하였으며 그의 장례식에서는 감리교회와 루터교 목사가 설교를 했다. 또한 성공회 교구목사가 발인예배를 드렸다. 프랜시스 애즈버리는 윌리엄 오터바인을 기념하는 예배에서 이렇게 말했다.

"나는 40년 동안 그에게서 하나님 사람으로서의 겸손을 배웠다. 오터바인은 은혜, 지식, 배움에서 다른 이들보다 훨씬 뛰어났다. 그러나 그는 오직 하나님과 하나님의 사람들에게만 그것이 쓰이기를 원했다."

마르틴 뵘

1767년 부흥운동의 또 다른 지도자는 마르틴 뵘이라는 농부였다. 뵘은 원래 메노나이트 교도였으나, 삶에 대해 영적으로 만족하지 못하고 있음을 스스로 깨달으며, 그의 영적 각성 운동이 시작되었다. 그는 평신도 설교자였지만 자신이 그리스도와 긴밀한 관계를 갖지 못했다는 것을 알고 있었다. 영적인 동요는 점점 괴로움으로 바뀌어갔다. 뵘은 밭을 갈고 있던 어느 날, 무릎을 꿇고 울며 기도하기 시작했다.

"주여, 나를 구원하소서. 나는 길을 잃어버렸습니다." 그는 그리스도의 이 말을 인용하며 기도했다.

'인자는 잃어버린 자를 찾아 구원하러 왔다.'

그리고 그는 마침내 하나님 안에서 평안을

마르틴 뵘 Martin Boehm (1725-1812)

뵘은 윌리엄 오터바인이 그리스도 연합형제교회를 설립하는 일을 아낌없이 도왔다. 우리에게 잘 알려진 오터바인과 뵘의 첫 만남 이전에, 뵘은 이미 동부 펜실베이니아에서 독일어권 사람들의 신앙부흥 운동을 이끌고 있었다. 이후 마르틴 뵘의 8자녀 중 막내인 헨리 뵘은 감리교회의 유능한 지도자가 되었다. 헨리 뵘(Henry Boehm)은 101세의 나이로 세상을 떠났다.

뵘의 예배당 Boehm's Chapel

마르틴 뵘은 감리교 공동체가 펜실베이니아의 랭카스터 카운티(Lancaster County, Pennsylvania)에서 첫 감리교 교회 건물을 지을 수 있도록 이 땅을 기부했다. 이 예배당은 연합감리교회의 역사적 성지가 되었다. 마르틴 뵘의 아들, 헨리는 25살에 개종하여 감리교회의 목사가 되었다. 헨리 뵘의 사역은 무려 75년 간 계속되었다.

아이작 롱의 농가 Isaac Long's Barn

독일 개신교 목사였던 윌리엄 오터바인은 1767년 펜실베이니아 랭카스터 카운티의 이 농가에서 열린 '위대한 만남'에 참석했다. 설교자는 메노나이트 교도이자 농부였던 마르틴 뵘이었다. 오터바인은 그의 설교에 크게 감동을 받았다. 설교가 끝나자 그는 달려가 뵘을 안고 이렇게 외쳤다.

"우리는 형제요!"

윌리엄 오터바인과 마르틴 뵘
William Otterbein and Martin Boehm

이 그림은 연합형제교회의 공동설립자인 두 사람이 서로의 신학적, 영적 연대감을 발견했던 아이작 롱의 농가 앞에 서 있는 모습을 그린 것이다.

오터바인이 외쳤던 "우리는 형제요!"라는 말은 그대로 그리스도 연합형제교회의 이름이 되었다.

얻었다. 훗날 뵘은 이 경험에 대해 다음과 같이 말했다.

"기쁨의 강물이 한 순간에 나에게 흘러 넘쳤다." 뵘은 자신의 갑작스러운 회심을 아내에게 전하고자 집으로 뛰어갔다. 곧 그의 아내 또한 구원의 확신을 경험하게 되었다.

뵘은 이 영적 회심 이후 처음 맞이한 주일 아침에 성도들과 자신의 경험에 대해 나누었다. 그는 죄의 짐에서 벗어나게 해달라고 그리스도께 구하고 회개하라고 단호하게 말했다. 그곳에 있던 많은 사람들이 눈물을 흘리고, 어떤 이들은 기쁨에 넘쳐 소리를 질렀다. 이 날 많은 사람들이 회심을 경험했다. 다른 메노나이트 신자들이 이 소문을 듣고 교회와 집과 농장에 뵘을 불러 설교를 해달라고 요청했다. 뵘은 그들에게 영적 부흥을 퍼뜨렸다.

수많은 사람들이 먼 거리를 마다하지 않고 '위대한 만남'을 방문했다. 그 모임은 보통 이틀 동안 이어졌으므로 참가하는 이들은 자신이 먹을 것을 준비해서 와야 했다. 다른 교파의 목사들도 이 모임에 참석하여 '주님을 믿으라'고 권고했다. 이 모임을 통해 시골 사람들도 같은 믿음을 가진 사람들과 소통하며 복음을 들을 수 있었다. 또 독일어권 뿐만 아니라 영어권의 감리교인들도 종종 참석했다.

1767년 오터바인이 마르틴 뵘의 '위대한 만남'에 참석했던 그 날, 매우 중요한 일이 벌어졌다. 아이작의 탈곡장에서 열린 이 모임에서 사람들은 하나님의 임재를 강력하게 느꼈다. 이 모임을 통해 많은 사람들이 개종했고, 성도들은 서로가 하나임을 느꼈다. 아이작 탈곡장은 현재 연합감리교회의 역사적인 장소로 여겨지고 있다.

오터바인은 마르팀 뵘의 열정적인 설교에 크게 감동받았다. 뵘의 신학은 물론, 그가 특

헨리 뵘 Henry Boehm (1775-1875)

헨리 뵘의 아버지는 윌리엄 오터바인과 함께 연합형제교회의 공동 설립자인 마르틴 뵘이었다. 그의 어머니 역시 감리교인이 되었고, 뵘의 가족들은 감리교회 목사들을 자주 대접했다. 헨리는 영어와 독일어를 유창하게 구사하며 설교를 하는 목사였다. 이에 애즈베리 감독은 헨리에게 감리교회의 훈련서를 독일어로 번역하는 일의 감독을 맡기기도 했다. 또한 헨리는 애즈베리와 5년동안 함께 여행하며 감리교 공동체들을 두루 살피며 약 14개의 주에서 독일어로 설교를 했다.

나이가 들자 헨리는 펜실베이니아와 뉴저지에 있는 주요 예배당에서 설교했다. 그가 남긴 회고록에는 1875년 감리교회 백주년 기념에 대한 내용을 비롯하여 많은 감리교회 목사들의 이야기가 담겨있다. 그는 100세를 넘긴 나이에도 지적 능력을 유지하며 생을 마감하기 며칠 전까지 설교하는 것을 멈추지 않았다.

히 강조한 회심에 관한 내용은 오터바인에게 큰 감명을 주었다. 이 회심은 오터바인의 주된 주제였다. 그는 뵘이 설교를 마치고 자리에 앉기도 전에 강단으로 뛰어나갔다. 그리고 역동적이고 열정적인 메노나이트 목사, 뵘을 끌어안고 큰소리로 외쳤다.

"우리는 형제요!"

이 감동적인 장면은 성도들의 마음을 감화시켰다. 성도들은 이들을 지켜보며 하나님께 큰소리로 찬양을 하거나 눈물을 흘렸다. 이 모임은 연합형제교회 운동의 비공식적 시작이라고 할 수 있다. 그 후 뵘과 오터바인은 가까운 친구가 되었고, 훗날 그리스도 연합형제교회의 공동설립자가 되었다.

흥미로운 점은 뵘과 오터바인의 성향이 매우 다른 인물들이었다는 것이다. 뵘은 평범한 메노나이트 신자였고, 오터바인은 성직자였다. 뵘은 정식교육을 받지 못했지만, 오터바인은 정통적으로 훈련을 받은 신학자였다. 또 뵘은 평신도이자 농부였고, 오터바인은 정식임명을 받은 사역자이자 존경받는 개신교 교회의 목사였다.

이들은 외모도 매우 달랐다. 뵘은 작은 몸집에 긴 수염이 있으며 겸손한 인상을 가진 반면, 오터바인은 키가 크고 단정히 면도를 한 강한 인상을 갖고 있었다. 그러나 그들이 가진 교파나 교육, 문화의 차이점은 두 사람이 영적 연합을 이루는 데에 전혀 걸림돌이 되지 않았다.

마르틴 뵘의 사역 활동에 관한 기록은 프랜시스 애즈베리, 새로운 개종자 헨리 스페이스(Henry Spayth), 그리고 마르틴의 아들 헨리 뵘이 남긴 글에 남아있다. 뵘의 집에서 하룻밤을 묵었던 손님은 뵘의 아들이 회심을 체험했던 순간에 대해 이렇게 이야기하고 있다.

가족기도를 마치고 우리가 막 잠자리에 들려고 할 때였다. 9마일 떨어져 살고 있는 뵘의 아들이 도착했다. 그는 최근 기독교를 받아들였다고 말했다. 값진 진주를 찾은 그의 표정은 너무나 행복해보였고, 하나님과의 첫사랑에 흠뻑 빠진 모습이었다. 그는 마치 이 땅에서 천국과 구원자의 미소를 즐기고 있는 것처럼 황홀감에 빠져있었다. 그의 어머니는 막내아들이 행복에 겨운 모습에 너무나 기뻐하며, 이 축복에 대해 하나님께 끊임없는 찬양을 올렸다. 아버지 또한 너무나 기뻐하며 우리 모두가 자정이 넘도록 축복된 시간을 가졌다. 하나님께 영광! 오! 많은 부모들에게 이러한 기쁨을 주소서.

마르틴 뵘의 여덟 자녀중 막내였던 헨리 뵘은 감리교회 목사가 되어, 프랜시스 애즈베리 감독과 좋은 친구가 되었다. 그는 91살이 되던 해, 아버지 마르틴의 삶과 그 시대를 다룬 "회고록(Reminiscences)"을 썼다. 이 책은 형제자매들의 연합된 교제가 어떻게 운동으로 성장하여 교회를 이루었는지 그 역사를 담고 있다.

그리스도 연합형제교회의 설립

일반적으로 교파의 형성은 종교운동에서 시작되어 점차 조직을 이루어가는 과정을 거친다. 윌리엄 오터바인과 마르틴 뵘의 추종자들은 하나님께서 그들의 형제회를 축복하신다는 확신을 갖게 되었다. 하나님께서는 이 운동을 통하여 오랫동안 그저 이름만 교인이었던 수많은 독일 출신 미국인들을 영적인 삶으로 이끄셨다. 얼마나 많은 사람들이 이 운동에 참여했는지 정확하게 기록되어 있진 않다. 이 운동을 계속 이어나가기 위해서는 다른 조직의 협력이 필요했다. 오터바인과 뵘은 목사들에게 이 부흥운동의 일을 맡기기 위해 자격을 부

그리스도 연합형제교회의 로고
Logo of the Church of the United Brethren in Christ

페터 켐프의 집 Peter Kemp Home

이 집은 1800년 총회 당시 윌리엄 오터바인과 마르틴 뵘의 추종자들이 머문 곳이다. 이 회의를 통해 그리스도 연합형제교회라는 새로운 교파가 조직되었다.

플레젠트 힐 연합형제교회
Pleasant Hill United Brethren Church

이곳은 초기 연합형제교회에서 건축한 전형적 통나무 예배당이다.

보넷학교 Bonnet Schoolhouse

1810년에 세워진 이 건물은 펜실베이니아의 플레젠트 산(Mount Pleasant, Pennsylvania)에서 동쪽으로 1마일 떨어진 곳에 있다. 1815년, 이곳에서 첫 번째 연합형제교회 총회가 개최되었다. 이 회의에 참여한 모든 대표자들은 윌리엄 오터바인의 영향을 받은 인물들이었다. 그들은 오터바인이 현명한 지도자임을 인정하며 존경했다.

여하기 시작했다. 운동에 참여하는 이들은 이제 새로운 교파를 형성하기를 원했다. 이는 교리에 대한 반란으로 시작된 것이 아니라, 하나님의 영적 인도하심을 알게 된 형제 정신에서 시작된 것이었다. 그들은 먼저 새로운 교회의 이름을 정해야 한다고 생각했다. 그것이 가장 효과적인 복음주의 사역의 첫걸음이라고 믿었다.

1800년, 윌리엄 오터바인과 마르틴 뵘을 비롯한 14명의 독일 목사들이 한 곳에 모였다. 새로운 교파를 시작하려는 계획을 세우기 위해서였다. 그들이 모인 곳은 메릴랜드, 서부의 프레드릭 시티(Frederick City)에서 2마일 떨어진 페터 켐프(Peter Kemp)의 집이었다. 그곳에서 목사들은 다음과 같은 결정에 동의했다.

결의사항: 일 년에 한 번 정해진 날, 파벌 없는 설교자들이 모여 하나님이신 그리스도께서 영광 받으시기 위해 죄인들이 회개하고 하나님의 교회가 지어질 수 있도록, 하나님의 생각과 뜻에 따르는 사역의 방법에 대해 논의하기로 했다.

이 회의는 연합형제교회의 공식적인 시작이었다. 연합형제교회가 내세운 주요 핵심은 교파적 다양성을 반영하는 '우리는 형제다'였다. 이 운동에는 메노나이트파, 루터파, 덩커파(Tunker, Dunkard), 아미쉬파 등 개신교를 바탕으로 하는 사람들이 함께했다. 이 회의에 모인 목사들은 오터바인과 뵘을 그들의 'Eldesten(감리사 혹은 감독이라는 의미의 수석 목회자)'이라고 불렀다. 회의에 참석했던 헨리 뵘은 이렇게 말했다.

"우리는 만장일치로 윌리엄 오터바인과 마르틴 뵘을 첫 감독으로 선출했다."

한 해 앞서, 목회자들은 다음의 다섯 가지 교리적 항목에 동의했다.

- 삼위일체이신 성부, 성자, 성령은 하늘과 땅, 세상의 보이는 것과 보이지 않는 모든 것을 창조하셨고, 그 창조물들을 다스리시고 도우시며 보살피신다.
- 예수 그리스도는 하나님이시며 또 사람이시고, 온 세상의 구원자이시며, 모든 사람들은 그들이 원한다면 그리스도를 통해 구원받을 수 있다.
- 성령은 우리가 그를 통해 믿음을 받아 영과 육의 모든 더러운 것으로부터 깨끗하여지고 신성하게 되도록 성부와 성자로부터 주어지는 것이다.
- 성경은 우리 영혼이 잘 되는 것과 구원으로 이끄는 진정한 길이다. 모든 그리스도인은 성경이 하나님의 영으로 만들어진 유일한 법이며 지도라는 사실을 반드시 인정하고 받아들여야 한다.
- 성경이 담고 있는 모든 교리, 즉 아담의 타락과 예수 그리스도를 통한 구원은 온 세상에 선포되어져야 한다.

1800년 회의는 멤버의 구성요건으로서 모든 목사들에게 '내적인 영적 경험'을 요구했다. 또한 목사들은 그 회의에서 동료들과 함께 '영적인 삶의 성장과 사역에서 성취한 것들'에 대해 나누었다. 이것은 1년마다 열리는 연회에서도 계속되었다.

연합형제교회의 지도자들은 자신들과 감리교회가 화합할 수 있을 것이라고 기대했다. 두 조직 간의 비공식적인 교제들은 통합에 관한 대화로 발전했다. 연합형제교회의 목사 헨리 스페이스(Henry Spayth)는 이렇게 기록했다.

"1808년, 감리교회와 우리 교회 사이에 우호적인 관계가 성립되었다. 이 친선관계 조약은 경건한 신앙생활과 교리, 믿음의 경험과 실천에 있어서 중요한 요소를 가지고 있는 그리스도인이라면 어떤 형제관계나 공동체에 관련되어 있어야 한다는 확신을 기초로 하고 있다."

애즈베리 감독은 오터바인에 대해 다음과 같이 기록했다.

"함께 대화를 나누며 이렇게 큰 자유함과 연대감을 느끼게 해 준 사람은 드물었다."

이 두 사람은 교회사역에 대해 자주 상의하며 좋은 친구로 남았다.

1815년, 연합형제교회의 첫 번째 총회에서 9개 구역의 대표들이 만났다. 그들은 펜실베이니아의 플레젠트 산 근처에 위치한 보넷 학교(Bonnet Schoolhouse)에서 회의를 열었다. 1812년에 뵘이 사망했고 이어서 1813년에 오터바인이 사망했으므로 이 회의는 두 사람 없이 열리는 첫 번째 회의였다. 따라서 새로운 감독들을 선출해야 했다. 목사들은 크리스천 뉴커머(Christian Newcomer)와 앤드루 젤러(Andrew Zeller)를 선택했다. 헨리 스페이스는 이렇게 기록했다.

"우리는 이 회의에서 모두가 하나님 앞에 기도로 겸손히 나아가는 것에 동의했다. 이제껏 이와 같은 기도 모임은 본 적이 없었다. 형제들은 하나님의 임재 안에서 눈물을 흘리며 감사했다! 모임이 끝날 때까지 한 명도 빠짐없이 넘치는 기쁨과 사랑을 나누었다."

회의가 끝날 무렵, 교회는 두 명의 새 감독을 세웠고, 교파의 정체성은 더욱 분명해졌다. 이 새로워진 정신력을 바탕으로 설교자들은 독일어권 미국인들에게까지 사역을 넓혀갔다.

크리스천 뉴커머

크리스천 뉴커머는 19세기의 연합형제교회에서 가장 뛰어난 지도자였다. 그는 독실한 메노나이트파 가정에서 자랐지만, 신앙의 희망과 절망 가운데서 갈팡질팡 하며 십대를 보냈다. 21살이 되던 해, 그는 비로소 구원의 확신을 갖게 되었고, 그 후로 하나님 안에서 평안을 누렸다. 뉴커머는 그 경험에 대해 자신의 일지에 이렇게 묘사했다.

그때 하나님이 주시는 평안과 죄 용서함의 확신이 내 영혼에 분명하게 나타났다. 예수님께서는 죄의 짐을 가져가시고 가난하고 자격 없는 나의 마음에 사랑을 보이셨다. 만약 그때 천명의 사람들이 있었다면, 나는 모두에게 하나님을 영접하는 확신을 증거했을 것이다.

한 사역자는 그가 잘못 생각하는 것일지도 모른다고 충고했다. 그는 뉴커머의 갑작스러운 회심에 대한 이야기가 불편했고, 뉴커머가 경험한 그리스도를 믿지 못했다. 뉴커머는 설교자로서 부르심을 받았지만, 그 사역자의 충고로 인해 의심이 생기고 또한 자신감이 없어졌다.

이런 불확실한 상태에서 뉴커머는 윌리엄 오터바인을 비롯한 여러 명의 연합형제교회 목사들을 만나게 되었다.

나는 그들의 설교가 청중들의 마음에 오래 남을 감명을 주는 것을 보았다. 그들은 진실한 회개의 필요성과 함께 과거의 죄를 깨닫고 용서를 구하며 하나님께로 회심할 것을 강조했다. 그들의 설교는 하나님께 속한 것처럼 보였다. 많은 사람들이 죄와 죽음의 잠에서 깨어났고, 어둠에서 빛으로 나아왔다. 이들은 '오터바인의 사람들'이라 불리는 공동체였다. 이들이 설교한 것은 내가 경험한 교리와 같은 것이었다. 또한 예수 그리스도와 그의 제자들이 가르쳤던 교리와도 일치했다. 따라서 나는 그들과 함께 하기로 결심하였고, 그들의 공동체에서 함께 축복을 누렸다.

연합형제교회 모임에 참여한 이후, 뉴커머는 설교에 대한 부르심을 확신하게 되었다. 그는 곧 사역을 시작했고 이후로도 꾸준히 설교하였다.

크리스천 뉴커머 Christian Newcomer (1749-1830)

알려지지 않은 뉴커머의 초상화. 이는 그의 외모에 대한 묘사를 바탕으로 그려졌다. 이 그림은 그가 사려 깊은 사람이라는 것을 보여주고 있다.

1771년, 영적 회심을 경험한 뉴커머는 곧바로 설교를 시작했다. 그리고 곧 윌리엄 오터바인과 마르틴 뵘과 친구가 되었다. 뉴커머는 그들과 함께 하는 운동에서 리더십을 발휘했다. 오터바인과 뵘이 사망하자, 뉴커머는 연합형제교회의 담임 지도자가 되었다. 그리고 1815년, 새로운 감독으로 선출되어 첫 번째 총회를 조직했다. 또한 그 회의를 통해 신앙고백과 교회의 규율을 출판하는 것을 결정했다. 그는 여러 곳을 여행하며 연합형제교회의 초기 10년 동안 큰 영향력을 발휘했다. 그는 순회하는 감독이었다.

반 세기 동안 연합형제교회의 감독으로 섬긴 그의 일지에는 자신과 친분이 있었던 125명의 감리교인들의 이야기가 담겨있다. 또 복음주의와 감리교회의 연합을 자주 권하기도 했다. 그 꿈은 그가 사망한지 138년이 지난 후인 1968년, 복음주의 연합형제교회(Evangelical United Brethren)와 감리교회(Methodist Churches)가 연합감리교회(United Methodist Church)를 만들어내며 마침내 이루어졌다.

프림머 예배당 Pfrimmer's Chapel

존 조지 프림머(John George Pfrimmer, 1762-1825)는 연합형제교회의 사역자로서 미국 중서부 지역의 교회를 세우는 데에 중요한 역할을 한 인물이다. 1808년 경, 그는 인디애나의 코리든(Corydon, Indiana) 근처에서 공동체를 조직했다. 이 공동체의 성도들은 오하이오 서부에서 통나무로 첫 연합형제교회를 지었다.

프림머는 이 건물에서 연합형제교회의 첫 주일학교를 열었다. 연합형제교회 기독교 교육부의 목적은 다음과 같다.

"모든 사람들이 하나님을 개인적으로 알고, 믿음과 사랑으로 응답하며, 기독교 공동체 안에서 하나님의 자녀로 자라고, 모든 관계에서 성령으로 사랑하며, 이 세상에서 공통된 제자도를 행하고, 그리스도인의 소망 안에서 사는 것이다."

1815년, 뉴커머는 연합형제교회의 세 번째 감독이 되었다. 교회가 성장하는 시점에서 그의 역할은 매우 컸다. 초기 연합형제교회 목사들은 법과 율법이 없는 교회를 원했다. 그들은 그리스도 안에서 자유란, 율법으로부터 자유로운 것을 의미한다고 여겼다. 또한 '비분파적인 부흥운동의 자유로움과 유연한 교제'를 지향했다. 그러나 뉴커머는 교리와 정책이 없는 교회는 위험하다는 사실을 잘 알고 있었다. 이에 그는 교회의 "규율"을 채택할 것을 주장하였다. 결국 1815년 총회는 목사들이 2년 간 공부했던 "규율"을 출판하기로 결정했다. 또한 1817년 총회에서는 "규율"을 독일어와 영어로 출판하기로 결정하고, 이것을 교회의 법으로 정할 것인지에 대한 투표도 시행했다. 이 "규율"은 연합형제교회가 그 연합을 더욱 공고히 하고, 사역을 전국적으로 넓혀가는 데에 지침서 역할을 해주었다.

뉴커머가 가진 능력 중 하나는 뛰어난 행정능력이었다. 그는 회심자들을 속회로 조직하는 것과 교파의 성장을 감독하는 책임을 맡았다. 그가 감독이 되었을 당시, 연합형제교회는 리더십을 필요로 했다. 실제로 애즈베리 감독은 연합형제교회의 연약한 조직력에 대해 의구심을 품고 있었다. 1803년 애즈베리는 이렇게 말했다.

"필립 오터바인과 마르틴 뵘을 비롯한 20명이 넘는 독일 설교자들이 있다. 그들은 자유로운 권한을 원했고, 교회는 그들이 훈련받기를 원했다."

뉴커머는 뛰어난 능력을 발휘하여 교회 내에 안정된 조직을 만들었다. 그의 행정력은 펜실베이니아, 메릴랜드, 버지니아까지 영향을 미쳤다. 많은 목사들이 그를 존경하고, 또 칭찬했다.

뉴커머의 일지에는 그의 생각과 살아온 방식이 잘 드러나 있다.

이상할 정도로 많은 성도들이 모였다. 나는 영어로 설교한 형제에 이어, 자유함 가운데 독일어로 설교를 했다. 많은 사람들이 성찬식에 참여했고, 우리는 교제의 시간을 가졌다. 그날 밤, 나는 존 벅스(John Buck's)에서 다시 설교를 했다. 많은 사람들이 눈물을 흘렸다. 어떤 이들은 하나님의 자비에 감사하며 울기도 하고, 또 어떤 이들은 찬양하며 하나님을 높였다. 영적 부흥의 시간이었다. 우리의 회의는 오전에 다시 시작되었다. 20명이 넘는 목사들이 함께 하였고, 형편없고 자격 없는 내가 그들의 감독으로 선출되었다. 회의는 28일까지 계속되었고, 모든 것이 형제들의 사랑 안에서 연합을 이루며 잘 진행되었다. 주님, 나의 영혼이 주님을 찬양합니다. 당신의 모든 자비에 감사하며.

뉴커머는 생을 마칠 때까지 지치지 않았다. 61세가 되었을 때, 그는 메릴랜드에 있는 자신의 집에서 서부 버지니아 - 남부 오하이오 - 남부 켄터키 - 북 중부 오하이오 - 루이스빌 - 남부 인디아나 - 피츠버그를 거쳐 다시 집으로 돌아오는 순회로를 만들었다. 그리고 80살이 될 때까지 이 순회로를 19번이나 여행했다. 이 긴 순회 외에도 그는 집을 빌리고, 땅에서 잠을 자며, 또 다른 3개의 순회를 일 년에 몇 번이나 추가하여 여행했다. 복음의 메시지를 설교하며 감독의 임무를 수행했고, 교회의 질서와 교리에 대한 글을 썼으며 다른 그리스도인들과 전 기독교적인 관계를 만들어 나갔다. 그의 전 기독교적 리더십은 열정과 씩씩함을 가졌던 초기 연합형제교회의 목사들에게 많은 영향을 주었다.

올브라이트의 사람들: 복음주의 연합회

연합형제교회는 나날이 성장해나가던 그 시기, 또 다른 움직임이 일어나고 있었다. 야곱 올브라이트(Jacob Albright)의 독일어권 추종자들 사이에서 일어난 운동이었다. 연합형제교회의 설립에는 많은 사람들이 참여했던 반면, 야곱 올브라이트는 초기 복음주의의 유일한 지도자였다.

1732년에 독일에서 미국으로 이민을 왔던 야곱 올브라이트의 부모님은 1759년, 야곱을 낳았다. 그의 가족은 루터파이긴 했으나 야곱은 부모님으로부터 영적인 영향력이나 교육은 전혀 받지 못했다고 말했다.

"우리는 개종에 대해 아는 것이 없었다. 기도모임이나 성경공부, 가족 기도회, 주일학교나 부흥회 같은 것을 경험해본 적이 없었다. 경건의 모습은 남아있지 않았다. 그래서 능력이란 광신같은 것으로 치부되었고 불법으로 인식되었다. 소금이 맛을 잃은 것이다."

야곱은 20살에 결혼하여 자신의 농장에 있는 질 좋은 진흙으로 벽돌과 타일을 만드는 일을 하며 가족을 부양했다. 그에게는 '성실한 벽돌장이'라는 별명이 붙었다.

1790년, 그의 자녀들이 전염병으로 사망했다. 이 일은 올브라이트에게 큰 고통이었다. 그는 이를 계기로 신앙에 대해 진지하게 생각하기 시작했다. 올브라이트 자녀들의 장례는 개신교 목사 안톤 하우트(Anton Haut)에 의해 치러졌다. 목사의 설교는 슬픔에 빠진 젊은 아버지의 마음을 움직였다. 올브라이트는 자신이 죄인이라는 것을 깨닫고 전심으로 기도하기 시작했다. 그리고 한 그리스도인 친구의 도움으로 예수 그리스도를 알게 되었다. 그는 자신의 회심에 대해 다음과 같이 열정적으로 설명했다.

세상적인 마음으로 가득했던 내 영혼이 하나님의 사랑과 평안으로 가득하게 되었다. 그것은 하나님께서 자녀들을 위해 베풀어 주시는 거룩한 것이었다. 하나님의 영은 내가 하나님의 자녀라는 것을 증거해주셨다. 기쁨의 파도가 몰려왔고 형언할 수 없는 황홀함이 온 몸에 퍼졌다. 이것에 비하면 모든 세상의 기쁨과 즐거움은 헛되고 허영된 것이었다. 나의 기도는 응답받았다. 나의 영혼은 나에게 가장 좋은 선물을 주시는 하나님에 대한 감사와 찬양으로 가득했다.

회심 직후, 올브라이트는 감리교회에 참석했다. 그는 감리교회의 교리, 훈련, 예배, 영적인 활기를 존경하고 있었다.

올브라이트는 감리교회에서 권고자의 자격을 부여받았고, 곧 목사로 임명되었다. 올브라이트는 감리교인들이 잘 돌보지 못하는 독일어권 미국인들을 위한 영적 복지를 감당하는 일을 맡았다. 그는 이렇게 기록했다.

나는 종종 무릎을 꿇고, 독일 형제들이 예수님 안에 있는 진리를 깨닫고 빛 안에서 성도들의 유산과 하나님의 평안에 참여할 수 있게 해달라고 기도했다. 또한 뜨거운 눈물을 흘리며, 그들을 진실된 거룩한 삶으로 이끌고, 의미 없는 신앙고백으로부터 깨울 수 있는 지도자들을 보내어 복음을 전해달라고 기도했다. 나는 매일 그렇게 기도했다.

올브라이트는 1796년, 이웃들 사이에서 설교를 시작했다. 그는 회개의 필요성과 예수 그리스도를 개인적으로 영접하고 확신을 받을 수 있는 가능성을 강조했다. 당시 교회에서는 구원에 대한 확신을 추정하는 것은 교만한 것

야곱 올브라이트 Jacob Albright (1759-1808)

올브라이트는 복음주의 연합회의 설립자이자 첫 번째 감독이었다. 그는 독일 이민자의 아들로 태어나 17살 때 독립전쟁의 의용군으로 참전했다. 전쟁이 끝나자 그는 곧 결혼하여 펜실베이니아의 랭카스터 카운티에 정착했다. 그곳에서 농사를 지으며 벽돌을 만드는 사업을 하여 성공을 거두었다. 전염병으로 자녀들이 사망하자, 그는 영적 무관심에 대해 하나님께서 벌을 주고 계신다는 생각을 갖게 되었다. 올브라이트는 윌리엄 오터바인과 마르틴 븸에게 신앙상담을 받은 후, 그리스도께 회개하였다. 그리고 곧 감리교회 속회에 참여하여 전도집회를 열기 시작했다. 영어보다 독일어가 더 편했던 올브라이트는 독일어로 설교를 했다. 1800년경, 그를 통해 그리스도를 알게 된 사람들이 모임을 이루어 감리교회 속회모임을 조직했다.

이라고 주장했기에, 그의 새로운 설교는 많은 청중들에게 기쁨을 주었고, 감격의 눈물을 흘리게 했다.

또한 그는 절제된 삶의 중요성도 강조했다. 외형적 의식만을 중시했던 이전의 종교는 구원에 이를 수 없다는 것이 그의 메시지였다.

"우리가 구원을 받기 위해서는 오직 그리스도에게만 온전한 믿음을 두어야 합니다."

올브라이트는 타고난 전도자라는 명성을 얻었다. 그는 농장, 시장, 가정집, 교회 등 주로 야외에서 설교를 했다. 그의 설교는 수많은 군중들을 그리스도께로 이끌었다.

그러나 이름 뿐인 교인들은 그를 반대하고 비방하며 심지어는 폭력을 행사하기도 했다. 무리를 이루어 그를 죽이고자 시도하기도 했다. 그러나 그는 멈추지 않았다. 그는 많은 사람들이 모인 '위대한 만남'과 지역 교회에서 말씀 전하는 일을 계속했다.

복음주의 연합회의 첫 번째 설교 자격증
The first preachers' license of the Evangelical Association

이 자격증의 번역본에는 이렇게 적혀있다.
"새롭게 형성된 감리교회의 권한으로, 존 드라이스바하(John Dreisbach)를 우리 연합의 사역자로 임명한다. 그는 우리의 규칙에 따라 공동체를 섬길 수 있고, 또한 하나님의 말씀에 따라 잘 이끌어 간다면 1년 동안 임시로 설교를 할 수 있다. 야곱 올브라이트, 1807년 11월 14일."

올브라이트 기념예배당 Albright Memorial Chapel

복음주의 교회의 설립자인 야곱 올브라이트를 기념하기 위한 교회이다. 이 교회는 펜실베이니아의 클라인펠터스빌(Kleinfeltersville, Pennsylvania) 근처에 있다. 1808년, 건강이 악화된 올브라이트는 해리스버그(Harrisburg)를 떠나 집으로 돌아가야 했다. 그러나 집까지 가기에는 그의 몸상태가 매우 나빴다. 결국 집에서 20마일 정도 떨어진 조지 베커(George Becker)의 집에 머물러야 했다. 올브라이트는 그곳에서 생을 마감하였고, 베커의 가족들은 그를 가족묘지에 묻어주었다. 이 교회는 올브라이트를 기념하고 있다.

그동안 감리교회 지도자들은 미국 내에서 독일어의 사용이 금방 중단될 것으로 보았다. 따라서 영어를 사용하는 사람들에게 집중했다. 그러나 올브라이트는 다른 영역으로의 부르심을 느꼈다. 그것은 독일어를 사용하는 미국인을 향한 사역이었다.

1803년, 올브라이트와 그의 협력자들은 새로운 교파의 시작을 알리는 회의를 개최했다. 그들은 그 회의를 통해 자신들의 모임을 독립적인 교회로 조직할 것을 선언했다. 먼저 성경을 믿음의 규범으로 정하고, 올브라이트를 최고장로로 임명했다. 이 교파는 교회가 헌신된 그리스도인들로 구성되어야 한다는 입장을 지지했다. '구도자'들은 반드시 회심의 경험이 있어야만 함께할 수 있었다. 올브라이트는 목사들을 구역에 따라 지정해주었고, 이후 몇 년간 교회는 점차 성장했다.

1807년, 올브라이트의 사람들은 첫 번째 목회자 연례회의를 가졌다. 당시 모였던 28명의 사역자들은 자신들의 교파에 '새롭게 형성된 감리교회 협의회(The Newly Formed Methodist Conference)'라는 이름을 붙였다. 목사들은 올브라이트에게 감리사 혹은 감독으로 임명하였고, 성직자를 임명할 수 있는 권한도 부여했다. 그러나 목사들은 오직 감독만이 성직자를 임명할 수 있다는 것을 거부했다. 그들은 누구든지 '사도들의 교제와 교리'에 신실하게 서 있다면, 성직자를 임명할 수 있는 권리가 있다고 믿었다.

1807년 회의 이후, 올브라이트의 건강은 급격히 나빠졌다. 그는 자신이 살 수 있는 날이 얼마 남지 않았다는 것을 깨달았다. 그로부터 5개월 후, 올브라이트는 1808년 부활절 주일에 생애 마지막 회의에 참석했다. 그는 목사들에게 각자의 순회구역을 지정해준 후, 작별인사를 했다. 그의 작별인사는 다음과 같았다. "당신들이 무엇을 하든지, 무엇을 하기로 계획하든지, 그 목적이 당신의 마음과 형제자매 사이에서 오직 하나님의 영광을 드러내기 위한 것이 되도록 하라. 또한 하나님이 보여주신 방법과 축복받을 노력으로 신실한 동역자가 되도록 하라."

야곱 올브라이트는 1808년 5월 18일, 펜실베이니아의 뮐바하에 있는 조지 베커의 집에서 생을 마감했다. 그때 그의 나이 49세였다. 그가 숨을 거둘 때 하나님의 임재로 빛이 났다고 전해지고 있다. 그의 장례식은 참석한 많은 사람들에게 회심의 기회가 되었다. 올브라이트의 무덤에는 소박한 묘비가 세워졌고, 이후 그곳에 작은 교회가 세워졌다.

1816년, 목사들은 연례회의에서 존 사이버트(John Seybert)를 새로운 감독으로 선출했다. 사람들은 펜실베이니아 유니언카운티(Union County, Pennsylvania)에 있는 한 농가에 모여 '복음주의 연합회(The Evangelical Association)'라는 이름을 만들었다. 목사들은 독일어로 번역된 감리교회 신앙조항을 교리의 기준으로 승인했고, 최후의 심판이라는 조항을 덧붙였다. 또한 찬송가를 하나로 편집하기로 결정했다. 연합형제교회와 연합하는 것에 대한 논의도 이루어졌다. 그리고 복음주의 연합회의 대표들과 연합형제교회의 대표들이 친목회를 갖기로 결정했다. 이후 두 교회 사이의 교류는 이어졌으나, 1946년까지 하나로 연합하지는 못했다.

아일러스 밸리 예배당 Eyler's Valley Chapel

1857년에 지어진 연합형제교회. 건물 내에는 19세기의 감리교회와 연합형제교회, 복음주의 교회의 전형적인 탑과 종이 있다. 그러나 이 시기에 교회지도자들은 점점 화려해져가는 건물을 보며 우려했다.

미네소타 세인트 폴에 있는 복음주의 교회
The Evangelical Church, St. Paul, Minnesota

통나무, 벽돌, 돌 등으로 만든 검소한 건물을 선호하던 복음주의, 연합형제교회, 감리교회는 19세기 말에 들어서면서 크고 웅장한 대성전을 짓기 시작했다. 1871년, 한 보수파 복음주의 설교자는 이런 화려한 건물에 반대하며 말했다.

"색색의 창문들은 우리의 신경계를 고통스럽게 하고, 예배시간에 참을 수 없는 두통을 앓게 한다. 이로 인해 교회 전체에 퍼지는 우울함과 침울함은 말할 것도 없다."

존 사이버트

올브라이트가 사망한 후, 두 번째 감독으로 선출된 존 사이버트는 복음주의 연합회에서 지도자 역할을 담당했다. 사이버트는 외형적으로는 볼품이 없는 사람이었다. 언변술이 뛰어나지도 않았고 옷차림은 평범했다. 가끔은 누더기 차림이기도 했다. 또한 조심성이 많고 내성적인 사람이었다. 권력욕이나 명예욕도 없었다. 하지만 그의 동료들은 그를 지성적이며, 꾸준하고, 결단력 있으며, 겸손하고, 영적으로 성숙한 사람으로 보았다. 감독으로 뽑힐 때, 사이버트는 자신의 일기에 이렇게 기록했다.

"나는 하나님과 교우들에게 순종하기 위해 나를 버려야함을 느꼈다. 그리고 이 중요한 직분을 감당하며 하나님의 영광과 교우들의 영원을 위해 신실히 섬길 것을 결심했다."

사이버트는 쉴 틈도 없이 돌아다니며 감독의 직분을 감당했다. 1841년, 인디아나의 사우스벤드(South Bend, Indiana)를 순회하던 중, 그의 말이 심한 병에 걸려 앓게 되었다. 사이버트는 자신의 말을 도시 밖 작은 숲속으로 데리고 가서 정성껏 보살폈지만 결과는 좋지 못했다. 쇠약해진 말을 살릴 수 있는 가망은 없어보였다. 사이버트는 무릎을 꿇고 하늘을 바라보며 눈물로 기도했다.

"당신은 놀라운 방법으로 나를 도우셨습니다. 그리고 당신의 도움이 필요한 지금도 당신은 날 도우실 것입니다."

그가 눈을 떴을 때, 말은 아무 일도 없었다는 듯 네 발로 서서 그를 바라보고 있었다. 사이버트 감독은 말을 데리고 도시로 돌아가 먹이를 먹인 후, 순회일정을 이어나갔다.

1842년에 기록된 그의 일기이다.

오, 하나님! 제가 무엇으로 갚으며 무엇을 드려야 당신께서 내게 보이신 선한 것들을 대신할 수 있겠습니까? 당신은 매년, 매월, 매주, 매일, 매시간 그리고 내 삶의 매 순간마다 당신의 놀라운 사랑을 경험하게 하셨습니다. 오, 하나님! 나는 당신의 영광과 나라를 위해 조금의 일도 하지 못하여 고통스럽습니다. 제 삶이 당신께 온전히 헌신될 수 있도록 은혜와 힘을 주시고, 즐거움으로 당신을 섬길 수 있도록 도와주십시오! 예수님의 이름으로 기도했습니다. 아멘.

사이버트 감독은 믿지 않는 사람들의 회심과 또한 믿는 사람들의 회심을 위해 설교를 준비했다. 그는 더 좋은 설교를 하기 위해 성실하게 연습했다. 다음은 남을 비방하는 죄에 대한 사이버트의 설교 중 일부이다.

남을 비방하는 것은 입술에 세 개의 칼을 가지고 한 번에 세 사람을 죽이는 것과 같습니다. 죽임의 대상은 자기 자신, 자신이 비방하는 대상, 비방을 듣고 있는 사람입니다. 비방하는 사람들은 그들만 죽지 않습니다. 예수님께서는 거짓과 살인은 서로 뗄 수 없다고 말씀하셨습니다. 또한 마귀는 나면서부터 거짓말하는 자요, 살인하는 자라고 말씀하셨습니다. 비방은 마귀의 성질이자 성향이며, 마귀가 하는 일의 도구입니다. 누구도 마귀에게서 안전하지 않지만 비방하는 입술은 더욱 그러합니다. 누구도 마귀를 길들일 수 없고 또한 지옥 불에 놓인 비방하는 입술을 길들일 수도 없습니다. 만약 당신이 이웃에게 거짓을 말하는 사람이라면, 당신은 마귀입니다.

단 세 명의 성도들만이 그의 설교를 듣기 위해 모임에 나온 적이 있었다. 처음에 그는 적은 인원 앞에서 설교하는 것이 탐탁지 않았다. 그러나 나중에 마지못해 설교했던 자신을

존 사이버트 John Seybert (1791-1860)
필라델피아의 존 사테인(John Sartain)에 의해 제작된 판화.

사이버트는 복음주의 연합회의 두 번째 감독이었다. 그는 독일계 미국인들에게 복음을 전하는 일에 사명을 갖고 있었다. 사이버트는 펜실베이니아에서 로키산맥과 캐나다에 이르는 넓은 지역을 순회하며 복음을 전했다. 그는 지칠 줄 모르는 열정으로 이주민들에게 독일어로 된 신앙서적을 주는 것에 자신의 시간과 열정과 재정을 다 바쳤다. 사이버트의 일기에는 말을 타거나 마차를 타고서 175,000마일을 순회했던 것과 목회지를 46,000번 방문했던 일, 복음주의 출판사에서 출판한 몇 천 권의 책을 나누었던 일 등이 기록되어있다.

반성하며 회개했다. 그는 소수의 사람들 앞에서도 거리낌 없이 훌륭한 설교를 하게 되었다. 또 한 번은 저명한 시민이 사이버트의 모임에 와서 의도적으로 싸움을 걸었다. 사이버트는 하나님의 사랑이 자유하게 설교할 수 있도록 도우셨다며 당시에 대해 이렇게 기록했다.

"우리를 박해하러 온 사람이 주님의 말씀에 부딪혀 눈처럼 녹아내리기 시작했다. 그리고 영혼의 괴로움으로 인해 무릎을 꿇었다."

사이버트는 평생 미혼으로 살며 1820년부터 1860년까지 교회를 섬기고, 주를 위해 자신을 희생했다. 18권 분량의 일기에는 말을 타고 순회했던 경험과 마차 한 대로 170,000마일을 돌았던 일, 9,900번의 설교와 46,000번의 순회방문, 8,000번의 기도와 속회모임, 10,000명 이상의 환자를 방문했던 일 등이 기록되어 있다. 그는 항상 독일어로 된 책과 문학 서적을 들고 다니며 지역 사람들과 다양한 이야기를 나누었다. 그의 지도 아래 1개의 지역 총회를 갖고 있던 교회는 8개의 지역 총회로 그 규모를 넓혀갔다. 그는 생애 마지막에 이렇게 말했다.

"나는 남은 짧은 시간동안 가능한 한 많은 일을 하고 싶다. 하나님께서 도우실 것이라고 믿는다."

사이버트는 말라리아와 고된 순회사역으로 인해 순회 도중 숨을 거두었다.

복음주의 연합형제교회

연합형제교회와 복음주의 교회는 짧지 않은 세월 동안 양립하였다. 두 교단은 비슷한 비전을 가지고 시작했으며, 감리교회의 영성, 교리, 종교의식에 영향을 받아왔다. 19세기부터 20세기 중반까지 두 교단의 대표들은 연합에 대해 꾸준히 논의했다. 1926년, 연합형제교회의 윌리엄 벨(William Bell) 감독은 두 교회의 연합을 제안했다. 1934년에는 두 교회의 연합이 공식적으로 제안되었고, 1942년에는 연합계획의 기초가 마련되었다. 연합된 교회의 이름으로 복음주의 연합형제교회가 제안되었으며, 마침내 1946년 11월 16일, 두 교회는 연합되었다.

이 역사적인 연합은 펜실베이니아의 존스타운(Johnstown, Pennsylvania) 지역의 첫 번째 연합형제교회에서 시작되었다. 대표자들은 긍정적이면서도 흥분된 상태로 오전 9시에 모였다. 복음주의 교회의 존 스탐(John S. Stamm) 감독과 연합형제교회의 아서 클리핑거(Arthur R. Clippinger) 감독은 대표들을 연합예식으로 인도했다. 그들은 'Blest Be the Tie That Binds'라는 찬양을 부르며, 두 교회의 연합을 확정지었다. 그리고 다 함께 성찬을 나누었다.

1968년, 복음주의 연합형제교회는 감리교회와 연합하여 연합감리교회(United Methodist Church)가 되었다. EUB교회(복음주의 연합형제교회, The Evangelical United Brethren)의 신앙고백은 "감리교회 종교규약(Methodism's Articles of Religion)"과 "존 웨슬리의 설교(John Wesley's Sermons)", "신약성서주해(Notes Upon the New Testament)"와 함께 새로운 교단의 기준이 되었다. 이 연합은 18세기부터 역사를 함께 해 왔던 세 전통을 하나로 통합시켰다.

연합형제교회와 복음주의 교회는 모두 펜실베이니아 지역의 독일계 미국인들 사이에서 시작되었다. 이 교회의 유산은 열심히 하나님을 찾고, 단순하지만 심오한 신앙을 찾는 사람

펜실베이니아 존스타운에 있는 제일 연합 감리교회 First United Methodist Church, Johnstown, Pennsylvania

1946년, 연합형제교회와 복음주의 교회가 연합하여 복음주의 연합형제교회라는 교회를 세웠다. 연합형제교회 대표자들이 이 건물에서 만나 연합을 승인했다. 동시에 몇 블록 떨어진 곳에서 복음주의 교회 대표들도 모여 연합에 대해 논의했다. 각 대표들이 연합에 동의한 후, 이곳에 모여 교회의 연합을 최종 결정지었다. 스탐과 클립핑거 감독은 각 교회의 대표로서 연합을 상징하는 악수를 나누었다.

들에게 흘러들었다. 설교자들과 평신도들은 부와 명예를 좇지 않는 겸손한 기독교인들이었다. 이들은 세상으로부터 등을 돌리고 교회가 영적 능력을 갖는 일에만 전심으로 매달렸으며 하나님을 섬겼다. 이 순결한 사람들의 삶 속에 있던 거룩함은 조용하게 드러났다. 하나님은 그들의 믿음과 순종을 영화롭게 하셨고, 영원한 유산을 남기도록 하셨다.

눈에 보이는 방편들과 조직 형태는 바뀔 수 있으며, 세월이 지남에 따라 바뀌어야 하는 것이 자연스럽다. 세대가 교체되며 진리의 새 포도주와 새 부대는 계속해서 만들어졌다. 그러나 그 핵심가치는 변치 않고 그대로 남아있다. 복음주의 연합형제교회가 남긴 유산은 우리에게 성경의 권위, 인류의 가치, 믿음을 통해 은혜로 받는 구원, 그리고 종교를 사회에 적용시키는 방법 등을 끊임없이 되새겨주고 있다. 이러한 가치는 영원히 유산으로 남아 모든 교회와 교단, 역사를 통해 이어질 것이다.

연합회 로고 Uniting Conference Logo

1968년 4월 23일, 텍사스 주 댈러스(Dallas)에서 복음주의 연합형제교회와 감리교회가 연합하여 연합감리교회를 세웠다. 이 예배에서 EUB(복음주의 연합형제회) 교회의 루벤 뮐러(Reuben H. Müller) 감독과 감리교회의 로이드 위크(Lloyd C. Wicke) 감독은 다음과 같이 선포했다.

"교회의 주인이신 주님, 우리는 당신과 당신의 교회 안에서 연합감리교회로 하나가 됩니다."

이 연합은 두 교회의 시작과 교리, 성향, 목표가 비슷하였기에 가능했던 일이었다.

7 감리교회와 흑인

존 웨슬리는 1730년대에 미국에 체류하며 노예제도의 참혹함을 처음으로 목격했다. 이를 계기로 웨슬리는 모든 종류의 노예제도를 강하게 반대하기 시작했다. 그는 처음으로 영국의 대중들 앞에서 노예제도를 반대한 사람이기도 했다. 그에게 있어 노예제도란 '저주받을 악한 죄의 결합체'였다. 웨슬리는 다른 사람을 노예로 삼은 극악한 죄를 저지른 노예 주인들에게 하나님께서 죄 값을 물으실 것이라고 말했다. 다른 사람을 노예로 삼는 것은 영혼을 잃는 결과를 가져오는 죄이므로 모든 사람들은 자신의 노예를 해방시켜주어야 한다는 것이 웨슬리의 주장이었다. 감리교회의 "연합신도회의 총칙(General Rules of the United Societies)"에서는 '노예로 삼기위해 사람과 영혼을 사고파는 행위'를 금지하고 있다.

존 웨슬리는 1774년, "노예제도에 대한 생각"이라는 소책자를 펴내며 이렇게 기록했다.

"인류를 구성하는 사람들에게, 인류의 자손들에게, 자유에 속한 자들에게 자유를 주어야 한다. 누구든지 자발적인 선택이 아닌 방법으로 다른 사람으로 하여금 자신을 섬기게 해서는 안 된다."

존 웨슬리 John Wesley
1789년의 웨슬리를 그린 것으로 조지 롬니(George Romney)의 작품이다. 이 그림은 웨슬리의 사망 후에 그려진 작품들 중 최고의 것으로 평가되고 있다. 원작은 옥스퍼드 대학교 크라이스트처치 칼리지의 대강당에 걸려있다.

1774년, 웨슬리는 "노예제도에 대한 생각(Thoughts Upon Slavery)"이라는 소책자를 펴냈다. 이 책은 영국과 미국에 널리 퍼졌다.
그는 이 책을 통해 다음과 같이 선언했다.
"나는 모든 형태의 노예제도를 반대한다. 자유는 모든 인류의 권리이다."
웨슬리는 사역을 하는 동안에도 활발한 노예 반대운동을 벌였다. 노예제도에 반대하는 연설과 법을 지지하며 노예제도라는 악행이 멈춰지기를 소망했다. 18세기, 그리스도를 받아들인 노예 주인들은 웨슬리의 "노예제도에 대한 생각"을 통하여 노예를 풀어주는 것을 명예롭게 여기게 되었다. 그러나 19세기 초의 감리교회는 '논쟁을 피하고' 교회의 평화를 지키기 위해 노예제도를 반대하는 일에 소극적으로 변했다.

또한 웨슬리는 죽기 일주일 전, 영국 국회의원인 윌리엄 윌버포스(William Wilberforce)에게 편지를 보내어 노예제도 폐지를 위한 활동을 계속해나갈 것을 당부했다. 그는 편지에 이렇게 적었다.

"선한 일에 지치지 않기를! 미국의 노예제도가 사라질 때까지 하나님의 이름과 능력 안에서 그 일을 계속하십시오."

초기 미국 감리교회는 웨슬리의 노예제도 반대운동에 동참했다. 메릴랜드에 있는 로버트 스트로브리지의 첫 번째 감리교회 신도회에는 흑인 임원이 있었다. 뉴욕에 있는 필립 엠버리의 첫 번째 감리교회 신도회에는 흑인 교인들이 포함되어 있었다. 1768년 토마스 테일러(Thomas Taylor)가 롱 아일랜드(Long Island)에 감리교회 신도회를 조직하는 일에 대한 편지를 존 웨슬리에게 보냈다. 편지에는 이런 내용이 기록되어 있었다.

"6개월 동안 24명의 사람들이 은혜를 받았습니다. 절반 가까이가 백인이고, 나머지는 흑인입니다."

감리교회가 필라델피아 너머의 전역으로 퍼지며 흑인 속회원들의 숫자는 백인 속회원들의 수와 같거나, 그 이상을 차지하게 되었다.

조셉 필모어(Joseph Pilmore)와 프랜시스 애즈베리의 일기에도 감리교 공동체의 흑인들에 대한 이야기가 언급되고 있다. 다음은 필모어의 일기 중 일부이다.

"흑인을 따로 만났다. 그리고 많은 흑인들이 행복하다는 것을 알았다. 하나님은 그들의 영혼에게 영광스러운 일을 행하고 계시며, 그들은 하나님이 사람을 차별하는 분이 아니심을 고백했다."

1813년, 애즈베리는 3,000명이 모인 야외 전도집회에서 이렇게 말했다.

"지금 어디에도 속하지 못한 불쌍한 흑인들이 이곳에 많이 있습니다."

아프리카계 미국 흑인을 위한 감리교회의 호소

감리교회는 흑인들의 큰 관심을 불러일으켰다. 그가 자유인이든 노예이든 흑인들은 감리교회의 메시지에 관심을 보였다. 감리교회의 메시지는 모든 사람들에게 희망이었지만, 가난하고 불이익을 받는 노예들에게 더욱 특별하게 다가갔다. 언젠가 하나님의 자녀들이 그리스도와 함께 세상을 통치한다는 하나님의 약속은 삶의 희망이 없는 노예들에게 현재의 삶을 평안하게 살아가는 힘과 함께 미래의 희망을 주었다. 또한 흑인들은 '누구든지 오고 싶으면 오라'는 감리교회의 메시지에 희열을 느꼈다. 감리교인들은 박수를 치고 기쁨으로 환호하는 예배를 드렸다. 이 열정적인 예배는 노예들이 견뎌야 하는 암울한 삶과 대조적이었다. 감리교회는 흑인들을 하나님 나라의 시민으로 환영했다. 감리교회 신도회의 일원이 되는 것에는 물질적 가치나 사회적 지위 혹은 인종의 차별이 없었다.

마침내 초기 감리교회는 흑인 속회 지도자와 설교자를 임명했다. 애즈베리 감독과 함께 사역했던 해리 호시어, 와이언도트 인디언들을 상대로 선교했던 존 스튜어트(John Stewart), 훌륭한 설교자이자 조직가였던 헨리 에반스(Henry Evans) 등의 인물들이 그들이다. 남부지방 노예였던 존 톰슨(John Thompson)은 이렇게 기록했다.

"감리교회는 속박당한 사람들에게 기쁨을 가져다 주었고 상한 심령들을 하나로 묶어주었다. 또한 그들을 가두고 있던 감옥의 문을 열어주고 자유를 주었다. 감리교회가 노예들에게 전해지는 순간, 그들의 마음속에 심어져 퍼져나갔다. 그리고 종교를 경험해보지 못했던 우리들에게까지 전해졌다."

감리교회의 첫 번째 두 감독 프랜시스 애즈베리와 토마스 코크는 노예제도 폐지를 위해 힘썼다. 애즈베리는 조지 워싱턴 대통령과 북 캐롤라이나의 주지사를 찾아가 노예제도 폐지를 간청했다. 또한 버지니아 주가 노예무역을 멈추도록 요청하기도 했다. 감리교회 '규율'은 이렇게 명시하고 있다.

"우리는 노예제도를 하나님의 법에 위반되는 것으로 본다. 이 혐오스러운 일을 근절하도록 노력하는 것이 우리의 의무이다."

"노예들을 매매하는 이들을 어떻게 해야 하는가? 노예를 사는 목적이 그들을 풀어주기 위함이 아니라면, 그들은 즉각 추방되어야 한다."

그러나 노예제도 폐지를 당장 이루어내는 것은 현실적으로 어려웠다. 1780년대에 노예는 30~40파운드에 매매되고 있었으며, 노예를 해방시키는 일은 전적으로 소유주의 권한이었으므로, 노예를 사서 그들을 풀어주는 일은 금전적인 부담이 컸다. 감리교 성도들은 비록 자신들의 힘으로 노예들에게 자유를 줄 수 없었으나, 대신 그들을 친절하게 대하고 도와주는 일에 최선을 다하고자 했다.

해리 호시어 Harry Hosier (1750-1805, 추정)
이 사진은 조지아 주 생 시몬 섬(St. Simons Island)에 위치한 아서 무어 미술관(Arthur J. Moore Museum)의 승인 하에 게재하였다.

호시어는 프랜시스 애즈베리 감독의 순회설교 동반자였다. 당시 사람들은 호시어가 미국 최고의 설교자라고 생각했다. 호시어는 리처드 알렌과 함께 필라델피아에 미국 최초의 흑인 감리교회인 조아르(Zoar AME) 교회를 세우는 일을 도왔다.

윌리엄 케이퍼스 William Capers (1790-1855)

케이퍼스는 감리교회(Methodist Episcopal Church, 앞으로 감리교회) 내의 흑인들을 섬기기 위한 프로젝트를 세우고, 대표자로서 일을 진행했다. 그는 장로이자 교수, 편집자로서 감리교회를 섬겼다. 1844년 총회의 멤버였던 케이퍼스는 1845년, 남부 감리교회의 첫 번째 총회에서 감독으로 선출되었다. 그는 아프리카계 미국 흑인들을 위한 사역에 최선을 다했다.

인종편견이라는 망령

미국교회가 노예제도 반대를 위해 꾸준히 노력했음에도 불구하고 미국사회는 백인과 흑인을 구분하고 차별했다. 군중들은 노예해방을 외치는 애즈베리와 코크 감독을 반대했고, 일부는 두 감독을 위협하기도 했다.

1792년 엘리 휘트니(Eli Whitney)가 면화를 발명하자, 면과 솜이 많은 수익을 창출하게 되었고 따라서 농장의 노예수요가 급증했다. 또한 값비싼 청색 염료의 원료인 쪽을 심고자 하는 농장주들은 많은 노예를 필요로 했다.

시간이 지나자 일부 감리교인들도 농장 일을 위해 노예들을 사기 시작했다. 또한 감리교 사회 내에서도 인종차별의 분위기가 형성되기 시작했다. 1772년, 조셉 필모어는 예배 시작 전에 교회 밖에 사람들을 세워놓고 백인들이 다 들어오기 전까지 흑인들이 들어오는 것을 막았다고 보고하기도 했다. 1780년대 감리교회 교인들은 발코니를 설치하고 흑인들이 그곳에서 예배를 드리도록 하기도 했다. 또한 노예매매를 반대하는 감리교회의 공식적 입장에 도전하는 이들도 있었다. 그러자 감리교회 역시 노예제도를 반대했던 확고한 입장에서 조금씩 물러나기 시작했다.

1808년 총회는 노예제도에 대해 '이 주제에 대하여 논의하는 것은 적절하지 않다고 생각한다.'라고 말했다. 총회는 노예매매 금지조항을 규칙에서 삭제했다. 지역 총회는 각 지방에 맞는 규제로 노예제도 항목을 새롭게 바꾸었다.

1808년 총회는 감독 연설을 통해 '모든 노예폐지 운동과 조직에 참여하는 것을 삼가라'는 지침을 내렸다. 이렇게 권고하는 이유는 다섯 가지였다.

1) 일부 노예폐지 조직은 그 종교적 기초가 부족하다.
2) 모든 폐지 운동은 미국 내의 모든 노예에 대한 즉각적인 해방을 요구하고 있다. 그러나 그것으로 발생되는 사회적 혼란에 대해서는 생각하지 않고 있다.
3) 노예제도 폐지에 대한 연방법의 개헌은 노예제도 폐지를 반대하는 주의 자치권을 제한한다.
4) 노예제도 폐지는 교회의 분열을 야기한다.
5) 많은 감리교인들이 경제적 부로 인해 노예를 소유하기 원하고 있다.

일부 교인들은 노예제도가 사회적 유익이 된다고 주장하며 노예제도를 옹호했다. 많은 목회자들은 교회의 평화를 지킨다는 이유로 이러한 주장들을 반대하지 않았다.

노예제도에 대한 논란으로 인해 결국 세 개의 흑인 감리교회 교단이 생겨났다. 그 교단은 다음과 같다.

1) 1816년 필라델피아에 세워진 흑인 감리교회(the African Methodist Episcopal Church, AME 교회).
2) 1820년 뉴욕에 세워진 흑인 감리교 시온 교회(the African Methodist Episcopal Zion Church, AMEZ 교회)
3) 1870년 테네시 잭슨에 세워진 유색인 감리교회(the Colored Methodist Episcopal Church, CME 교회), 현재는 크리스천 감리교회(the Christian Methodist Episcopal Church).

아프리카계 흑인 감리교회 (AME 교회)

최초의 흑인 감리교회는 리처드 알렌의 통솔로 필라델피아에 세워졌다. 이 교회는 세인트 조지 교회에서 있었던 백인과 흑인 교인들 간의 갈등을 계기로 세워지게 되었다. 1787년 4월 12일, 노예제도와 교회 내의 인종차별에 대해 항의하기 위해 흑인 교인들이 모였다. 이 모임에서 AME교회가 공식적으로 선언되었다.

리처드 알렌

리처드 알렌은 프리번 게렛슨의 양육을 받고 회심하게 되었다. 알렌은 그 경험에 대해 다음과 같이 기록했다.

> 영적 깨달음 이후, 나는 비참하게 헐벗은 내 자신을 보게 되었다. 하나님의 은혜 없이는 길을 잃은 존재였다. 나는 죄인의 기도를 들으시는 하나님께 소리 질러 기도했다. 갑자기 나를 가두었던 감옥이 흔들리고 나를 속박했던 사슬이 풀리면서 하나님의 영광이 임했다. 나는 울었다.

그리스도를 영접한 후, 그는 곧바로 세인트 조지 감리교회에 등록했다.

알렌의 주인은 그가 돈을 벌기 위해서 다른 일을 할 수 있도록 허락해 주었으며, 알렌은 일해서 번 돈으로 자유의 신분이 될 수 있었다. 그는 구원받고 6년 후인 1783년부터 설교하기 시작했고, 뛰어난 언변과 리더십으로 명성을 얻었다. 알렌은 성 조지 교회(St. George's Church)에서 설교할 수 있는 자격과 정기적으로 설교할 수 있는 기회를 얻었다. 그는 설교할 수 있는 곳이라면 시간과 장소에

리처드 알렌 Richard Allen (1760-1831)

알렌은 17살에 그리스도를 영접하고 감리교회에 등록했다. 그리고 22살이 되었을 때, 애즈베리 감독 밑에서 지역 설교자가 되었다. 알렌은 활발하게 순회설교를 했다. 필라델피아를 비롯한 여러 지역에서 백인과 흑인 간에 갈등이 커지자 그는 1816년 16명의 흑인 성도들과 함께 흑인 교단을 세웠다. 흑인 감리교회는 알렌을 교단의 첫 번째 감독으로 세웠고, 그는 15년간 교회를 섬기다가 세상을 떠났다.

구애받지 않고 자신의 사역을 확장해 나갔다. 그는 "나는 보통 하루에 2번 아침과 저녁에 설교를 했지만 하루에 4번에서 5번까지 설교하는 일도 빈번했다."라고 말했다. 알렌은 1784년 크리스마스 연회(Christmas Conference)에 참여했던 애즈베리와 그의 여행 동반자로 흑인이었던 해리 호시어와 함께 감리교 목회자로 섬긴다는 사실에 대해 자부심이 가득했다.

1787년 리처드 알렌과 압살롬 존스(Absalom Jones)는 자유흑인신도회(Free African Society)를 세우는 일을 도왔다. 이 단체는 미국 내의 흑인들을 돕기 위해 만든 최초의 조직이었다.

이러한 알렌의 활약은 세인트 조지 교회의 몇몇 백인 교인들을 불편하게 했다. 또한 백인 교인들은 흑인의 수가 백인보다 많은 것에 대해 불만을 가졌다. 1786년, 백인교인 중 한 무리가 흑인들을 교회 벽면과 뒷자리에 앉게 하고, 성찬도 가장 나중에 참여하게 하자는 의견을 건의했다. 결국 교회는 흑인들을 위한 발코니를 지었고, 흑인들이 1층에서 예배를 드릴 수 없도록 제한했다.

당시 알렌은 42명의 흑인 교인들과 속회모임을 갖고 있었다. 그들은 교회가 정한대로 발코니에 함께 앉아 예배를 드리고, 그들만의 기도모임과 속회모임을 가졌다. 1787년 11월 어느 주일 아침, 리처드 알렌, 압살롬 존스를 비롯한 여러 흑인들은 찬양이 끝난 후에 예배에 맞춰 교회에 도착하게 되었다. 안내자들은 그들을 발코니 쪽으로 안내했고 목회자는 그들이 자리를 잡기 전에 회중기도를 시작했다. 알렌은 그 다음에 무슨 일이 일어났는지에 대해 기록했다.

우리가 무릎을 꿇은 지 얼마 되지 않아 사람들이 수군거리기 시작했다. 나는 고개를 들어보았다. Mr. H. M.(익명)이 압살롬 존스를 붙잡아 일으키며 말하고 있었.
"일어나십시오. 여기서 무릎을 꿇고 있으면 안 됩니다."
존스가 말했다.
"기도가 끝날 때까지 기다려주십시오."
그러나 Mr. H. M.는 더욱 강하게 말했다.
"안 됩니다. 지금 일어나야 합니다. 그렇지 않으면 강제로 끌어내겠습니다."
존스가 다시 말했다.
"기도가 끝 날 때까지 기다리십시오. 그럼 제가 일어나 나가겠습니다. 문제를 일으키

자레나 리 Jarena Lee (1783-1850)
1844년에 그려진 초상화. 이때 리 부인의 나이는 60세였다.

초창기 AME 교회에는 남자교인보다 여자교인이 더 많았다. 하지만 교단에서는 여자를 목회자로 임명하지 않았다. 교단에서 지도자 자리를 임명하지 않았음에도 불구하고 몇몇 여성들은 공공연하게 사역을 하였다. 대표적으로 자레나 리, 질파 엘로(Zilpha Elaw), 그리고 줄리아 푸트(Julia A. Foote)와 같은 인물들이 있었다. 이 흑인여성 설교자들은 훌륭하게 사역을 감당했다.

리는 리처드 알렌의 설교를 듣고 그리스도를 영접했다. 그리고 AME 교회의 최초 여성 설교자가 되었다. 그녀는 1849년 출판된 그녀의 일기에서 자신의 회심에 대해 이렇게 고백했다.
"그날은 내 믿음을 내 입술로 고백하는 첫 번째 날이었다. 내가 처음으로 했던 말은 '하나님께 영광을(Glory to God)'이라는 찬양의 한 소절이었다. 나는 죄인들에게 간증하고, 나에게 구원의 옷을 입히신 하나님의 놀라우심과 선하심을 말할 수 있는 담대함이 생겼다."

비록 리처드 알렌 감독은 자레나 리를 사역자로 임명하지 않았지만, 그녀가 기도모임을 주관하고 그녀가 자유를 찾게 된 이야기를 나눌 수 있도록 허락했다. 그녀의 일기에는 자신의 간증이 많은 사람들을 그리스도께로 인도했다는 것이 기록되어 있다.

지 않겠습니다."

Mr. H. M.이 손짓을 하자 뒤에서 몇 명의 사람들이 다가왔다. Mr. L. S.가 와서 그를 도왔다. 그들이 윌리엄 화이트(William White)를 끌어내리려고 했다. 그 무렵에 기도가 끝났다. 우리는 모두 일어나 교회 밖으로 나갔다. 그리고 그들은 더 이상 우리로 인해 고통 받을 일이 없어졌다.

그럼에도 불구하고 알렌은 언제나 흑인들을 불공평하게 대접하는 백인들을 자비로운 마음으로 대했다. 그는 자신의 양들을 돌보는 일에 전념했고, 흑인 교인들의 수는 새로운 감리교회 모임을 만들 정도로 늘어났다.

알렌은 그의 사역을 음해하려고 하는 일부 백인 설교자들에 대해 이렇게 말했다.

그들은 흑인교회에 굉장히 적대적입니다. 우리를 얕보고 모욕하는 말을 하며 우리의 사역을 방해합니다. 그들과 우리는 모두 세인트 조지 교회에 속해 있습니다. 이 상황이 매우 답답합니다. 그러나 우리 주님께서 우리와 함께 계십니다. 만약 이것이 주님의 뜻이라면 우리의 사역은 계속 될 것이며 우리의 성전을 짓는 일이 성공할 것이라고 믿습니다. 우리는 기도 모임을 열고 서로 권면하였고, 주님은 우리의 노력을 축복하셨습니다. 이 모임으로 인해 많은 영혼들이 깨어났습니다. 그러나 교회 장로들은 우리가 더 이상 모임을 가지지 못하도록 모임을 금지했습니다. 아직도 버려진 흑인들이 있습니다. 그들은 예배할 수 있는 장소를 갈망하고 있습니다.

알렌은 어떤 상황에서도 온유한 마음을 잃지 않았다. 공격적인 질문에도 부드럽게 대답했다.

"우리는 새로운 열정으로 가득 찼으며, 하나님을 예배할 수 있는 집을 세우기 원했다."

세인트 조지 교회에서 나온 후, 알렌과 그의 동료들은 그들만의 모임장소를 만들고자 했다. 1793년, 알렌은 버려진 대장간을 35달러에 샀다. 그리고 말 10필과 함께 그곳으로 이사를 했다. 이 건물은 흑인들의 새로운 예배장소가 되었다. 알렌과 그의 동료들은 예배당을 만들게 된 이유에 대해 다음과 같이 기록했다.

백인들과 유색인들이 함께 모이는 공적인 행사, 특히 예배에서 발생하는 불편함을 해소하기 위해 우리 스스로에게 백인형제들과 분리된 모임 장소를 제공하는 것이 필요하다고 생각했다.

애즈베리 감독은 알렌을 지원하며 동료들로 하여금 흑인들이 자신들의 교회를 지키는 일을 돕도록 동참시켰다. 그와 세인트 조지 교회의 목사였던 존 디킨스는 흑인 교인들을 도우며 새로운 예배장소가 세워질 수 있도록 힘썼다. 디킨스는 흑인들이 만든 건물이 '수천 명의 영혼들이 모이는 교회(Bethel)'가 되게 해달라고 기도했다. 이 기도를 본 따서, 알렌이 만든 교회의 이름을 베델(Bethel) 교회라고 지었다. 1794년, 애즈베리는 알렌을 집사로 임명하였고 마침내 1799년 알렌은 감리교회에서 처음으로 안수를 받은 장로가 되었다.

초창기의 베델 교회는 세인트 조지 교회의 관리를 받았다. 알렌이 아직 목사가 아니었으므로 성도들은 백인 목사를 받아들였다. 그러나 두 교회 사이에서 교회의 관리와 급여에 관한 논쟁이 점점 불거지기 시작했다. 백인들의 감독이 만족스럽지 못했던 알렌은 펜실베이니아 법원에 베델 교회의 자치권을 달라고 탄원했다. 1816년, 베델 교회는 자치권을 얻어 독립하였고, 감리교회와의 공적인 관계는 끝을 맺게 되었다.

다니엘 코커

다니엘 코커는 리처드 알렌의 동료로, AME 교회의 설립에 중요한 역할을 한 사람 중 하나이다. 그는 주인아들과 함께 학교에 갈 수 있었기 때문에 교육을 받을 수 있었고, 수준 높은 교육을 지속적으로 받았다. 그는 어린 시절의 회심 이후, 사람들을 가르치고 설교를 하게 되었다. 시간이 지나 주인으로부터 도망칠 용기가 생겼을 때, 그는 주인에게서 도망쳐 볼티모어로 갔다. 그곳에서 한 감리교 설교자가 그에게 자유를 사주었다. 코커는 볼티모어에 있는 감리교회에 등록하고 흑인 학생들을 가르치는 일을 했다.

18세기 말, 볼티모어 내의 인종 갈등은 심각한 단계에 이르렀다. 이러한 긴장은 볼티모어 감리교회에도 영향을 주었다. 러블리 레인 교회와 스트로베리 앨리 감리교회는 흑인들을 교회 벽 쪽에 앉도록 하고, 백인들이 성찬을 모두 마친 후에 흑인들이 성찬에 참여하도록 결정했다. 이에 코커는 흑인교인들을 이끌고 백인들이 모이지 않는 시간에 예배를 드리기 시작했다.

비슷한 시기, 중부 대서양(Middle Atlantic) 연안지역에 있는 다른 흑인 감리교인들도 알렌이 속한 교회와 같은 상황에 처하게 되었다. 그들 역시 교회로부터 나와 독립된 모임을 세

다니엘 코커 Daniel Coker (연대 미상)

코커는 로버트 스트로브리지 밑에서 그리스도를 영접하고 그의 제자가 되었다. 이후 애즈베리 감독이 그를 안수하였고, 감리교회의 능력 있는 설교자가 되었다.

코커는 교육을 받은 사람으로서 1810년 "버지니아 주의 목회자와 흑인 목회자의 대화(Dialogue between a Virginian and an African Minister)"라는 글을 썼다. 코커의 리더십으로 볼티모어 흑인 감리교회는 AME 교회를 세우는 데 성공했다.

19세기 초, 코커는 AME 교회의 리더가 되었다. AME 교회의 감독이었던 다니엘 페인(Daniel A. Payne)은 코커에 대해 이렇게 말했다.

"비범한 재능을 가진 사람으로 모든 면에 있어서 당시의 흑인들보다 많은 지식을 갖고 있었다. 많은 사람들이 그의 설교를 들을 때 행복해 했다. 그는 능력 있으며 언변이 뛰어난 설교자였다. 우리가 감리교회에서 나올 수 있었던 것은 그의 조언 덕분이었다. 그는 이 큰 변화의 물결을 이끌었고, 우리를 비하하고 공격하는 사람들로부터 우리를 보호해주었다."

코커는 또한 선교사 직분으로 섬기기도 하였다. 1820년, 그는 라이베리아(Liberia)와 시에라리온(Sierra Leone)에 첫 번째 AME 교회를 세웠다.

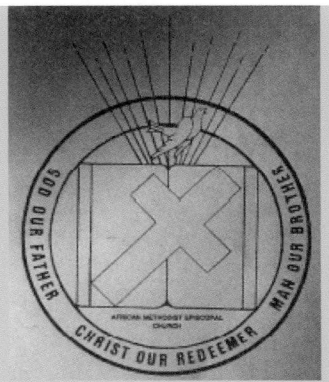

AME 교회의 첫 번째 인장 First Seal of the AME Church

1856년, AME 교회는 다니엘 페인을 감독으로 선출하였고, 그는 교회의 인장을 제작했다. 인장의 최종 디자인은 펼쳐진 성경과 십자가 무늬로, 성경으로부터 하나님의 빛이 나오는 것을 표현한 것이었다. 또한 비둘기는 성령을 상징했다. 문양의 둘레에는 이러한 문구가 새겨져 있었다.

"우리 아버지 하나님, 우리 구세주 예수님, 우리 형제인 교인들"

모리스 브라운 Morris Brown (1770-1849)

브라운은 AME 교회의 두 번째 감독이었다. 그는 필라델피아 베델 교회에서 리처드 알렌을 도왔다. 또한 캐나다 서부지역에 AME 교회를 세우는 일을 맡았다. 브라운 감독은 초등교육도 받지 못했으며, 유창한 설교자도 아니었다. 하지만 그리스도의 능력 안에서 지칠 줄 모르는 사역의 열정으로 큰 열매를 거두었으며 강한 영향력을 발휘했다. 또한 말을 타고 여러 지역을 다니면서 교회를 세웠고, 미시시피 강 서부지역에도 교회를 세웠다.

1844년, 그는 설교에서 이렇게 말했다. "다른 사람을 속이는 것처럼 자신을 속이지 마십시오. 하나님 앞에서 정직하십시오. 나의 형제들이여, 사람들 앞에서 좋은 모범이 되십시오. 오! 하나님 나의 서툰 말이 저들의 마음 가운데 심겨지기를 원합니다! 그리고 우리 모두 그리스도의 은혜로 하늘나라에 거하기를 원합니다!"

죽음을 앞두었을 때, 브라운은 자신의 삶에 대해 이렇게 말했다. "나는 AME 교회의 감독으로서 어려움과 궁핍과 고난을 이겨내며 13개의 주를 돌면서 사역하였고, 교만과 자존심과 폭력을 지양하는 선한 삶을 추구하며 그리스도의 길을 따라 살았다."

다니엘 알렉산더 페인 Daniel Alexander Payne (1811-1893)

페인은 AME 교회의 감독이었고, 강력한 리더십을 가진 교육자였다. 1843년, AME 교회의 장로가 된 그는 최초로 AME 교육사역을 주장하고 나섰다. 1852년, AME 교회는 그를 감독으로 선출했다. 페인은 AME 교회의 첫 역사를 기록하며 "AME 교회의 역사(History of the AME Church)"(1891)을 출간했다. 이는 미국 흑인의 역사를 기록한 최초의 책이었다. 또한 시집을 출판하기도 했다. 페인의 재직기간은 41년으로 AME 교회의 감독 중 가장 길었다. 그는 세 개의 지역총회를 만들었고(뉴잉글랜드, 1852년; 미주리, 1855년; 켄터키, 1868년) 남북전쟁이 끝나고 난 뒤에는 남부지역에 교회를 세우는 일에 힘썼다. 또한 AME 교회가 흑인들의 피난처가 되어야 한다고 선포했다. 페인의 업적 중 역사적으로 중요한 것은 1863년 오하이오 주의 윌버포스 대학을 구매하는 일에서 협상가로 활약했다는 것이다. 이후 페인은 윌버포스 대학의 교장직을 맡았다. 윌버포스 대학은 대다수의 학교가 흑인 입학을 금지했던 당시, 세계 최초로 흑인이 세운 고등교육기관이 되었다. 페인은 최초의 흑인 대학 총장이었다.

"아버지" 피터 스펜서 "Father" Peter Spencer (1782-1843)

스펜서의 삶과 가르침은 흑인 공동체의 인권을 크게 향상시켰다. 대다수의 미국 흑인들이 가난했던 당시, 스펜서는 땅을 사서 집을 지었다. 그리고 사업을 크게 일으켰다. 그는 사람들에게 빚을 갚을 것과 사람을 공평하게 대할 것, 근면과 검소의 미덕을 행할 것을 권면하였다. 또한 흑인 기독교인들의 사업을 지원하도록 조언했다. 리처드 알렌과 동시대 사람인 스펜서는 AME 교회에 등록하지는 않았지만 흑인연합 감리교 개신교회(African Union Methodist Protestant Church)를 세웠다.

그의 죽음 이후 델라웨어 저널(Delaware State Journal)은 그의 삶과 사역을 기억하며 이렇게 기록했다. "돈과 힘을 가진 사람들 중, 그와 같이 겸손하고 친절하며 방향을 잃지 않고 인생을 걸었던 사람은 없었을 것이다. 그는 단지 영향력을 발휘한 사람이 아니라, 자랑스러운 사람이었다. 능력이 있었지만 독단적이지 않았으며 지혜롭고 선하였다. 또한 사람들을 돌보고 자신의 능력을 그의 공동체를 개선하고 교회에 이익이 되도록 사용하였다."

필라델피아의 마더 베델 아프리칸 감리교회
Mother Bethel AME Church, Philadelphia, former building
(이전의 모습)

1916년, AME 교회의 총회는 이 교회를 '마더 베델(Mother Bethel)'이라고 일컬으며 AME 교회의 100주년을 축하했다.

필라델피아의 마더 베델 아프리칸 감리교회
Present day Mother Bethel African Methodist Episcopal Church in Philadelphia **(현재)**

이 건물은 마더 베델 교회의 네 번째 예배당이다. 이 건물은 원래 대장간으로 쓰이던 목조 건물이었다. 리처드 알렌은 건물을 사서 이곳으로 이사했다.

윌버포스 대학교 Wilberforce University

윌버포스 대학교의 시작은 1847년으로 거슬러 올라간다. 1847년, 감리교회의 오하이오 총회는 유니언 신학교(Union Seminary)를 세웠다. 1856년, 감리교회의 신시내티 총회는 흑인들의 교육을 위해 오하이오의 제니아(Xenia, Ohio) 지역에 윌버포스 대학교를 세웠다. 그리고 1862년, AME 교회의 감독인 다니엘 페인은 교단 차원에서 이 두 학교를 사들였다. 유니언 신학교는 윌버포스 대학교에 편입하게 되었고, 흑인들의 관리 아래 탄탄하게 성장했다. 윌버포스 대학교는 미국 흑인들이 세운 최초 고등 교육기관이 되었다.

웠다. 1816년, 리처드 알렌은 흑인 감리교인들을 초대하며, 흑인 감리교인을 위한 대회를 열기 위해 대표자 파견을 요청했다. 많은 흑인 교인들이 초대에 응했고 대표자들을 파견했다. 이 자리에서 스데반 힐(Stephen Hill)은 대표자들에게 "흑인 감리교회(African Methodist Episcopal)의 이름으로 하나가 되자"고 말했다. 이 대회는 힐의 의견을 받아들여 새로운 교단의 이름을 지었다. 이것이 바로 흑인 감리교회(the African Methodist Episcopal Church)이다.

새 AME 교회는 감리교회의 종교형식과 규율을 채택했다. 그리고 리처드 알렌을 첫 번째 감독으로 선출했다. 한때 노예였던 알렌은 새로운 교단의 감독이 되었다. 그뿐 아니라 AME 교회의 8명의 첫 감독들 가운데 7명이 노예출신이었다. 총회에 모인 사람들은 '우리 아버지 하나님, 우리 구세주 예수님, 우리 형제인 교인들'이라는 표어를 선택했다. 이 표어는 필라델피아 베델(Philadelphia Bethel) AME 교회의 성전 앞쪽에 새겨져 있다.

오늘날 AME 교회는 '설교를 통해 잃어버린 자들을 찾아 구하고 섬기며, 가난하고 병들고 나이든 자를 보살피고 구제한다.'는 것을 목표로 하고 있다. 교단은 이 목표에 따라 교인들을 교육시키고 있다. 이 교단은 7개의 대학과 2개의 신학교를 지원하고 있으며, 도움이 필요한 가정, 학교 그리고 노인들을 위한 시설을 지원하고 있다.

남북전쟁 이후, AME 교회의 수는 폭발적으로 증가했다. 1866년부터 10년 동안 교인의 수는 70,000명에서 391,000명으로 증가했다. 오늘날 AME 교회는 전 세계에 8,000개가 넘는 교회와 3,500,000명이 넘는 교인을 보유하고 있다. AME 교회에 등록할 수 있는 자격요건은 '주 예수 그리스도 안에서 믿음을 지키는 것'이다.

아프리카계 흑인 감리교 시온 교회 (AMEZ 교회)

18세기 말, 노예제도 문제는 감리교회 전체에서 열띤 논쟁을 일으켰다. 비록 감리교회가 많은 흑인 설교자를 임명했지만, 여전히 교회는 오직 흑인들의 모임에서만 그들이 설교할 수 있도록 허락했다. 뉴욕에 거주하는 흑인들 역시 필라델피아 지역에 있는 흑인들과 같은 차별을 받았다. 후드(J. W. Hood)는 흑인들이 받는 차별에 대해 다음과 같이 기록했다.

목회자가 백인 아이들에게 세례를 주고 난 후, 발코니를 향해 말했다.
"깜둥이 여러분, 이제 아이들을 데리고 내려오십시오."
한 흑인 여성이 아이를 데리고 내려갔다. 목사가 아이의 이름을 물었다.
"조지 워싱턴(George Washington)입니다."
목회자는 그녀를 보며 다시 말했다.
"조지 워싱턴? 이제부터는 카이사르(시저, Caesar)라고 부르죠. 카이사르, 내가 너에게 세례를 주노라."

뉴욕 시는 흑인을 장사할 공동묘지를 따로 만들었다. 존 스트리트(John Street) 감리교회는 흑인들에게 발코니에서 예배를 드리라고 요구했고, 성찬 역시 백인들의 의식이 다 끝난 후 참여하도록 했다. 결국 뉴욕의 흑인 감리교인들은 그들만의 조직을 만들기 시작했다. 1796년, 흑인들은 애즈베리 감독에게 자신들만의 모임을 가질 수 있게 해달라고 청원했다. 그는 그 요청을 승낙했고, 흑인 교인들은 자신들만의 감리교 공동체를 만들었다. 이는 새로운 교단의 형성으로 이어졌다.

피터 윌리엄스

피터 윌리엄스는 애즈베리 감독에게 흑인들의 모임을 건의했던 사람들 중 한 명이었다. 노예로 태어난 윌리엄스는 원래 존 스트리트 감리교회의 관리인이었다. 그는 필립 엠버리와 토마스 웹(Thomas Webb)의 설교를 듣다가 그리스도를 영접했다. 이후 프랜시스 애즈베리, 리처드 왓코트, 그리고 토마스 코크와 같은 방문 설교자들의 일을 자주 도와주었다. 그들은 윌리엄스에게 자유를 사주었다. 자유를 얻은 윌리엄스는 사업을 시작했고 재산을 소유하게 되었다. 그는 다른 흑인들이 자신이 경험한 그리스도를 만나고 그 기쁨을 누리기를 원했다. 또한 미국의 모든 인종이 평등해지기를 소망했다. 윌리엄스는 흑인 감리교인들이 안전하게 모일 수 있는 곳을 마련하여 예배장소로 사용하게 했다. 그리고 이곳을 시온(Zion) 교회라고 이름 붙였다.

교인들은 애즈베리 감독에게 목회자를 임명해달라고 요청하는 동의서를 보냈다. 이로 인해 시온교회는 감리교회에 속하게 되어 정기적인 설교를 듣고, 감리교회 목회자들이 주관하는 성찬식을 실시할 수 있게 되었다. 애즈베리 감독은 시온교회에 백인 설교자를 임명했다. 그러나 재산권은 흑인 교인들에게 있었다. 교회 간의 마찰을 최소화하기 위해 흑인 교회의 예배는 존 스트리트 감리교회의 예배시간을 피해서 드려졌다.

시온교회는 곧 새로운 건물을 건축했다. 피터 윌리엄스는 레오나드와 처치 스트리트 사이에 건물을 짓기 위해 자금을 모았다. 이 건물은 뉴욕에 세워진 흑인들의 첫 번째 건물이었다. 1813년, 일부 시온교회 성도들은 애즈베리 감독에게 두 번째 흑인 모임을 다른 장소에 만들 수 있게 해달라고 요청했다. 애즈베리는 요청을 받아들였고 새로운 모임과 목회자를 지원해주었다. 교인들은 새로운 교회를 애즈베리 교회라고 불렀다. 1818년에 이르자 시온과 애즈베리 두 교회의 교인 수는 약 800명 가량으로 늘어났다.

피터 윌리엄스 Peter Williams

윌리엄스는 친구들이 사준 노예자유 신분으로 자유인이 되었다. 담배장사를 시작한 그는 곧 뉴욕에서 제일 부유한 흑인이 되었다. 윌리엄스는 흑인들에 대한 복지에 관심이 많았다. 그의 노력과 물질적 도움으로 존 스트리트 감리교회의 흑인 교인들은 그들만의 교회를 짓게 되었다. 이 건물은 뉴욕 최초의 유색인종을 위한 건물이 되었. 윌리엄스와 그의 부인은 두 자녀의 교육에 큰 힘을 쏟았으며, 아들 피터 주니어(Peter, Jr.)는 미국 성공회 교회 최초의 흑인 성직자가 되었다. 19세기 감리교 역사학자 웨이클리(J. B. Wakeley)는 이렇게 말했다. "기독교는 피터를 선택하여 고귀하게 하였고, 이는 그를 노예 신분에서 하나님의 자유 시민으로 일으켰다. 그가 이 땅과 하늘에 둔 소망은 모두 십자가의 빛으로 말미암은 것이었다."

윌리엄 스틸웰과 교회의 분리

애즈베리 감독은 백인 설교자였던 윌리엄 스틸웰을 시온교회의 목사로 임명했다. 다음 해, 스틸웰은 갑자기 300여명의 성도들과 함께 감리교회에서 탈퇴하겠다고 선언했다. 그는 시온교회 성도들(아직 애즈베리 감독의 지도아래 있었다.)에게 애즈베리 감독의 지도아래 계속 있게 된다면, 모교회가 그들의 재산과 자유를 빼앗아 갈지도 모른다는 말을 하며 경계심을 불러일으켰다. 이에 시온교회 성도들은 감리교회와의 관계를 거부하였고, 스틸웰에게는 시온교회의 목회자로 계속 남아달라고 요청했다.

시온교회 성도들은 AME의 리처드 알렌을 초청하고자 했지만 실패로 끝났다. 그들은 개신교 감독교회에 흑인 목회자를 시온교회로 보내줄 것을 요청했다. 그러나 그 교회의 감독도 이를 받아들이지 않았다. 그러자 그들은 감리교회 감독인 윌리엄 맥켄드리에게 시온교회와 애즈베리 교회의 성도들에게 흑인 목회자를 선임해 줄 것을 요청했다. 그러나 감리교회 교회법 역시 이를 승낙하지 않았다.

제임스 바릭 James Varick (1750-1827)
돈 밀러(Don Miller)의 작품으로 원본 유화는 북 캐롤라이나의 주날루스카 호수가에 있는 세계감리교협의회 박물관에 소장되어 있다. 박물관의 허락을 받고 데이브 핸더슨이 사진을 찍었다.

노예였던 바릭은 뉴욕에서 자신이 노예로 일하던 네덜란드 가정으로부터 이름을 얻었다. 그는 하나님의 일에 헌신하는 마음과 성경을 알고자 하는 열정을 가지고 있었다. 바릭은 필립 엠버리의 설교를 통해 회심하였고, 뉴욕 존 스트리트 교회의 일원이 되었다. 교회 내의 인종차별을 견뎌내던 바릭은 1796년, 30여명의 흑인 교인들을 데리고 뉴욕에 최초 흑인교회를 세웠다. 1820년, 이 교회의 성도들과 다른 흑인들은 흑인 감리교 시온교회를 세웠다. 새 교회는 바릭을 첫 번째 감독으로 선출했다.

메리 제인 탈버트 존스 Mary Jane Talbert Jones (1831-1895)

존스는 AMEZ(African Methodist Episcopal Zion) 교회의 여전도회의 일원이었으며, 해외 선교회 설립회장의 직분을 맡았다. 12명의 자녀가 있었던 그녀는 '열악한 학교환경'을 견뎌내며 흑인들의 교육을 돕기 위해 노력하고, 노예제도 폐지를 주장했다. 그녀는 품위와 인내를 가진 여인이었다. 또한 남편 싱글턴 존스(Singleton T. W. Jones) 감독과 함께 일하며, 교회를 향한 인내와 겸손의 선교 사역을 감당했다. AMEZ의 역사학자인 윌리엄 월스(William J. Walls)는 이 두 사람에 대해 'AMEZ 교회와 흑인들을 위해 아름답고 영원한 발자국을 남겼다'고 평했다.

이에 시온교회와 애즈베리 교회의 대표자들은 백인 목사 윌리엄 스틸웰의 조언을 따라 제임스 바릭과 아브라함 톰슨(Abraham Thomson)을 장로로 선출했다. 1820년 10월 25일, 시온과 애즈베리 성도들은 함께 만나 감리교회의 규율을 채택하였다. 이것은 흑인 감리교 시온교회(African Methodist Episcopal Zion, AMEZ)를 공식화하는 사건이 되었다.

그러나 이 새로운 교단에는 아직 안수를 받은 목회자가 없었다. 결국 1821년, 윌리엄 스틸웰과 감리교회를 떠나온 다른 두 명의 백인 목회자는 세 명의 흑인 목사를 안수하였다. 그들은 제임스 바릭, 아브라함 톰슨 그리고 레빈 스미스(Leven Smith)였다. 한 달 후, 새로 안수를 받은 세 명의 목회자는 여섯 명의 목회자에게 안수를 주었으며, 교회는 제임스 바릭을 첫 번째 대표로 선출했다.

1831년, AMEZ 교회는 두 번의 총회를 개최하였고, 이때 1,600명이 넘는 성도가 모였다. 순탄한 시작과 함께 교회는 꾸준히 성장했다. 1868년에 이르러서는 391,044명의 성도가 모이는 교회로 발전하였다. 1920년, AMEZ 교회는 선교사무국을 창설하고, '복음의 최고점은 영혼구원이다.'라는 메시지를 전파하며 선교를 확장해갔다.

영광스러운 유산

AMEZ 교회는 많은 리더들을 배출해냈다. 19세기에 노예제도 폐지를 위해 힘썼던 해리엇 터브맨 역시 그들 중 한명이었다. 터브맨은 흑인노예에게서 태어나 어린 시절부터 어머니와 떨어져 살게 되었다. 그녀는 5살 때부터 가정부로 아이를 돌보며 잡일을 시작했다. 12~13살이 되었을 무렵부터는 밭에 나가 일을 해야 했다. 한번은 화가 난 그녀의 주인이 2파

해리엇 터브맨 Harriet Tubman (1820-1913, 추정)

터브맨은 AMEZ 교회의 구성원이며 잘 알려져있는 인물이다. 그녀는 노예생활로부터 탈출한 후, 노예폐지 운동에 앞장섰다. 터브맨은 노예해방을 돕는 비밀조직 단체인 "언더그라운드 레일로드(Undergound Railroad; 지하철도는 지하에 있는 것도 철도도 아니었다. 이것은 미국 남북전쟁이 일어나기 전에 노예들이 북쪽과 캐나다로 자유를 찾아 도망가는 것을 도와주는 데에 쓰인 시스템이었다. 역자 주)"의 지도자가 되었다. 그리고 많은 노예들이 탈출할 수 있도록 인도했다. 그녀는 '노예들의 모세'라고 불리기도 했다.

프레드릭 더글라스(Frederick Douglass)는 터브맨에 대해 이렇게 말했다.

"내가 하는 일의 대부분은 대중 앞에서 했던 일이었고 또한 많은 찬사를 받았다. 하지만 그녀가 했던 일은 아무도 모르게 이루어졌다. 나는 대중들의 박수를 받았지만, 그녀의 일은 몇몇 겁에 질린 증인들만이 증언했을 뿐이었다. 한밤 중의 하늘과 별들이 그녀의 증인이 되어 자유를 향한 그녀의 헌신을 증언해줄 것이다."

크리스토퍼 러쉬 Christopher Rush (1777-1873)

러쉬는 AMEZ 교회의 두 번째 감독이었다. 그는 교회와 사회의 유익을 위해 강력한 리더십을 발휘했다. 또 노예해방을 위해 수십 년간 노력했다. 1852년, 그는 실명하였고 다른 사람이 읽어주는 링컨의 노예해방 선언문을 듣게 되었다. 선언문을 들으며 러쉬는 손을 들어 외쳤다.

"주님, 내가 주님의 구원의 역사를 보았으니 이제 편히 주님 품으로 돌아가게 하소서."

또한 이렇게 말했다.

"나는 하나님의 정의가 침묵하지 않을 것이라고 믿었다. 하나님은 모든 부정한 제도가 사라질 때까지 사람들을 통하여 투쟁하게 하실 것이다."

프레드릭 더글라스 Frederick Douglass (1817-1895)
폴 콜린스(Paul Collins)가 찍은 사진이다.

더글라스는 AMEZ 교회의 잘 알려진 성도였다. 그는 노예생활을 탈출한 이후 문학과 연설에 재능을 발휘했다. 또한 노예제도 폐지를 위한 활동을 활발히 펼쳤다. 1847년, 그는 노예폐지를 위한 신문 "The North Star"를 창간하였다. 또 1845년에 자서전인 "나의 속박과 자유(My Bondage and My Freedom)"라는 책을 펴냈다. 이 책은 1882년에 "프레드릭 더글라스의 삶과 시간(Life and Times of Frederick Douglass)"이라는 책으로 개정되었다. 이 책은 노예생활이 가장 잘 표현된 책으로 평가받고 있다.

1894년에 쓴 편지에서는 그의 재치와 유머감각을 엿볼 수 있다.

"요즘 'New South(새로운 남부)'라는 단어가 전국적으로 유명하다고 하는군. 여행하다가 그런 남부지역을 보게 되면 나에게 좀 알려주시게. 내가 볼 땐 'New South'(새로운 남부)는 'Old South(옛 남부)'의 또 다른 버전이 아닐까 싶네. 마을 사람들이 모여서 이야기하길, '새로운 감옥(New Jail)'을 짓기 위한 여러 방안들이 세워졌다고 하네."

- 해결책 1. 새로운 감옥을 짓는다.
- 해결책 2. 새로운 감옥은 이전 감옥의 재료들로 짓는다.
- 해결책 3. 새로운 감옥이 완성될 때까지 죄수들은 원래 있던 감옥에 남아 있는다.

"나는 이러한 이야기들이 'New South(새로운 남부)'에 대한 이야기와 닮았다고 생각하네. 그리고 그곳에 고문들과 무자비한 폭력이 없어졌다는 말을 듣기 전까지는 계속 그렇게 생각할걸세."

운드나 되는 무거운 물건을 그녀의 머리에 던졌다. 어린 터브맨은 잠시 의식을 잃을 정도로 큰 충격을 받았다. 그 부상으로 인해 그녀는 평생 아픈 기억에서 자유롭지 못했다. 29살이 되던 해, 그녀는 펜실베이니아에서 도망쳐 나왔다.

자유를 얻은 후, 그녀는 다른 노예들을 탈출시키는 일에 힘썼다. 그녀는 이렇게 말했다.

"나는 자유로워야 하고, 그들 또한 자유로워야 한다. 그들을 위해 보금자리를 만들겠다. 그리고 주님의 도움으로 그들을 모두 데려오겠다."

그녀는 노예들의 탈출을 돕는 단체인 언더그라운드 레일로드(Underground Railroad)의 멤버로 활약했다. 탈출한 노예들은 들키지 않기 위해 밤에 움직였고, 낮에는 '역'이라 불리는 후원자들(역장, 혹은 호송자라고 불리기도 했다.)의 도움으로 만들어진 건물에서 잠을 잤다. 탈출과정은 무섭고 힘든 여정이었다. 그녀는 이런 위험을 무릅쓰고 수천 명에 달하는 노예들을 자유의 길로 인도했다. 터브맨은 탈출하는 노예들에게 이렇게 말하며 힘을 북돋아주었다.

"자녀들이여, 만일 너희가 피곤하고, 무섭고, 배고파도 계속가라. 자유를 얻고 싶다면 계속가라!"

해리엇 터브맨은 모금활동을 하고 건축을 감독했으며, 프로젝트를 계획하는데 있어서 뛰어난 재능이 있었다. 그녀의 마지막 업적 가운데 하나는 AMEZ 교회의 노인들을 위해 25에이커의 땅을 샀던 것이었다. 그녀는 땅을 구입했던 때를 기억하며 다음과 같이 기록했다.

"나를 제외하고 모두 백인들이었다. 나는 우유 통에 담긴 블랙베리 같았다. 나는 구석에 숨어 있었고 아무도 누가 입찰했는지 알 수 없었다. 처음 시작 가격은 상당히 낮았고, 가격은 50달러씩 상승했다. 마지막에 내가 1,450달러를 부르자, 다른 사람들은 호가를 멈추었다. 경매사가 "낙찰되었습니다. 구매자가 누구죠?" 라고 물었을 때, 난 "해리엇 터브맨입니다!"라고 소리쳤다."

그녀는 땅을 사기 위해 돈을 빌렸다. 이 25

제임스 앤드류 James O. Andrew (1796-1871)
이 사진은 조지아의 세인트 시몬 섬의 엡워스에 있는 아서 무어(Arthur J. Moore) 미술관이 제공했다. 제이 로버슨(Jay Roberson)이 찍은 사진이다.

앤드류 감독은 1844년 감리교회에서 발생한 논쟁의 중심에 있었던 인물이다. 이 논쟁은 결국 교단의 분리로 이어졌다. 앤드류는 죽은 아내의 젊은 여자 노예에게 재산을 상속했다. 당시 조지아 지역 법은 노예에게 자유를 줄 수 없었지만, 재정적인 지원은 할 수 있었다. 1844년, 북부 교단은 앤드류가 노예를 사고 판 적이 없음에도 그를 해임하기 위한 투표를 진행했다. 남부 교단은 이것을 교회법 위반이라고 비난했다. 이 사건으로 인해 총회는 둘로 나누어졌다. 그 다음 해, 루이스빌(Louisville)에서 남부 총회는 남부 감리교회를 세웠다. 1939년 남부와 북부감리교회는 다시 합쳐져서 감리교회를 세웠다.

에이커의 땅은 그녀의 집과 AMEZ교회를 짓는 데에 사용되었으며, 이 건물들은 노인들과 가난한 사람들을 위해 쓰였다.

윌리엄 해밀턴(William Hamilton) 역시 AMEZ 교회의 영웅이자 신도로 기억되는 인물이다. 해밀턴도 시온교회의 처음 구성원이었다. 그는 흑인들의 존엄성을 위해 자신을 희생하는 것을 마다하지 않았다. 그는 뉴욕 주지사였던 존 제이(John Jay)에게 편지를 썼다.

"주지사님, 저는 사람들이 깜둥이라고 부르는 사람들 중 하나입니다. 저의 선조들은 아프리카에서 왔습니다. 그러나 저는 뉴욕 태생입니다. 존귀한 주지사님, 많은 아프리카 후손들이 억압을 받으며 신음하고 있습니다. 그들 중에는 자유를 얻기 위해 힘들게 일하고 있는 이들도 있고, 그런 희망조차 없이 그저 멍에를 견디며 살고 있는 이들도 있습니다. 저는 그들의 눈물을 위해 할 수 있는 일이 아무 것도 없습니다. 자유, 평등 그리고 기독교의 국가인 이 나라가 노예제도와 억압에 사로잡혀 있다는 것이 얼마나 모순적인가요? 제가 이렇게 편지를 쓰는 이유는 바로 이 때문입니다. 이 안타깝고 애석한 현실을 해결하기 위해 할 수 있는 일이 무엇인지 알고 싶습니다. 바로 지금, 이 나라는 수치를 벗어버리고 자유와 진리의 나라로 거듭나야 합니다. 흑인들이 자유를 얻고, 도둑질이 끝나고, 천국을 위협하는 일들이 중단되어야 하는 때가 바로 지금입니다. 불쌍하고 가난한 이들의 청원에 대해 정의로운 판결을 내려주십시오. 천국의 큰 은혜가 당신과 당신의 가정에 임하기를 원합니다."

해밀턴은 교회와 관련된 일 뿐 아니라, 뉴욕 흑인협회와 윌버포스 공익단체와 같은 조직을 결성하기도 했다. 또한 그는 감명 깊은 연설을 하는 뛰어난 연설가였다. 1834년, 해밀턴은 회중 앞에서 다음과 같이 연설했다.

"지금까지 우리는 편견 가운데 앞도 제대로 보지 못하고 절뚝거리며 걸어야 했습니다. 그러나 이제 노예제도를 반대하는 조직들과 노예제도의 폐지를 촉구하는 운동들이 고귀하고 강한 발걸음으로 자유를 향해 나아가고 있습니다. 물론 사방에서 우리를 공격하는 세력들이 있습니다. 그러나 그들의 공격이 강해질수록 우리는 더욱 강해질 것입니다. 밝은 미래가 우리를 응원하고 있습니다."

1837년, 해밀턴은 63세의 나이로 세상을 떠났다. 기독교 잡지 "The Weekly Advocate"는 이렇게 기록했다.

"해밀턴의 죽음을 기록하는 지금, 우리는 평범한 사람에 대해 이야기하는 것이 아님을 알고 있다. 그는 훌륭한 덕목과 진정성을 갖춘 사람이었다. 그가 삶을 통해 행했던 모든 일들은 진실과 정의를 엄격히 지키기 위한 것들이었다. 가장 정직한 사람이 하나님의 일을 위한 가장 존귀한 사람이다."

AMEZ 교회 리더십의 훌륭한 사례를 보여준 또 다른 인물은 크리스토퍼 러쉬(Christopher Rush)이다. 노예로 태어난 그는 16살에 기독교인이 되었다. 그는 1798년 자유를 얻은 후, 뉴욕으로 가서 시온교회의 성도가 되었다. 그리고 설교할 수 있는 자격을 얻었다. 러쉬는 존 웨슬리의 가르침을 깊이 연구하였으며, 웨슬리의 노예제도에 대한 견해를 읽으면서 감리교회가 생각하는 노예제도의 본질을 알게 되었다. 그는 감리교회에 뿌리박혀 있는 인종차별과 편견에 대한 문제를 깊이 통감했다. 1828년, 러쉬는 AMEZ 교회의 두 번째 감독이 되었다. 그는 감독으로 시무하며 미국의 많은 사람들을 변화시키고 또 성장시켰다.

또한 러쉬는 뉴욕에 있는 피닉스 협회(Phoenix

Society)의 대표였다. 피닉스 협회는 흑인들의 자유, 평등, 연합과 평화를 위해 일하고, 또한 흑인들을 교육하는 곳이었다. 협회는 특히 '흑인들의 도덕성, 문화, 예술 전반에 걸친 발전과 개선'을 위해 홍보했다. 러쉬가 세상을 떠난 후, 교회는 그를 기리며 찬사를 아끼지 않았다.

"그의 삶은 헌신의 연속이었습니다. 그는 교회의 부흥과 복음에 대한 확신, 복음 전파, 그리고 흑인들의 도덕과 지적 향상을 위해서 살았습니다. 그는 마지막 순간까지 교육자였으며, 기독교 원리의 옹호자였습니다."

AMEZ 교회의 초기 지도자 중 가장 널리 알려진 인물은 프레드릭 더글라스일 것이다. 더글라스는 메릴랜드 지역에서 태어났으며, 그의 어머니는 노예였다. 그러나 어릴 때부터 배움에 대한 열정이 남달랐다. 주인은 그에게 글을 가르쳐주었고, 그는 자신이 처음 번 돈으로 책을 사는 등 배우고자 하는 의지를 보였다. 성인이 되자, 더글라스는 노예에서 탈출하여 뉴욕 감리교회의 일원이 되었다.

그러나 곧 교회 내에 만연한 인종차별에 실망하여 교회를 떠나게 되었다. 그는 당시에 대해 이렇게 기록했다.

"처음 이곳에 왔을 때, 나는 내가 속한 교단 교회의 모임에 참석하는 상상을 했다. (중략) 백인들은 단상 주위에 모여 있었고, 흑인들은 맨 뒤나 문 가까이에 무리지어 있었다. (중략) 성찬식이 시작되자, 목회자는 백인들을 위해 의식을 진행했다. 성찬식이 마칠 때가 되자 목회자는 긴 한숨을 내뱉으며 문을 향해 소리쳤다. '흑인들은 앞으로 나오십시오! 하나님은 사람을 차별하지 않으십니다!' 나는 그 뒤로 성찬식에 참여하지 않았다."

더글라스는 작은 흑인모임에 참석하기 시작했다. 그리고 곧 그 모임의 지도자 중 한 사람이 되었다. 더글라스는 그곳에서 만난 목회자 윌리엄 세링턴(William Serrington)에 대해 이렇게 말했다.

"그는 경건함과 지성을 겸비한 사람이었다. 특히 그의 성품이 나를 매료시켰다. 나는 그에게 훌륭한 조언을 받으며 형제애를 느꼈다."

더글라스는 새로운 교회에서 매우 열심히 헌신했다. 그는 점점 자신 안에 있는 연설자, 사상가, 문필가로서의 재능을 발견해 나갔다. 그의 훌륭한 연설과 글로 인해 그의 명성은 더욱 높아졌다. 또한 더글라스는 흑인들의 능력과 지위를 높이기 위한 일을 계속해나갔다. 그는 단 한 번을 제외하고 오직 흑인들의 모임 앞에서만 연설했다. 노예폐지 운동 역시 활발히 이어나갔다.

남북전쟁이 일어나자, 더글라스는 연방군에게 흑인 군대를 참전시킬 것을 최초로 제안했다. 이후 그의 두 아들은 남북전쟁에 참전하였다. 1877년, 더글라스는 컬럼비아 지역의 보안관이 되었다. 또 하이티(Haiti)의 미국 영사가 되었다. 유명세를 탄 후, 더글라스는 시온 교회에서의 경험에 대해 이렇게 말했다.

"그 작은 교회와의 관계는 제가 노예폐지 운동을 시작한 후에도 계속됐습니다. 교회에서 많은 사역자, 간사, 속회지도자, 지역 설교자, 직원 등의 사람들을 만나 그들과 함께했던 시간은 제 인생에서 가장 행복한 순간이었습니다."

AMEZ 교회는 예수 그리스도의 복음을 전하기 위해, 또한 흑인들의 삶의 질을 높이기 위해 힘썼다. 그들은 문제가 될 만한 교인이 교회로 들어오는 것을 방지하기 위해 새로운 사람이 등록하면 6개월 동안의 유예기간을 두었다. 이 기간 동안, 예비교인은 교회의 교리와 규율에 대한 교육을 받았다. 마침내 최종 등록된 교인은 '믿음의 확신에 대한 증거'를 보여주어야 했다. AMEZ 교회는 꾸준히 성장하였고, 20세기 말에 이르자 전 세계적으로 6,275명의 성직자들과 1,200,000명의 교인들이 모이는 교회가 되었다.

크리스천 감리교회

또 하나의 중요한 아프리카계 미국 감리교회는 유색인 감리교회(CME: the Colored Methodist Episcopal Church)이다. 이 감리교회는 남북전쟁을 통해 세워졌다. 전쟁이 시작될 당시, 남부 감리교회에는 207,766명의 흑인 교인이 있었다. 그들 중 대다수는 노예였고, 교회의 통제 아래 백인들과 분리되어 예배를 드리고 모임을 가졌다. 전쟁이 일어나는 동안 남부 감리교회의 흑인들은 북부 감리교회로 옮겨가거나, AME 교회나 AMEZ 교회로 옮겨갔

로버트 페인 감독
Bishops Robert Paine
(1799-1882)

홀랜드 맥타이어
Holland N. McTyeire
(1824-1889)

로버트 페인 감독과 홀랜드 맥타이어 감독

1870년, 남부감리교회의 총회는 흑인들만의 자치적인 교회를 세우는 것을 승인하였다. 이들의 모교회는 자원과 재정을 지원하며 새로운 교단을 세우는 데에 힘썼다. 남부감리교회의 페인과 맥타이어 감독이 CME 교회(CME Church: 1954년 이름을 크리스천 감리교회로 변경함)에 파송되어 이 일을 맡았다. 마침내 1870년 12월 15일, 테네시 잭슨 지역에 새로운 교회가 세워졌다. 두 감독은 CME 교회에 새로운 성직자들과 두 명의 감독을 임명했다. 이들은 윌리엄 마일즈와 리처드 밴더호스트이다.

윌리엄 헨리 마일즈 감독 Bishop William Henry Miles (1828-1892)
이 그림은 게리 블레어(Gary Blair)가 그린 것으로 주날루스카 호수 근처에 있는 세계 감리교 협의회 박물관의 허락을 받아 데이브 핸더슨(Dave Henderson)이 찍은 사진이다.

마일즈는 노예로 태어났으나 그의 주인이 죽으면서 자유가 되었다. 그 당시 신문에서는 그에 대해 이렇게 기록했다.

"충성스럽고 성실하며 지성을 겸비한 사람이다. 다른 사람들은 1년간 100달러를 받고 일하지만, 그는 200달러 혹은 250달러를 받고 일한다."

마일즈는 젊었을 때 그리스도를 영접했다. 그는 이 경험에 대해 이렇게 말했다.

"나의 가장 행복했던 순간은 켄터키의 감리교회에서 보냈던 그날 밤이다. 그때부터 나는 쓰디쓴 경험과 또 행복한 일들을 경험했다. 하지만 예수님께 감사하는 것은 내가 아직도 내 삶이 끝난 후에 도달할 그곳을 위해 힘을 쏟고 있다는 것이다."

1855년, 마일즈는 감리교회에 등록했다. 그리고 2년 후에 설교자의 자격을 얻었다. 그 후 훌륭한 설교자이자 전도자가 되었고, 1870년 CME 교회가 설립되었을 때 교단의 첫 번째 감독으로 선출되었다. 그는 이후 22년 동안 감독으로 교회를 섬겼다.

다. 전쟁이 끝난 후, 남부 감리교회의 흑인 교인은 78,000명까지 줄어들었고 그나마 대부분 흑인들도 남부 감리교회에 남아있기를 원하지 않았다.

1866년, 남부감리교단의 흑인 교인들은 자신들만의 교단을 세워줄 것을 교회에 요청하였다. 그러나 그들은 모교회를 존중했으므로 남부 감리교회와 여전히 협력하기를 원했고, 자신들을 관리해주기를 바랐다. 흑인 모임의 장로 아이작 레인(Isaac Lane)은 남부 감리교회를 형제와 같은 교회라고 여기며 '우리 교회의 생각과 원리의 귀감이 된 교회'라고 존중했다.

조셉 베베 Bishop Joseph A. Beebe (1832-1903), 루시어스 홀시 Lucius H. Holsey (1842-1920), 아이작 레인 Isaac Lane (1834-1937): CME(the Colored Methodist Episcopal) 교회의 세 번째, 네 번째, 그리고 다섯 번째 감독 the third, fourth, and fifth bishops of the Colored Methodist Episcopal Church.

아이작 레인 감독의 자서전에는 초기 CME 교회가 겪었던 어려움이 나타나있다. 그는 자신이 감독이 된 첫 해인 1873년 이렇게 기록했다.

"우리 교회의 지역구는 굉장히 넓지만, 감독에게 지원해주어야 할 380달러를 지원하지 못해 57달러 만을 지원하고 있다."

"우리가 교우들에게 감독을 지원하기 위해 재정을 모아야 한다는 이야기를 꺼내면, 그들은 감독들이 돈을 주는 것이 아니라 자신들이 감독에게 돈을 주어야 한다는 사실에 놀란 표정을 지었다. 이런 이유로 이 안건을 계속 연기하여 1년이 지나가고 있다. 나는 일 년 동안 열심히 일했지만, 조금의 재정적인 지원도 받지 못했다. 교회가 나에게 준 사례는 1년간 160달러 15센트 밖에 되지 않는다. 나머지 모든 생활비는 빚이 되었다. 나의 부인과 아이들은 목화를 재배하였고, 빚을 갚기 위해 나무를 잘라 마을에 내다 팔았다. 이것으로 의복과 다른 필요한 물건들을 살 수 있는 돈을 충당하였다."

CME 교회의 직인
Seal of the Christian Methodist Episcopal Church

흑인 교회의 분리 계획

1870년, 멤피스에서 남부 감리교회의 총회가 열렸다. 그들은 흑인 감리교인들의 제안에 대해 논의했다. 1866년부터 1870년까지 4년간, 이 회의는 계속 되었다. 그들은 흑인교회를 새로운 교단으로 분리시키고, 남부 감리교회로부터 완전히 독립시키자고 제안했다. 이 제안은 정기집회에서 받아들여졌고, 그들은 흑인 교인들을 위한 자치교회가 세워지는 것을 돕기로 결의했다.

남부 감리교회는 새로운 교회를 위한 목회자를 안수하고 흑인들이 교회 재산권을 행사할 수 있도록 동의해주었다. 남부감리교회는 로버트 페인(Robert Paine)과 홀랜드 맥타이어(Holland N. McTyeire)를 파송하여 새로운 교회를 조직하고 운영할 수 있도록 도왔다. 또한 두 사람은 교회를 위한 목회자를 안수하기도 했다. 1870년 12월 15일, 새로운 교회가 테네시의 잭슨(Jackson, Tennesee) 지역에 세워졌다. 이 교회는 유색인 감리교회(CME, Colored Methodist Episcopal Church)라고 불리게 되었다.

남부 감리교회는 CME 교회에 재정적인 지원을 해주었고, 레인과 페인의 이름을 붙인 대학교를 짓는 데에도 도움을 주었다. 윌리엄 헨리 마일즈(William Henry Miles)와 리처드 밴더호스트(Richard H. Vanderhorst)가 CME 교회의 개척 집회를 통해 감독으로 선출되었다. 페인과 맥타이어는 이들에게 안수했다.

CME 교회는 남부감리교회의 규율을 채택하였다. 그리고 1954년, CME 교회는 크리스천 감리교회(Christian Methodist Episcopal Church)로 이름을 바꾸었다.

클래프린 칼리지 Claflin College, **윌리 칼리지** Wiley College 그리고 **베튠-쿡맨 칼리지** Bethune-Cookman College

연합감리교회(The United Methodist Church)는 12개의 흑인 학교를 지원했다. 베넷 칼리지(Bennett College), 베튠-쿡맨 칼리지(Bethune-Cookman College), 클라크 칼리지(Clark College), 클래프린 칼리지(Claflin College), 딜라드 대학(Dillard University), 개몬 신학교(Gammon Theological Seminary), 휴스턴-틸롯슨 칼리지(Huston-Tillotson College), 매해리 메디컬 스쿨(Meharry Medical School), 모리스타운 칼리지(Morristown College), 페인 칼리지(Paine College), 필랜더-스미스 칼리지(Philander-Smith College), 러스트 칼리지(Rust College), 윌리 칼리지(Wiley College)이다. 이 학교들은 연합감리교회와 결연을 맺고 있다.

각각의 학교들은 대부분의 일반 학교가 흑인의 입학을 허가하지 않았을 때 세워졌다. 북부와 남부 감리교회는 미국 흑인 공동체에 교육을 제공하고자 대학교를 세우기로 했다. 이 학교들은 현재까지 훌륭한 흑인 교육기관으로 남아있다. 우수한 커리큘럼을 가지고 있으며, 미국 흑인들의 절반 이상이 역사가 깊은 흑인학교를 선호하기 때문이다. 지금도 이 학교들은 흑인 문화를 이어가는데 중요한 역할을 하고 있다.

레인 연구소 Lane Institute.

CME 교회는 청소년들의 교육을 위해 힘썼다. 1882년, 아이작 레인 감독이 레인 연구소(Lane Institute)를 설립했으며 1895년에 연구소의 이름이 레인 칼리지(Lane College)로 바뀌었다. 이 19세기 레인 연구소의 그림은 학교의 초기의 모습을 보여준다. 현재 CME 교회는 필립 신학교(Phillips School of Theology), 레인 칼리지(Lane College), 페인 칼리지(Paine College), 마일즈 칼리지(Miles College) 그리고 텍사스 칼리지(Texas College)를 지원하고 있다.

이스라엘 메트로폴리탄 유색인 감리교회
Israel Metropolitan Colored Methodist Epsicopal Church, Washington, DC.

크리스천 감리교회의 중점사역

CME 교회의 두 번째 총회는 1873년 3월 19일, 조지아의 어거스타(Augusta, Georgia) 지역에 있는 트리니티(Trinity) 교회에서 열렸다. 그 모임을 통해 아이작 레인(Isaac Lane), 루시어스 홀시(Lucius H. Holsey)와 조셉 베베(Joseph A. Beebe)가 감독으로 추가 선출되었다. 1874에 열린 15번째 연회에는 600명의 안수 목회자와 75,000명의 교인들이 모였다. 현재 미국 CME 교회는 800,000명이 넘는 교인과 3,000여개의 교회를 보유하고 있으며 34번의 연회가 열렸다.

CME 교회의 설립자는 '비정치적' 교회를 선언했다. 교회의 첫 번째 규율은 '교회 모임은 정치적으로 사용되어져서는 안 된다'라고 명시하고 있다. 루시어스 홀시 감독은 이에 대해 다음과 같이 말했다.

"미국 시민으로 권리를 행사할 때, 정치 문제와 종교를 분리하여 유색인들의 영적성장에 방해가 되지 않도록 해야 한다."

또한 CME 교회는 초창기부터 설교와 교육을 통해 흑인들을 전도하고자 노력했다. 대부분의 CME 교회들은 주일에는 예배의 장소로, 평일에는 초등학교로 사용되었다. 흑인 아이들은 기초과목과 종교, 음악 등의 교육을 받았다. 교육을 특히 강조했던 CME 교회는 아프리카, 아이티, 자메이카 지역을 향한 선교사 프로그램을 만들기도 했다. 마침내 20세기 말, 이 세계적인 교회는 약 100만의 성도가 모이는 교회로 성장하였다.

흑인 감리교회의 유산

미국 흑인들의 감리교회 역사는 이제 세 번째 세기를 지나고 있다. 첫 번째 세기는 자유와 존엄성을 위해 투쟁하였다. 이 투쟁은 새로운 교단, 그리고 교단에 속한 학교, 대학교, 신학교와 출판사들을 만들어냈다. 두 번째 세기에 흑인 감리교회는 세계로 뻗어나가며 선교사를 파송했다. 이 시기에는 평등과 정의를 부르짖는 지도자들이 일어났다. 오늘날의 흑인 감리교회는 이슬람에 대항하는 선교와 미국 내에 늘어가는 흑인 이민자들에게 초점을 맞추고 있다.

연합감리교회에는 다양한 인종들이 모여 있다. 대다수 성도들이 흑인이었던 시절도 있었다. 연합감리교회는 다른 흑인 감리교회들과도 돈독한 관계를 유지하고 있다. 이 교회들은 함께 모여 목회방향을 의논하고 개발하며 관계를 지속해왔다. 현재는 21세기에 감리교회에 다가올 일들을 논의하며 관계를 이어가고 있다.

생명력 있는 웨슬리언과 참 감리교인

미국 흑인 감리교단은 '웨슬리적'인 것에 바탕을 두고 시작되었다. 웨슬리가 주장했던 인종과 계층 간의 평등, 웨슬리의 가르침, 감리교회의 조직, 비전에 초점을 맞추었다. 또한 웨슬리적인 선교와 사회운동의 균형을 맞추기 위해 노력했다. 흑인 감리교회는 특히 정의실현, 인간의 존엄성과 은혜에 있어서 웨슬리의 유산에 철저히 기초를 두고 있었으며, 이는 전체 감리교회의 모범이 되었다. CME 교회 규율에 나오는 이 구절은 흑인 감리교회의 정신을 잘 나타낸다.

"우리는 감리교회의 아버지로부터 계승되었다."

개몬 신학교 Gammon Theological Seminary

이 신학교는 1875년, 애틀란타 지역의 클라크 대학(Clark University)에 세워졌다. 그리고 1883년, 엘리야 개몬(Elijah Gammon)의 도움으로 정식학교로서 허가를 받았다. 개몬 신학교는 감리교회의 후원을 받으며 흑인 목회자를 길러내는 중심이 되었다.

8 지식과 경건

18세기 웨슬리의 부흥운동은 영국과 미국에 새로운 경건의 시대를 열었다. 이 부흥은 광범위하고 또한 깊이가 있었다. 감리교회 운동 역시 교육의 중요성을 강조하며 교육의 기회를 받지 못했던 사회 계층에 지성의 부흥을 일으켰다. 미국에서는 이 지성의 부흥이 교육의 개념을 새롭게 했다. 이를 통해 많은 초-중-고등학교, 대학교와 신학교 등이 세워졌다.

이러한 교육계의 변화는 웨슬리가 가지고 있던 배움의 원리에 기초하고 있었다. 웨슬리의 배움의 원리는 다음과 같다.
1) 지식을 쌓음으로써 영적 경건함을 이루어야 한다.
2) 모든 사람에게 배울 수 있는 기회가 주어져야 한다.
3) 지식을 쌓는 목적은 삶 속에서 남을 섬기기 위함에 있다.

웨슬리가 주장했던 첫 번째 배움의 원리는 지식이란 종교적 헌신과 조화를 이루어야 한다는 것이었다. 존 웨슬리는 "부모님과 학교장님께(To all Parents and Schoolmasters)"라는 소책자에서 어린이들을 위한 교육에 대해 이야기했다.

"만약 하나님을 두려워하는 것이 모든 지식의 근본이라면, 이것이야말로 아이들이 처음으로 배워야 할 사실입니다. 왜 하나님을 아는 지식과 글을 함께 가르치지 않습니까?"

존 웨슬리는 지식과 경건이 함께해야 한다고 주장했다
John Wesley insisted on joining knowledge and vital piety

웨슬리는 영적 경건함에서 지성을 분리시키려고 하는 행동은 영적 성장을 방해하는 것이며, 후에 비참한 결과를 낳게 될 것이라고 주장했다.

세속적인 일반 학문에 좋은 점보다 나쁜 점이 더 많다는 것에 대해 그는 이런 생각을 갖고 있었다.

"학교에서 읽고 쓰는 것을 배우기도 하지만 동시에 모든 악한 것들을 배우게 됩니다. 지식을 쌓으며 악한 것을 배우는 것보다 차라리 지식을 쌓지 않는 편이 더 낫습니다. (중략) 결국 나는 악한 것을 배울 위험이 없는 집에서 아이들에게 읽고 쓰고 계산하는 법을 가르치기로 결정했습니다."

존 웨슬리 John Wesley
작가 미상. 원래 수채화로 그려진 작품으로, 웨슬리가 죽기 한 해 전인 1790년에 완성되었던 토마스 홀시(Thomas Horsley)의 존 웨슬리 초상으로부터 영감을 받았다고 보여진다. 이 사진은 소유주인 월터 프라이스(Walter Price) 목사의 허락을 받고 찍은 것이다.

웨슬리는 주일학교를 통한 어린이 교육에 큰 관심을 가지고 있었다. 그는 이런 글을 남겼다.

"저는 무엇을 위해 아이들을 학교에 보내야 하느냐고 묻고 싶습니다. 왜 그들이 세상에 맞추어서 살아가야 합니까? '세상'이라는 것이 이 세상일까요? 아니면 우리의 삶이 끝난 후의 세상일까요? 아마도 당신은 지금 살고 있는 세상을 생각할 것입니다. 다가올 세상, 영원한 세상에 대해서는 생각도 못하겠죠. 영원한 세상을 염두에 두고 살아갈 수 있게 기도하십시오. 그리고 당신의 아이들이 이와 같은 생각을 할 수 있는 곳으로 보내십시오. 그렇지 않으면 아이들을 악마에게 보내는 것과 다름이 없을 것입니다. 만약 당신이 아이들의 영혼을 생각한다면 큰 공립학교가 아닌 경건한 사람들이 함께하는 사립학교에 보내십시오. 그들이 아이들을 신앙으로 가르칠 것입니다."

웨슬리는 종종 배움으로 모든 것을 깨우치는 것이 아니라고 주장했다. 왜냐하면 지식 그 자체가 지혜를 가져다 줄 수는 없기 때문이다.

웨슬리가 말한 두 번째 배움의 원리는 모든 사람에게 배움의 기회가 주어져야 한다는 것이었다. 웨슬리가 살던 시대에는 일부 특권층만이 교육을 받을 수 있었다. 18세기에는 일부 영국 성공회 성직자들이 자신들의 교구에 있는 아이들에게 기초 학문을 가르쳐 주었을 뿐, 대다수의 사람들은 아이들이 가능한 한 빨리 일을 해서 돈을 벌어야 한다고 생각했다. 많은 사람들이 가난한 집 아이들을 교육하는 것은 시간낭비라고 생각했다. 이러한 생각들로 인해 공교육은 불필요한 것이라는 사회적 분위기가 형성되어 있었다.

웨슬리는 이러한 분위기를 안타까워하며 방치되어 있는 교육의 문제를 인식하고 이를 개선해보고자 했다. 그는 이렇게 말했다.

"감리교인은 가난할 수 있다. 하지만 그렇다고 해서 무지할 필요는 없다"

웨슬리는 곧 다른 감리교인과 자신의 생각을 나누었다. 일례로 1769년, 영국의 여성 감리교인인 한나 볼(Hannah Ball)은 주중에 아이들을 가르치는 주일학교를 열어 읽기와 쓰기 같은 기초과목을 가르쳤다. 그녀의 이 새로운 시도는 영국 주일학교의 선구자였던 로버트 레이크스(Robert Raikes)보다 14년이나 앞선 것이었다.

웨슬리는 "평범한 사람들을 위한 평범한 진실"이라는 표현을 하며, 이를 삶 속에서 실천했다. 그는 평범한 사람들이 저렴한 가격으로 살 수 있는 많은 글과 책을 남겼다. 또한 평범한 사람들이 좋은 문학을 접할 수 있도록 기독교 문고(The Christian Library)를 50권 분량 편집했다. 이 책들에는 로마 가톨릭과 개신교의 저명한 저자들이 쓴 신앙과 신학에 관

> **Rules for Life**
>
> Do all the good you can,
>
> By all the means you can,
>
> In all the ways you can,
>
> In all the places you can,
>
> At all the times you can,
>
> To all the people you can,
>
> As long as ever you can.

존 웨슬리의 생활신조 중에서
A popular paraphrase of John Wesley's Rules for Life

네가 할 수 있는,
모든 선한 것을 행하라
할 수 있는 모든 수단으로,
할 수 있는 모든 방법으로,
할 수 있는 모든 장소에서,
할 수 있는 어느 때든지,
할 수 있는 모든 사람에게,
네가 할 수 있다면 언제나.

18세기의 많은 지식인들은 배움을 자신의 유익과 명예를 위하여 사용했다. 그들에게 지식이란 자신들만 잘살게 하고 남을 이용하는 수단이었다. 반면 감리교회는 교육을 통해 얻는 지식은 남을 섬기고 그들의 존귀한 가능성에 도달하는 데에 사용되어져야 한다고 가르쳤다.

웨슬리의 유산은 우리가 하나님의 사랑을 떠나서는 아무도 사랑할 수 없으며, 하나님의 사랑으로 서로 사랑할 수 있다고 강조한다. 예수님의 산상수훈에 대해 설교하며 웨슬리는 다음과 같이 말했다.

"당신은 선행에 대한 열정이 있습니까? 모든 사람들에게 선하게 행동하려고 합니까? 배고픈 자를 먹이고 헐벗은 자를 입히며 고아와 과부를 돌봅니까? 병든 자들을 위로하고 감옥에 갇힌 자들을 구제합니까? 손님 대접하기를 힘씁니까? 친구여, 더 높은 곳으로 오십시오! 하나님의 사랑을 모든 사람에게 나누는 사람이 되십시오! 사랑 안에서 모든 것을 이루며 모든 것을 견딜 수 있습니다. 당신이 하는 행동으로 믿음을 확증하십시오. 그리하여 하늘의 뜻이 이루어지도록 하십시오! 이 땅에서 하나님과 동행한다면, 그와 함께 영광 중에 다스리는 날이 올 것입니다!"

웨슬리는 하나님을 사랑하고 이웃을 사랑하는 것이 기독교의 본질이라고 쉼 없이 설교했다. 그는 믿음이 삶에서 드러나듯, 배움 또한 섬김으로 나타날 것이라고 믿었.

한 책들도 포함되어 있었다. 또한 웨슬리는 여러 방면으로 배움의 중요성을 강조했다. 그는 아이들을 위해 학교를 열고, 모두가 이해할 수 있는 쉬운 설교를 하였으며, 영국의 모든 사람에게 배움에 대해 강조하였다. 그의 노력은 영국이 아이들을 위한 초등학교를 세우기로 법을 제정하는 데에 큰 영향을 미쳤다.

배움에 대한 웨슬리의 세 번째 원리는 배움은 끝이 아닌 시작이라는 것이었다. 그의 교육 목표는 다른 사람을 섬길 수 있도록 준비시키는 데에 있었다. 존 웨슬리의 "기도형식 모음집(Collection of Forms of Prayer)"은 이렇게 적고 있다.

"대학교육을 통하여 당신의 일꾼들이 꾸준히 배출될 수 있도록 대학교에 지적, 영적 가르침을 축복하소서."

감리교회의 유산은 사회가 질병에 빠지는 이유와 그 속에서 일어나는 부정과 억압을 극복할 수 있는 방법을 찾는 데에서 비롯되었다. 존 웨슬리는 세상에서 거룩함을 나타내는 것 외에 다른 거룩함은 없다고 주장했다. 그는 우리의 신분이 실력으로 입증되어져야 한다고 말했다. 이 신념은 "연합감리교회의 성인 세례언약(United Methodism's Baptismal Covenant for Adult)"에서도 드러난다.

"당신은 하나님이 주시는 자유와 능력을 가지고 악한 영들과 부정함과 억압의 그 어떤 것에도 맞서 싸울 것을 다짐합니까?"

결국 교육에 대한 감리교회의 신념은 학문과 지식을 영적 경건함과 연결시키고, 모든 사람에게 교육을 제공하며, 남을 섬기는 것을 소명으로 삼겠다는 것으로 정리될 수 있다. 이런 웨슬리의 교육적 유산은 미국에서도 그 뿌리를 내려 미국 전역에 영향을 미치게 되었다.

초기 미국 감리교회의 교육

1784년, 크리스마스 연회에 모인 대부분의 설교자들은 충분한 교육을 받지 못했으며, 성숙한 문화의식을 갖지 못했다. 그러나 하나님을 향한 헌신과 뚜렷한 목적을 가졌던 이 설교자들이야말로 지성을 갖춘 사람들이었다. 그들의 첫 번째 결정은 학교를 세우는 것이었다. 프랜시스 애즈베리는 초-중-고등학교를 세우고 싶어 했지만, 토마스 코크는 교회가 대학을 세워야 한다고 주장했다. 연회는 코크 감독의 의견을 받아들였으며, 메릴랜드의 애빙턴에 미국 감리교회의 첫 번째 교육기관을 세우기로 결정했다. 이 학교는 미국 감리교회의 초대 감독 두 사람의 이름을 따서 콕스베리(Cokesbury) 대학이라고 이름 지어졌다. 콕스베리 대학은 1787년 12월 6일, 2개의 학부 그리고 25명의 학생들을 시작으로 개교했다.

콕스베리 대학교의 교훈은 다음과 같았다.
"학생들의 순전한 마음에 모험적이고 실험적이며 실용적인 진정한 종교를 심고, 정통적인 방법으로 훈련시켜 이성적이고 성경적인 그리스도인이 되게 하며, 성령의 도우심으로 지혜와

콕스베리 칼리지 Cokesbury College

애빙턴에 있는 콕스베리 칼리지 그림이다(1787년). 길이 약 108피트에 너비 약 40피트의 건물로 약 6에이커의 땅 중앙에 세워졌다. 감리교인들은 콕스베리 칼리지 건물이 미국에 있는 어느 학교에 견주어도 뒤지지 않는다고 자부하였다. 콕스베리 칼리지는 '배움과 종교가 직접 전해지는 곳'이 되어야 한다는 규율을 정했다.

그러나 1795년, 의심스러운 화재로 인해 콕스베리 칼리지가 파괴되었다. 당시 감리교회에는 재건축을 지원할 교인도, 재정도 없었다. 콕스베리 칼리지는 짧은 역사 동안 수많은 설교자, 상업과 법률 분야의 지도자들을 배출해냈다. 또한 두 명의 미국 국회의원과 웨슬리언 대학교의 창립자를 배출하기도 했다.

경건에 이르게 하는 것"

설립자는 콕스베리 대학교가 '배움과 종교가 직접 전해질 수 있는' 학교가 되도록 힘썼다.

그 후 몇 년 동안 애즈베리 감독은 학교를 위한 자금을 모으기 위해 고군분투했다. 그의 노력으로 50,000달러가 넘는 돈이 모금되었다. 당시 조지 워싱턴의 일기에 그가 기부를 했었다는 사실이 기록되어 있다. 하지만 안타깝게도 콕스베리 대학의 수명은 길지 않았다. 1795년, 방화범의 소행으로 보이는 화재로 인해 건물이 전소되었다. 이 화재는 애즈베리 감독의 마음을 낙담시키기에 충분하였다. 그 후,

볼티모어에 있는 친구들이 집을 사서 대학을 잠시 열었지만 이것마저 화재로 파괴되고 말았다. 그 사건 이후, 30년 동안 감리교회는 대학을 세우지 않았다. 애즈베리는 애통해하며 "주님은 감리교회가 대학을 세우는 것을 허락지 않으셨다."라고 말했다.

많은 사람들이 애즈베리와 같은 생각을 하였다. 그들은 학교를 세우는 것이 교회의 영적인 힘에 부정적 영향을 미칠까봐 두려워했다. 초기 감리교인들은 '실제적 종교'라는 본질을 해칠만한 모든 것을 두려워하는 경향이 있었다. 그들은 다른 교단의 설교자 중에서 대학교육을 받은 사람들이 부흥과 부흥설교를 반대하는 것을 보았다. 결국 그들은 대학을 미심쩍은 눈초리로 보게 되었다. 대학교육이란 지식에 대한 자존심을 높이고, 유니테리언주의(Unitarianism, 반-삼위일체론주의)를 부추기는 경향이 있다고 생각하게 된 것이다. 그들은 설교자가 설교를 '준비하는 데' 시간을 낭비할 필요가 없다고 주장했다.

교회의 첫 번째 "규율"은 '순회설교를 할 때도 말씀을 읽으라.'는 것이었다. 어린 설교자들은 선배 설교자들의 이론적인 도움을 받아야 했고 또 스스로 연구해야 했다. 하지만 이러한 방법은 현실적이지 못했다. 순회설교를 할 때 서로가 조언을 해줄 수 있는 충분한 시간이 없었고, 교육을 받지 못한 멘토는 누군가를 가르치기에 역부족이었다.

결국 설교자가 더 높은 지성을 갖추어야 한다는 것은 당연한 일이었다. 이윽고 1816년 총회는 설교자가 받아야 하는 교육과정을 고안해냈다. 그리고 설교자 후보생에게 읽어야 할 과제들을 내주고 올바르게 공부할 수 있도록 돕는 감독이 세워졌다. 그러나 이것 역시 현실적인 방법은 아니었다. 설교자들은 1년 간 수차례 열리는 집회에 참석하며 과제를 해낼 수가 없었다. 또 그들을 평가하는 시험이나 기준이 충분하지 않았다.

1844년, 총회는 설교자들을 가르치기 위한 표준과목을 정하였다. 오랜 시간 심사숙고한 끝에 1848년 "규율"에 설교자들이 읽어야 할 필독도서 목록을 실었다. 필독도서에는 성경이해와 기독교 전통에 관한 책, 목회에 실제적인 도움을 주는 책들이 포함되어 있었다. 이 방법은 수십 년간 이어졌다. 1939년에는 절반이 넘는 감리교회 목회자들이 필독도서를 통해 신학을 공부하게 되었다. 1956년까지도 총회는 이 도서들 외에 신학교육을 별도로 만들지 않았다.

감리교회 대학들과 연회 학교들

콕스베리 대학이 실패로 돌아간 후, 애즈베리 감독은 대학을 세우는 것보다 각 지역의 감리교회가 학교들을 세우는 것이 낫다고 판단하였다. 1791년, 그는 각 연회에 서신을 보내어 지역마다 학교들을 세울 것을 권했다. 애즈베리는 이 교육기관의 목적을 이렇게 설명했다.

"당신들이 거주하는 도시와 마을의 이웃 자녀들과 가난한 사람들의 아이들에게 기초적인 지식을 제공하는 것입니다."

애즈베리 감독은 이 지역학교들로 인해 마음과 정신을 돌보게 되고, '불량하고 비뚤어진 사람들로부터 받게 되는 그 어떤 속박'으로부터도 자유로워지기를 원했다.

이러한 지역학교들은 '연회학교'나 '신학교'라고 불렸다. 이 학교들은 초-중-고등학교의 교육을 제공했다. 애즈베리는 버지니아, 북 캐롤라이나, 켄터키, 남 캐롤라이나 그리고 조지아 지역에 학교를 세우는 일에 앞장섰다. 이에 그는 미국교육에 앞장선 인물로 기억되고 있다.

콕스베리 연회학교 Cokesbury Conference School

남 캐롤라이나의 그린우드(Greenwood, South Carolina) 지역에 있는 이 건물은 한때 콕스베리 연회학교가 있던 곳이었다. 콕스베리 연회학교는 1778년 옛 장막교회(Old Tabernacle Church)와 연계된 장막 아카데미(Tabernacle Academy)로 바뀌었다. 탁월한 지도자로 평가받는 스데반 올린(Stephen Olin)은 장막 아카데미에서 교사로 가르치던 중 그리스도를 영접하게 되었다. 그는 남 캐롤라이나 연회(South Carolina Conference)에 가입하였고, 랜돌프-메이컨 칼리지(Randolph-Macon College)의 교장이 되었다. 1864년, 장막 아카데미는 콕스베리 칼리지의 짧았던 역사를 기념하며, 콕스베리 칼리지로 이름을 바꾸었다. 1918년, 학교는 문을 닫았고, 학교 부지는 우포드 칼리지(Wofford College)의 일부가 되었다. 이 건물은 1970년대 초 미국 감리교회의 교육을 기념하며 원래의 모습으로 복원한 것이다.

40년 동안, 매년 평균 5개의 연회학교와 신학교가 세워졌다. 대표적인 초기 감리교회의 지역학교로는 버지니아의 에벤에셀(Ebenezer) 학교, 볼티모어의 애즈베리 대학, 뉴욕의 웨슬리언 신학교, 뉴햄프셔의 뉴마켓(Newmarket) 학교, 남 캐롤라이나의 베델 학교 그리고 켄터키의 베델 학교가 있다. 그러나 재정적인 어려움으로 인해 결국 모든 학교가 문을 닫고 말았다. 학교가 문을 닫은 이유는 그 외에도 여러 가지가 있었다. 당시 대다수의 감리교인들은 교육의 중요성을 깨닫지 못했다. 또한 교사 인력이 매우 부족했다. 대부분의 학교들이 많은 사람들이 오가기 어려운 외딴 곳에 세워졌던 것도 그 이유 중 하나였다.

주일학교의 시작

1783년 경, 프랜시스 애즈베리는 버지니아의 하노버 카운티(Hanover County)에서 미국 최초로 주일학교를 시작했다. 당시 대다수의 감리교인들이 기초교육을 받지 못했기 때문에 주일학교에서는 종교와 기초과목들을 병행하여 가르쳤다. 1790년 총회에서는 모든 교회가 주일학교를 시작하기로 결정하였고, 1824년 총회에서는 순회 설교자가 교회를 방문할 때마다 주일학교를 세울 것을 광고하라고 지시했다. 이 운동은 가난하다는 이유로 교육을 받지 못해 사회적으로 외면을 당하는 사람이 있어서는 안 되며, 감리교회가 교육을 제공해야 할 의무가 있다는 존 웨슬리의 견해를 반영한 것이었다.

1824년, 총회에서는 젊은 사람들을 위한 교리문답을 완성하였다. 이 교리문답은 성경, 기독교 교리, 그리고 감리교회의 특징을 가르치기 위한 좋은 교재가 되었다. 1827년에는 감리교회 주일학교 연합회를 만들었고, 1830년에는 150,000명이 넘는 학생들이 주일학교에 등록했다.

감리교 출판협회는 홍보물, 논문, 책 등을 발간하며 기독교 교육에 힘썼다. 또한 많은 지역교회들이 도서관을 설립하기도 했다.

1868년 감리교회는 감리교회 주일학교 연

감리교회의 교리문답서
Catechism of the Methodist Episcopal Church (1852년)

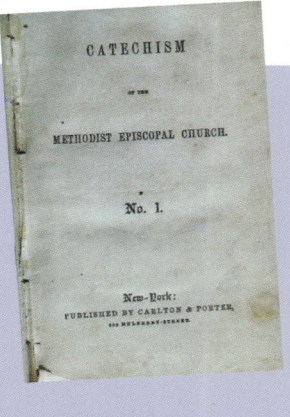

1787년, 미국 감리교회는 설교자들이 순회설교를 할 때 존 웨슬리가 아이들을 위해 만들었던 교리문답을 사용할 것을 권면했다. 이후 1824년 총회에서는 감리교회의 모든 주일학교에서 이 교리문답을 사용하기로 결정했다. 1848년, 교회는 주일학교 교재 편집자였던 다니엘 키더(Daniel Kidder)에게 새로운 교리문답을 만들 것을 요청했다. 1852년에 총회는 키더의 교리문답을 승인하였고, 웨슬리의 교리문답과 병행하여 수년간 사용되었다.

20세기 초에 이르자, 교리문답의 사용이 점차 줄어들었고, 1939년에 커리큘럼 위원회(Curriculum Committee)는 교리문답의 사용을 중지하도록 하였다. 1939년 이후 감리교회 출판사는 계속해서 교리문답을 출판하였지만, 많은 사람들이 이 교리문답을 더 이상 사용하지 않았고 마침내 출판을 멈추게 되었다.

감리교회 주일학교 카드 Methodist Sunday school card

주머니에 들어갈 만한 크기의 이 카드는 주일학교 아이들을 위한 것으로 1919년 12월 21일에 만들어졌다(감리교회 출판사 제작). 뒷면에는 그리스도를 예배하고 만나는 것의 중요성을 강조하는 문구가 적혀있다. 카드는 1년 동안 52장을 쓸 수 있도록 구성되었으며, 가격은 12센트였다.

존 헤일 빈센트 John Heyl Vincent (1832-1920)

빈센트는 1866년에 감리교회 주일학교 연합회의 담당자로 임명 받았다. 그는 학생들에게 책을 나누어 주며 새로운 교육방식을 도입했다. 이 유명한 주일학교 책은 거의 250만 부가 인쇄되었다.

1888년, 교회는 빈센트를 감독으로 임명하였으며, 그는 뉴욕과 캔사스 지역의 감독으로 섬기면서 유럽에서의 감리교회 사역을 주장했다. 또한 1904년에 은퇴한 이후에도 설교, 강의, 집필을 통한 활동을 이어나갔다. 그는 수많은 업적 중에서도 특히 주일학교에 창조적인 제도를 도입한 인물로서 감리교회 역사에 남아있다.

초등학생을 위한 주일학교 리플릿 Primary Class Sunday school leaflet

4쪽으로 이루어진 저학년 주일학교 교재에 포함된 사진이다(1943년). 누가복음 15장 3~6절을 토대로 잃어버린 양을 찾는 목자의 이야기를 담고 있다. 외워야 할 말씀은 'The Father himself loveth you(하나님은 너를 사랑하신다)'였다. 마지막 부분에는 'Until He Found It(그가 양을 찾을 때까지)'라는 시가 수록되어 있다.

"양 한 마리를 잃어버렸습니다."라고 목자가 말했다.
"양을 찾을 때까지 찾아볼 것입니다."
바위산을 올라서, 가시덤불을 지나고
그는 잠도 자지 않고 밤새 찾아 헤맸습니다.
잃어버린 양을 찾을 때까지요.
그는 그렇게 자신을 고생시킨 양을 꾸짖었을까요?
아니요. 그는 부드럽게 양을 품에 안고 집으로 데려갔습니다.
"즐겁다!" 그는 기뻐하며 외쳤습니다.
"내 잃어버린 양을 찾았으니 참으로 즐겁구나!"

셔터콰 연합회 Chautauqua Assembly Grounds

엘리자베스 프리셋(Elizabeth Priset)이 찍은 사진이다.

존 빈센트는 1874년 주일학교 교사들을 교육시키기 위해 셔터콰 연합회(하계 문화교육학교로 오락과 교육을 겸한 문화교육 기관)를 설립했다. 빈센트는 여러 과목들을 가르칠 수 있는 전문적 교사들을 양성하고, 이 과목들을 성경에 접목시켜 공부할 수 있도록 동기를 부여하고자 하였다. 이 사진은 여름에 숙소로 사용하던 건물이다.

셔터콰 연합회는 수년 안에 여러 분야의 다양한 과목을 제공하는 여름 훈련소로 발전하였다. 이후 미국의 다른 지역은 물론 다른 여러 나라까지 확장되었다.

시카고 대학교의 교장인 윌리엄 하퍼(William R. Harper)는 이렇게 말했다.
"미국 전역에 퍼져있는 셔터콰 연합회는 수백, 수천 명의 지도자들을 서로 연결시키고, 수만 가정에 새로운 빛이 될 것이다."

다른 지역의 수많은 교회들이 이 아이디어와 방식을 도입하였다.

합회의 총무이자 주일학교 출판부의 편집장으로 존 빈센트(John Vincent)를 임명했다. 빈센트는 재임하는 20년 동안 수많은 교육 혁신을 일으켰다. 그는 분기마다 새 학기를 만들고 교사 훈련기관을 개관했다. 빈센트의 방식은 큰 호응을 일으켜 주일학교 학생 수가 100만 명에 가깝게 늘어났다. 1872년 국제 주일학교 대회는 그가 제시한 학년제 교육방법을 정식 제도로 채택했다. 빈센트의 혁신적인 방법들은 감리교회 안에 뿌리를 내렸고, 미국 전체 주일학교의 표준이 되었다.

또한 빈센트는 뉴욕에 셔터콰 연합회(Chautauqua Assembly ; 하계문화교육학교)를 만들었다. 셔터콰의 원래 목적은 주일학교 교사들을 훈련하는 것이었으나, 점차 여름교육기관으로 자리 잡았다. 대부분의 셔터콰는 감리교회 캠프장에서 야영을 하며 여러 주제에 대한 강습을 하는 방식으로 진행되었다. 이 여름 강습회는 미국 전역으로 퍼져나가 마침내 건물을 만들어 간행물을 발행하는 4년제 교육기관으로 발전했다. 셔터콰에서는 종교와 일반 학문을 아우르는 다양한 강의가 진행되었고, 이 때 모든 교육은 기독교의 가치관과 교리를 바탕으로 하여 이루어졌다.

감리교회 대학 설립의 시대

1820년대에 들어서며 감리교인들은 경제적인 안정을 찾았고 편안한 보금자리를 마련하게 되었다. 그들은 이제 자녀들을 대학에 보낼 만큼 경제적 여유를 갖고 있었다. 하지만 이들을 수용할 만한 감리교회 대학이 없었으므로 감리교회 학생들은 다른 교단이 세운 대학교에 진학할 수밖에 없었다. 이에 교인들은 감리교단의 대학을 세워줄 것을 교회에 요청했고, 감리교회는 그 요청을 수락했다.

1820년, 총회는 역사에 남을 중요한 발걸음을 내딛었다. 회의 대표자들은 각 연회가 '감리교회가 생각하는 올바르고 실용적인 학문을 제공하는 교육기관을 세우기로' 결정했다. 또한 감독들에게 감리교단 목회자들을 대학교의 사무관과 교사로 세울 수 있는 권한을 주기로 했다. 이전에는 감리교회 설교자가 교회의 지역학교나 협회학교에서 가르치기를 원한다면 목회자 직분을 내려놓고 평신도로 돌아가야 했다. 이로 인해 결국 초기 감리교회 교육기관은 실패했다. 따라서 총회는 설교자도 교수직을 수행할 수 있는 기회를 주기로 결의했다.

웨슬리언 대학 Wesleyan University 1831년

웨슬리언 대학은 현존하는 감리교단의 대학교 중 가장 오래된 학교이다. 1924년에 개교한 이래로 감리교회 목회자들이 학교장으로 역임했다. (단 한 번, 감리교회 평신도가 학교장을 맡은 적이 있다.) 18명의 감리교회 감독을 배출하였고, 1930년까지 전체졸업생의 20%가 목회자가 되었다. 웨슬리언 대학은 높은 교육 수준으로 재학생들에게 양질의 수업을 제공했다.
웨슬리언 대학은 감리교인들만의 학교로 남지 않았다. 대학은 다음과 같이 규정하고 있다.
"신입생 입학이나 학교장, 교수, 행정직을 뽑는 데에 있어 종교의 문제는 어떠한 영향도 미치지 않는다."
안타깝게도 감리교인들이 기부한 수백만 달러에도 불구하고 학교는 20세기 중반부터 감리교회와의 관계에 소홀하기 시작했다.

스데반 올린 Stephen Olin (1797-1851)

　스데반 올린은 미국 감리교회 최고의 사상가 중 한 명이다. 올린은 미들버리 칼리지(Middlebury College)를 졸업하였으며, 대학시절 교수로부터 찬사와 칭찬을 받는 인재였다. 그는 남 캐롤라이나 지역의 장막 아카데미에서 교감으로 지냈다. 당시 올린은 평신도 설교자였던 제임스 글렌(James Glenn)의 집에서 지냈는데, 글렌 부인의 권유로 기도하며 학교를 세우는 것을 준비하게 되었다. 곧 그는 그리스도를 영접하였으며, 그의 삶은 새롭게 되었다. 1824년, 그는 남 캐롤라이나 지역의 감리교회에 등록했다. 감독은 1826년에 올린을 조지아 대학(University of Georgia)의 영문학 교수로 임명했다.

　조지아 대학의 교수로 활동하던 중 올린은 새롭게 설립되는 랜돌프-메이컨 칼리지(Randolph-Macon College)의 교장으로 추대되었다. 이 학교는 학생의 가정형편과 상관없이 자격 기준을 통과하는 모든 학생들에게 기회를 주었다. 학교의 설립자 역시 종교적 믿음과 학문의 균형을 위해 노력하는 사람이었다. 올린은 초청을 받아들였고 랜돌프-메이컨 칼리지의 교장이 되었다. 올린은 당시에 대해 이렇게 기록했다.

　"나는 신성한 일을 하고 싶었지만 그럴 수 없었다. 설교를 하고 싶었지만 지금 돌이켜 보면 그 제안을 받아들인 것은 잘한 일이었다."

　1842년, 올린은 코네티컷 미들타운 지역에 위치한 웨슬리언 대학의 교장이 되어, 생을 마칠 때까지 교장 직분을 수행했다. 그의 학문과 지성적 공헌은 교회 교육기관이 더 높은 교육수준을 갖출 수 있는 기반이 되었다.

어거스타 칼리지 (최초의 건물)
Augusta College. Original building

　켄터키 지역의 어거스타 칼리지는 감리교회의 두 번째 대학교였다. 1795년 콕스베리 칼리지가 화재로 전소된 후, 켄터키 총회가 1820년부터 학교를 세우기 시작했다. 학교는 1822년에 공식적으로 승인받았으며, 1825년에 건물이 완성되었다. 1844년에 감리교회가 북부와 남부로 갈라지면서 북부 총회는 더 이상 어거스타 칼리지를 지원하지 않게 되었고, 이 때문에 학교는 문을 닫게 되었다. 어거스타 칼리지는 짧은 역사에도 불구하고 많은 감리교회 지도자들을 배출하였다. 베레아 칼리지(Berea College)를 세운 존 피(John G. Fee)와 신학자 존 마일리(John M. Miley), 랜돌프 포스터 감독(Randolph Foster), 알렉산더 도니팬(Alexander Donniphan) 주지사 등이 그들이다.

마르틴 루터 Martin Ruter (1785-1838)

윌버 피스크 Wilbur Fisk (1792-1838)

마르틴 루터는 1820년 총회에서 모든 지역 총회가 대학교를 세워야 한다는 안건을 지지했다. 이 안건의 채택으로 20년 간 대학의 부흥이 일어나게 되었다. 루터는 1815년부터 1836년까지 미국 감리교회 교육의 선구자로서 활동했다.

어린 시절부터 지식에 대한 특별한 열망을 갖고 있던 루터는 14살 때 그리스도를 영접했고 감리교회에 등록했다. 등록한 후 채 1년이 지나지 않아 그는 순회 설교자로 섬기게 되었다. 그는 훌륭한 설교자이기도 했지만 그의 영향력은 교육에서 더욱 빛을 발했다. 루터는 뉴햄프셔에 있는 웨슬리언 아카데미의 대표자로 섬겼고, 켄터키에 있는 어거스타 칼리지의 교장을 역임하기도 했다. 이후 펜실베이니아 지역의 알레게니 칼리지의 교장이 되었다. 또한 그는 서부서적중개인(Western Book Agent)으로 일하다가 신시내티에 감리교회 출판부(Methodist Book Concern)를 세우기도 했다.

피스크는 젊은 나이에 병을 얻어 죽음의 위기에 처했다가 다시 살아났다. 그는 이 경험으로 인해 잃었던 믿음을 다시 되찾았다. 병이 나은 후, 피스크는 법률 공부를 그만두고 뉴잉글랜드 총회의 교인이 되었다. 그는 뉴잉글랜드 감리교회에서 대학을 졸업한 첫 번째 사역자가 되었다. 피스크가 받은 교육과 선천적인 재능은 그를 훌륭한 설교자이자 교육가로 만들었다.

피스크는 버몬트 지역의 대표였으며, 윌브라햄 아카데미(Wilbraham Academy)의 교장을 역임하였고, 코네티컷 미들타운 지역의 웨슬리언 대학의 첫 번째 교장이 되었다. 역사학자 아벨 스티븐스(Abel Stevens)는 피스크에 대해 다음과 같이 말했다.

"무지가 만연된 교회 내에서 어느 누구도 피스크만큼이나 구속사역을 한 사람은 없다. 그는 동부 지역의 감리교회 교육과 목회, 문화와 공적사역에 큰 기여를 했다."

랜돌프-메이컨 칼리지 Randolph-Macon College(좌), **워포드 칼리지** Wofford College (우) (최초의 건물들)

버지니아의 랜돌프-메이컨 칼리지는 남부지역에 있는 다른 감리교회 대학들과 함께 1832년에 설립되었다. 이어서 1836년, 감리교인들은 조지아에 에모리 칼리지를, 버지니아에 에모리와 헨리 칼리지를 세웠다. 1851년에는 남 캐롤라이나에 워포드 칼리지를 세웠다. 이 학교는 랜돌프-메이컨 칼리지의 졸업생들을 직원과 교수진으로 채용하였다.

조지아, 메이컨에 세워진 웨슬리언 여자대학교
Wesleyan Female College at Macon, Georgia

젊은 여성들을 위한 신시내티 칼리지
Cincinnati College for Young Women

이 학교는 1836년 감리교회 목회자 엘리야 싱클레어(Elijah Sinclair)로 인해 시작되었다. 메이컨 지역의 멀베리 스트리트(Mulberry Street) 감리교회는 교회가 크게 부흥하고 성장하자, 대학교를 세우고자 했다. 창립자는 이 학교를 감리교회의 학교로 만들고 싶어 했다. 따라서 1839년, 학교는 감리교회의 소속이 되었으며 세계에서 최초로 여성에게 학위를 주는 학교가 되었다.

이 학교는 1842년, 초기 감리교회의 여자대학교로 세워졌다. 후에 신시내티 웨슬리언 칼리지(Cincinnati Wesleyan College)로 이름을 바꾸었다. 1868년에는 위 사진의 건물로 옮겨갔다. 당시에 이 건물은 신시내티에서 가장 매력적인 건물이었다.

듀크 대학교에 있는 듀크 예배당 내부
The Interior of Duke Chapel, Duke University

연합감리교회는 2년제 대학교, 4년제 대학교, 신학원 등 수많은 전문학교들을 후원하였다.

볼티모어 여자대학교 The Woman's College of Baltimore City

1884년, 볼티모어 총회는 100번째 연회를 가졌다. 연회가 열리기 하루 전 날, 여성교육협회(Women's Education Association)가 볼티모어 감리교회에 책을 보냈다. 그 책에는 이런 내용이 적혀 있었다. "150,000달러의 돈이 볼티모어 총회의 교육협회에서 사용되고 있습니다. 그러나 이 혜택은 아들들에게만 제공되며, 딸들에게는 전혀 제공되지 않습니다. 이것은 공평하지도, 현명하지도 않은 일입니다. 아들들보다 딸들을 더 사랑하자는 말이 아닙니다. 하지만 혜택은 공평하게 주어져야 하지 않을까요?"

총회는 3일간의 토론 끝에 여자대학교를 세울 것을 만장일치로 결정하였다. 1885년, 볼티모어 지역의 감리교회는 미국의 9번째 여자 대학교인 볼티모어 여자대학교를 설립했다. 1910년, 학교는 초기 기부자의 이름을 따서 가우처 칼리지(Goucher College)로 이름을 바꾸었다.

첫 번째로 설립된 대학은 켄터키에 있는 어거스타(Augusta) 대학교였다. 1825년, 어거스타 대학교는 3층 건물로 개교하였다. 켄터키와 오하이오 연회가 이 학교를 후원했다. 연회는 1820년부터 10년 동안 9개의 주에서 15개의 대학교를 설립했다. 몇몇 학교들은 자금 부족과 리더십의 부재로 인해 수년 만에 문을 닫기도 했다.

그러나 몇몇 학교들은 점점 발전해나갔다. 1831년 코네티컷 미들타운에 세워진 웨슬리언 대학교가 그 대표적인 예였다. 켄터키 어거스타 대학과 펜실베이니아의 메디슨 대학의 폐교로 인해 웨슬리언 대학은 감리교단 대학 가운데 가장 오래된 학교로 남게 되었다.

1830년부터 1861년까지 미국 전역에 총 53개의 대학교가 설립되었다. 그중 대부분이 미국교회들이 세운 것이었으며, 그들 중 32개는 감리교회가 세운 학교들이었다. 대표적인 감리교회 대학으로는 버지니아에 있는 랜돌프-메이컨과 에모리 대학, 헨리 대학, 펜실베이니아에 있는 디킨슨(Dickinson)과 알레게니(Allegheny) 대학, 인디아나에 있는 인디아나 애즈베리 대학, 일리노이에 있는 맥켄드리(McKendree) 대학, 조지아에 있는 에모리 대학이 있다. 이들은 오터바인 대학, 올브라이트 대학과 함께 미국의 우수대학 대열에 합류하였다. 실제로 잘 알려진 미국 사립대와 주립대들은 대부분 교회의 지원으로 세워진 학교의 발전된 형태들이다.

감리교회는 교단으로서는 최초로 여성들을 위한 학교를 세우기도 했다. 1836년, 감리교회는 조지아 메이컨에 웨슬리언 여자 대학교를 설립하기로 했다. 이 학교는 학사학위를 수여하는 세계 최초의 여자 대학교였다. 또 다른 여자 대학들로는 북 캐롤라이나에 있는 그린스보로(Greensboro) 여자 대학과 신시내티(Cincinnati) 여자 대학이 있었다. 신시내티 여자 대학교를 제외하고, 이 여자 대학들은 꾸준히 발전해나갔다.

감리교회는 수십 년 동안 1,200개가 넘는 학교와 대학교, 세미나를 설립했다. 그 중 124개의 학교들은 지금까지도 남아있고, 몇몇은 미국 최고의 대학들로 성장했다. 이 학교들은 지성과 영성을 겸비하라고 했던 웨슬리 비전의 결과물이라고 볼 수 있다. 1892년, 감리교회는 감리교회 대학교 연합 평의회(評議會)를 설립하여 교회에 속한 교육기관들의 교육수준을 평가하고 정의했다. 이 기관은 교육기관으로는 처음으로 미국정부의 인가를 받았다.

신학대학의 발전

1820년대 이후 십년간 감리교회는 성공적으로 대학교를 세워나갔다. 전문적으로 신학을 가르치는 신학대학교를 세우자는 의견이 제시되기도 했지만 이 제안은 큰 호응을 받지 못했다. 신학대학에 대한 부정적 입장들을 정리해보면 다음과 같았다.

1) 대학교에서 시간을 보내며 공부하기에는 설교자가 너무나 부족하다.
2) 신학대학이 이단의 온상이 될 수도 있다.
3) 초창기 감리교회 설교자들은 대학교육을 받지 않았지만 훌륭하게 사역을 감당해냈다.
4) 순회교육을 통한 실제적 훈련이 목회를 위한 최고의 훈련이다.
5) 오직 하나님만이 설교자를 세우실 수 있다.

1840년 이전에는 감리교회 설교자들의 2/3가 신학대학교 설립에 반대했다. 이러한 반대는 순회설교를 견디지 못하고 열정이 부족한 설교자들이 배출될 것이라는 두려움에서 비롯된 것이었다. 1840년 한 감리교회 목회자가 "뉴욕크리스천옹호(New York Christian Advocate)"라는 잡지에 신학대학교 설립을 주장하는 글을

존 프라이스 더빈 John Price Durbin (1800-1876)

오하이오에서 순회 설교자로 섬기던 존 더빈은 1826년 어거스타 칼리지의 교수가 되었다. 이 학교는 당시 켄터키-오하이오 지역에서 최고의 대학들 가운데 하나였다. 또한 1831년에는 미국 상원의원의 의원목사로 섬겼다. 이후에는 뉴욕크리스천옹호(New York Christian Advocate)의 편집장을 지냈으며, 편집장으로서 설교자들을 위한 신학교육을 옹호하였다.

그는 신학교육 지지와 더불어 해외선교의 필요성에 대해 끊임없이 주장하였다. 1852년, 교회는 그를 선교부 대표로 선출했다. 그는 자신의 남은 사역을 선교에 매진하며 해외사역 확장에 힘썼다. 그의 헌신으로 선교를 위한 지원이 7배가 늘어났다. 19세기 감리교대백과(Cyclopaedia of Methodism)는 더빈에 대해 높게 평가하고 있다.

"그와 같이 이름을 떨친 사람은 없을 것이다. 능력은 물론 충성심, 재치, 상업적 탁월함에 있어 아무도 따라갈 자가 없었다. 그는 설교자로, 목사로, 교육가로, 집필가로, 사역자로서 최고의 인물이다."

기고했다. 그의 글은 당시 잡지의 편집장이었던 토마스 본드가 "'크리스천옹호'는 이 글에 동의하지 않습니다."라고 글머리에 언급할 정도로 일반적인 기독교 정서에 어긋나는 것이었다. 또한 남부감리교회의 조지 피어스 감독은 "신학교를 위해 투자되는 모든 자금은 감리교회에 위험을 안겨 줄 것입니다. 나에게 수백만 달러의 돈이 있더라도 신학대학을 위해서는 한 푼도 쓰지 않을 것입니다."라고 말했다.

그 사이 감리교회 대학들은 많은 평신도 졸업생들을 배출하고 있었다. 이 졸업생들은 교육을 받지 못한 목회자들과 마찰을 일으켰다. 그들은 일부 감리교회 설교자들의 부족한 문법과 신학적 지식, 예의에 어긋나는 행동을 견디지 못했다. 성도들은 설교자들이 다른 교단의 목회자들처럼 교육을 받기 원했다. 감리교회는 미국의 거대한 교단이 되어가고 있었지만, 일부 설교자들은 신학적 공격에 대해 감리교회 교리를 제대로 설명하지 못할 정도로 교육을 제대로 받지 못한 상태였다.

이에 "뉴욕크리스천옹호"의 편집장 존 더빈은 신학대학교의 필요성을 강력하게 주장하기 시작했다. 1834년 7월 18일, 획기적인 내용을 담은 잡지 "교육받은 목회(An Educated Ministry Among Us)"가 출간되었다. 더빈은 이 잡지에 신학대학의 설립을 옹호하는 글을 썼다. 그 글은 다음과 같이 시작한다.

"하나님의 부르심과 훌륭한 교리로 시작된 감리교회에 적절한 교육이 더해진다면, 감리교회는 더욱 많은 하나님의 일을 감당할 수 있을 것이다. 선하고 경건함은 물론이요, 사회의 어떤 계층과도 자유롭게 어울릴 수 있는 목회자에 관심이 없는가? 목회자가 사회 공동체에서 인정을 받고 그리스도께서 세상을 이끄시는 목회에 관심이 없는가?"

또한 더빈은 신학대학교 학생은 하나님의 부르심에 대해서 확신이 있어야 하며 주위 사람들이 그 소명을 보증해야 한다는 주장도 함께 제시했다.

그 사이, 1839년 버몬트 뉴버리(Newbury, Vermont)에 있는 감리교 학교는 신학부를 추가하였다. 하지만 감리교회는 신학교를 공식적으로 승인 하지 않았다. 당시 신학대학은 교회의 공식적인 후원이 부족해 운영이 어려웠기 때문이다. 1847년, 학교는 뉴햄프셔의 콩코드(Concord)로 옮겨갔다.

1855년, 랜돌프 포스터(Randolph S. Foster)는 "감리교회의 필요성, 감리교회의 사역을 존중하며"라는 논문을 책으로 펴냈다. 포스터는 "교회는 충분한 교육을 받고 지성을 겸비한 목회자가 필요하다."라고 주장했다. 그는 감리교회는 지금의 영적인 삶과 교육 사명을 강화할 지성의 뼈대가 필요하다고 말하며 다음과 같이 물었다.

"어린아이 밑에서 배울 수 있습니까? 말하는 사람의 부족함을 알면서도 듣고 있을 수 있습니까? 오히려 말하는 사람이 무지로 인해 창피를 당하고 무능함으로 인해 공격을 받지 않겠습니까? 배움의 욕구와 즐거움을 충족할 수 있는 방법이 있는데, 그것을 갖추지 못한 선생에게 배우려고 하겠습니까? 우리에게는 이 문제를 해결해야 할 책임이 있습니다. 이 책임을 다 하지 않는다면 이 문제는 곧 현실로 다가올 것이며 황폐한 결과를 초래할 것입니다."

포스터의 책이 발간되고 1년 후인 1856년, 감리교회의 총회는 신학대학의 설립을 승인했다.

존 뎀스터(John Dempster)는 감리교회 신학계의 저명한 인물이다. 뎀스터는 1830년대에 뉴욕중부지역의 책임자로 있었을 때 감리교회 설교자의 설교를 듣고 회심을 했던 사람들 중 고학력자들이 다른 교단으로 옮겨가는 일이 자주 발생하는 것을 알게 되었다. 다른 교회에는 더 높은 수준의 교육을 받은 목회자가 있었기 때문이었다. 그는 엘리야 헤딩 감독에게, 교육받은 목회자들을 보내달라고 요청했다. 그러나 감독은 "우리가 알고 있는 사람 중에 그런 사람은 없습니다."라고 답변했다. 이 답변으로 인해 뎀스터의 마음에 신학교육 운동의 불길이 타올랐다. 그리고 그는 남은 생을 신학교육에 바치겠다고 다짐했다. 그의 지칠 줄 모르는 노력은 그에게 "감리교회 신학교육의 아버지"라는 호칭을 가져다주었다.

1844년, 존 뎀스터는 버몬트의 뉴버리에 있는 성서연구소의 소장이 되었다.(후에는 뉴햄프셔의 콩코드로 옮기게 되었다.) 그는 학생

뉴버리 성서연구소 Newbury Biblical Institute

1839년, 목회자와 평신도들이 보스턴에 있는 브롬필드 스트리트 교회(Bromfield Street Church)에서 만나 미국 감리교회 신학교를 위한 첫걸음을 시작했다. 그들은 버몬트의 뉴버리에 신학교를 세우기로 하였다. 이 학교는 1839년에 세워졌고, 미국 감리교회 신학교의 시초가 되었다.

랜돌프 포스터 감독 Bishop Randolph S. Foster
(1820-1903)

포스터는 11살에 그리스도를 영접했다. 그리고 곧 재능 있는 설교자가 되었다. 그는 켄터키에 있는 어거스타 대학에서 공부했지만, 여러 사람들의 조언으로 졸업하기 전에 순회 설교자가 되었다. 신시내티에서 목회할 당시, 그는 감리교회 교리를 옹호하는 것으로 유명해졌다. 포스터의 사역은 1849년, "칼빈주의에 대한 반대(Objections to Calvinism)"라는 책으로 출판되었다. 후에 그는 노스웨스턴 대학교(Northwestern University)의 교장이 되었고, 드루 신학교(Drew Theological Seminary)의 조직신학 교수가 되었다.

포스터의 수많은 저서들은 큰 영향력을 발휘했다. 그의 저서로는 "크리스첸 정결의 본질과 축복(The Nature and Blessedness of Christian Purity)", "크리스첸 경험철학(Philosophy of Christian Experience)", "거룩한 기억에 대하여(Address in Sacred Memories)", "무덤을 넘어서(Beyond the Grave)", "세기의 사상(Centenary Thoughts)", "감리교회의 처음 100년(The First Hundred Years of Episcopal Methodism)", 감리교회의 연합(Union of Episcopal Methodism)" 그리고, 6권으로 된 전집(a six-volume work)과 "신학연구(Studies in Theology)"가 있다. 그는 빛나는 지성을 바탕으로 심오하고 어려운 주제에 대해서도 거리낌없이 설교했다. 포스터는 셔터콰 연구소(Chautauqua Institute)에서 가장 인기 있는 설교자였다. 1872년, 감리교회는 포스터를 24대 감독으로 선출하였으며, 그는 마지못해 자리를 받아들여 24년 동안 감독으로 섬겼다.

들에게 하나님을 탐구하며 지식을 쌓으라고 강조했다.

"너의 지성과 도덕성이 아무리 쌓인다고 해도 너의 믿음의 확신이 흔들려서는 안 된다. 믿음과 지성이 떨어져서는 안 된다. 머리의 지성과 마음의 경건함이 떨어지게 해서는 안 된다. 우리 안에서 지성과 도덕성이 떨어져서는 안 된다."

1853년, 존 뎀스터는 시카고로 옮겨가 두 번째 신학대학교를 설립하는 일을 도왔다. 당시의 사람들은 그 지역을 북서지역이라고 여겼다. 신학대학교 설립을 계획했던 이사(理事)들은 교수가 영적으로나 신학적으로 '가장 어울리는 사람'이 되어야 한다는 것에 동의했다. 따라서 학교는 감독이 교수를 세울 때에 신학적으로 올바른 사람을 세워야 할 책임이 있다고 명시했다. 마침내 1855년, 엘리자 게렛(Eliza Garrett) 부인의 후원으로 에반스톤(Evanston)에서 개교하였다. 학교는 후원자의 이름을 가져와 게렛 성서연구소(Garrett Biblical Institute)라고 불렸다. 뎀스터는 첫 번째 학교장을 지내며 언제나 학생들에게 올바른 목회를 위한 영적질서에 대해 강조했다.

"전인격적 영성은 높은 수준의 경건을 동반한다. 그것은 살아있고, 운동력이 있으며 모든 것을 이기는 경건함이다. 또한 그것은 마음, 삶, 공부, 습관과 인격에 영향을 미친다."

뎀스터의 리더십을 기리기 위해 학교의 첫 번째 건물이름을 뎀스터 홀이라고 명명했다.

1867년 감리교 성서연구소의 이사진들은 학교를 보스턴으로 옮기기로 했다. 보스턴으로 옮겨간 후, 학교는 보스턴 신학대학으로 이름을 바꾸었고, 첫 번째 교장으로 윌리엄 워렌(William F. Warren)이 임명되었다. 윌리엄은 이후 보스턴 대학교의 학장이 되어 학교를 확장시켰다. 보스턴 대학교의 교수직을 수행했던 사람들 중에는 전화기를 발명한 알렉산

존 뎀스터 John Dempster (1794-1863)
이 초상화는 게렛 신학교에 소장되어 있다. 허락을 받고 여기에 게재되었다.
아돌프 핸슨(Adolf Hansen)이 찍은 사진이다.

뎀스터는 존 웨슬리가 미국으로 보냈던 선교사 제임스 뎀스터(James Dempster)의 아들이었다. 그는 18세에 그리스도를 영접하고 남은 생을 신학공부와 사역에 헌신했다. 또한 1818년부터 1835년까지 순회 설교자로 섬기면서 지역 대표를 역임했다. 이후에는 남미에서 선교사로 섬겼으며, 1842년 뉴욕에서 목회를 시작했다. 또 버몬트에 있는 뉴버리 아카데미에서 교장을 지냈고, 1847년에는 학교를 뉴햄프셔의 콩코드로 옮기는 데 힘을 쏟았다. 그곳에서 학교명을 감리교 성경연구소(Methodist General Biblical Institute)로 바꾸었다. 1867년, 감리교 성경연구소는 보스턴으로 옮겨갔다. 감리교 성경연구소는 첫 번째 감리교회 신학대학교로 그 이름을 널리 알렸다.

뎀스터는 콩코드의 신학교를 섬긴 후, 1853년에 시카고로 옮겨가 두 번째 감리교회 신학교인 게렛 성서연구소(Garrett Biblical Institute)를 세우는 데에 힘썼다. 그는 넘치는 에너지와 헌신으로 신학교육 발전에 열정을 쏟았다. 또한 태평양 연안에 또 다른 신학교를 설립하고자 계획했지만 신학교가 세워지기 전에 수술을 받게 되었고, 결국 세상을 떠나고 말았다.

더 그레이엄 벨(Alexander Graham Bell)도 있었다.

감리교의 신학교들은 학업과 영성훈련 중 어느 것도 소홀히 하지 않았다. 게렛 성서연구소의 책자에는 다음과 같이 명시되어 있다.

"모든 학생들은 기독교인이자 목회자 후보생으로서 기품 있는 행동과 영성을 항상 유지해야 한다. 학교의 설립 목적은 하나님의 목회자들이 그에 걸맞은 소양을 지니게 하는 데에 있다."

또한 뎀스터는 졸업을 앞둔 학생들에게 목회자가 지녀야 할 하나님의 기름 부으심의 필요성에 대해 이렇게 설명했다.

"목회자의 강단은 하나님의 성령이 독립적으로 일하시는 것을 나타내는 곳이다. 그것은 수단과 목적 사이에 무한한 것이 된다. 모세가 지팡이를 들어 올렸던 그 단순한 행동이 성령의 역사하심으로 인해 홍해를 가르고도 남는 능력을 발휘했던 것처럼 강단의 웅변은 효과

엘리자 게렛 Eliza Garret (1805-1855)
이 초상화는 게렛 신학교에 소장되어 있다.
아돌프 핸슨(Adolf Hansen)이 찍은 사진이다.

1834년 엘리자와 어거스투스 게렛(Augustus Garrett)은 시카고에서 사업가로 성공을 거두었다. 1939년, 이 부부는 클라크 스트리트 감리교회(Clark Street Methodist Episcopal Church)에서 그리스도를 영접했다. 1843년, 남편은 시장이 되었지만 1848년에 부인에게 많은 땅을 남긴 채 세상을 떠나고 말았다. 그녀는 재산의 대부분을 감리교회의 두 번째 신학교를 세우는 데 사용했다. 이 학교가 바로 현재 게렛 복음주의 신학교(Garrett-Evangelical Theological Seminary)라고 불리는 게렛 성서연구소이다.

게렛 성서연구소에 있는 뎀스터 홀
Dempster Hall at Garrett Biblical Institute

이 건물은 1854년 지어진 첫 번째 신학교 건물이었다. 지금은 노스웨스턴 대학교(Northwestern University)의 일부가 되었다. 1층은 기숙사, 2층은 교직원 가족들의 숙소, 강의실과 예배당으로 사용되었으며 3층에는 도서관이 있었다. 학교가 처음 세워졌을 때, 학생들은 4명, 교직원은 3명이었다.

보스턴 대학교 신학대학
Boston University Theological Seminary

이 사진은 19세기 당시의 모습이다. 이 학교는 지금의 보스턴 대학교의 시초가 되었다.

적인 회심을 불러일으킨다."

1866년에 있었던 감리교회 100주년 기념 행사에서는 신학교육을 위한 자금모금도 함께 이루어졌다. 모든 교회의 노력으로 보스턴과 게렛 신학대학에 후원할 보조금이 마련되었다. 비록 신시내티 신학교는 실패로 끝났지만 4개의 새로운 신학대학을 신설하기 위한 모금운동은 성공적으로 진행되었다. 1867년, 감리교회의 세 번째 신학대학이 뉴저지 메디슨에 설립되었다. 이 신학교는 감리교회의 부자인 다니엘 드루(Daniel Drew)의 후원으로 세워질 수 있었다. 또한 존 뎀스터의 영향력도 발휘되었다. 그는 다니엘 드루가 출석하는 교회의 목회

자였다.

이제 많은 교회들이 신학교를 세우는 데 앞장서기 시작했다. 1871년, 연합형제교회는 오하이오의 데이튼에 신학교를 열었다. 이 신학교는 후에 이름을 본브레이크(Bonebrake) 신학교로 바꾸었다가 1954년에 연합신학대학교로 바꾸었다. 1876년, 복음주의 교회도 일리노이주 내이퍼빌(Naperville)에 신학대학을 설립했다. 1881년에는 감리교 개신교회(Methodist Protestant Protestant Church)가 지금의 웨슬리 신학대학을 시작했다. 1883년 감리교회는 개몬(Gammon) 신학대학을 설립하고, 흑인 목회자를 양성했다. 오늘날 연합형제

노스웨스턴 대학교 여자대학
Northwestern University Woman's College

노스웨스턴 대학교는 1851년에 세워졌으며, 여자 대학은 1873년에 설립되었다.

다니엘 드루
Daniel Drew
(1791-1879)

드루는 뉴저지 메디슨 지역의 드루 신학교, 뉴욕 카멜 지역의 드루 여성신학교(Drew Ladies' Seminary) 등의 학교를 설립하는 일과 카멜 지역에 감리교회를 세우는 일 등 감리교회 사업에 많은 자금을 지원한 인물이다.

교회는 13개의 신학대학을 지원하고 있다. 13개의 학교는 설립년도를 기준으로 아래와 같다.

Boston University School of Theology, 1839
Garrett-Evangelical Theological Seminary, 1855
Drew University Theological School, 1867
United Theological Seminary, 1871
Wesley Theological Seminary, 1881
Gammon Theological Seminary, 1883
School of Theology at Claremont, 1885
Iliff School of Theology, 1892
Candler School of Theology, 1914
Perkins School of Theology, 1915
Duke University Divinity School, 1926
St. Paul School of Theology, 1958
Methodist Theological School in Ohio, 1960

이 외에도 여러 독립적인 신학교들이 웨슬리 신학의 유산을 바탕으로 연합감리교회에서 사역하길 원하는 목회자들을 길러내고 있다.

웨슬리가 남긴 유산들은 고등학문에서 그 진가를 더욱 발휘하고 있다. 기독교 교육기관을 설립했던 열정적인 개척자들은 자신들이 세운 학교를 통해 이 보물과도 같은 기독교 신앙이 학생들에게 전해지기를 소망했다. 찰스 웨슬리가 바라던 교육이 그가 기록한 글에 잘 나타나 있다.

오랫동안 떨어져 있던 둘을 연합시킵시다.
학문과 경건함을 연합시킵시다.
배움과 거룩함을 합쳐
모두가 진실과 사랑을 볼 수 있게 합시다.
그들이 우리가 전하는 그 분,
온전히 그 분과 같이 되어 죽었으나 살아가도록.

드루 신학교, 미드 홀
Mead Hall, Drew Theological Seminary
달렌 슈웁(Darlene V. Shoop)이 찍은 사진이다.

이 건물은 원래 윌리엄 기번(William Gibbons)의 저택으로 1832년에 지어졌다. 다니엘 드루는 이 집과 주위에 있는 땅을 사들여 드루 신학교를 세웠다.

1867년 11월 6일, 학교 개교식에 24개의 연회로부터 온 모든 교회의 감독들과 200명의 사역자들이 모였다. 그 날의 연설자 중에는 "뉴욕크리스천옹호(New York Christian Advocate)"의 유명한 편집장이었던 다니엘 커리(Daniel Curry) 박사도 있었다. 커리는 연설에서 이렇게 말했다.

"우리에게는 감리교의 본질이라는 방향을 잃지 않고 나아갈 학교가 필요했습니다. 이 학교에서는 감리교회 교수들을 통한 강의가 이루어질 것입니다."

웨슬리의 전기 작가 중 한 사람인 토마스 잭슨(Thomas Jackson)은 웨슬리의 업적에 대해 이렇게 말하고 있다.

"웨슬리의 유산은 실제적 학문과 영적 경건함을 잘 연결하고 있다. 그의 업적은 지식의 이해를 높이기 위한 것뿐만 아니라 하나님과 사람을 더욱 사랑할 수 있도록 계산되고 디자인되었다."

이와 같은 머리와 가슴의 만남은 감리교회 유산의 거대한 중심틀이 되었다.

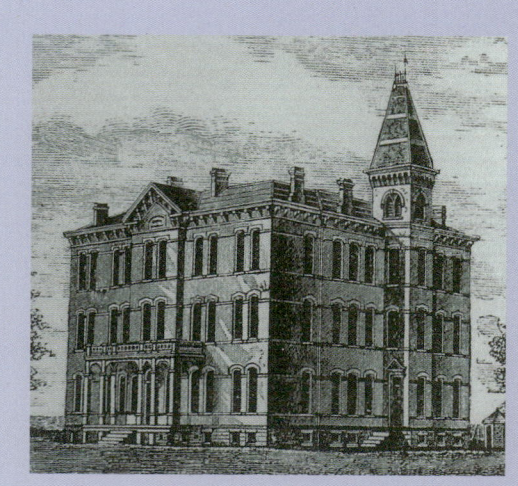

유니언 성서신학교 Union Biblical Seminary

연합형제교회(The Church of the United Brethren)는 1871년, 데이튼(Dayton)에 신학교를 세웠다. 오늘날 이 학교는 연합신학교(United Theological Seminary)가 되었다.

9 웨슬리 방식의 예배

존 웨슬리는 우리가 하나님의 형상을 따라 지어졌다는 성경적 사실에 큰 흥미를 가졌다. 그는 이것을 연구하며 이렇게 말했다.
"인류는 하나님을 담아낼 수 있다. 그러나 동물들은 그렇지 않다. 이것이 사람과 동물의 가장 큰 차이이자 둘 사이에 건널 수 없는 간격이다."

동생 찰스 웨슬리도 이런 견해에 동의했다. 그는 자신이 쓴 회개의 찬송가에서 다음과 같이 선포하였다.

"잠자는 성도", 윌리엄 호가스 "The Sleeping Congregation," by William Hogarth (1697-1764)

호가스의 이 그림은 18세기 영국 성공회의 모습을 풍자하고 있다. 그림에는 무관심한 목회자가 잠자고 있는 성도 앞에서 성경을 읽고 있는 모습이 표현되어 있다. 일부 영국 성공회 성직자들은 설교를 매우 간단하게 하거나 아예 하지 않기도 했었는데, 예배에 온 사람들이 설교를 통한 은혜를 기대할 수 없을 정도로 설교는 형편없었다.

많은 성직자들은 중산층을 소홀히 여겼고, 가족들과 먹고 마시는 데에 시간을 보냈다. 일부 성직자들은 술을 많이 마셔서 그들의 교구민들에게 '주량 3병'이라고 불리기도 하였다. 게으르고 영성을 잃어버린 성직자들로 인해 많은 성도들이 교회를 떠나갔고, 이는 감리교회 사역의 필요성이 더욱 부각되는 계기가 되었다.

따분했던 예배와 대조적으로 감리교회의 예배는 생동감 있고 은혜가 넘쳤다. 존 웨슬리는 영국 성공회의 예배를 대체하는 것에 만족하지 않고 진정한 개선을 위해 감리교회 예배를 계획했다. 그는 성도들이 예배를 통해 은혜를 받는 것에 대해 만족했다. 따라서 성직자의 말씀은 예배에서 많은 부분을 차지했다. 형편없었던 다른 교회의 설교에 비해 감리교회 예배의 설교는 사람들에게 좋은 영향을 주었다. 웨슬리는 감리교회 평신도 설교자의 말씀과 기도에 대해 "다듬어지거나 애써 준비한 설교는 아니지만 이성적이고 성경적이다"라고 말했다.

켄터키에 있는 시골교회 Rural church in Kentucky

1826년 미국 감리교회는 50주년을 맞이한다. 프리번 게렛슨은 뉴욕연회(New York Annual Conference)가 개최되기 전에 50주년 기념 설교를 하였다. "주의 기도와 성례 등을 우리 교회 안에서 지속적으로 행해야 합니다. 저는 많은 교회들이 성례에 대한 관심을 보이고 있음에 기쁩니다. … 사랑이 넘치는 사람이 되기 위해 … 수확을 모으는 하나의 공동체가 되기 위해 … 우리는 거룩하고 온화한 사람인 웨슬리(Mr. Wesley)가 본으로 보여준 것과 같이 교회의 기준에 맞는 사람이 되어야 합니다."

미국 감리교회는 자유로운 예배와 형식을 갖춘 예배라는 두 모델을 두고 논쟁이 있었다. 자유로운 예배는 즉흥적인 기도와 찬양 간증 등을 의미하고, 형식을 갖춘 예배는 형식적인 기도, 정해진 예배방식과 교리, 성경봉독, 찬양을 포함한다. 자유로운 예배는 자연스러운 흐름, 개개인의 경험과 즉흥적인 감정의 표현이 가능하다. 반면 형식을 갖춘 예배에서는 순서, 통일성, 기독교의 역사와의 연관성을 중시하는 경향을 보인다. 이 두 가지 형식의 예배들은 서로 마찰을 일으키기보다는 서로의 부족한 부분을 채워주었다. 보통의 경우 성도들은 성숙해지면서 형식이 없는 예배에서 형식을 갖춘 예배를 드리게 되었다. 하지만 나중에는 형식에 얽매이지 않는 진정성에 그 중요성을 깨닫게 되었다.

"동물들은 숨을 거둘 것이니
그들은 하늘에 속한 것들이 아니라네.

당신은 더 높은 곳을 위해 태어났으니
모두 하나님께로 돌아오라.
저 천국에서 주님과 함께 살리라.
왜 죽음으로 모든 것이 끝나리라 생각하는가?"

웨슬리 신학은 인간이 하나님과 개인적인 소통을 할 수 있다고 보았다. 이를 바탕으로 감리교회는 예배의 정통성을 만들어 나갔다.

초기 감리교회의 이슈는 예배를 통해 누리는 기쁨, 자유, 능력이었다. 이는 사람들의 이목을 집중시켰다. 많은 사람들이 모임을 통해 복음은 물론 예수 그리스도와의 인격적이고 개인적인 경험을 이해했다. 성도들은 감리교회 예배가 비록 초라한 장소에서 드려질지라도 대성당의 감흥이 없는 예배보다 훨씬 낫다고 여겼다. 1759년, 존 웨슬리는 감리교회 예배가 사람들을 매료시켰던 사건에 대해 다음과 같이 기록했다.

"길이 미끄러웠으므로 우리는 베드포드(Bedford)에 힘들게 도착했다. 그곳엔 많은 사람들이 모여 있었다. 하지만 방 아래 쪽에 있는 돼지우리에서 나는 냄새는 견디기 힘들었다. 예배장소가 돼지우리였던 적이 한번이라도 있었는가? 확실히 그들은 복음을 열망하는 마음으로 이런 장소까지 나아온 것이었다."

존 웨슬리는 '성경적이고 이성적인' 예배를 드리기를 원했다. 그는 동생 찰스 웨슬리와 함께 다양한 방법을 통해 감리교인들이 하나님을 예배할 수 있도록 도왔다. 그 과정에서 그들은 미국 감리교회의 귀중한 유산으로 남을 감리교회 예배전통을 만들어나갔다.

웨슬리적인 예배의 역동성

존 웨슬리는 "신령과 진정으로 드리는 예배란 무엇인가?"에 대한 질문에 대답했다. 그는 거룩한 삼위일체 하나님이 함께 하시며 받아주시는 예배에 대해 다음과 같이 정의했다.

"신령과 진정으로 예배한다는 것은 우리의 영으로 하나님을 예배하는 것이다. 예배는 다른 어떤 존재가 아닌, 오직 영을 가진 우리만이 드릴 수 있다. 또한 하나님이 지혜로우시며 거룩하시며 공정하며 부정한 것을 꿰뚫어 보시는 이심을 믿는 것이다. 그가 자애와 은혜로 오래 참으시고 죄를 용서하시며 모든 죄를 물리치시고 우리를 그의 사랑하는 자녀로 삼아주시는 분이심을 믿는 것이다. 예배는 하나님을 사랑하는 것이다. 하나님을 기쁘시게 하는 것이다. 마음과 뜻과 힘을 다해 하나님을 갈망하고 우리를 사랑하시는 하나님을 닮아가며, 그가 순전하신 것처럼 순전하여 그의 뜻을 따르고, 우리의 말과 행동과 생각이 그에게 맞춰지는 것이다. 결과적으로 그의 계명을 따르는 것이 신령과 진정으로 드리는 예배라고 볼 수 있다. 우리의 몸과 영으로 하나님께 영광을 돌리기 위해, 우리의 매일의 삶이 하나님께 드려지기 위해, 우리의 일자리가 하나님께 드려지는 제사가 되기 위해, 무엇을 먹든지 마시든지, 무엇을 사든지 팔든지, 모든 것이 하나님의 영광이 되도록 하는 것이 신령과 진정으로 예배를 드리는 것이다."

웨슬리는 온전한 마음으로 드리는 예배를 하나님께서 받으신다고 강조했다. 예를 들어 찬양하는 것에 대해 이렇게 말했다.

"무엇보다 영으로 찬양하라. 모든 찬양 속에서 하나님께 눈을 맞추라. 자신이나 다른 것을 기쁘게 하기 위함이 아닌, 하나님을 기쁘시게 하는 데에 초점을 맞추라. 네가 무엇을 노래하는 지에 집중하라. 너의 마음이 음악에 떠다니는 것은 아닌지 확인하고, 온전히 하나님께 드려질 수 있게 하라."

웨슬리 예배의 초점은 모든 것의 근원이신 하나님과 예수 그리스도 그리고 성령을 통한 은혜와 축복에 맞춰져 있다. 만일 하나님이 아닌 다른 것에 중심을 두고 있다면 그것은 목적을 잃은 예배이다. 또한 찰스 웨슬리의 찬송가

브리스톨에 있는 찰스 웨슬리의 집 서재
Charles Wesley's study on the upper floor of his house in Bristol.

찰스 웨슬리는 사진에 있는 책상에서 역사적인 기독교 찬송가를 썼다.

그는 성경책과 함께 살았으며, 그의 찬송들은 성경구절과 비유로 가득했다. 그는 다음과 같이 기록했다.

내 집에서 조용히 앉을 때,
당신의 책은 내 친한 친구가 됩니다.
당신의 말을 묵상하는 것이 내 기쁨이고,
당신의 뜻을 이야기하는 것이 내 기쁨입니다.
가슴을 울리는 말씀이 온전히 내 것이 될 때까지
나는 당신의 계시를 탐구합니다.

는 하나님과 하나님의 사랑 안에 거하는 우리에게 집중하는 예배가 될 수 있도록 돕고 있다.

초기 감리교회 예배는 우리 눈에 보이지 않는 하나님의 존재를 느끼는 것을 중요하게 여겼다. 존 웨슬리가 시티로드 예배당에서 예배를 드릴 때, 그는 거대한 하나님의 임재에 사로잡혔다. 웨슬리는 10분 정도 가만히 서서 다른 세계의 영역으로 빠져드는 것 같은 기분을 느꼈다. 그는 이날의 예배에 대해 "눈은 감겨져 있었고, 자신의 형상이 하늘로 올려지며 손은 성경책 위에 놓여있었다."고 말했다. 모든 성도들도 하늘이 땅을 어루만지는 것을 느끼면서 가만히 서 있었다. 그리고 웨슬리는 찬양을 불렀다.

"오라, 저 위에 상 받은 자들
우리의 친구들과 함께 하자.
사랑의 날개 위에서
즐거운 하늘의 요동 속에서
그 안에서 우리는 한 가족이니
지금과 같이 위에서도 한 교회라
지금은 우리가 갈라져 있을지라도
삶과 죽음으로 나뉘어져 있을지라도.

그 현장에 있었던 한 사람은 많은 사람들이 마치 하늘의 합창처럼 찬양하며 울며 예배했다고 증언했다.

웨슬리의 예배로 인해 많은 사람들이 하나님을 만나고 삶을 변화시켰다. 예배는 그들이 노래하고 다른 사람들을 전도하고 가르치는 데에 동기를 부여했다. 헤스터 앤 로저스(Hester Ann Rogers)는 웨슬리에게 이렇게 편지했다.

"예배당은 꽉 찼고 하나님의 은혜가 임재 했습

런던 시티로드의 웨슬리 예배당에 있는 존 웨슬리의 동상
John Wesley's statue at Wesley's Chapel, City Road, London
이 동상은 아담-액튼(Adams-Acton)의 작품으로 웨슬리 사후 100주년이 되는 1891년에 세워졌다. 조지 댄스가 예배당을 디자인했는데, 이것이 세계감리교회의 모교회로 간주되고 있다. 웨슬리는 이 예배당이 "완벽할 정도로 깔끔하지만, 훌륭하지는 않다"고 평했다. 웨슬리의 무덤은 예배당 뒤에 있다. 감리교회 이사회의 허락을 받고 사진을 게재한다.

기독교인의 삶의 다른 측면인 예배와 관련해서, 존 웨슬리는 다양한 전통 아래에서 예배와 삶을 '전도와 영적성장'이라는 목적에 맞게 재조명하였다. 하지만 그는 자신을 '잉글랜드 교회를 위한 사람'이라고 말했다. 이는 그가 성직자와 교회조직, 신학과 교회를 향한 충성으로 가득한 사람이라는 것을 표현해주는 말이다.

그러나 한편으로 그는 영국 성공회의 전통에 국한되지 않았다. 웨슬리는 로마가톨릭, 동방정교회, 개신교, 모라비안(경건주의), 청교도 등의 다양한 전통을 받아들였다.

이처럼 독특한 종교적 융화에도 불구하고, 그는 성경의 참된 가르침과 하나님이 그를 부르신 사명에 대해서 탐구했다. 또한 항상 하나님의 말씀을 바르게 듣기 위해서 힘썼다. 그가 썼던 설교의 서문에는 이렇게 적혀있다.

"나는 모든 사람을 위한 진리를 설교한다. 이 목적을 위해 보이기 좋은 철학적 사색과 복잡하게 뒤엉킨 추론을 멀리한다."

이러한 웨슬리의 노력은 마침내 '감리교회'라는 창조적이면서도 효율적인 새로운 전통을 형성하기에 이른다.

니다. 많은 사람들이 영적으로 깨어나고 어떤 사람들은 예수님을 영접했습니다. 예배당이 하나님의 능력으로 말미암아 흔들렸습니다. (영적으로 말입니다.) 그곳에 있었던 어느 누구도 그 예배를 잊지 못할 것입니다. 저 또한 그럴 것입니다. 그저 작은 영광이 아닌 하나님의 집, 하늘의 문이 열리는 영광입니다!"

초기 선교사들은 이러한 감리교회 예배의 영성과 능력을 미국에 전하여 뿌리를 내리도록 했다. 많은 감리교회 예배가 '오순절의 계절(Pentecostal season)'로 불렸다. 다음은 미국 초기 감리교회의 예배를 표현한 말이다. 이 글은 리처드 왓코트 감독의 일기(Journal of Bishop Richard Whatcoat)에 기록되어 있다.

"9시, 200여명의 사람들이 새크라멘토(Sacrament)에서 예배를 드렸다. 한 설교자가 말씀을 전하자 하나님의 능력이 임하기 시작했다. 그는 두 시간에 걸쳐 말씀을 전했다. 그의 설교는 매니(Maney)를 감동시켰다. 설교가 끝날 무렵에는 주의 능력이 모든 사람들에게 임했다. 매니는 찬양하며 주의 이름을 불렀고, 사람들에게 말씀을 전했다. 앞으로 매니가 새신자들과 정기적으로 만나기를 바란다."

초기 감리교회의 설교자들은 성령의 기름 부으심으로 인해 말씀을 전하는 중 '자유'를 느낄 수 있었다고 말했다. 하나님의 말씀이 사람의 마음에 받아들여졌을 때, 감리교회 예배는 눈물과 기쁨으로 뒤범벅되는 "심령이 녹는 시간(melting time)"이 되었다. 제시 리는 1789년 감리교회의 부흥에 대해 다음과 같은 글을 썼다.

"말씀 가운데 하나님의 거룩한 영이 함께 계셨습니다. 아마 몇몇 사람들이 그것을 느꼈을 것입니다. 우리는 전율을 느꼈고, 눈물을 참을 수 없습니다."

형식을 갖춘 예배와 형식을 갖추지 않은 예배

미국 감리교회의 예배는 크게 형식을 갖춘 예배와 형식을 갖추지 않은 예배로 나뉘어 발전되었다. 감리교회 공식예배는 존 웨슬리가 미국교회를 위해 마련한 "주일 예배서(Sunday Service)"를 기초로 한다. 이는 영국 성공회의 예배 형식을 본 따 만들어졌으며, 미국 감리교회의 세례식, 공동체, 결혼, 성직자 안수와 장례식 등에 영향을 미쳤다.

감리교회 비형식예배는 영국 성공회의 비형식예배를 보완하며 발전했다. 존 웨슬리는 비형식예배로 형식예배를 대체할 수는 없으며, 단지 더 풍성한 형식예배를 위해 비형식예배가 필요한 것이라고 말했다. 감리교회 비형식예배에는 즉흥적인 기도와 설교, 야외 예배, 평신도의 예배인도 등이 있었으며, 그 형식이 매우 자유롭다는 공통점을 갖고 있었다.

감리교회 예배는 영국 성공회처럼 전통에 얽매이지도, 일부 청교도처럼 형식을 벗어나지도 않았다. 다만 감리교회 예배는 둘을 적절히 조화시키고자 했다. 존 웨슬리는 성공회 예배를 두고 '좀처럼 보기 힘든 훌륭한' 예배라고 말하면서도, 개선해야할 점이 보이면 망설임 없이 변화를 시도했다. 웨슬리는 감리교인들에 대해 '형식을 반대하지 않지만 형식에 얽매이지 않는' 사람들이라고 표현했다. 그는 성전에서 드리는 공식예배와 집이나 작은 예배당 또는 야외에서 드리는 비공식예배 모두를 승인했다. 또한 공적인 곳에서는 성공회 전통의 기도문을 읽기도 했지만, 종종 즉흥적인 기도를 하기도 했다. 또 가끔 원고를 준비하여 설교를 하기도 했지만, 원고 없이 설교하기도 했다. 존 웨슬리는 자유로운 예배가 형식적 예배와 자연스럽게 조화될 것이라고 믿었다. 이러한 균형은 질서와 엄숙함을 유지하면서도 자유로운 예배를 드리게 됨으로써 예배의 수준을 더욱 높이는 결과를 가져왔다. 형식예배와 비형식예배의 조화를 이루어낸 감리교회의 예배는 기독교 예배 문화에 큰 기여를 하게 되었다.

주일예배

존 웨슬리가 미국 감리교회의 첫 번째 감독으로 토마스 코크를 보내며 "북미 감리교회의 주일예배와 상황별 예배(The Sunday Service of the Methodists in North America With Other Occasional Services)"라는 책을 함께 보냈다. 웨슬리는 영국 성공회의 기도서를 기초로 이 책을 만들었다. 그 과정에서 성공회의 축일들을 없애고 예배를 줄였으며, '기독교인에게 어울리지 않는' 구절은 삭제했다.(예를 들면, 성인들과 연옥에 있는 사람들을 위한 기도가 있다.) 또한 "주일예배서(Sunday Service)"를 통해 '성직자(priest)'라는 단어 대신 '장로(elder)'를 사용했고, '감독(bishop)' 대신 '감리사(superintendent)'를 사용했다. 사죄를 위한 성직자의 선포를 짧은 속죄기도로 대신하기도 했다. 유아세례 예식에서 목회자가 아기 이마 위에 십자가 성호를 그리던 관습도 없앴다. 그는 "아기가 성령으로 세례를 받음으로써 이미 하나님을 기쁘시게 한다."라고 말했다.

감리교회의 창립총회는 웨슬리의 '주일예배' 형식을 공식적으로 채택했다. 초기 미국 감리교회 설교자들은 이 형식에 의거하여 예배를 드렸다. 제시 리는 "큰 도시와 일부 지방의 설교자들은 웨슬리의 예배서를 따라 주일 기도문을 읽었다. 오전 예배나 수요일, 금요일 예배에서 읽기도 하였다."고 기록하고 있다. 잠시 동안이었지만, 미국 감리교회 감독들과 설교자들은 성공회 성직자들을 따라 가운과 밴드를 착용했다. 애즈베리 감독 역시 교회법

존 웨슬리의 미국 감리교회 "주일예배서"의 표지
Title page of John Wesley's Sunday Service for the American Methodists

존 웨슬리의 주일예배서는 미국 감리교회 예배의 초석이 되었다. 1784년, 웨슬리는 이 책을 미국 감리교회에 추천하며 다음과 같이 말했다.
"영국 성공회의 기도서보다 성경적이고 경건하며 완전한 것으로는 고대에도 현대에도 없을 것입니다. 비록 200년 전에 쓰여진 책이나, 이 책은 순전하고 강하며 품위 있는 언어를 사용하고 있습니다."
웨슬리가 받아들인 기도서는 "주일예배서(Sunday Service)"라고 불리게 되었다. 몇몇 사람들은 이 업적이 존 웨슬리의 마지막 비전이자, 미국 감리교회를 위한 유언이었다고 말하고 있다.

에 의해 가운과 복장을 착용하고 기도문을 읽기도 했다.

그러나 이러한 격식은 미국 감리교회와 맞지 않았다. 비바람을 맞으며 순회예배를 드려야 하는 설교자들에게 성직자의 예복은 어울리지 않았다. 오히려 집에서 직물로 짠 옷이 더 편하고 잘 어울렸다. 결국 미국 감리교회는 웨슬리의 "주일예배서(Sunday Service)"를 사용하지 않게 되었다. 1810년, 주일예배 예식서 채택을 지지하던 제시 리도 "몇 년 후에 기도서는 단상에서 공식예배 예식서로 읽히지 않게 되었다."고 인정했다. 수십 년간, 미국 감리교회는 주일예배 예식서를 출간하지 않았다.

미국 감리교회가 형식에 얽매이지 않게 된

것은 몇 가지 이유가 있다. 우선 대다수의 감리교인들이 농부나 일꾼이었기 때문에 형식에 맞추어진 주일예배서가 익숙하지 않았다. 예식서에 사용된 언어들은 자신들을 비문화적이며 교육받지 못한 사람으로 여기던 성공회 성직자들을 떠올리도록 만들었다. 게다가 예식서가 사용하는 언어는 미국 감리교인들이 모였던 작은 집이나 헛간 같은 초라한 장소에 어울리지 않았다. 일반적인 감리교인들은 평소에도 그런 고풍스런 언어를 사용하지 않았다. 미국인들은 기도문을 읽으며 기도하는 것보다 눈을 감고 마음속에 즉흥적으로 떠오르는 것들로 기도하는 것을 더 좋아했다. 다시 말해 초기 미국 감리교회는 정형화된 형식이나 주일예배서의 언어와는 맞지 않았다.

그러나 1792년 총회는 감리교회 예배의 질서와 구조에 대한 염려를 드러냈다. 설교자들은 '주일 대중예배의 형식 통일'에 대해 동의했다. 그리하여 감독들은 모든 교회가 예배 때에 지켜야 할 일반적인 형식에 대한 가이드라인을 제시했다.

1824년, 감리교회는 공식예배의 형식을 더욱 공고히 했다. 그 해에 열린 총회는 세례식을 거행할 때와 신앙 공동체를 운영할 때 웨슬리의 주일예배 예식서를 사용해야 한다고 규정했다. 또한 예배를 시작하는 기도는 주기도문을 사용하고, 마칠 때에는 성부, 성자, 성

1898년 크리스천옹호에 등장한 성찬을 위한 광고 Advertisement for communion ware appearing in the 1898 Christian Advocate.

감리교회 공동체는 점차 발효된 포도주가 아닌 발효되지 않은 포도주를 사용하게 되었다.
1869년, 뉴저지 바인랜드(Vineland) 지역의 첫 번째 감리교회는 토마스 브람웰 웰치(Thomas Bramwell Welch) 박사를 성찬식 담당자로 세웠다. 웰치는 그 당시에 발견된 최신 살균법으로 만든 포도주스를 성찬식에서 사용할 수 있게 해 달라고 요청했다. 그로 인해, 웰치와 그의 아들 찰스는 발효되지 않은 성례용 포도주를 성찬식에서 사용했다. 이것을 시작으로 감리교회 공동체에서는 성찬식 때 포도주스를 사용하게 되었다. 웰치의 새로운 기법은 포도주스 산업에 큰 성공을 불러왔고, 이것을 시작으로 Welches(웰치스)가 설립되었다.
1870년, 뉴저지 총회는 금주협회를 조직하여, "술과 알코올음료에 대한 생산과 사용"을 반대했다. 1875년에는 성찬식에 발효되지 않은 포도주를 사용하도록 명했다. 곧 모든 감리교회가 성찬식에서 포도주스를 사용하게 되었다. 이는 현재 연합감리교회에도 전통으로 이어져 내려오고 있다.
1913년, 미국 국무장관이었던 윌리엄 제닝스 브라이언(William Jennings Bryan)은 영국대사를 임명하는 자리에서 포도주 대신 웰치스 주스를 사용해 세계를 놀라게 했다. 이후 몇 달 동안 풍자만화가들과 저널리스트들은 브라이언의 행동을 비웃었다.
1914년, 미국 해군 참모총장인 요세푸스 다니엘스(Josephus Daniels)는 미국 해군함 내에서 술을 사용하는 행위를 금지했다. 이에 해군은 포도주 대신 웰치스 포도주스를 미국 함대에 제공했다.

1930년대 미국의 야외전도집회
American Camp Meeting, 1930s
이 그림은 케니스 와이어트(Kenneth Wyatt)의 작품으로 애즈베리 신학교의 비손센터(Beeson Center)에 걸려있다. 신학교 발전위원회의 허락을 받고 사진을 찍었다.

18세기 말, 미국에서 엄청난 부흥운동이 일어났다. 이 영적각성은 두 번째 대각성운동(the Second Great Awakening)으로 불린다. 이 예배 형식 가운데 하나는 야외전도집회였다. 야외전도집회에 참여하기 위해 많은 사람들이 미국 전역에서 몰려들었다. 이 초기 야외전도집회는 감리교회의 성장과 서부개척자들의 도덕성 신장에 큰 영향을 주었다. 이 집회는 현재까지도 이어지고 있다.

이 장면은 1930년대 야외전도집회 중 '기도 고리'의 모습이다. 예배가 시작되기 전, 사람들은 원으로 둥글게 모여서 기도를 했다. 그들은 '하나님의 능력이 임하기를 바라며' 죄인들의 회개와 타락해가는 사람들의 구원, 믿는 사람들의 성화를 위해 기도했다. 이 사진에서는 성인 남자의 모습만 보이지만 실제 기도 고리는 아이들과 여자들도 모두 참여했다.

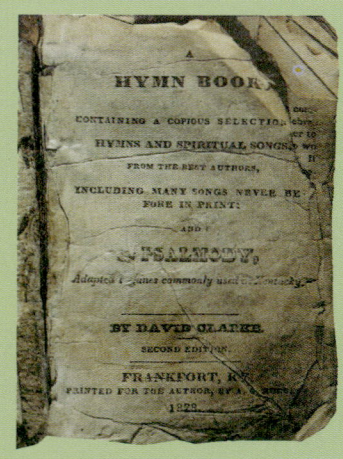

감리교인들이 야외전도집회에서 사용한 "Songster"
A "Songster" used by Methodists in their camp meetings

Songster에는 공식적 찬송가에 수록되지 않은 수많은 찬양들이 포함되어 있는 감리교회의 '비공식적인 찬양집'이다. 이들 가운데 많은 곡은 좋은 가사를 가지고 있음에도 불구하고 오늘날 더 이상 불리지 않는다. 예를 들면, '벨사살을 때려눕히다(단 5장)'는 한때 많이 불렸으나 지금은 불리지 않는 찬양이다. '벨사살을 때려눕히다'의 가사는 다음과 같다.

불쌍한 죄인들이여! 그들이 누구와 무엇을 하는지
생각하고 있지 않는구나!
하지만 마지막 때에 서있을 것이다.
영원한 괴로움 앞에서!

벨사살, 여호와를 거부하고
세속적으로 고집불통인 자여.
하지만 곧 보복당할 것이다!
그의 모든 자만을 겸손하게 할 것이다!

그의 화려한 음악과 술은
더 이상 기쁨이 되지 못할 것이다;
죄인이여, 이런 날이 오기 전에,
여호와를 찾아라!

아래는 Songster에 수록되어 있는 또 다른 찬양으로, 어둠에서 빛으로 나온 사람들을 그 시대의 언어로 표현한 것이다.

캠프에 있는 죄인들이 쓰러지네.
그들의 영혼에 깊은 고통이 있네.
그들이 왜 구르고 있지 않는가?
어두운 지옥의 그늘에서

령의 축도로 끝내도록 규정했다. 또 성직자와 감독을 임명할 때에도 웨슬리의 예식서를 사용하기로 했다. 이후 1864년 총회는 형식을 더욱 강화하여 예배 시에 성도들이 설교자와 함께 주기도문을 드리고 예배가 마칠 때에는 찬양을 함께 부르도록 규정했다.

이러한 과정에서 감리교회 비공식예배에도 새로운 변화가 생겨났다. 19세기에 이르러서 사람들은 "아멘", "할렐루야", "주님을 찬양합시다"와 같은 말들을 기도와 설교를 마칠 때 사용하기 시작했다. 때때로 성도들은 초기 감리교인들처럼 기쁨의 함성을 지르기도 했다. 또한 평신도들이 서로의 신앙 체험을 나눌 수 있도록 간증의 시간을 마련하였다.

주일 오전예배는 더욱 형식적으로 바뀌었다. 반면 주일 저녁예배나 주중 기도모임, 야외 전도집회와 같은 예배들은 더욱 자유로워졌다. 성도들은 주일 아침에 일반적으로 웨슬리의 찬송가를 부른 다음, 다른 예배에서는 "Songsters"라고 불리는 형식적이지 않은 찬양을 불렀다. 가끔은 공식예배와 비공식예배가 동시에 드려지기도 했다. 이런 예식과 자율성의 조화는 감리교회를 미국 개신교에서 가장 개성적인 교회로 만들어주었다.

감리교회 예배의 부흥

1826년, 미국 감리교회는 50주년을 기념하는 행사를 가졌다. 그곳에서 프리번 게렛슨이 새로운 변화를 불러일으킬 발언을 했다. 게렛슨은 웨슬리 주일예배 예식서의 장점이 묻히고 있다고 주장했다.

"저는 몇몇 형제들이 웨슬리 주일예배서와 같은 아름답고 훌륭한 예식서를 옆에 두고 결혼, 세례, 심지어는 성찬식까지 즉흥적으로 치르는 모습을 보고 놀라움을 금치 못했습니다.

토마스 섬머스 Thomas O. Summers (1812-1882)

1845년 섬머스는 남부 감리교회가 조직한 루이스빌 컨벤션의 총무로 섬겼다. 또한 남부 지방의 감리교인들을 위한 크리스천옹호(Christian Advocate)와 여러 서적의 총 편집장을 맡기도 했다. 그는 찬송가학, 예배서, 신학과 예배에 특별한 관심을 보였다. 이후 섬머스는 남부 감리교회를 위한 찬송가를 만드는 의회의 의장을 맡았다. 또한 조직신학을 가르치는 교수와 밴더빌트 대학교의 신학과 학과장을 역임하기도 했다. 그가 쓴 6권의 남부 감리교회의 예식, 세례에 관한 논문, 교회의 교리문답 형식은 감리교회에 거대한 예배의 유산으로 남아있다.

저는 예식서가 한 문장도 버릴 수 없을 만큼 가치가 있다고 생각합니다."

게렛슨의 외침은 감리교회 예식의 유산을 다시 돌아보게하는 계기가 되었다. 또한 대학교육을 받은 설교자들이 늘어나면서 그들 또한 형식을 갖춘 예배를 회복하자고 주장하였다. 교육을 잘 받은 교인들은 기독교의 역사와 아름다움이 담겨있는 예식을 귀중히 여기기 시작했다. 하지만 미국 감리교회의 많은 성도들은 여전히 주일예배서 또는 각종 절기예배에 대한 예식에 큰 관심을 두지 않았다.

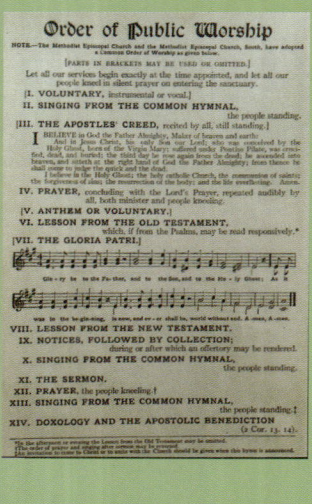

1905년도 감리교회 찬송가에 있는 대중예배 순서
Order of Public Worship from the 1905 Methodist Hymnal.

감리교회의 찬송가는 22명의 사역자들과 평신도들이 모인 자리에서 감리교회와 남부 감리교회가 각각 같은 수의 곡을 선정하여 만들어졌다. 이 찬송가에 적힌 목표는 다음과 같다.

"전능하신 하나님을 찬양하는 대중예배와 개인예배에 사용될 훌륭한 찬송을 제공하기 위해서, 그리고 복음적인 감리교회의 본질적인 연합을 세상에 알리기 위해서"

또한 대중예배의 순서를 찬송가의 맨 앞장에 인쇄하여 획일적이고 체계적인 예배를 드릴 수 있도록 하고 있다.

"촛불켜기 Lighting the candles."
북 캐롤라이나의 페이엣빌에 있는 헤이마운트 연합감리교회에서 예배시간에 두 명의 시종이 촛불을 켜는 장면을 찍은 사진이다.

감리교회 예배가 점차 체계를 갖춰가면서, 예복과 제의에 존경과 위엄을 더하기 위하여 초를 사용하기 시작했다. 초를 사용하는 것은 예수 그리스도께서 세상의 빛으로 오신 것을 상징한다. 또한 초는 빛과 따뜻함을 모두 가진 예배자들의 기도를 뜻하기도 한다.

1866년, 남부 감리교회의 토마스 섬머스(Thomas O. Summers) 박사는 남부 감리교회들에게 웨슬리의 주일예배서를 다시 출간하여 사용해야 한다고 설득했다. 1892년, 북부 감리교회 총회는 '감독들은 웨슬리 주일예배서에 나오는 영국 성공회의 예배 순서나 감독이 판단한 좋은 대안 중에서 선택하여 예배의 예식으로 사용할 수 있다'고 정했다. 지역교회들은 자신들의 교회에 가장 잘 맞는 예식을 사용하기로 했다.

1896년, 감리교회는 예배의 공적 예식에 대한 새로운 규정을 채택하였고, 거기에 기존(1878) 찬송가를 덧붙였다. 이렇게 형식을 추구하는 경향에 대해 반발하는 의견들도 있었다. 1881년, 맥키(W. Mckay)는 '에큐메니칼 감리교회 연회'에서 "우리 신자들 사이에 있는 형식추구, 세속성 그리고 부적절한 오락으로부터 파생되는 감리교회의 위험가능성(Possible Perils of Methodism from Formality, Worldliness, and Improper Amusements among our own Members)"이라는 제목의 논문을 발표했다. 흥미로운 사실은 이 논문이 '형식'을 오히려 위험한 세속이나 부적합한 오락, 재미로 취급하고 있다는 것이다. 또 일부 사람들은 '누더기 같은 예식'이 있을 곳은 '쓰레기통' 뿐이라고 강하게 비난하기도 했다. 그러나 형식을 갖춘 예배는 지금까지도 그 힘을 발휘하고 있다.

1905년, 남부 감리교회와 북부 감리교회는 앞으로 다가올 시대를 맞이하기 위해 예배의 구조적 순서를 담고 있는 공동 찬송가를 출간했다. 찬송가에는 사도신경과 'Gloria Patri(성부와 성자와 성령께 영광이 있을지어다.)', 그리고 교독문을 포함하고 있었다. 일부 성직자와 성도들은 이 찬송가가 너무 형식적이라고 반대했지만, 사람들은 곧 새로운 예배 형식에 익숙해졌고 이 찬송가는 전체 교회에서 사용되기 시작했다.

1920년대부터 1930년대는 감리교회 예배에 큰 변화가 있었던 시기였다. 초기 교회 예배가 갖고 있던 열정은 점차 잦아들었다. 일부 지도자들은 비형식적인 예배를 부끄럽게 생각하며, 대중예배는 '단정하고 품위와 위엄을 갖추어' 드려져야 한다고 주장했다. 초기 감리교회 설교자는 성도들에게 "큰 목소리로 주님을 찬양합시다!"라고 권유하고 "주의 구원 받은 자들은 찬양할지어다!"라고 선포했다. 그러나 새로운 설교자들은 순서와 형식을 먼저 찾았다. 이전 세대의 예배가 자율적인 말씀선포와 기쁨의 함성이었다면, 이후는 예식서에 나와 있는 예배, 침묵으로 엄숙히 드리는 예배라고 할 수 있다. 점차 정해진 예식순서에 따라 목사가 진행하는 예배의 분위기가 형성되었다. 대략 140년 동안 외면당했던 웨슬리의 주일예배서는 이 시기부터 널리 쓰이기 시작했다.

이렇게 예배의 형식이 갖추어지며 감리교인들은 교회를 짓는 일에 힘을 쏟기 시작했다. 초기 감리교인들의 예배당은 장식이 없는 소박한 공간이었다. 그러나 1840년대 감리교인들은 교회를 크게 짓고 아름답게 장식하기 시작했다. 원래 감리교인들은 교회의 한 가운데에 설교단을 놓았다. 이는 성경과 설교자의 설교가 중심이 된다는 것을 상징했다. 그러나 새로운 교회의 예배당은 '성단소를 나누는' 모양을 갖추며 강단을 옆쪽으로 옮겼다. 이것은 교회 공동체와 목회자의 목회가 중심이 된 것을 상징했다. 일부 성도들은 예수 강림절, 크리스마스, 예수 주현절, 사순절, 부활절과 오순절에도 예식서를 사용하기 시작했다. 성가대가 세워지고 예식서의 예배가 채택되었다. 이것은 감리교회가 예식에 치우친 예배를 드리게 되었다기보다는 형식과 비형식인 요소가 조화를 이루는 예배를 갖추어 가는 과정에서 예식이 조금 더 강조된 것으로 보아야 할 것이다.

예배서

1944년, 감리교회는 처음으로 "예배서"를 선정했다. 교회는 "예배서"에 명시된 대로 교회법을 제정하고 운영 예배기구들의 위치들을 정했다.

"예배서"의 서문에는 이렇게 기록하고 있다.

"감리교회는 형식을 갖추기 위해 예식을 좇아가지는 않았으나, 정해진 형식을 따라 대중예배를 드려왔다. 즉, 감리교회는 두 가지의 예배 전통, 형식과 자유를 따른다. 정기적이고 엄숙한 예배에서는 형식적으로... 모든 사람들을 하나님의 구원의 은혜의 자리로 인도하며 하나님께 영광을 돌리기 위한 즉흥적 기도를 하는 데에서는 자유로움을 추구한다."

"예배서"의 목적은 감리교회의 예식과 공식적인 직무를 한 권에 모아 놓는 것에 있었다. 이 책은 신앙의 중요한 요소들을 기도, 성경통독, 예배순서와 같은 카테고리로 묶어 놓았다. 또한 대중예배는 물론 가족, 개인 모두가 사용할 수 있도록 만들어졌고 많은 사람들에게 통용되었다.

1964년, 총회는 1944년 "예배서"의 개정판을 채택했다. 이 책은 감리교회와 복음주의 연합형제교회가 합쳐질 것을 예상하고 있다. 서문에는 다음과 같은 내용이 기록되어 있다.

"연합감리교회(United Methodist)가 갖고 있는 자유로움과 성령께 의지하는 특성을 제한하거나 거부하려는 의도는 없다. 이 '예배서'는 오히려 연합감리교회의 예배 유산을 함께 나누고자 하는 목적을 갖고 있다."

이 책은 기독교 절기와 다양한 성서에 대한 설명을 수록하고 이를 선택할 수 있게 함으로써 예배를 돕고 있다. 이전 개정판과 마찬가

구세주 교회 The Church of the Saviour

지로 예배서는 많은 사람들의 관심을 불러일으켰다.

    1992년, 연합감리교회는 1944년과 1964년에 이어 재 개정된 예배서를 채택했다. 새 예배서는 영국 성공회의 예식뿐만 아니라 감리교회와 복음주의 연합형제교회의 예배 전통을 포함하고 있다. 이 현재의 예배서는 여러 주제와 상황에 대한 예식을 포함하고 있다. 출생예배, 입양예배나 교회를 떠나는 교인에 대한 예식 그리고 헌신예배, 목회자 환송예배, 오르간과 같은 교회 악기 봉헌예배, 동물을 축복하는 것, 그리고 가정을 축복할 때와 같은 상황에 맞춘 예식들이 포함되어 있다. 또한 유산, 이혼을 하는 사람이나 약물중독, 에이즈, 불치병이나 난치병, 식물인간과 의사표현을 할 수 없는 사람에 대한 예식도 포함하고 있다.

    1992년 연합감리교회의 "예배서" 서문에는 다음과 같은 내용이 있다.

    오하이오의 클리블랜드 하이츠(Cleveland Heights)에 있는 구세주 교회의 성단소를 보면 고딕 양식을 표방했던 당시 건축 경향과 격식을 갖추고자 했던 감리교 예배의 움직임을 읽을 수 있다. 1928년에 완성된 이 큰 교회는 13세기 프랑스의 고딕양식으로 지어졌다. 성도들은 3,000년 전 솔로몬 당시 예루살렘 석공들이 다듬었을지도 모르는 주춧돌을 가져왔다.

    예배당은 사람들을 1,100명까지 수용할 수 있었지만, 약 400명만 앉는다 해도 꽤 찼을 것으로 보인다. 공간은 십자 형태로 되어있으며 특별한 날에는 넓은 통로에 210명 정도의 사람들이 앉을 수 있도록 하였다. 일곱 면으로 되어 있는 설교단은 구약시대의 18명 선지자들이 조각되어 있고, 스테인드글라스 창문에는 그리스도에 대한 여러 이야기를 담고 있다.

    1875년, "바이올린 찬양모임"이라 불리는 작은 모임이 한 가정에서 시작되었다. 이 모임이 바로 이 교회의 첫 걸음이다.

예배서 The Book of Worship

    왼쪽부터 1944년, 1964년, 1992년의 "예배서"이다.

맥켄드리 감리교회 McKendree Methodist Church, Nashville 1879년

1840년대 이후 많은 감리교회는 새로운 교회를 건축하며 더 좋은 장소, 더 좋은 시설, 더 세련된 건축기술을 사용하는 것에 중점을 두었다. 감리교회는 특히 교회를 건축하는 데에 있어 아름다운 외관과 편의성이 중요하다고 생각했다. 그로 인해 도시민들에게 영향을 줄 수 있다고 믿었기 때문이다. 1865년 감리교회 역사학자인 아벨 스티븐스(Abel Stevens)는 이렇게 기록하고 있다.

"하나님의 법과 자연법칙 위에 예술과 멋이 더해졌다. 그 결과 인간의 열망을 충족하게 되었다. 예술은 종교가 만들어낸 고귀한 작품으로 여겨져야 한다. 성전이 주는 감명과 사회의 변화는 예배를 더욱 고상하게 만든다. 성도들이 제공하는 물질과 헌신으로 건축비용을 마련하여 아름답고 멋진 교회를 이루어내고 있다."

이 그림은 당시의 교회를 보여준다. 1789년 경에 네쉬빌(Nashville)에 지어진 첫 번째 교회 건물은 크지 않았고 단순했다. 1812년, 교인들은 160달러짜리 부지에 더 큰 건물을 지었다. 교회 건물은 네쉬빌에서 제일 길고 컸으며, 테네시 주 의회는 이 회당을 1813년부터 1817년까지 사용하였다. 그 후 1818년 성도들은 또 다른 교회를 지었다. 1833년, 성도들은 윌리엄 맥켄드리 감독의 이름을 붙여 다른 교회를 지었다. 이 예배당은 1,500명의 인원을 수용할 수 있었으며 가로 65피트, 세로 90피트로, 미국 감리교회 중 가장 규모가 컸다. 또 15,000달러의 건축 비용이 들었다.

남북전쟁 이후 성도들은 이 교회를 허물고 첨탑이 있는 교회를 짓기로 결정했다. 완성된 건물이 바로 위의 그림에 있는 교회이다. 이 교회를 건축하는데 36,000달러가 사용되었고, 가운데 있는 첨탑에만 2,800달러의 비용이 지출되었다. 이 첨탑의 높이는 약 230피트였다. 감리교인들은 점점 더 거대한 교회를 지었고, 예배는 더욱 형식적으로 바뀌어갔다.

"이 '예배서'는 영국 성공회의 유산과 다양한 문화, 인종, 상황에 대한 예배 형식을 제공하고 있다. 또한 복음주의 연합형제교회와 감리교회의 유산을 토대로 하고 있다. 이 책이 제공하는 예식을 통해 남녀노소 모든 사람이 다양한 방법으로 하나님께 예배하고 대화할 수 있기를 소망한다. 이러한 다양성을 인정하는 것은 우리 모두를 예수 그리스도의 제자로 부르신 하나님의 뜻을 따르는 것이다."

이 책은 현재 감리교회의 공식적인 예배서로 사용되고 있다.

공개예배와 비공개예배

초기 감리교회 예배는 모두에게 열려있는 예배였다. 부적절한 언행으로 예배를 방해하지만 않는다면 모두가 예배에 참여할 수 있었으며 어떠한 제한도 없었다. 믿지 않는 사람들에게도 예배는 열려있었다. 초기 감리교회 모임은 성도들보다 더 많은 사람들이 모일 정도로 인기가 많았다. 가령 모임 인원을 100명으로 예상했지만 실제로는 400명이 넘는 사람들이 모이는 경우가 부지기수였다. 이 공개예배에서 많은 사람들이 그리스도를 주로 영접하였다.

한편, 비공개로 진행되는 예배도 있었다. 이 예배는 종종 주일 저녁에 이루어졌으며, 오직 멤버들만 참여할 수 있었다. 속회모임이나 애찬에 참여하기 위해서는 매번 발행되는 입장권이 필요했다. 속회모임에서 개인적인 대화들은 사전에 약속된 범위 안에서 서로 간에 신뢰할만한 친구들끼리만 나누는 사적인 이야기들로 이루어졌다. 애즈베리 감독은 모임의 성격에 따라 종종 참석자를 제한하였다.

일부 사람들은 특정 속회의 모임과 애찬으로 인해 상처를 받기도 했다. 그러나 초기 감리교인들은 그러한 비난에도 불구하고 비공개 모임을 지속해야 한다고 생각했다. 1798년, 코크와 애즈베리 감독은 비공개 예배에 대해 이렇게 말했다.

"비공개 예배에 제한을 두고 방해자들로부터 그들을 보호하는 것은 우리의 의무이다. 그렇지 않으면 우리는 버려져 마땅하다. 하나님이 우리를 두고 '슬프도다'라고 쓰시고 영광이 이스라엘을 떠날 것이다."

한번은 리처드 라이트(Richard Wright) 선교사가 뉴욕 부흥회가 끝난 후, 공개적인 애찬을 연 일이 있었다. 애즈베리 감독은 이 일을 비난하며 "다 그가 한 일"이라고 했다.

그러나 비공개 예배에는 긍정적인 면도 있었다. 하나님께서는 같은 마음과 열정을 가진 사람들 사이에서 자유롭게 역사하셨다. 그러한 분위기에서는 멤버들은 더 깊이 교제하고 서로에게 못 다한 이야기를 나눌 수 있었다. 감리교회 비공개 모임은 영적으로 충만한 분위기 가운데 진행되었다. 멤버들은 하나님의 은혜에 대한 체험을 나누었으며, 천국을 사모하는 마음이 충만해졌다. 그들은 영원히 하나님의 임재 가운데 거하길 원했다. 윌리엄 워터스(William Watters)는 비공개 모임에 대해 이러한 기록을 남겼다.

"거룩한 하늘의 불이 점점 더 크고 더 높게 타올랐다. 그러한 역사가 일어난 후 우리는 하나님 아버지의 놀라운 은혜를 나누며 헤어짐을 아쉬워했다."

비공개 모임은 모든 유혹을 이기고 핍박을 견디는 힘이 되기도 하였다. 멤버들은 하나님의 은혜와 능력을 증거하기로 결단하며 모임을 마무리했다.

그들은 찰스 웨슬리의 찬송을 불렀다.

너 하나님의 일꾼아, 너의 주를 선포하라.
그리고 그의 놀라운 이름을 알려라.
모든 승리의 이름 되신 예수 그리스도
그의 나라는 영광으로 가득하며 영원히 다스리리라.

또한 비공개 예배는 믿지 않는 사람들이 예수 그리스도와의 깊은 관계에 대해 고민하도록 만드는 계기가 되기도 하였다. 19세기 위대한 리더였던 야베즈 번팅(Jabez Bunting)은 자신이 경험했던 비공개 예배에 대해 다음과 같이 말했다.

"많은 사람들이 예수를 믿게 된 계기를 애찬이었다고 말했다. 나 또한 애찬을 통해 빚진 사람이다."

그는 어린 시절, 어머니와 함께 비공개 모임에 참여했다. 번팅이 청년이 되었을 때, 목사님은 그가 신앙고백을 하지 않았다는 이유로 애찬에서 제외시켰다. 번팅은 그 사건으로 인하여 '단번에 씻음 받은 죄'에 대해 깊이 생각하게 되었다.

감리교회의 공개예배는 믿지 않는 사람들을 위한 예배였다. 공개예배를 통해 믿지 않는 사람들이 이해할 수 있는 복음을 전하고자 했다. 지도자들은 교회에 속하지 않은 사람들에게 친숙한 언어를 사용하였고 이해하기 쉬운 찬양과 익히기 쉬운 곡들을 불렀다. 당시 공개 예배를 지금의 말로 표현하면, 복음과 종교용어에 익숙하지 않은 사람들을 위한 구도자 예배였다. 이런 예배는 사람들이 복음을 쉽게 이해하고 예수 그리스도를 영접할 수 있는 기회가 되었다.

반면 비공개 예배는 성도들을 양육하고 성화의 길로 인도하는 데에 목적이 있었다. 신비한 문양의 빵, 포도주, 물을 사용했다. '다가올 진노를 피하기 원하는' 성도들을 위한 이 모임에서는 깊은 신학적 내용들을 다루었다. 결국 공개 모임과 비공개 모임 모두 감리교인 공동체로 모인 사람들을 위한 복음적 접근의 도구로 사용되었다고 볼 수 있다.

오늘날 연합감리교회 예배는 어떠한 교단보다 다양하게 나뉘어있다. 여러 민족과 나라를 배경으로 하는 감리교회 예배 전통들은 연합감리교회 예배를 더 풍성하게 만들었으며 많은 사람들을 포용하였다. 그러나 이렇게 다양한 가운데서도 "주는 한 분이시고, 신앙도 하나이며, 세례도 하나이고 우리 모두를 위한 모든 것 위에 뛰어나신 아버지 하나님도 한 분이시다"라는 고백을 잊지 않는다.

진정한 예배에 절대 빠지지 않는 한 가지가 있다. 성부와 성자와 성령의 하나님을 향한 온전한 헌신이다. 창조하시고 구속하시고 우리 삶을 붙드시는 거룩한 삼위일체가 존재하심을 믿어야 한다. 신령과 진정으로 예배하는 자는 하나님의 약속의 기쁨을 알고 있는 자이다.

"네가 나를 구하며 내게 기도하면 내가 네게서 듣고 나를 보일 것이며, 네가 온 마음으로 나를 찾을 때에 네가 나를 찾으리라." 이 사실을 간과하지 않고 예배에 참여한다면 웨슬리적 예배에서 지향하는 예배의 근본적인 목적을 찾을 수 있다.

예배에 모이는 장면 Gathering for worship

이 사진은 카멜 인디아나 연합감리교회 모습이다. 이 교회는 1838년 '카멜 속회(Carmel Class)'라는 이름으로 시작했다. 1848년, 속회모임의 장소를 집에서 오두막으로 옮기고 카멜 감리교회라고 이름을 지었다. 오늘날에 이르러 교회건물을 갖게 되었으며, 현재 3,000명의 성도가 출석하고 있다.

주일 오전예배 독창 Sunday morning solo

미국 흑인 연합감리교회의 솔리스트. 강단 뒤에 서서 피아노 반주에 맞추어 성가대와 함께 찬양을 하고 있다.

사이프러스 크릭 연합감리교회
Cypress Creek United Methodist Church

이 시골 교회는 미국에 있는 교회들의 전형적인 모습이다. 하나님의 사람들은 신실하게 모여 예배를 드리고 교회에 등록하며 믿음의 서약을 드린다. 그들은 서약할 때 이런 질문을 받는다.
"당신은 연합감리교회에 충성을 다하며 기도와 힘과 재능과 섬김을 다해 교회와 함께 하겠습니까?"
이 장면은 목사님(오른쪽)과 그의 가족들이(왼쪽) 교인(가운데)에게 인사하는 모습이다.

주일 오전 예배 Sunday Morning Worship

뉴저지의 머천트빌(Merchantville)에 있는 애즈베리 연합감리교회(Cypress Creek United Methodist Church)에서 데니스 블랙웰(Dennis L. Blackwell) 목사가 주일 오전예배 설교를 하고 있다.

연합감리교회 목회자들의 장례 문양 Grave marker for United Methodist ministers

믿음이 좋은 평신도나 사역자들의 장례식은 교회에서 거행한다.
슬픔과 상실의 일반적인 장례식과는 달리 기독교 장례식은 승리와 기쁨을 전한다. 기독교인에게 장례는 하나님의 은혜와 영원한 천국의 삶을 뜻하기 때문이다. 이 장례 문양은 1968년에 디자인 되었다. 이 문양은 감리교회 사역자의 묘지나 여러 종류의 기념비에 새겨진다. 5인치 정도의 둥근 문양에는 초기 감리교회 사역자인 순회 목회자가 서쪽을 향해 있다. 지구본 모양은 존 웨슬리가 남긴 "세계는 나의 교구다"라는 말을 상징한다.

신학생들의 예배 Seminary students at a chapel service

정식으로 목회를 준비하기 위해서는 지식과 경건함을 모두 갖추어야 한다. 수업과 예배를 통해 사역에 필요한 지성과 영성을 형성할 수 있다.
전통적으로 웨슬리 예배는 기도, 찬송, 성경봉독, 말씀을 포함하고 있다. 예배의 비언어적 요소로는 악기연주, 연극, 춤, 건축양식, 조각상, 성화와 같은 것들이 있다. 또한 예배는 생각, 감정, 의지와 같은 내적요소도 포함한다. 이 그림은 애즈베리 신학대학에서 신학생들이 드리는 예배장면이다.

10 찬송가의 유산

존 웨슬리와 찰스 웨슬리는 각각 다른 분야에서 그 발자국을 남겼다. 존 웨슬리는 신학적 균형, 조직 활용, 출중한 리더십으로 18세기의 가장 중요한 기독교 인물로 기억되고 있다. 또한 찰스 웨슬리는 기독교 역사에서 가장 위대한 찬양 작곡가로 기억되고 있다. "케임브리지 근대사 (The Cambridge Modern History)"는 찰스 웨슬리의 찬양에 대해 이렇게 말하고 있다.

"그의 찬양은 18세기 문학에 새 바람을 일으켰을 뿐 아니라, 기독교의 순전한 계시와 감리교회의 진실함을 담고 있다. 그의 찬양은 감리교회의 능력을 나타내는 귀중한 기록이다. 또한 그의 찬양은 사람들을 복음으로 이끄는 비밀을 담고 있다."

존과 찰스 두 사람은 모두 찬송의 중요성은 물론 찬송을 부르는 것의 중요성을 잘 알고 있었다. 초기 감리교회의 찬양집에는 두 사람의 이름이 모두 기록되어 있기 때문에 어떤 찬양을 누가 썼는지 알 수가 없다. 찰스 웨슬리가 작곡하여 찬양을 만들면 존 웨슬리가 그것을 다른 언어로 번역했을 것으로 추정된다.

찰스 웨슬리의 동상 Charles Wesley Statue
영국 브리스톨에 있는 찰스 웨슬리 동상. 브리스톨 찰스 웨슬리 재단의 도움으로 사진을 싣는다.

찰스 웨슬리는 옥스퍼드 대학을 졸업한 후, 그리스어와 라틴어를 영어로 번역하는 일을 했다. 회심한 후에는 가장 위대한 찬송가 작사가 중 한 사람이 되었다.

헨리 무어(Henry Moore)는 찰스 웨슬리에 대해 이렇게 기록했다. "그는 80세가 다 되었을 때에도 말을 타고 거닐면서 머리 속으로 떠오르는 것들을 적었다. 주머니에 노트를 항상 가지고 다니며 순간순간 찬양을 만들었다."

찰스 웨슬리는 런던에 있는 시티로드 교회에 자주 들렀다. 그리고 말을 교회 정원에 묶어 놓고, "펜이랑 잉크를 줘!"라고 소리치며 교회에 들어갔다. 그는 언제나 이렇게 찬송가를 작사했다.

찰스 웨슬리 이전의 찬양 작곡가들은 대부분 곡을 쓸 때 개인적인 감정이나 열정을 자제하려고 애썼다. 반면 웨슬리는 신앙의 감정과 열정을 자유롭게 표현했다. 웨슬리의 찬양에는 회개하는 마음, 예수님을 알아가는 것, 하나님의 인도하심에 대한 감사, 다가올 천국에 대한 기쁨이 표현되어 있다. 이 가사들은 많은 사람들을 감동시켰고, 부흥의 원동력이 되었다. 2세기 반이 지난 지금까지 웨슬리 찬양은 많은 사람들이 예수 그리스도를 알게 되는 것과 또한 그리스도를 신령과 진정으로 찬양할 수 있게 되는 데에 큰 영향을 미치고 있다.

웨슬리 찬양 중 주요 절기나 축제를 위한 찬양들은 감리교회 안팎에서 널리 불렸다. 또 각종 찬양 모음집에서 많은 부분을 차지했다. 그의 찬양은 인류의 마음속에 자리 잡고 있는 깊은 영적 갈망, 열정과 소망을 담고 있기에 더욱 가치가 있었다. 아이작 왓츠(Isaac Watts)가 복음적인 찬양의 문의 자물쇠를 풀었다면, 웨슬리는 그 문을 활짝 열었다는 평가를 받고 있다.

존 웨슬리 John Wesley
로버트 헌터(Robert Hunter)의 작품으로, 웨슬리가 63세 되던 해인 1765년에 그려졌다.

존 웨슬리는 감리교회 찬송의 역사에서 중요한 업적을 남겼다.

1) 수많은 훌륭한 찬송가 가사를 탄생시켰다.
2) 독일어로 쓰인 찬양을 영어로 번역하였다.
3) 다른 사람의 찬송을 편곡하거나 고쳤다.
4) 존 웨슬리는 중요한 찬송을 수집하는 수집가이자, 작곡가였으며 편찬자였다.

65세에 쓴 그의 일기에는 모든 사람들에게 복음을 전하고자 했던 그의 고민이 기록되어있다.
"그날 나는 볼튼(Bolton)으로 갔다. 오늘처럼 더운 날이었다. 나는 잉글랜드에서 느꼈던 기분을 기억할 수 없었다. 방은 비록 오븐처럼 뜨거웠지만 성도들의 열정은 식은 듯 했다. 그러나 그 시간을 통해 하나님께서는 많은 영혼들을 소생시키시고 평화로 인도하셨다. 오늘 저녁 예배당은 더 많은 사람들로 꽉 찼다. 나는 그들을 은혜 가운데로 초대했다. '지치고 무거운 짐 진 자들아 내게로 오라.'"

존 웨슬리의 첫 번째 찬송가 John Wesley's first hymnal

존 웨슬리의 첫 번째 찬송가는 1737년, 남 캐롤라이나의 찰스타운(Charles-Town)에서 처음 출판되었으며, 이후 영국과 미국 양국에서 출간됐다. 이 찬송가는 웨슬리의 찬양을 집대성한 것이다.

웨슬리 사역 200주년 기념전집
Bicentennial edition of Wesley's works

848 페이지 분량의 이 책은 웨슬리 목회의 200주년을 기념하는 기념전집의 일부이다. 다른 기념전집과 같이 서론과 편집주가 포함되어 있다. 웨슬리 찬송가에 성경 각주를 달아놓은 것으로, 유용하게 쓸 수 있다.

웨슬리 찬송의 천재성

찬송은 엄숙한 예식을 뜨거운 기쁨과 환희의 경험으로 바꾸었다. 웨슬리는 찬송을 예배의 부수적인 요소에서 필수적인 요소로 변화시켰다. 웨슬리와 함께 18세기를 살았던 조셉 윌리엄스(Joseph Williams)는 감리교회 찬양에 대해 이렇게 말했다.

"나는 이런 기도와 찬양을 들어본 적이 없다. 이것은 내가 들어본 찬양 중에서 가장 조화로우며 기쁨으로 가득한 찬양이었다. 만약에 이 땅에 천국 음악이 존재한다면, 난 이곳에서 그 음악을 들었다."

존 웨슬리는 1780년, "감리교인을 위한 찬양집(Collection of Hymns for Use of the People Called Methodists)"을 펴내며 서문에서 '우리의 거룩한 종교가 가진 필수적 진리'를 담았다고 말했다. 웨슬리 찬양은 신학과 지성의 요소를 두루 갖추며 조화를 이루고 있었다. 그들은 직감이나 느낌 혹은 개인적인 감정을 바탕으로 찬양을 쓰지 않았다. 예수님께서 창세부터 계시다는 사실, 신성, 성육신, 속죄, 부활, 승천, 재림 등의 성경적 주제를 바탕으로 찬양을 작곡했다. 찰스 웨슬리가 작곡한 재림에 대한 찬양은 우리에게 깊은 감동을 주고 있다.

> 만세, 하늘의 평화의 왕자여,
> 만세, 의로움의 태양이여,
> 그가 주신 빛과 생명이여,
> 그의 날개 안에서 치유되어 날아오르리.
> 그의 영광의 빛이 찬란히 비추니
> 영원히 죽지 아니하리라.
> 이 땅의 우리들을 일으키시라.
> 우리에게 거듭남을 허락하시라.
> 들으라, 천군천사가 노래하니
> 부활하신 왕께 영광이 있을지어다

찰스 웨슬리 Charles Wesley (1707-1788)
프랭크 솔즈베리가 그린 초상화. 북 캐롤라이나의 주날루스카에 있는 세계감리교빌딩에 소장되어 있다. 이 사진은 세계 감리교 미술관(the World Methodist Museum)의 승인을 받아 게재했다.

찰스 웨슬리는 수많은 찬양을 남긴 영국에서 가장 뛰어난 찬양 작사가이다. 그는 자신의 형인 존 웨슬리와 마찬가지로 예배, 교훈, 영감에 있어서 찬송의 가치를 이해하고 있었다. 1739년에 첫 번째 찬송집이 출판되었으며 이후 그의 생애동안 수많은 웨슬리 찬송집이 출판되었다. 그는 무려 7,300곡이 넘는 찬양을 썼다.

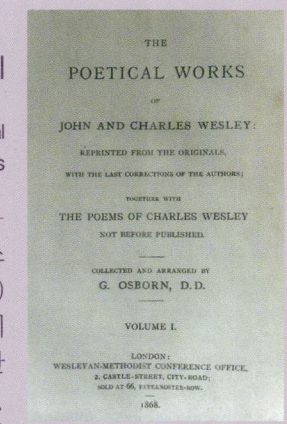

존 웨슬리와 찰스 웨슬리의 찬송가 표지
Title page of The Poetical Works of John and Charles Wesley

1868년, 조지 오스본(George Osborn) 박사는 존과 찰스 웨슬리의 찬양을 출판하는 일을 시작했다. 13권으로 구성된 이 시리즈는 1868년부터 1872년에 걸쳐 "존과 찰스 웨슬리의 시적 작품(The Poetical Works of John and Charles Wesley)"이라는 제목으로 출판되었다.

존과 찰스 웨슬리는 사역을 위해 준비된 이들이라 해도 과언이 아니었다. 그들이 말을 배우기 시작했을 때, 어머니 수잔나 웨슬리는 간단한 기도로서 하나님과 대화하는 법을 가르쳤다. 또 어머니는 다 이해할 수 없을지라도 모든 상황 가운데서 하나님께서 함께하신다는 사실을 믿을 수 있게 도와주었다. 또한 아버지와 형들로부터는 시를 통해 감정을 표현하는 법을 배웠다. 이러한 어린 시절의 훈련들은 그들의 삶에서 큰 영향력을 발휘했다. 그들은 삶의 모든 경험들마다 함께했던 하나님을 찬양에 나타내었다. 찰스 웨슬리는 결혼, 여행, 배우자의 핍박, 가족의 궁핍함, 억울한 송사, 아픈 아이의 간호, 광산에서 일했던 경험을 비롯해서 수많은 상황에 대해 가사를 썼다. 초기 감리교인들은 잠자기 전 웨슬리 찬양을 불렀으며, 하나님을 생각하며 평화롭게 노래하였다.

주님의 자비가 얼마나 내게 가득한지요!
영원히 당신의 이름을 찬양합니다.
당신의 품속에서 난 평안히 눕습니다.
당신의 영원한 사랑의 팔에.

당신은 졸지 않으시기에
난 두려움 없이 눈을 감습니다.
내 영혼이 잠잠히 쉬며
당신의 뜻을 기다립니다.

물론 웨슬리 찬양의 주된 주제는 기독교인으로서의 경험이었다. 그들은 존 웨슬리가 가장 좋아하는 작가인 헨리 스쿠걸(Henry Scougal)의 "인간의 마음 가운데 계신 하나님의 삶"을 시적으로 표현하기도 했다.

그러한 찬양은 힘든 현실 속에서 믿음을 지켜나가는 이들에게 믿음과 소망을 주었다. 찰스 웨슬리는 그의 찬양을 통해 중요한 진실을 고백했다.

중년의 찰스 웨슬리 Charles Wesley in middle age

찰스 웨슬리는 하나님께서 자신을 찬송 작사자로 부르셨다고 믿었다. 그는 찬양을 향한 자신의 마음을 아래와 같이 표현하였다.

"오, 주님. 당신의 이름 앞에 나아갑니다.
나의 삶은 매일 당신만을
오직 당신만을 알기 원합니다.
내 모든 생각, 모든 말, 모든 행동

당신의 지혜가 내게 주신 일을
내가 기꺼이 감당하며
이것을 통해 주의 임재를 찾고
당신의 뜻을 알게 하소서

나의 가장 깊은 곳까지 보시는 주님
나의 오른손을 잡아 주사
당신의 뜻을 따라 일하게 하시고
내 모든 일을 주께 드리게 하소서

당신의 가벼운 멍에를 감당케 하시고
보고 기도하는 모든 순간
모든 것이 영원을 바라보는
영광의 날이 속히 임하게 하소서

아낌없이 주시는 은혜로
당신께서 기쁨으로 함께하시니
나의 길을 기쁨으로 걸으며
천국까지 당신과 동행하게 하소서."

우리의 모든 죄를 짊어지신 당신을 통해
우리는 자유와 은혜로 용서 받았네.
시온으로 돌아오는 노래와 함께
우리는 천국 백성임을 기뻐하네.
영광의 왕의 성으로
우리가 노래할 때 점점 가까워지네.

실제로 복음은 설교를 들을 때보다 찬양을 부를 때에 사람의 마음속에서 강하게 역사했다.

찰스와 존은 하늘의 메시지를 땅으로 전달하는 것이 성경이며, 하나님이 특별한 방법으로 성경의 말씀을 축복하셨다고 믿었다. 성경을 가까이 하는 사람만이 웨슬리 찬양에 등장하는 성경구절과 그 암시를 온전히 깨달을 수 있었다. 찬송학자 어니스트 라텐베리(J. Ernest Rattenbury)는 "만약 성경이 전해 내려오지 않았다고 할지라도 웨슬리의 찬양을 통해 성경의 많은 부분을 알 수 있었을 것이다."라고 말했다. 웨슬리 찬양에 담긴 말씀의 능력은 그들의 찬양이 권능과 힘을 갖고 있음을 증명했다. 또한 모든 기독교 교단이 성경을 하나님의 계시로 받아들였기 때문에 웨슬리 찬양은 모든 교파를 아우르며 사용되었다.

웨슬리 찬양들은 하나님의 위엄과 하나님이 우리 삶의 가까이에서 역사하시는 분이심을 선포하고 있다. 찰스 웨슬리는 다음의 구절을 통해 하나님을 표현했다.

저 하늘 높은 곳 보좌에 앉으신
셀 수 없고, 측량 할 수 없는
모든 것 위에 높이 계신 분
보좌를 버리시고 나에게 오셔서
나의 발걸음을 인도하시며 함께하시니
좌정하사 끝없는 은혜로 통치하소서.

웨슬리 찬양은 하나님이 회개와 믿음으로 돌아오는 모든 사람에게 온전한 구원을 주시려

1780년 웨슬리 찬송가
The 1780 Wesleyan hymnal

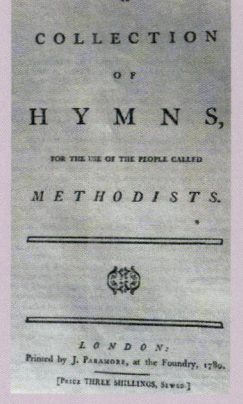

많은 사람들이 1780년에 발표된 존 웨슬리의 찬송가가 가장 위대한 찬송가 모음집이라고 말하고 있다. 찬송가학자 버나드 매닝(Bernard Manning)은 이렇게 평가했다.

"내가 이 찬송가에 대해 말하는 것이 지나치다 생각할 수 있지만, 다시 한 번 강력하게 말하겠습니다. 이 작은 찬양집은 시편, 공동기도서(the Book of Common Prayer), 성경과 함께 기독교 최고의 작품입니다. 이 책은 종교적 천재의 엄청난 헌신으로 탄생한 작품이며, 범접할 수 없는 완벽함을 갖고 있습니다. 그 어떤 책도 이 책을 대신할 수 없습니다."

고 이 땅에 오신 통치자이심을 찬양하고 있다.

18세기의 설교와 찬양은 성령에 대해 거의 다루지 않았다. 그런 면에서 웨슬리 찬양은 삼위일체 성령을 증거하는 놀라운 찬양이었다.

오소서 거룩한 평화의 영이시여
헌신한 우리들의 마음으로 오소서
성령이시여, 우리 안에서 역사하소서
복음의 불을 타오르게 하소서

지금 내려오셔서 땅을 흔드사
우리를 거듭나게 하시고
새롭게 하사 거룩하게 하소서
우리에게 선물이자 은혜주시는 성령이여!

감리교인들은 웨슬리 찬양을 부르며, 성령께서 성경의 의미를 온전히 깨닫게 해주시고 마음을 깨우치게 해 달라고 기도했다.

오소서, 거룩한 해설자여
당신의 말씀을 볼 수 있는 눈을 주소서
신비한 말씀을 들을 수 있는 귀를 주소서
당신이 역사하신 이 말씀을
영원한 은혜를 주시는 이 말씀을
순종하는 마음으로 지키게 하소서

웨슬리 찬양은 우리에게 처음 떠오르는 하나님의 생각이 성령의 역사하심이라고 말한다.

당신은 제게 처음 떠오르는 생각을 인도하십니다.
순수한 갈망의 희미한 불꽃을 주십니다.
당신의 은혜의 숨결로 불이 붙습니다.
주께서 임하시는 것을 느끼게 하십니다.
죄인이 당신의 부르심을 듣습니다.
죄의 깊은 잠에서 깨어나기 시작합니다.

웨슬리 형제는 성령께서 죄인들로 하여금 하나님의 진리를 깨닫게 하기 위하여 말씀을 통해 일하신다고 믿었다. 감리교인들은 기도하는 마음으로 '믿음의 영이여, 오셔서 하나님의 것들을 부흥시키소서.'라고 노래했다.

웨슬리 형제가 살았던 18세기의 영국에서는 이신론 철학이 만연하여 교회에 파고들고 있었다. 이신론은 하나님은 멀리 계신 분이시라 사람의 사소한 경험이나 삶에는 무관심하다고 주장했다. 그러므로 우리는 스스로 존경받는 삶을 살기 위해 노력해야 한다고 말했다. 그러나 웨슬리는 우리의 구원은 우리의 노력과 행실에 있는 것이 아니라 온전히 예수 그리스도께 달려있다고 말하였다. 웨슬리 찬양은 우리 가운데 진노가 아닌 자비로 오신 하나님을 찬양한다. 찰스 웨슬리는 다음의 성탄 찬양을 통해 이 중요한 기독교의 교리에 대해 말하고 있다.

들으라! 천군천사의 노랫소리를

"새로 나신 왕께 영광을
땅 위의 평화, 관대한 자비
하나님과 죄인이 화목케 됐네."
하늘의 승리에 참여하라
천사들이 선포하니
"그리스도가 베들레헴에서 나셨다!"

그리스도, 천국에서 높이 찬양받으신 분
그리스도, 영원하신 주!
보라! 지금 오신 분을
동정녀에게서 나신 분을.
육신에 가려진 신성을 보라
성육신한 주께 만세.
인간의 육신을 입고 오셨네.
우리 임마누엘 예수님.

18세기 영국과 미국의 일부 감리교인들은 돈과 명예와 지위를 갖고 있었다. 또한 높은 지위를 가진 사람들이 낮은 계층의 사람들을 깔보는 일이 종종 발생하기도 했다. 버킹엄 궁전의 공작부인이 헌팅턴 백작부인에게 보낸 편지는 일부 상류층의 전형적인 생각을 대변해준다. 그녀는 감리교인에 대해 다음과 같이 말했다.

그들의 교리는 불쾌하고 건방지며, 상류 사회에 대한 무례함으로 가득 차 있다. 또한 끊임없이 모든 계층의 구분을 없애려고 한다. 당신은 죄인이며 이 땅에서 비참하게 살아가는 가여운 사람이라는 이야기를 듣는다는 것은 정말 끔찍한 일이다.

그럼에도 불구하고 감리교인들은 귀족층들이 주고받는 오만한 이야기에 대해서 전혀 신경을 쓰지 않았다. 감리교인들은 "우리는 이 땅의 왕들을 불쌍히 여기며 내려다보네. 우리는 태어나면서부터 얻은, 사라지지 않을 왕관을 쓰고 있네."라고 노래했다. 찰스 웨슬리는 이렇게 적었다.

모든 것을 주관하시는 당신의 은혜
무궁하고 한이 없네
세대가 지나고 또 지나도 끝이 없네
모든 인류에게 미치네.

교회가 없는 곳에서 '더러운 무리(unwashed masses)'로 살아가던 사람들은 감리교인들의 설교와 찬양을 통해 하나님이 자신들을 사랑하신다는 것을 알게 되었다. 광부들은 그들의 검은 얼굴에 흰 눈물 자국을 남기며 그들을 만지시고 변화시킨 하나님의 은혜를 찬양했다.

"은혜의 강물이 모든 창조물에 미치네. 담고 있기엔 너무나 크네. 나에게 또 모두에게 넘치는, 언제나 넘치는"

초기 감리교인들은 비록 가난했으나, 그들의 마음속에 넘치는 은혜를 찬양했다.

부자들은 찾을 수 없네.
우리가 아는 예수님의 사랑을
생명의 샘에서 나오는 기쁨으로
우리의 영혼은 차고 넘치네.

웨슬리 찬양의 또 다른 특징은 하나님께서 우리에게 죄를 이기는 능력을 주신다는 확신을 찬양한다는 것이었다. 감리교회 찬양은 우리가 말과 생각을 통해 하나님의 뜻을 어기지 않고 이룰 수 있음을 선포했다. 감리교인들은 다음과 같이 찬양했다.

예수님의 승리의 사랑이
나의 마음속에 흘러넘치니
나는 더 이상 헤맬 필요가 없네.
하나님께 굳건히 뿌리내렸네.
정결케 하시는 불길로 나의 마음을 태우소서 나의 영혼을 밝히소서
삶의 모든 부분이 당신의 삶이 되게 하소서
나의 전부를 정하게 하소서

나의 굳건한 영혼아
더 이상 흔들리지 말라
그리스도가 내게 전부가 되니
내 마음이 사랑으로 변하리라.

죄를 이기는 승리의 소망은 사람의 노력에 달려있는 것이 아니었다. 감리교인들은 우리를 능하게 하는 것은 우리의 죄를 씻으시려 이 땅에 오신 예수 그리스도의 힘이라고 믿었다. 웨슬리 형제는 죄로부터 완벽해지는 것에 대해 가르치지 않았지만, '우리를 시험에 들게 마옵시고 다만 악에서 구하옵소서.'라는 기도의 의미를 심각하게 받아들였다. 그들의 찬양은 죄의 능력을 이기신 예수 그리스도를 통한 하나님의 은혜에 대해 강조하고 있다.

그 사랑의 길이와 넓이가,
조물주의 높이와 깊이가 드러났네.
모든 영광의 자녀들이 인침을 받았으니
변하여 당신과 같게 만드소서.

웨슬리 찬양은 성화에 대해서도 노래했다. 성화에 대한 가사는 성경에 있는 구절을 그대로 인용하여 만들었다.

웨슬리 찬양은 삶의 최고의 선물이란 예수 그리스도를 믿는 믿음을 통하여 하나님의 자녀가 되는 것임을 강조하고 있다. 찰스 웨슬리는 예수를 영접한 직후, "Where Shall My Wondering Soul Begin?(어디서부터 내 영혼의 방황이 시작되었나?)"라는 찬양을 썼다. 그 찬양의 한 구절은 자신이 하나님의 자녀가 된 것을 축하하는 내용을 담고 있다.

이 좋은 소식을 어떻게 전할까?
아버지 당신이 내게 보여준 것을.
진노와 지옥의 자식이었던 내가
하나님의 자녀라 불리게 된 것을!
죄가 사해진 것을 알고 느끼게 되었네.
하늘의 은혜로 축복받았네.

웨슬리의 찬양은 우리의 삶이 단지 세상 물질에만 속해있는 것이 아님을 일깨워준다. 오히려 삶의 가장 큰 보물은 은혜로 충만한 삶이라는 것을 알려주고 있다. 많은 그리스도인들이 웨슬리의 찬양을 높게 평가하는 것은 가장 중요한 것에 집중할 수 있도록 도와주기 때문일 것이다.

미국 감리교회의 찬송

미국 감리교회에서 찬송은 매우 중요한 역할을 담당했다. 설교자들은 1784년 크리스마스 연회에서 "어떻게 하면 더 좋은 찬양을 할 수 있을까?"라는 논제를 던졌다. 그들은 "곡조를 아는 설교자들이 노래를 배우고 웨슬리의 찬양을 가까이 하여 찬양을 개선시켜야 한다."고 결론내렸다. 애즈베리 감독은 1808년 감리교회 찬송가 서문에서 '우수한 신학과 복음적 교리의 본질을 담고 있는 책'이라는 표현을 했다. 토마스 코크와 프랜시스 애즈베리 감독은 교회의 찬양을 두고 "우리는 영으로 찬양하되 또한 찬양을 이해하기를 노력한다. 그리하면 하나님을 찬양하는 것이 동서남북으로 뻗어나가고 수많은 사람들의 헌신을 즐거움으로 이끌어 나가며 모두가 함께 즐거이 예배하게 될 것이다."라고 기록하기도 했다.

1805년, 미국 감리교회는 "규율"을 통해 "큰 모임에서는 언제나 찬양을 가르치라. 그리고 항상 우리의 곡을 먼저 가르치라"라고 말했다. 미국 감리교회의 역사를 통틀어, 모든 규율에는 "모든 공동체는 교회 음악이 발전할 수 있도록 힘을 쏟아라. 찬양하는 것은 모두가 하나 되어 예배하는 것의 한 부분이다. 그리므로 성도 모두 찬양할 수 있도록 권면하라."라는 내용이 포함되어 있다. 감리교인들은 집에서도, 일터에서도, 가족 예배에서나 공공 모임에

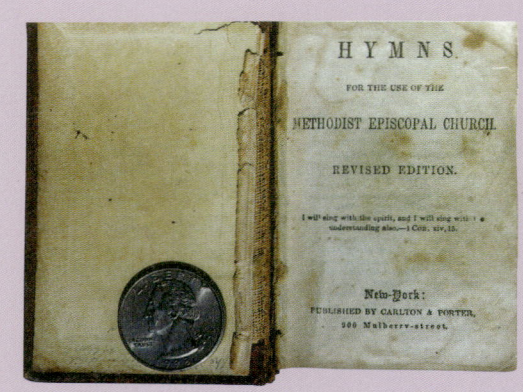

감리교회 포켓 찬송가 Methodist pocket hymnal

초기 감리교회 찬송가에는 음표가 표시되지 않았다. 이 찬송가는 1849년에 출판되었으며, 현재의 25센트짜리 동전을 통해 그 크기를 가늠해 볼 수 있다.

개인용 찬송가 Personalized hymnal

초기 감리교회의 예배에서는 설교자 또는 예배 인도자가 성도들이 찬송을 따라 부를 수 있도록 가사를 불러주었다. 시간이 지나면서 사람들은 각자 개인 찬송가를 소유하기 시작했다. 그리고 표지에 각자의 이름을 적었다. 감리교인들은 찬송가를 귀중히 여기며 성경책과 함께 들고 다녔다.

서도 항상 찬양을 했다. 사람들은 존 웨슬리의 성도들을 '노래하는 감리교인'이라고 불렀다.

1784년, 미국 감리교회 첫 번째 찬송가로 존 웨슬리의 "주일을 위한 시편과 찬양모음(Collection of Psalms and Hymns for the Lord's Day)"이 채택되었다. 6년 후인 1790년, 감리교회는 "포켓 찬송가: 경건한 사람들을 위한 동반자(A Pocket Hymn Book: Designed as a Constant Companion for the Pious)"를 새 찬송가로 채택했다. 감리교회는 그 후 88년 동안 5개의 공식 찬송가를 성공적으로 출간했다. 그리고 1878년, 감리교회는 처음으로 음계가 표시된 "감리교회를 위한 찬송가(Hymnal of the Methodist Episcopal Church with Tunes)"를 펴냈다. 찬송가 편저에 참여했던 사람들은 성가의 능력으로 마음속 예배의 영을 깨울 수 있는 음을 선택했다고 말했다.

1905년, 북부 감리교회와 남부 감리교회는 연합 찬송가를 편찬하였다. 이 찬송가는 '우리의 예배를 더욱더 풍성하게 하기' 위한 취지로 '올바른 교리와 건강한 기독교인의 경험'을 담고 있다. 이 책에는 '이제 우리는 모든 것 되신 우리 하나님께 감사드리네(Now Thank We All Our God)', '그분은 나를 인도하시네(He Leadeth Me)', 그리고 '영원하신 왕께 기대어(Lean on, O King Eternal)'와 같은 새 찬양들이 포함되었다. 또한 '오! 주여 나로 당신과 함께 걷게 하소서(O Master, Let Me Walk with Thee)'나 '십자가로 생명의 길에 왕관을(Where Cross the Crowded Ways of Life)'과 같은 복음적인 찬양도 포함되었다. 일부 감리교회 어른들은 찬양 끝에 아멘이 추가되는 것을 반대하기도 하였다. 이러한 변화가 너무 형식적이라고 생각했기 때문이다. 그러나 이 찬송가는 교회의 승인을 받았다.

그 다음 감리교회 찬송가는 1935년에 출판되었다. 찬송가 집필위원회는 감리교회의 대표적인 교회들인 북부 감리교회, 남부 감리교회, 그리고 감리교 개신교회로 구성되었다. 집필 위원들은 다양한 배경과 신학적 견해를 가진 사람들이었으며, 집필된 찬송가 역시 다양한 주제를 아우르고 있었다.

집필위원 중 자유주의 신학을 가진 사람들은 찬송가에 '구원의 필요', '경고와 초대', "예수 그리스도의 승천과 통치', '심판', '징벌', '천국'이라는 부제를 없애는 데 영향을 주었다. 집필자들은 '새로운 세대에 맞는 언어'라는 목표를 위해 찰스 웨슬리 찬송가의 언어와 단어를 수정했다. 예를 들기 위해 '들으라, 전령인 천사의 노래를(Hark, the Herald Angels Sing)'이라는 찬양을 살펴보자. 원래 가사는 다음과 같다.

보아라, 늦게야 그가 오신다,
(Late in time behold him come)
동정녀에게 나신 자손이...
(Offspring of the Virgin's womb....)

집필위원들은 이 단어들을 다음과 같이 수정했다.

보아라, 오래 기다려온 그가 오신다,
(Long desired, behold him come)
여기 그의 초라한 집을 찾아...
(Finding here his humble home...)

보수적인 신학을 가진 집필 위원들은 찬송가에 균형을 맞춰줄 것을 요구했다. 그들은 '구원 찬양(Songs of Salvation)'이라는 주제로 남부지방에서 많이 불리는 가스펠 찬양을 추가시켜달라고 요청했다. 이러한 찬양들은 구원에 대한 하나님의 부르심, 신앙 경험, 그리스도와 동행, 유혹을 이기는 것, 구원 받은 자의 축복과 천국에 초점이 맞추어져 있었다. 1935년, 찬송가에는 "Song of Salvation"라는 부제

감리교회 연합 Methodist union in 1939년

1939년 5월 10일, 미주리 캔사스 시티에서 북부 감리교회, 남부 감리교회 그리고 감리교 개신교회가 연합하여 감리교회를 세웠다. 이 사진은 세 교회의 주교들의 모습이다. 왼쪽부터 감리교 개신교회(MP)의 제임스 스트라운(James H. Straughn) 감독, 북부 감리교회의 에드윈 홀트 휴즈(Edwin Holt Hughes) 감독, 그리고 남부 감리교회의 존 무어(John M. Moore) 감독이다. 이 역사적인 날, '만 입이 내게 있으면 (O for a thousand tongues to sing my great Redeemer's praise)'이라는 찬송이 선택되었다.

프랜시스 제인 "패니" 크로스비
Frances Jane "Fanny" Crosby (1820-1915)
옆 사진은 빌리 그레이엄 센터 미술관(The Billy Graham Center Museum)의 허가를 받았다.

패니 크로스비는 9,000곡이 넘는 찬양을 쓴 인물로, 감리교회의 성인으로 불려진다. 크로스비는 6살 때 의사의 실수로 시력을 잃었다. 기독교 가정에서 성경과 시를 외우면서 자라났고, 10살이 되었을 때는 창세기와 마태복음을 외울 수 있었다. 그녀에게는 음악을 들으면 그 음에 맞는 곡을 바로 쓸 수 있는 특별한 능력이 있었다. 크로스비는 이렇게 말했다.
"진짜 찬양은 찬양 그 자체에서 나온다. 나는 하나님께 영감을 달라는 기도를 하지 않고 찬양을 쓴 적이 없다."

크로스비는 작자미상의 찬양 200여곡에 가사를 붙였다. 그녀는 찬양 한 곡당 2달러를 받으며 평생 검소한 삶을 살았다. 크로스비의 찬양과 가스펠은 당시 커다란 찬사를 받았으며, 오늘날에도 널리 불려지고 있다. 오늘날 감리교회는 그녀의 곡 가운데 'To God Be the Glory', 'Pass Me Not, O Gentle Savior', 'Blessed Assurance', 그리고 'I Am Thine O Lord'를 비롯한 7곡의 찬양을 찬송집에 수록하고 있다.

놀란 하몬 감독 Bishop Nolan B. Harmon (1892-1993)
남동부 관할의 헤리티지 센터의 허락을 받고 원작을 찍었다. 데이브 핸더슨(Dave Henderson)이 찍은 사진이다.

하몬 감독은 1935년, 1964년의 찬송가 편집위원이었다. 그는 1964년 찬송가 편집위원회에서 가사 편집장으로 섬기기도 했다. 1964년 찬송가 편집위원회의 목적은 다음과 같았다.
1) 웨슬리의 전통을 포함한 찬송가의 유산을 이끌어내는 것 2) 여러 신앙 경험에 관한 찬양들로 구성하여 다양한 곡들을 효과적으로 예배에 사용할 수 있게 하는 것 3) 다음 세대의 찬양을 만드는 것.

로서 '구세주여, 내게 삶 그 이상을(Saviour, More Than Life to Me)', '부드럽고 다정하신 예수님이 부르시네(Softly and Tenderly Jesus is Calling)', '친절하신 구세주여, 나를 빼놓지 마소서(Pass Me Not, O Gentle Saviour)', '예수님은 얼마나 좋은 친구이신지(What a Friend We Have in Jesus)', '보증된 축복이여, 예수님은 내것이라(Blessed Assurance, Jesus Is Mine)', '나를 이끄시네: 오 복된 생각이여(He Leadeth Me: O Blessed Thought!)', 그리고 '내 희망은 틀림이 없도다(My Hope Is Built on Nothing Less)'가 포함되었다.

1960년, 총회는 "새 감리교회 찬송가(Methodist Hymnal)"와 "예배서(Book of Worship)"를 펴내는 일을 계획했다. 두 책은 1964년에 출판되었다. 찬송가 집필위원회에는 에드윈 폭트(Edwin E. Voigt) 감독을 대표로 복음주의 연합형제교회가 함께 참여했다. 놀란 하몬(Nolan B. Harmon) 감독은 예배서의 편집 대표였다. 1935년판 찬송가에서 수정되었던 찰스 웨슬리의 언어들을 새 찬송가에서 다시 복원시켰다. 예를 들면 찰스 웨슬리의 가사 'Late in time behold him come, Offspring of the Virgin's womb'를 그대로 사용했다. 또한 독일의 합창 멜로디와 단음 멜로디 전통을 추가시켰다. 처음으로 포크음악과 흑인을 위한 찬양이 수록되기도 했다.

오늘날의 연합감리교회 찬송가(United Methodist Hymnal)는 1989년에 출판되었다. 이 찬송가는 감리교회와 복음주의 연합형제교회의 전통을 담고 있으며, 1870년대 이후로 가장 포괄적인 내용을 다루고 있다. 또한 이 찬송가는 이전의 찬송가들보다 더욱 다양한 음악 형식을 기본으로 하고 있다. 평화, 생태계, 기아 그리고 정의에 대한 찬양과 같은 부제를 포함시키기도 했다. 전통적인 찬양들 중 남녀 성별이 구분된 단어로 쓰인 찬양은 수정되었다. 이 현재의 찬송가는 민족전통, 미국 흑인, 히스패닉, 아시아계 미국인, 미국 원주민들을 위한 찬양도 포함하고 있다.

지난 수십 년간 교회는 찬송가 편집을 계속해왔다. 1964년 감리교회 찬송가에는 미국 흑인들의 전통적인 찬양이 6곡에 불과했다. 이에 1973년에는 '시온의 노래(Songs of Zion)'라는 제목으로 찬송가를 추가 출판하였다. 이 책은 흑인 크리스천의 음악적 유산을 반영하기 위해 제작되었다. 이를 통해 흑인 성도들의 찬송가가 갖추어지기 시작했다. 또한 감리교회는 아시아 문화권 성도들을 위한 찬송가가 필요하다는 것을 인지했다. 그리하여 1983년, "아시아계 미국인을 위한 찬양모음집(Hymns for the Four Winds: A Collection of Asian-American Hymns)"이라는 찬송가를 출판하였다. 또한 1985년에는 다락방협회(Upper Room)가 연합감리교회 찬송가를 보완하는 찬송가와 예배서를 발간했다. 그리고 1996년, 감리교회는 스페인어 찬송가 "축하를 위한 천의 목소리(Mil Vosec Para Celebrar)"를 발간했다.

웨슬리 형제는 하나님의 말씀에 음악이 더해지면 사람들의 삶에 영향을 미칠 수 있다고 믿었다. 또한 종교적 음악을 통해 자신이 누구인지, 어떤 사람이 되어 가는지에 대한 정체성을 확립할 수 있다고 생각했다. 수많은 사람들이(심지어 글을 읽지 못하는 사람들도) 설교자와 함께 찬양하며 감리교회 찬양을 외우게 되었다. 찬송가는 죄인이 회개하고 성도가 삶을 깨닫게 하는 도구가 되었다.

감리교인들은 처음부터 찬양을 사랑했다. 속회모임, 기도모임, 애찬, 철야예배 등 모든 모임은 찬양으로 시작하여 찬양으로 끝났다. 찬양의 능력은 실로 엄청났다. 감리교회 찬송가는 예배자들이 복음을 경험하고 이해할 수 있도록 도와주었다. 성도들은 찬양을 통해 누

찰스 앨버트 틴들리 Charles Albert Tindley (1851-1933)

1801년, 리처드 알렌은 흑인 찬양이 포함된 찬송가를 출판하였다. "다양한 작곡가들의 찬송과 영적찬양 모음집(A Collection of Hymns and Spiritual Songs from Various Authors)"이라는 이 찬송가는 최초로 후렴구를 포함하고 있었다. 흑인 감리교인들은 가스펠 찬양을 만들어 백인들에게 소개하였다. 이 가스펠 찬양은 비록 19세기와 20세기 초에는 제대로 자리를 잡지 못했으나 오늘날 널리 불리는 가스펠 찬양들이 만들어지는 데에 큰 영향을 주었다. 흑인들의 영적인 능력을 널리 인정받는 계기가 되기도 했다. 이 찬양들은 노예들의 숙소에서부터 콘서트홀에 이르기까지 여러 장소에서 불렸다. 특히 20세기에 발표된 찰스 앨버트 틴들리와 토마스 도로시(Thomas A. Dorsey)의 가스펠 찬양은 인기가 많았다.

남북전쟁이 일어나기 전, 찰스 틴들리는 메릴랜드에서 노예의 아들로 태어났다. 그는 노예 신분이었으므로 학교에 다닐 수 없었다. 그럼에도 불구하고 17살 때 읽는 법을 배우고, 이후로도 끊임없이 더 많은 지식을 쌓았다.

대학교에서 통나무를 옮기는 일을 하던 틴들리는, 후에 감리교회의 관리인이 되었다. 그리고 신학교에서 학위를 받은 후 흑인 감리교회의 목회자가 되었다.

그는 자신이 청소부로 일했던 교회인 필라델피아에 있는 갈보리 감리교회(Calvary Methodist Episcopal Church)를 섬겼다. 이 교회는 곧 음악으로 유명해졌고, 틴들리 역시 많은 가스펠 찬양을 만들었다. 그가 사역하는 31년 동안, 교회는 이전하여 이름을 틴들리 성전 감리교회(Tindley Temple Methodist Episcopal Church)로 바꾸었다. 그가 세상을 떠날 때 교회의 성도들은 12,500여명이었으며, 그의 교회는 당시 세계에서 가장 큰 감리교회였다.

1916년, 틴들리는 '머지않아 더 잘 이해하게 되리(We'll Understand It Better By and By)'와 '언젠가 승리하리(I'll Overcome Someday)'를 포함하여 "새로운 찬양(New Songs of Paradise)"이라는 찬송가를 펴냈다. 오늘날 연합감리교회 찬송가는 '내 곁에 있어줘!(Stand By Me!)'와 '내 영혼과 구세주 사이엔 아무 것도 없네(Nothing Between My Soul and My Savior)' 등 5개의 틴들리 찬양을 수록하고 있다. 틴들리는 40개가 넘는 가스펠 찬양을 쓰기도 하였다.

틴들리의 찬양은 도시에서 억압받던 미국 흑인들을 떠올리게 한다. 그러나 흑인 영가와 달리 그의 찬양은 오직 천국에 대한 것만 노래하지 않았다. 그는 천국을 억압받은 자들의 마지막 승리로 묘사하면서도, 억압받는 지금의 현실을 살아가는 흑인들에게 힘과 소망을 주는 메시지를 더욱 강하게 담았다.

틴들리의 가스펠 찬양은 유명한 흑인 찬양 작곡가인 토마스 도로시(1899-1965)에게 큰 영향을 주었다. 도로시의 유명한 찬양 '소중한 주님, 내 손을 잡아주소서(Precious Lord, Take My Hand)'는 현재 감리교회 찬송가에 실려 있다. 그의 찬양은 1930년대에 사람들에게 널리 알려지며, 가스펠 찬양의 시대를 열었다. 도로시는 '가스펠 찬양의 아버지'로 불렸다. 1931년, 그는 최초의 가스펠 성가대를 만들었다. 현재까지도 거의 모든 흑인 교인이 가스펠 성가대를 구성하고 있다. 1940년에 발표한 도로시의 '골짜기에 평화를(Peace in the Valley)'은 미국 인기 노래 목록에 꼽히는 첫 번째 가스펠 찬양이 되었다. 도로시는 감리교인이 아니었음에도 불구하고, 미국 감리교회의 가스펠 찬양에 큰 영향을 주었다.

윌리엄 캐넌 감독 Bishop William Ragsdale Cannon (1916-1997)

캐넌 감독은 1964년 찬송가 편집위원 가운데 한 사람이었다. 그는 1935년 찬송가에서 빠지거나 수정된 웨슬리 찬양을 다시 찬송가에 수록하고 복구하는 사역을 담당하였다.

1964년 찬송가는 웨슬리 찬송들의 수를 늘리고, '교회력(Christian Year)'이라는 주요부분을 첨가했다.

시온의 노래 Songs of Zion

1973년, 흑인 예배에서 많이 사용되는 찬양 모음집으로 "시온의 노래들"이 출판되었다. 수록된 곡들은 노예의 고통과 자유를 위한 투쟁, 정의로운 심판에 대한 믿음을 담고 있다.

이 찬양집은 흑인뿐 아니라, 결국 이 세상에서 '이방인이고 순례자'인 모든 크리스천을 위해 만들어졌다. 이 책에 수록된 곡들은 억압받는 상황에서도 하나님의 사람들이 시온의 노래를 부를 수 있도록 도와주었다.

다락방 찬송과 예배 보조자료 The Upper Room hymn and worship supplement

1985년 다락방 출판사에서 출판한 이 찬양집에는 음악에 관한 보충 설명과 현대의 예배, 예식에 관한 자료가 수록되어 있다. 엠마오(Emmaus) 운동과 영성훈련기관에서 인기가 많았다.

이 탁월한 찬양집의 내용은 신학적 깊이와 다양한 이미지들, 음악적 접근성과 성도들의 편의성, 그리고 말씀의 중요성까지 잘 나타낸다. "다락방 찬양집(The Upper Room Worshipbook)"은 이전에는 볼 수 없었던 고품질의 찬양집이다. 이 찬양집의 편집자는 "단순성이 가장 큰 가치"라고 말했다.

목소리: 찬송과 예배 자료 Voices: Native American Hymns and Worship Resources.

1992년, Discipleship Resources 출판사가 출판한 찬양집이다. 이 찬양집에는 미국 원주민을 위한 찬양과 찬양자료들이 담겨져 있다. 표지에 있는 로고는 여러 부족들의 문양들 가운데 그려진 십자가이다. 십자가를 이루는 두 줄은 인디언들이 아름다움이라고 여기는 조화와 균형을 나타낸다. 이 로고는 예수 그리스도 안에서 하나가 된 여러 부족들의 연합을 상징한다.

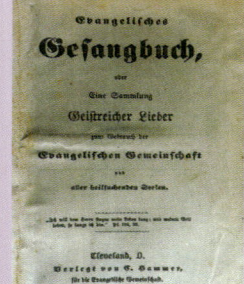

복음주의 교회 찬송가 Evangelical Church hymnal

복음주의 교회의 찬송가는 1850년에 만들어졌으며 "복음주의 찬송집(Evangelical Hymn-Book)" 또는 "영적찬양 모음집(A Collection of Spiritual Songs)"이라고 불렸다. 복음주의 교회는 1894년까지 이 찬송가를 출판하였다.

1862년 연합형제교회 찬송가 1862 United Brethren Hymnal

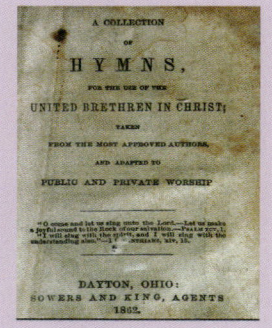

초기 연합형제교회 찬송가는 독일어로 출판되었다. 1861년, 총회는 성도들이 찬양을 할 수 있도록 "성가대를 교회에 세우는 것을 금지한다"고 정했다. 4년 후, 총회는 교회에서 악기를 사용하는 것을 금지시켰다. 한참 후에야 이러한 규율이 허물어지며 성도들이 성가대와 악기와 더불어 하나님께 영광을 돌릴 수 있다고 믿게 되었다.

감리교회의 1878년 찬송가 The 1878 hymnal of the Methodist Episcopal Church

1878년, 최초로 음표가 표기된 찬송가가 출판되었다. 교회의 11명의 감독은 이 찬송가를 추천하며 이렇게 말했다.

"우리는 모두 이 찬송가가 지금까지 출판된 찬송가 중에서 가장 탁월하다고 믿습니다. 우리는 이 찬송가가 공적예배에 도움이 될 것은 물론이며 큰 영감을 가져다 줄 것이라고 믿습니다. 또한 개인 묵상과 기도에 도움이 될 것입니다. 이 찬송가는 교회가 보증하고 또한 교회의 요구를 충족시키는 찬송가입니다. '영으로 찬양할 것'을 권합니다, 형제여. 또한 '가사를 이해하며', 마음속에 멜로디를 만들어 찬양하기를 권합니다."

연합 찬송가 Joint Hymnal 1905년

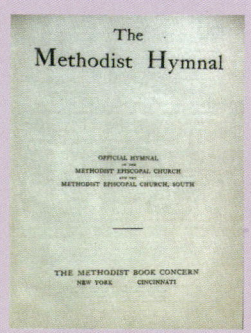

1905년, 북부 감리교회와 남부 감리교회는 연합 찬송가를 출판하였다. 이 찬송가의 서문에는 다음과 같이 기록되어 있다. "이제 연합 위원회가 편찬한 이 찬송가가 하나님의 은혜와 함께 믿는 자들을 성장시키고 하나님께 영광을 돌리기를 원한다. 또한 우리는 교회들이 이 찬송가를 사용하기를 권한다. 감리교회가 지정하지 않는 것들을 가르치거나, 고귀한 음악을 배제하여 음악의 성장을 저해하는 비공인 찬송가들을 더 이상 사용하지 않기를 권한다."

감리교 개신교회 찬송가 The Methodist Protestant Church Hymnal.

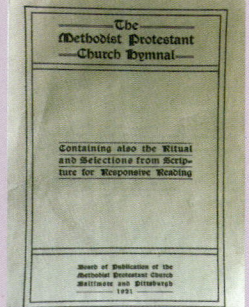

1838년, 토마스 스톡턴(Thomas H. Stockton)은 감리교 개신교회(Methodist Protestant)의 첫 번째 찬송가를 편찬했다. 1882년, 감리교 개신교회는 가사와 음계가 함께 수록되어 있는 첫 번째 찬송가 '찬사(Tribute of Praise)'를 채택했다. 사진에 나와 있는 이 찬송가는 1901년에 채택되어 여러 버전으로 출판되었다 이 찬송가는 찬송들이 다양한 주제들로 묶여 있어 사용하기에 편리했다. 1939년, 감리교 개신교회가 감리교회로 흡수되면서 이 찬송가는 감리교 개신교회의 마지막 찬송집이 되었다.

가 진짜 크리스천인지, 무엇이 기독교적인지 알 수 있었다. 또한 성령이 은혜로서 함께 하신다는 것을 알 수 있었다. 그들은 그러한 믿음을 바탕으로 많은 사람들을 예수 그리스도께로 이끌었다.

죄 씻음 받는 것을 아는 형제들마다 얼마나 기뻐하겠는가!
"이 땅은 나의 집이 아니오!"라고 외치며
천국에 내 거할 곳을 두겠네.
육신의 눈으로 볼 수 없는 먼 곳
믿음의 눈으로 나는 보네
쉼과 성도의 기쁨이 있는 땅
천국은 날 위해 준비 되었네.

우리의 소망이 얼마나 축복인가!
이곳, 이 땅에 머무를 때에
우리는 그날에 앞서
천국의 능력을 맛보네.
우리는 부활을 가까이 느끼며
우리의 삶은 그리스도 안에 감추어졌네.

여기 그의 영광스런 임재 속에
그리스도의 삶은 우리 안에 드러나네.

웨슬리 찬양은 오랜 시간동안 그 가치를 증명하며 지금까지도 이어져 내려오고 있다. 성도들의 찬양은 그들의 공동체와 하나님을 향한 예배를 더욱 드높이는 힘을 발휘한다.

20세기 감리교회 찬송가 Twentieth Century Methodist hymnals

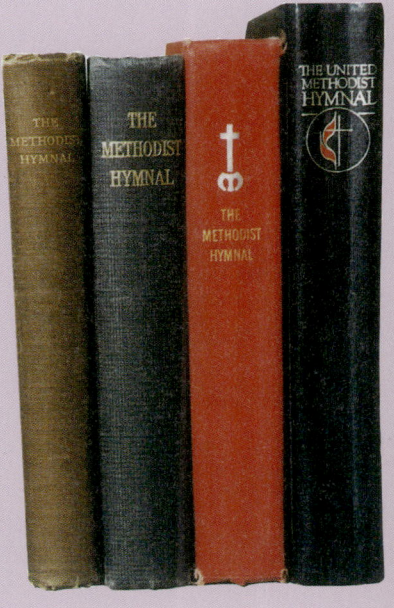

찬송가는 성경책 다음으로 사랑받는 책이다. 18세기 감리교회의 여성신도였던 메리 벤슨(Mary Benson)은 '사랑스러운 감리교회 찬송가'라고 표현했다. 찬송가를 향한 그녀의 사랑은 많은 감리교인들에게 알려져 지금까지도 전해지고 있다. 이 찬송가들은 미국 감리교회의 위대한 유산으로 남아있다.

왼쪽에서 오른쪽으로 1905년, 1935년, 1964년, 1989년 찬송가의 모습이다. 1905년 찬송가는 북부 감리교회와 남부 감리교회의 연합작품이었다. 이 찬송가는 웨슬리 찬양의 유산을 공유하고 있다. 1935년 찬송가에는 당시의 사회적이고 과학적인 사고가 묻어나있다. 또한 처음으로 가스펠 찬양이 포함되었다. 1964년 찬송가는 문화적 다양성과 여러 종교적 체험에 관한 찬양들이 포함되어 있다. 1989년 찬송가에는 사회적이고 환경적인 문제에 대한 다양한 찬양이 수록되어 있다. 이 찬송가들은 각 시대를 반영하여 만들어졌으나, 웨슬리 예배적인 특징을 지향한다는 공통점을 갖고 있다.

11 그리스도께 드려라

존과 찰스 웨슬리는 개신교 역사에 중요한 업적을 남긴 영향력 있는 인물들이다. 그들은 그리스도가 없는 삶이란 목자가 없는 양과 다름없다는 확신을 갖고 있었다. 그리고 잃어버린 이들을 '어두운 죄 가운데 뛰어다니는' 사람들로 보며 안타까워했다. 따라서 이 형제는 믿지 않는 사람들이 그리스도께로 돌아오게 만드는 데에 모든 삶을 바쳤다. 일부 교회들은 웨슬리 형제의 사역방식과 그들이 믿지 않는 사람들에게 접근하는 방법에 대해 회의적이었다. 그러나 웨슬리 형제는 개의치 않고 잃어버린 영혼들에게 온전히 헌신하였다. 사람들의 비판에 대한 존 웨슬리의 대답은 매우 유명하다.

"세계는 나의 교구다. 내가 어떤 자리에 있든 구원의 소식을 듣기 원하는 사람들에게 다가가 주어진 책임을 다할 것이다. 그것이 하나님께서 나를 부르신 이유라고 믿는다. 또한 그 자리에 하나님의 은혜가 함께 하실 것임을 믿는다."

야외에서 설교하는 존 웨슬리 John Wesley preaching in the open air
마리아 스필스베리(Maria Spillsbury)의 작품으로, 아일랜드에서 설교하고 있는 존 웨슬리의 모습을 담고 있다. 이 그림은 영국 감리교회 박물관에 전시되어 있다.

1742년, 존 웨슬리는 호슬리(Horsley)에 방문했던 일을 일기에 기록했다.

"집이 작아 야외에서 설교를 했다. 그런데 그때 심한 폭풍이 닥쳐왔다. 사방에서 바람이 강하게 불어왔고 지푸라기들이 사방으로 날렸다. 누군가는 당연히 그곳에 모였던 사람들이 흩어지고 집으로 돌아가는 사람들도 있었을 것이라고 생각할 것이다. 하지만 하나님의 평안 안에서 모임을 마칠 때까지 어느 누구도 흔들리거나 자리를 떠나지 않았다."

초기 감리교회 설교자들은 복음을 선포하기 전에 받아들이라는 말을 하지 않았다. 그러나 복음을 선포한 후에는 받아들이라는 권면을 빼놓지 않았다. 웨슬리는 스코틀랜드에서 설교할 당시 이렇게 말했다.

"진리에 관한 여러 말씀을 들었다. 하지만 적용이 없는 설교는 그저 새가 지저귀는 것과 같다. 이런 방식의 설교로는 죄인이 죄를 깨닫게 할 수 없고, 하나님께로 이끌 수도 없다."

웨슬리는 또 그의 설교자들에게 이렇게 말했다.

"여러분들이 해야 할 일은 오직 영혼을 구원하는 일 뿐입니다. 그러므로 이 사역에 힘을 쏟으십시오. 할 수 있는 한 많은 영혼과 죄인을 회개의 자리로 이끄십시오. 그들을 주님의 거룩한 자리로 세워나가십시오."

감리교회의 주요 선교사역

웨슬리는 1730년대에 조지아에 머물며 미국 식민지에 깊은 관심을 갖게 되었다. 영국으로 돌아온 웨슬리는 미국에 있는 많은 사역자들이 영향력 없는 사역을 하고 있다는 것에 대해 걱정했다. 그는 런던에 있는 감독에게 "성직자들은 그리스어와 라틴어는 알고 있지만 영혼을 구원하는 것은 알지 못합니다."라고 말하기도 했다. 그리고 사역자를 미국으로 파송해달라고 교회에 요청했다. 웨슬리는 영혼구원에 열정을 가진 설교자들을 선택하였다. 그들 중 한명이었던 조셉 필모어(Joseph Pilmore)는 자신의 일기에 다음과 같이 적었다.

"주인이 일꾼들을 포도밭으로 보낸다. 하

"그리스도께 드려라 Offer them Christ"
케니스 와이어트(Kenneth Wyatt)가 그린 유화의 복제본으로 북 캐롤라이나의 주날루스카 호수가에 있는 복음주의 재단의 허가를 받아 싣는다. 토마스 코크가 미국으로 떠나는 장면을 담고 있다. 존 웨슬리는 그에게 "그들을 그리스도께 드려라"라고 말했다. 와이어트는 그림의 제목으로 이 구절을 선택하였다.

이 그림은 웨슬리가 미국에 감리교회를 세우기 위해 세 명의 사역자를 미국으로 보내는 장면을 담고 있다. 세 사람은 뉴욕으로 떠나는 작은 배에 몸을 싣고 있다. 이들은 미국 사역자로 웨슬리에 의해 새롭게 임명된 토마스 코크, 토마스 바시 그리고 리처드 왓코트이다.

나님을 아는 지식이 쌓여가고 방황하는 죄인이 그리스도께로 돌아오도록!"

또 다른 사역자 리처드 보드맨(Richard Boardman)은 존 웨슬리에게 쓴 편지에서 전도에 대한 자신의 사랑을 표현했다.

"예배당에 1,700여명의 사람들이 모였습니다. 예배당 안에 미처 들어오지 못한 사람들도 있었습니다. 우리는 모두 즐거움으로 말씀에 귀를 기울였습니다. 전에는 볼 수 없었던 말씀에 대한 열정이었습니다. 뒤에 앉은 사람들에게는 설교가 들리지 않았을 것입니다. 그러나 그들에게도 은혜의 문이 열려있다는 사실을 믿어 의심치 않습니다. 높으신 왕께서 그의 자녀들에게 그리스도를 보내주시길 바랍니다."

미국 감리교회가 성장하는 가운데 많은 순회 설교자들과 평신도 설교자들이 배출되었다. 감리교회의 모든 사역은 이들의 희생이 있었기에 가능했다. 19세기 감리교회 감독이었던 홀랜드 맥타이어는 다음과 같이 말했다.

"이것은 새로운 교리가 아닌, 감리교인들이 추구하던 새로운 삶이다. 감리교인들은 전도자로서 나아가고 있다. 그들은 사람들을 설득하고 있다. 그들의 논쟁은 교회나 권력자에 대한 것이 아닌 죄와 사탄에 대한 것이며, 논쟁의 목표는 영혼을 구원하는 데에 있다."

미국 감리교회의 첫 번째 "규율(1784)"은 기독교 사역자의 임무가 무엇인지 말해준다. "네가 가는 모든 곳의 모든 사람들을 가르쳐 그들이 내적으로나 외적으로 그리스도인이 되게 하라."

1798년, 코크와 애즈베리 감독은 다음과 같이 설교자들을 가르쳤다.

"설교자는 사람들에게 죄의 심각성을 인지시켜야 한다. 또한 주께서 선지자들에게 하신 말씀처럼 '굳어진 땅을 깨트리고 큰 소리로 외쳐야'한다. 나팔과 같이 큰소리로 외치며 야곱의 자손들에게 그들의 죄악과 잘못을 알리고, 죄인들에게 원죄의 깊이와 그들이 정의로부터 얼마나 멀리 떨어져있는지 보여주어야 한다. 설교자는 세상의 악함을 알리고, 죄인들을 모든 핑계와 구실, 견고한 진으로부터 끌어내야 한다. 형식주의자들에게 사람의 의식과 도덕성으로는 하나님 앞에서 결코 의로울 수 없다는 것을 알리고, 속죄하는 그리스도의 피에 대해 가르쳐주어야 한다. 그리스도께서는 슬퍼하는 자를 구원자에게로 데려오고, 우리를 축복하기를 원하신다는 것을 알려주며 그의 영혼을 구원으로 이끌어야 한다."

프랜시스 애즈베리와 토마스 코크 감독은 전도사역의 모범을 몸소 보여주었다. 애즈베리 감독의 일기에는 "내가 고통 받고, 내가 일하기 원한다. 시간은 짧고 잃어버린 영혼들은 매일 생겨난다."라고 적혀있다. 그에게는 예수 그리스도를 사람들에게 전하는 것이 가장 중요한 것이었기에 사소한 논쟁은 관심거리조차 되지 않았다. 애즈베리는 남 캐롤라이나의 찰스턴(Charleston)의 감리교 공동체에서 일어난 논쟁에 대해 기록했다.

"감리교인과 성공회 신자 간에 거룩한 논쟁이 있었다. 그러나 누가 더 많은 영혼들을 구원할지에 대한 논쟁은 없었다."

그는 입버릇처럼 다음과 같이 선포했다.
"나의 목적은 천국이다. 이 땅이 아니다."

코크 감독은 전도에 대한 열망으로 해외선교 사역에 헌신하였다. 그는 집집마다 방문하여 미복음화 지역에 파송할 선교사들을 위한 기금을 마련했다. 코크 감독은 수많은 지역으로 선교여행을 다니며 일생을 보냈다. 그리고 인도와 실론으로 선교여행을 가기 위해 탑승했던 배 안에서 숨을 거두었다. 선교를 향한 그의 열정은 지금까지도 감리교회 성도들의 가슴 속에 남아있다. 코크 감독은 '감리교회의 해외 사역자'라는 별명을 갖고 있다.

감리교회는 선교사역의 중심을 영혼 구원에 두었다. 교회에 다니지 않는 사람들조차 감리교회는 전도를 최우선으로 한다는 것을 알고 있었다. 감리교인들은 영적으로 성화된 사람들만이 미국을 위대한 나라로 만들 수 있다고 믿었다. 그들은 온 땅을 변화시키고 말씀의 거룩함을 퍼뜨리는 데 목표를 두었다. 그것이 바로 감리교회 사역의 중심이었다.

개척자의 집 A frontier home

초기 감리교회에서는 가정의 가장을 영적 권위자로 인정하고, 가족들이 매일 경건의 시간을 드리도록 인도하는 책임을 부여했다. 감리교회 가정들은 '가족 제단'을 세우고 매일 기도하며 말씀을 읽었다. 19세기 감리교회 작가들은 이렇게 기록하고 있다.

"가장들은 하나님이 돌보고 인도하라고 명하신 사람들에 대한 의무를 가지고 있다. 누가 그 책임의 크기를 가늠할 수 있겠는가?"

성도들은 직장에서 매일 만나는 사람들과 이웃들에게 복음을 전했다. 평신도 설교자나 속회의 지도자 직분을 맡아 섬기기도 했다. 순회 설교자가 순회를 하는 동안 평신도들이 자신이 맡은 사역을 잘 감당하는 것은 매우 중요한 일이었다.

초기 감리교회의 종교적 부흥

미국 감리교회가 자리를 잡은 후 수십 년간, 모든 모임의 주된 사역은 바로 전도였다. 감독들은 집회 때마다 영혼구원을 외쳤다. 연회와 총회에서도 영혼의 획득을 강조했다. 수많은 사람들이 말씀 사경회, 애찬식, 철야와 성찬예배를 통해 그리스도를 영접했다. 또한 지역과 지방의 연합회에서도 영적부흥이 일어났다. 설교자가 효과적인 복음 설교를 할 때, 사람들은 "그가 감독처럼 설교했다"라고 말하기도 했다.

감리교회의 초기 기록들에서 수많은 부흥의 흔적을 발견할 수 있다. 한 예로, 제시 리는 다음과 같이 기록하였다.

"많은 죄인들이 죄를 깨닫고 은혜를 구했다. 매일 회개에 대한 뉴스를 들을 수 있었다. 새로운 삶을 열정으로 살아가는 하나님의 사람들의 이야기도 많았다. 백발의 노인, 중년의 사람들, 청년과 어린아이들 모두가 이 부흥에 참여하고 있다. 모든 예배 가운데 성령이 임재하고 계신다."

또한 1791년 제시 리는 감리교인들의 사역을 정리하며 이렇게 기록했다.

"올해 우리는 여러 지역에서 부흥이 일어나는 것을 보았다. 뉴잉글랜드 지역의 많은 사람들이 감리교회의 전파를 반가워하며 문을 열어두었고, 우리를 초대하며 설교를 요청하였다. 그들은 우리의 일원이 되기도 했다."

감리교회 전도사역의 긍정적인 효과는 모든 지역에서 나타났다. 예를 들면, 켄터키 지역의 잊지 못할 변화를 꼽을 수 있다. 한때 켄터키는 '어둠과 피의 땅'으로 불렸으며, 싸움과 무법의 상징인 도시였다. 그러나 감리교회의 부흥운동을 통해 이 지역은 변화되었다. 1803년 발간된 "감리교회 잡지(Methodist Magazine)"에는 1801년 워싱턴 칼리지의 교장이 켄터키를 방문했던 기록을 싣고 있다.

"켄터키는 내가 가 본 도시 중 가장 도덕적인 곳이었습니다. 욕설이나 불경스러운 표현은 듣기 힘들었고, 종교적인 분위기가 지역 전체에 가득했습니다. 나는 켄터키의 부흥이 정말 놀라운 일이라 생각합니다. 기독교는 지어낸 이야기라고 말하던 자들이 성화되었습니다. 부흥이 그것을 가능하게 했습니다. 불신앙과 악행들을 타파하고, 그것에 침묵하던 수많은 사람들을 변화시켰습니다."

감리교회의 부흥을 호의적으로 바라보던 사람들이 있었는가 하면, 반대의 경우도 있었다. 프랜시스 애즈베리는 1789년 서부 버지니아의 시골에서 일어났던 일에 대해 기록하고 있다.

우리는 쉐퍼드스타운(Shepherdstown) 근처에 있는 숲에서 모임을 시작했다. 그곳에 700여명의 사람들이 모여 있었다. 말씀에는 힘과 에너지가 넘쳤고, 그 능력이 우리 가운데 임했다. 윌리스(Willis) 형제가 말씀을 전할 때, 주님은 강하게 역사하셨다. 주일 예배에는 1,000~1,500명 가량의 사람들이 모였다. 그 때, 우리를 조롱하며 크게 소리를 지르는 사람들이 나타났다. 방해는 계속되었다. 나는 그 가운데서 3시간 가까이 설교했다. 아, 이 얼마나 악한 방해인가!

때로는 방해하던 이들이 회개하기도 했다. 하나님의 능력이 임할 때, 그들은 갑자기 무릎 꿇어 기도했다. 한 설교자는 이런 기록을 남겼다.
"술에 취한 사람이 무리 안으로 들어와 방해하기 시작했다. 그 때 갑자기 보이지 않는 힘에 의해 그가 땅에 쓰러졌다. 그리고 그는 회심하여 모임에 동참하기 시작했다."

감리교회는 많은 교회를 세우며 부흥했다. 1812년, 애즈베리 감독은 오하이오 지역을 순회하며 다음과 같이 기록했다.
"우리는 엄숙한 모임을 가졌다. 나는 3,000명의 사람들에게 설교했다. 우리는 말씀을 전하기 위해 30마일을 달려 반즈빌(Barnesville)에 왔다. 감리교인들이 이 마을에서 큰 영향력을 갖고 있는 것 같다. 예배당의 크기는 40~50피트 이다."

1805년, 애즈베리 감독은 감리교회 전체에서 일어난 부흥에 대한 책을 출간했다. 책의 제목은 "1800년부터 일어난 하나님의 역사하심을 담은 편지들(Extracts of Letters, Containing Some Account of the Work of God Since the Year, 1800)"이었다. 이 책에는 코네티컷의 뉴헤이븐에서 일어난 부흥에 대해 언급하고 있는 윌리엄 대처(William Thache)의 편지가 포함되어 있다.

"주일 아침, 사람들이 사방에서 모이기 시작했다. 대략 7,000~8,000명이 모였다. 8시에 기도모임이 시작되었고, 9시 30분에 니콜라스 스네든(Nicholas Snethen) 형제가 능력 있는 말씀을 전했다. 두 세번의 설교와 몇 차례의 기도가 계속되었다. 그리고 권면이 전달되었고, 짧은 휴식 후에 월요일 오전 9시까지 예배가 계속되었다. 그때 참석한 이들에게 성례전이 시행되었고, 그들 모두 거룩한 사랑에 흠뻑 젖어들었다. 이후 프리번 게렛슨 형제의 매우 명확하고 자유로우며 능력 있는 설교, 모리어티(Moriarty) 형제의 살아있는 권고의 말씀, 스네든 형제의 최고의 강론이 이어졌다. 성도들의 눈에는 눈물이 흐르고 기쁨의 함성과 회개의 역사가 일어났다. 뜨거운 기도와 축도를 마지막으로 우리는 감동 속에서 헤어졌다."

또 다른 설교자의 기록에는 다음과 같은 내용이 포함되어 있다.
"약 113명의 백인과 흑인이 교회에 등록했다. 그리고 내가 듣기론 두 배가 넘는 사람들이 다른 지역에 있는 교회에 등록할 것이라고 했다. 은혜로운 예배의 열매였다."

야외전도집회

야외전도집회는 사람들을 그리스도께로 이끄는 감리교회의 주된 방법 중 하나였다. 이 모임은 미국 기독교에서만 찾아 볼 수 있는 독특한 형식이었다. 야외전도집회는 1799년, 켄터키 지방에서 시작되어 미국 전역으로 퍼져 나갔다. 이 모임은 매우 효과적인 전도의 수단으로 자리 잡았으며, 미국의 두 번째 대각성운동이라고 불리는 사건의 시작이었다.

야외전도집회(Camp meeting)가 이루어지는 장소는 예배를 위해서 몇몇 준비가 필요했다. 간단한 나무재질의 스피커 스탠드, 의자, 볏짚으로 만든 쿠션 등을 모으는 것은 쉬운 일이었다. 사람들은 텐트, 포장마차, 나무에 만든 임시 휴식처 등에서 잠을 청했다. 하지만 야외전도집회가 점점 발전해가면서 사람들은 천막들을 지어서 예배를 드렸다. 곧 그들은 1층에 식당과 위층에는 침실이 있는 기숙사도 지었다. 나중에는 아예 야외전도집회를 위한 "캠프장"(encampments)을 짓기도 했다.

감리교인들은 한 해의 하이라이트였던 야외전도집회를 학수고대했다. 한 기록에는 "야외전도집회에 가기 위해 노인들은 목발을 짚고, 아이들은 노는 시간을 잊었으며 일꾼들은 일을 서둘러 마쳤다."라고 적고 있다. 1803년, 패니 루이스(Fanny Lewis)는 애즈베리 감독에게 다음과 같은 편지를 보냈다.

"야외전도집회! 이 단어만 들으면 왜 흥분이 될까요? 모든 걸음이 경건하게 느껴져요. 나의 평화를 방해하는 어떤 것도 보이지 않네요. 모든 것이 하나님의 영광과 복

감리교회 야외전도집회 Methodist camp meeting
이 사진은 바로우 위드 고햄(Barlow Weed Gorham)의 1854년 책자인 야외전도집회 안내서(CAMP MEETING MANUAL)에서 발췌했다. 사진의 장면은 1848년경 야외전도집회의 모습이다.

야외전도집회에 5,000명에서 10,000명의 사람들이 모이는 것은 놀라운 일이 아니었다. 그보다 훨씬 많은 숫자가 모이는 집회도 있었다. 켄터키의 유명한 케인 리지(Cane Ridge) 야외전도집회에는 20,000~25,000명의 인원이 모이기도 했다. 당시 근처의 렉싱턴(Lexington)에 1,800명이 채 되지 않는 사람들이 거주하고 있었다. 농부들은 말들이 목초지의 풀을 먹을 수 있도록 허락해 주기도 했다. 전기앰프가 없던 시절이었으므로 대형집회에서 설교하기 위해서는 큰 목소리를 가져야했다. 한 야외전도집회 설교자는 버지니아에서 예수 그리스도의 재림에 대해 큰 소리로 설교했다. 그의 목소리가 매우 커서 장로들이 '그 설교는 지옥에서도 들릴 정도이다'라고 말할 정도였다.

연합형제교회 야외전도집회가 있던 오하이오 샌더스키(Sandusky) 지역 근처에 살던 한 사람은 이렇게 말했다.

"어느 날 11시가 다 되었는데 누군가 야외전도집회 장소가 어디냐고 물었습니다. 이미 야외전도집회는 시작되었는데도 말입니다. 나는 그에게 잠시 조용히 해보라고 했습니다. 마이클 롱(Michael Long)의 큰 목소리가 들려왔습니다. 나는 그 사람에게 저 소리를 따라 숲으로 가보라고 했습니다. 그리고 그는 3마일 떨어진 곳에서 야외전도집회를 찾았습니다."

음을 알리기 위해 조화를 이루는 것 같습니다. 아빠!(그는 애즈베리 감독을 이렇게 불렀다.) 진짜예요. 제가 글로 다 표현할 수 없다는 것이 안타까워요. 하지만 글로 표현한 것보다 훨씬 더 큰 것이 느껴져요. 아빠도 100명이 넘는 사람들이 한 시간이 넘도록 손을 들고 한 목소리로 하나님의 영광을 찬양하는 것을 보셔야 돼요. 설교자들은 전부 성령으로 충만해 있어요. 집회 대표가 하나님의 임재와 능력으로 죄인들의 마음에 말씀할 때, 몇몇은 서서 울고 다른 사람들은 엎드려 기도했어요."

초기 야외전도집회에 모인 사람들은 연령대도 다양했으며, 종교적 배경 역시 서로 달랐다. 그들 대부분은 아주 먼 곳에서 왔기 때문에 며칠 동안 머무를 숙소와 음식이 필요했다.

제시 리는 1803년 남 캐롤라이나에서 있었던 야외전도집회에 대해 다음과 같이 기록했다.

7월에 샌디 강(Sandy River)에서 야외전

존 베리 맥페린
John Berry(J. B.) McFerrin
(1807-1887)

테네시와 앨라배마 지역의 개척 설교자였던 맥페린은 야외전도집회에서의 하루 스케줄에 대해 이렇게 말했다.

"아침이 되면 기상나팔이 캠프를 깨웁니다. 두 번째 나팔소리는 개인기도 신호입니다. 세 번째 나팔소리는 강단 앞으로 모여서 같이 기도하자는 신호입니다. 그리고 아침을 먹습니다. 오전 8시, 11시, 그리고 오후 3시와 초저녁에는 설교가 있습니다. 설교 후에는 회개 시간이 있습니다. 생동감 있는 설교가 끝난 다음에는 간증이나 다른 설교가 계속됩니다. 이 시간에는 설교 주제를 삶으로 적용하도록 권면합니다. 찬양이 시작되면 모두가 즐겁게 찬양을 합니다."

야외전도집회에 온 가족 Family at camp meeting

개척지의 야외전도집회는 제2의 부흥이라고 불리는 국가적 부흥의 불씨가 되었다. 야외전도집회는 18세기 말에 시작되었고, 1820년이 되었을 때 미국 감리교회는 500개가 넘는 야외전도집회를 개최하고 있었다. 이 야외전도집회는 영적 부흥과 전도의 중심이 되었다.

19세기의 감리교인들은 대부분 가족단위로 야외전도집회에 참가했다. 이 그림에는 야외전도집회에 참가한 엄마와 아이들의 모습도 있다. 여성들은 아기를 돌보며 음식을 준비하고, 아픈 사람을 간호하기도 하는 등 여러 가지 일을 했다. 너무 분주하게 사역을 함으로써 종종 설교를 듣지 못하게 되는 상황을 불러오기도 하였다. 하지만 많은 여성들은 이러한 자발적인 희생을 통해 자신의 아이들이 그리스도를 경험하기를 소망했다.

도집회가 있었다. 많은 사람들이 최고의 시간이었다고 고백했다. 토요일, 하나님께서는 강력한 힘으로 사탄의 견고한 진을 흔드셨다. 주일 낮과 밤에는 어둠의 세력들이 물러갔다. 많은 죄인들이 엎드려 울며 회개했고 믿는 사람들은 하나님의 사랑을 구하며 눈물을 흘렸다. 20여명의 사람들은 예수의 보혈로 구원받았음을 고백했다.

제임스 핀리(James B. Finley)는 야외전도집회에 대해 이렇게 말했다.

"세상에 대항해서 진행되는 전도집회는 종교의 실제적 모습과 낯선 사람들에 대한 환대, 진실하고 뜨거운 영성을 내게 보여 주었다."

프랜시스 애즈베리 감독 역시 야외전도집회에 대해 열정적이었다. 그는 야외전도집회를 가리켜 '추수할 때'라고 말했다. 1802년, 애즈베리가 피츠버그 지역에 있는 교회에 보낸 편지에는 다음과 같은 내용이 적혀 있다.

"그곳에서도 야외전도집회 열기를 바랍니다. 야외전도집회는 매번 성공을 거듭하고 있습니다. 많은 하나님의 사람들이 함께 모여 기도하고, 설교자들의 말씀이 선포됩니다. 그물로 고기를 잡는 것과 같은 일입니다."

애즈베리 감독의 일기에는 수많은 회개와 회심의 역사가 기록되어 있다. 그들 가운데 많은 사람들이 감리교인이 되었다. 1801년 그의 편지에는 "켄터키에서 하나님의 역사가 불같이 일어나고 있다. 15,000~20,000명의 사람들이 모였고, 그들 중 1,000~1,500명이 하나님의 능력을 느꼈다고 말했다."라고 기록되어 있다. 그는 이렇게 선포했다.

"모든 악한 것들이 야외전도집회를 방해하려고 하지만 우리는 벌금도, 구금도, 그리고 죽음까지도 견뎌내며 이겨낼 것이다."

발렌틴 쿡 Valentine Cook (1765-1820)

콕스베리 학교의 학생이었던 쿡은 훗날 졸업생들 가운데 가장 유명한 사람이 되었다. 대학 졸업 후, 그는 감리교회 설교자로 섬기며 강력한 말씀 증거로 유명세를 탔다. 애즈베리 감독은 그를 펜실베이니아와 켄터키의 지역대표로 세웠다. 1799년, 쿡은 켄터키에 새롭게 세워진 베델 학교의 교장이 되었다. 이후 베델 학교는 문을 닫았지만, 그는 말씀을 전하고 가르치며 부흥을 일으켰고, 야외전도집회에서도 설교를 하였다. 쿡은 영어와 독일어를 유창하게 구사했기 때문에 감리교회 설교자들 중 가장 강력한 말씀을 전하는 사람으로 인정받았다. 당시, 감리교회 성도들 가운데에서는 한 사람이 벤치나 의자 앞에 무릎을 꿇고 기도를 드리면 다른 사람들이 와서 같이 기도하는 형식의 모임이 유행하고 있었다. 아마도 이러한 기도방식을 처음으로 시작한 사람이 쿡일 것이라고 추정하고 있다.

1820년, 야외전도집회에서 쿡의 설교를 들은 한 사람은 이렇게 기록했다.

"그 영감과 진리의 말씀을 듣기 위해 모든 사람들의 시선이 그를 향했고 모든 귀가 집중되어졌다. 하나님 제단의 불로 새롭게 되지 않은 사람이라면 그러한 말씀을 전할 수 없었을 것이다. 어떠한 말로도 그 후에 일어났던 일에 대해 설명할 수 없다. 모든 사람들은 눈물을 흘렸다. 죄인들은 하나님의 은혜를 구하며 울었고 성도들은 기쁨으로 소리를 질렀다. 많은 영혼들이 집회가 끝나기 전에 회심했다. 큰 부흥이 일어난 것이다."

니콜라스 스네든 Nicholas Snethen (1769-1845)

1803년, 스네든은 메릴랜드의 첫 번째 야외전도집회를 열었다. 충분치 않은 지원 가운데서도 야외전도집회는 성공을 거두었다. 그는 큰 은혜를 받았던 전년도의 야외전도집회를 계기로 메릴랜드에서 새로운 집회를 열었던 것이다. 그는 그날의 모임에 대해 이렇게 말했다.

"그 밤은 장엄하고 놀라웠습니다. 높은 나무사이에서 횃불들이 빛났고, 그 속에 설교자가 서 있는 모습은 장관이었습니다. 침례교와 장로교를 제외한 15명의 감리교회 설교자들이 그 자리에 참석했습니다. 모두 다 같은 종교로 묶인 사람들이었습니다. 그리고 그날 많은 사람들이 회심하였습니다."

스네든은 그가 살았던 시대의 가장 유명한 설교자들 중 한 사람이었다. 한 집회에서 그가 40분 동안 설교를 한 후, 성령의 파도가 밀려왔다. 다른 설교자가 설교를 마쳤을 때, 500명의 사람들이 회심했다. 또 스네든은 애즈베리 감독과 함께 순회사역을 하기도 했다. 애즈베리 감독은 그의 크고 은과 같이 맑은 톤의 목소리를 "은 나팔"이라고 표현했다.

1801년, 애즈베리 감독은 윌리엄 맥켄드리(William McKendree)를 켄터키 지역의 대표로 세웠다. 이 지역은 원래 켄터키, 오하이오, 테네시, 서 버지니아와 일리노이 일부를 총괄하는 서부 지역구였다. 맥켄드리는 그가 일하는 모든 곳에서 야외전도집회를 일으켰다. 1808년, 그는 야외전도집회가 서부 지역구 전역에서 열릴 수 있도록 도왔다. 이 야외전도집회는 서부 지역 감리교인이 크게 증가하는 계기가 되었다.

애즈베리 감독은 야외전도집회의 가치를 높이 평가하였으며, 여름 총회를 야외전도집회 기간에 열도록 했다. 그로인해 많은 설교자

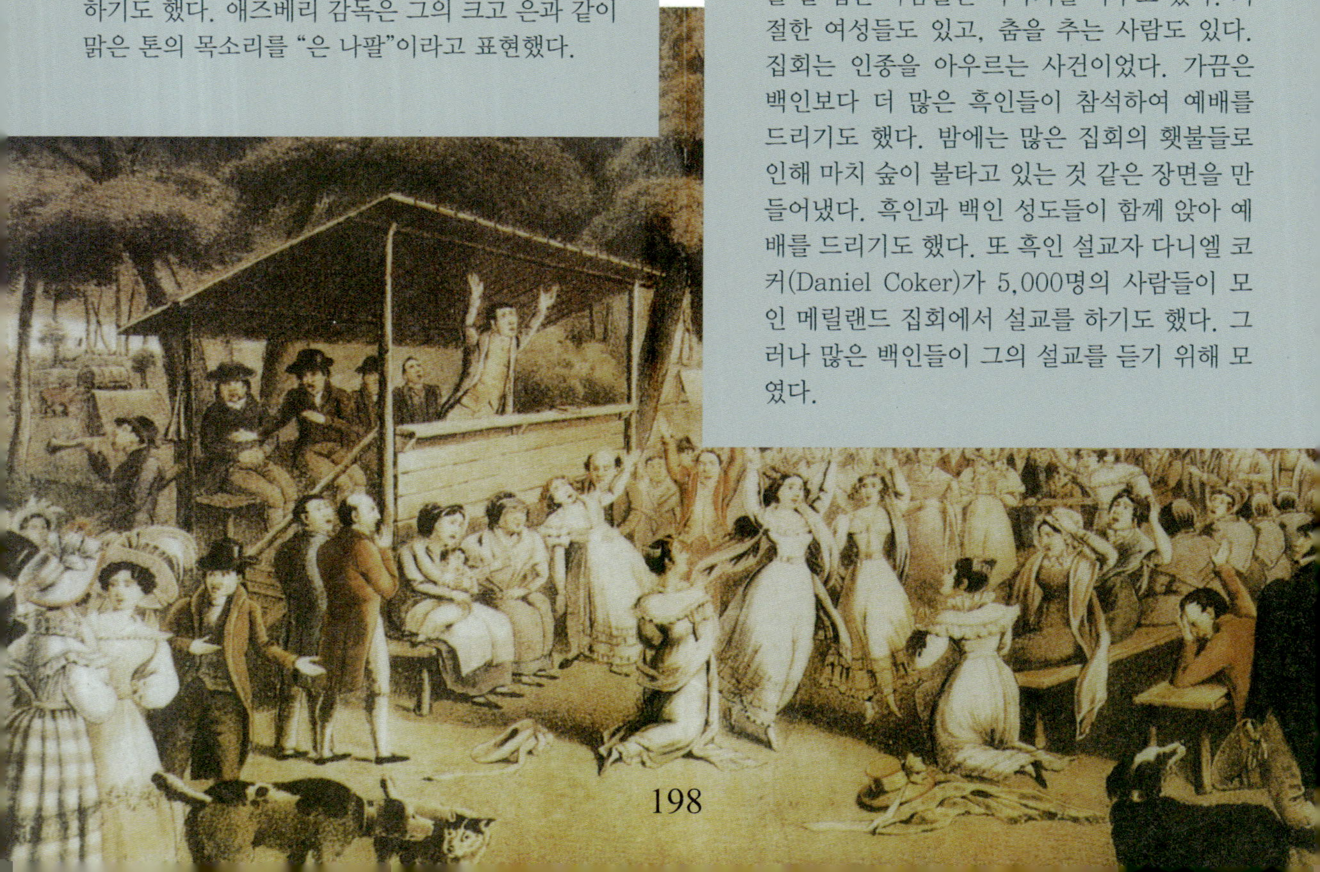

야외전도집회의 한 장면 Camp meeting scene

이 사진은 19세기에 일어난 집회의 한 장면이다. 사람들이 무릎을 꿇고 회개하고 있다. 옷을 잘 입은 사람들은 이야기를 나누고 있다. 기절한 여성들도 있고, 춤을 추는 사람도 있다. 집회는 인종을 아우르는 사건이었다. 가끔은 백인보다 더 많은 흑인들이 참석하여 예배를 드리기도 했다. 밤에는 많은 집회의 횃불들로 인해 마치 숲이 불타고 있는 것 같은 장면을 만들어냈다. 흑인과 백인 성도들이 함께 앉아 예배를 드리기도 했다. 또 흑인 설교자 다니엘 코커(Daniel Coker)가 5,000명의 사람들이 모인 메릴랜드 집회에서 설교를 하기도 했다. 그러나 많은 백인들이 그의 설교를 듣기 위해 모였다.

들과 평신도들이 영적인 영감과 성장을 얻을 수 있었다. 1811년, 애즈베리는 "알미니언 매거진(Arminian Magazine)"에 다음과 같은 글을 실었다.

"야외전도집회는 매년 400~500회 열리고, 그 중 일부는 6~8일간 계속된다. 10,000명의 사람들이 한 장소에 모이는 것은 놀라운 일이 아니다. 이를 통해 많은 사람들이 은혜와 정결케 하시는 성령의 역사를 경험한다. 그곳에서는 죄로 돌아갔던 사람들이 회복되고 설교자와 성도의 연합이 일어난다."

1816년 애즈베리가 숨을 거둔 이후에도 총회는 15년간 야외전도집회와 함께 열렸다.

감리교회 야외전도집회의 주요 주제는 모두를 위한 하나님의 사랑, 회개, 믿음으로 인한 칭의, 성령의 능력을 통한 전도, 하나님을 증거하는 것, 거룩함을 위한 하나님의 예비하심이었다. 이런 주제를 바탕으로 설교는 '오늘이 구원의 날이다'라는 강력한 메시지를 전파했다. 일주일의 야외전도집회를 통해 1,000명의 사람들을 회심시키는 기록을 남기기도 했다. 총회는 지역의 야외전도집회를 일 년 단위로 통계를 내어 기록으로 남겨두었다.

19세기의 감리교회는 야외전도집회에 시설을 세우며 모임을 공공단체로 변화시켰다. 19세기 말에 이르러서는 몇몇 야외전도집회를 위해 큰 건물을 세우기도 했다. 주목할 만한 집회 지역으로는 뉴욕의 셔터콰(Chautauqua), 뉴저지의 오션 그로브(Ocean Grove), 북 캐롤라이나의 레이크 주날루스카 호수(Lake Junaluska), 매사추세츠의 오크 블럽스(Oak Bluffs), 그리고 미시간의 베이뷰(Bayview)가 있다.

오션 그로브 대강당 Ocean Grove Auditorium

오션 그로브 대강당은 1869년 뉴저지의 오션 그로브 지역에 지어진 감리교회 시설이다. 대부분의 야외전도집회는 6월부터 노동절까지 이어졌고, 여름에는 10일 간의 프로그램으로 집회가 열리기도 했다. 사진에 나오는 대강당은 1894년에 지어진 것이다. 강당 앞쪽에는 "거룩하심이 주께 있으니 너도 거룩하라."라는 문구가 있다.

감리교인의 감정

18세기와 19세기의 감리교회에 나타난 가장 흥미로운 현상은 종교적 감정이었다. 흥분의 감정은 감리교회 부흥과 야외전도집회에서 두드러지게 나타났다. 이러한 감정 표출은 감리교만의 특징은 아니었다. 18세기 이전, 조나단 에드워드(Jonathan Edwards)는 뉴잉글랜드에서 일어난 부흥을 관찰하며 이러한 흥분을 발견했다. 그러나 '뜨거움으로 끓는' 종교는 감리교회의 또 다른 이름이었다.

웨슬리의 첫 번째 선교사들 가운데 한 명인 조셉 필모어는 다음과 같이 기록했다.

"우리의 모임은 생동감 넘치며 사람들의 영혼은 새로워져 크게 기뻐한다."

일부 사람들은 이 흥분과 감정이 '위엄과 질서'를 파괴한다는 이유로 반대했다. 1805년에 열린 다른 교단의 회의는 야외전도집회를 비하하며 "하나님은 질서의 하나님이지 혼돈의 하나님이 아니시다. 예배의 질서를 파괴하는 성향을 가진 어떠한 것도 하나님께로부터 온 것은 없다."라고 말하기도 했다. 감리교회는 '무절제한 열정'을 가중시킨다는 비난을 받았다.

두말 할 것 없이 감리교회는 열정적이었다. 설교자들은 성경을 흔들며 소리를 지르고 단상을 내리치기도 하며 열정적으로 말씀을 전하였고, 이리저리 돌아다니기도 했다. 일부 설교자들은 너무 흥분하는 바람에 잠시 설교를 멈추고 흥분을 가라앉혀야 했다. 한 설교자는 열정적인 설교 때문에 자꾸 터지는 코트를 매 순회설교 때마다 꿰매어 주는 여인에게 감사의 말을 전했다. 그러나 그의 코트가 또 다시 터졌다.

감리교회 예배에서 흐느끼고, 울고, 웃고, 기절하는 것은 놀라운 일이 아니었다. 기쁨으로 춤을 추고 노래를 부르는 것 역시 자주 볼 수 있는 광경이었다. 바톤 스톤(Barton Stone; Christian Church 혹은 Disciples of Christ의 설립자 가운데 한 사람)은 그가 야외전도집회에서 경험했던 감리교인들의 독특한 행동들에 대해 기록했

로렌조 다우 Lorenzo Dow (1777-1834, 왼쪽)
페기 다우 Peggy Holcomb Dow (1780-1820, 오른쪽)

로렌조 다우는 18세에 설교를 시작했고, 성공적인 사역과 열정으로 유명해졌다. 그는 총회 회원이 되는 것을 꺼려하여 정식으로 임명을 받지 않았다. 다우는 널리 돌아다니며 하루에 6~7회 설교했다. 그는 설교 중 날이 어두워져도 개의치 않고 계속해서 말씀을 전했다. 그리고 많은 사람들을 그리스도께로 이끌었다. 그는 괴짜 같은 옷차림과 얽매이지 않은 행동으로 '미친 다우'라는 별명을 얻기도 했다.

다우는 일기를 통해 자신의 사역에 대한 기록, 성경적 논쟁, 야외전도집회를 옹호하는 글 등을 남겼다.

로렌조 다우의 부인인 페기는 남편을 도와 함께 사역하였다. 남편의 살인적인 스케줄에도 불구하고 그녀는 자신을 희생하며 섬겼다. 결혼 전, 페기는 "설교자와 결혼하기를 원한다. 그 사람이 여러 지역을 여행하며 영혼들을 구원으로 이끄는 사람이었으면 좋겠다."라고 말했다. 로렌조 다우는 페기를 만났을 때, 그녀의 여동생에게 "그녀(페기)는 믿음이 있나요? 언제부터 믿음이 있었나요? 그녀가 악한 친구들을 만나나요?"라는 질문을 했다고 전해진다. 여동생의 대답에 만족한 로렌조는 페기와 함께 이야기를 나누었고, 24시간 안에 청혼을 했다. 그는 청혼을 한 후, 곧바로 설교 여행을 떠났고 2년 동안 돌아오지 않았다. 그들은 저녁에 결혼식을 올렸다. 다음 날 아침, 로렌조는 또 다시 미시시피 지역으로 7개월 간 설교 여행을 떠났다. 그가 돌아온 후, 그는 페기와 2주 동안 머무른 후, 또 다른 설교 여행을 떠났다. 후에 영국으로 향하는 배에서 로렌조가 페기에게 또 다른 설교 여행을 준비하고 있다고 말하자, 그녀는 남편과 함께 떠나기로 결심했다. 그 후로 그녀는 언제나 그와 함께 사역했다. 페기는 자서전 "변화 혹은 삶의 여정(Vicissitudes)"이라는 책을 통해 로렌조의 일기를 비롯한 다른 글들을 공개했다. 이 책은 19세기 감리교인들 사이에서 널리 읽혔다.

다. 그는 '찬양현상(Singing Exercise)'에 대해 이렇게 말하고 있다.

"찬양현상은 내가 보았던 다른 어떤 것보다 설명하기가 어렵다. 그 현상을 경험하는 이는 굉장히 기쁜 상태로 입이나 코가 아닌 가슴으로 찬양을 한다. 그러한 찬양이 시작되면 모두가 조용히 그 사람을 주목한다. 그 찬양은 천국의 노래와 같아서 모든 사람이 푹 빠져들도록 만든다."

또한 감리교회 설교자인 존 맥기(John McGee)는 야외전도집회의 감정 현상들에 대해 다음과 같이 기록했다.

수천 명의 사람들이 그 자리에 있었다. 하나님의 크신 능력과 은혜가 사람들을 뒤흔들었다. 사람들은 하나님의 말씀 가운데 마치 옥수수가 태풍 가운데 쓰러지듯 쓰러졌고, 또 많은 사람들이 얼굴에 영광스러운 빛을 띠며 다시 일어났다. 그들은 딱딱했던 죄인들의 마음을 경외함으로 떨게 하신 하나님께 영광을 돌렸다. 찬양의 폭풍이 지나간 후, 그들은 기도를 쏟아내었다.

한 순회 설교자는 "야외전도집회에서는 기묘한 일들이 일어난다."라는 신중한 기록을 남기기도 했다.

초기 감리교회의 모든 지도자들이 이러한 현상을 반긴 것은 아니었다. 감정현상들을 통한 부흥이 있었던 것은 사실이나, 감정을 표현하는 일들로 인해 하나님의 일들이 소멸되지 않을지 우려하는 지도자들도 있었다. 웨슬리의 조력자였던 토마스 랭킨(Thomas Rankin)은 예배 중에 감정을 드러내는 것을 권고하지 않았다. 그러나 이런 현상을 금지하지도 않았다. 왜냐하면 이런 현상 후에 나타나는 놀라운 역사 때문이었다.

"많은 사람들이 은혜를 구하며 큰 소리로 외칩니다. 또 그들은 큰 소리로 하나님을 찬양합니다. 남편은 천국에 함께 가자며 아내를 데려오고, 부모는 아이들을 주 예수께로 오라고 이끌고 있습니다. 이 모든 것들이 놀랍고 기묘합니다."

감리교회 모임에 참여했던 한 사람은 아래와 같이 기록하였다.

"한쪽에는 나무에 기댄 채 눈물을 흘리는 불쌍한 죄인을 볼 수 있습니다. 누군가 다가가 그에게 십자가에 달린 예수님을 가리킵니다. 다른 한쪽에서는 상한 심령으로 죄를 회개하며 울부짖는 무리들이 있습니다. 다른 쪽에는 아버지와 아이들이 하나님께 자비를 구하며 부르짖고 있습니다. 하나님의 은혜가 실상으로 나타나는 모습입니다. 이스라엘의 장막 가운데 임하신 하나님의 영광과 비슷한 모습입니다."

한 설교자는 "한 가지에 다른 종류의 사과가 열려있을 때 저는 그것을 잘라낼 준비가 되어있지 않습니다."라고 말하며 감정 현상에 대한 포용의지를 드러냈다.

하나님의 능력으로 엎드러진 사람들은 그리스도께로 돌아오게 되어있다. 그리고 그들의 삶은 완전히 변화된다. 1798년, 발렌틴 쿡(Valentine Cook)은 하나님의 심판의 날에 대해 설교했다. 그때 청중 가운데 한 명이 일어나 소리를 지르기 시작했다.

"멈추시오! 내가 이 장소에서 나갈 때까지 멈추시오!"

그러자 쿡은 사람들에게 이렇게 말했다.

"저 사람을 위해 기도합시다."

그 사람은 나가는 도중, 갑자기 무릎을 꿇고 자비를 구하며 울기 시작했다. 그는 곧 그리스도의 새 사람이 되었다.

감리교회 전도자 로렌조 다우는 그의 수필 "야외전도집회를 변호함(Defense of Camp

Meeting)"을 통해 감정표현을 옹호했다. 다우는 "야외전도집회에서 일어나는 일들과 그 곳에 모인 사람들은 우스꽝스럽다. 그들의 예배는 터무니없다. 한 마디로, 이 모든 일은 참기 힘든 일이다."라고 비난한 글에 대해 이렇게 응답했다.

"저는 당신의 의견에 대해서 생각해보았습니다. 그곳에서 일어나는 일이 위선이라고 단언하는 것은 옳지 않습니다. 당신은 종교에 대해 고상하게 이렇다 저렇다 하는 사람보다 오히려 반종교적인 사람으로 비춰지고 있습니다."

토마스 코크 감독은 감정을 표현하는 것에 대해 프리번 게렛슨에게 다음과 같은 편지를 보냈다.

"감정을 표현하는 것에 있어서 많은 생각을 해보았으나, 곧 이것이 찬양과 기쁨의 문제라는 것을 알게 되었습니다. 저는 이제 사람들 앞에서 감정표현을 옹호할 것입니다."

또한 코크 감독은 자신의 일기에 이렇게 기록했다.

"많은 영혼들이 깨어나고 회심하는 것은 분명히 성령의 역사이다. 이 현상이 허깨비 같은 일이든 아니든 나는 영국에서도 이러한 부흥의 역사가 일어나길 바란다."

감리교회의 복음전도와 전도자들

애즈베리 감독은 감리교회 전도에 대한 모범을 보여준 인물이다. 그는 애팔래치아(Appalachian) 산맥을 60번 이상 오르내리며 최대한 많은 사람들을 만나기 위해 매번 다른 경로를 이용했다. 이처럼 많은 감리교회 전도자들이 사람들에게 그리스도를 소개하는 일을 멈추지 않았다. 초기 감리교회의 순회설교도 마찬가지였다. 그들은 구원의 메시지를 전하고 사람들을 진정한 그리스도의 삶으로 이끄는 것이 자신들의 첫 번째 사명임을 잊지 않았다. 평신도와 성직자를 막론하고, 수많은 전도자들이 훌륭한 발자취를 남겼다.

벤저민 애봇(Benjamin Abbott, 1732-1796) 역시 초기 감리교회 지도자 중 한 사람이었다. 그는 자신의 사역을 정리한 저서 "벤저민 애봇 목사의 체험과 복음사역 (The Experience and Gospel

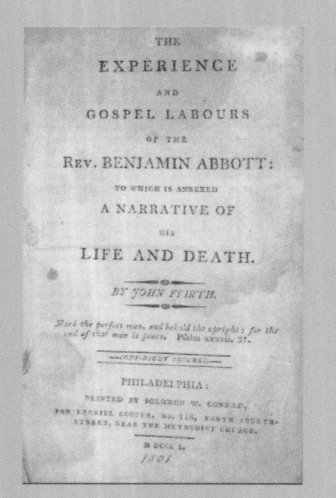

벤저민 애봇의 회고록 표지 Title page of Benjamin Abbott's memoirs.

벤저민 애봇(1732-1796)은 미국에서 태어난 감리교회의 첫 세대 중 한 사람이다. 그는 정식교육을 받지 못했지만, 유창하게 설교하는 능력이 있었다. 그의 사역으로 인해 수 천 명의 사람들이 회심했다. 미국 독립전쟁 당시, 애봇은 뉴저지 감리교 신도회의 영적인 삶을 대표하는 인물이었다.

그는 자신의 사역에 대해 이러한 기록을 남겼다.

"14번째 주일에 나는 몸이 편치 않았다. 하지만 나는 오전 전도모임에 꼭 가야 한다고 기도했다. 삼손에게 힘을 주셨던 것처럼 힘을 달라고 기도하자 하나님께서 응답하셨다. 나는 오전 예배에서 설교를 했고, 하나님은 은혜의 팔을 펴서 우리를 축복하셨다. 우리는 모두 기쁨의 함성을 질렀다. 그 날 4명의 새신자들이 교회에 등록했다. 나는 성령의 힘을 빌려 다른 곳에 가서 또 말씀을 전했다. 그날은 내 영혼의 즐거운 날이었다."

Labours of the Rev. Benjamin Abbott)"을 남겼다. 그 책에는 이렇게 기록되어 있다.

나는 피시킬(Fish-Kill) 산에 있는 B형제의 집에서 게렛슨 형제를 만났다. 우리는 G형제가 베푼 애찬에 참여하였다. 그곳에서 빵과 물을 손에 들고 영혼을 위해 일하시는 하나님에 대해 이야기를 나누며 좋은 시간을 보냈다. 애찬이 끝나고 G형제는 설교를 했고, 나는 권면의 말을 전했다. 내가 이 지역에 순회설교를 왔을 때, 하나님을 아는 사람은 많지 않았다. 그러나 내가 떠날 때는 100여명의 사람들이 그리스도의 평안을 알게 되었다.

애봇이 세상을 떠나자, 1796년 집회는 그를 이렇게 기억했다.

"그는 순전했고 거룩한 사람이었다. 그는 다른 누구에 대해 말하는 것보다 하나님과 진리에 대해 말하는 것을 즐겼다. 그의 영혼은 항상 하나님의 능력에 사로잡혀 있었다."

애봇의 죽음 이후 전도사역에 대해 말하는 설교자들이 현저히 줄어들었다.

이 외에도 수많은 감리교회 전도자들이 감리교회의 역사에 잊을 수 없는 전도의 업적을 남겼다. 해리 호시어(Harry Hosier), 프리번 게렛슨(Freeborn Garrettson), 조지 쉐포드(George Shad-ford), 야곱 올브라이트(Jacob Albright), 윌리엄 오터바인(William Otterbein), 존 사이버트(John Seybert), 윌리엄 맥켄드리(William McKendree), 존 스튜어트(John Stewart), 엘리야 헤딩(Elijah Hedding), 피비 팔머(Phebe Palmer), 마가렛 판 코트(Margaret Van Cott), 샘 존스(Sam Jones), 아이라 생키(Ira Sankey), 스탠리 존스(E. Stanley Jones), 로렌스 라쿠어(Lawrence Lacour) 그리고 해리 덴맨(Harry Denman)이 그들이다. 많은 역사학자들이 미국 감리교회가 발전하는데 있어 중요한 역할을 했던 것이 바로 전도였다고 말하고 있다.

감리교회의 복음전도 역사는 하나님께서 복음을 선포하고 증명하기 위해 교회를 부르셨다는 사실을 상기시킨다. 찰스 웨슬리의 찬양에 이러한 기대가 나타나있다.

하나님을 영화롭게 하는 것, 나의 사명이네
죽어가는 영혼을 살려, 하늘에 속하게 하네
주어진 지금을 섬기며 내 소명을 이루고
내 모든 힘을 하나님의 뜻을 위해 사용하길!

당신의 팔로 나를 보호하시고 날 항상 지켜보시네
오, 주님. 나를 주의 종으로 온전히 준비시키소서
내가 깨어 기도하며 주께 의지하게 하시고
나의 믿음을 배반하여 죽음에 빠지지 않게 하소서

존 웨슬리는 "복음의 일반적인 확장(The General Spread of the Gospel)"이라는 설교를 통해 다가올 미래에 대해 낙관적으로 말했다.

"나는 하나님께서 감리교회를 수 년 안에 주저앉고 사라지게 하실 것이라고 생각지 않는다. 지금은 앞으로 다가올 위대한 일의 시작에 불과하다. '후에 다가올 영광의 날'의 새벽에 불과하다. 하나님이 처음 우리에게 보이셨던 역사들로 우리를 이끌어 나갈 것임이 보이지 않는가? 우리 사역이 처음 시작될 때에 여기저기에서 은혜의 빗줄기와 강물이 흘러내렸다면, 하나님은 그의 능력으로 준비해 놓으신 훗날에도 동일하게 역사하실 것이다. 하나님의 나라는 고요하게 확장해 나갈 것이다. 마음에서 마음으로, 가정에서 가정으로, 마을에서 마을로, 나라에서 다른 나라로 퍼져나갈 것이다."

윌리엄 맥켄드리 감독 Bishop William McKendree 감독(1757-1835)

맥켄드리는 도덕적으로 바르게 자라난 사람이었다. 그는 회심하기 전, 신앙고백을 한 적이 있었다. 그러나 자신이 하나님을 바르게 알고 있지 못하다는 것을 스스로 깨닫고 있었다. 그는 성경을 통해 영적 갈급함을 느꼈다. 맥켄드리는 이내 자신의 마음이 속임수와 절망적인 악으로 가득하다고 고백했다. 그는 진정한 회심의 경험을 하며 이렇게 말했다.

"나는 내 모든 것을 그리스도께 걸었다. 내 영혼에 무거운 짐을 내려놓으면서 나의 슬픔이 기쁨으로 변하였다. 나는 주를 조용히 경배하며 나같은 비천한 자에게 베푸신 은혜에 영광을 돌렸다."

이후 맥켄드리는 감리교회 설교자가 되었다. 하지만 그는 사역을 시작할 자신이 없었다. 낙담한 맥켄드리가 사역을 그만두려고 하자, 그의 선배 사역자가 그에게 이렇게 말했다.

"형제여, 나는 하나님께서 당신을 통해 큰일을 행하실 것이라고 확신하네. 이 생각이 하나님으로부터 왔다고 난 믿네. 십자가를 이루는 데서 시작하는 것이 아닐세. 십자가를 짊어지고 믿음으로 걸어가는 걸세."

이 격려의 말은 어린 사역자에게 큰 힘을 주었다. 맥켄드리는 새로운 열정으로 사역을 시작했다. 맥켄드리는 미국에서 태어난 첫 번째 감리교회 감독으로 성장해나갔다. 그는 능력 있는 설교와 리더십으로 명성을 얻었다. 맥켄드리는 자신이 섬기는 지역에서 야외전도집회를 세우는 일에 힘을 쏟았다. 그가 담당했던 지역은 크게 부흥했고, 교회도 넓은 지역에 걸쳐 확장되었다. 많은 사람들이 그를 '미국 감리교회의 사도'라고 불렀다.

엘리야 헤딩 감독 Bishop Elijah Hedding (1780-1852)

1789년, 벤저민 애봇은 엘리야 헤딩의 집 근처에서 전도모임을 열었다. 당시 헤딩은 9살이었다. 이 캠프에서 많은 사람들이 회심을 하였고, 그 중에는 헤딩의 가족들도 있었다. 훗날 헤딩은 감리교회 설교자가 되었다. 그의 설교에는 능력이 있었고, 이것은 효과적인 전도도구가 되었다. 1824년, 총회는 헤딩을 감독으로 선출했다. 그는 신사적이고 정결하며 경건하고 지혜로운 사람으로 유명해졌다. 헤딩은 재임기간에도 전도를 멈추지 않았다.

헤딩은 임종을 앞두고 다음과 같은 말을 남겼다.

"나는 하나님의 놀라운 은혜로 살아왔다. 정의롭고 영원하시며 거룩하신 하나님께서 어떻게 이런 악한 사람과 함께하시며 거룩한 자리로 이끄셨는지! 그의 놀라운 은혜가 충만하다. 나에게 많은 일을 행하셨다. 또한 나는 영광스러운 그리스도의 속죄를 보았다. 나의 영혼은 이토록 놀라운 것들로 가득했다. 50년 넘게 하나님을 섬기면서 나는 평안을 누렸다. 이러한 영광과 빛과 아름다움을 이전에는 본적이 없다. 오! 이것을 세상에 널리 전해야하는데. 하지만 난 할 수 없다. 난 다시는 설교를 할 수 없을 것이다. 산을 넘고 강과 늪을 건너 예수를 전할 수 없을 것이다. 오! 내가 느끼는 영광이 무엇인가! 내 주위에서 빛나고 타오르고 있다. 그리고 오순절의 바람처럼 내 위로 임했다."

존 스튜어트 John Stewart (? - 1823)

존 스튜어트는 혼혈인으로 태어났다. 그는 1815년, 오하이오의 마리에타(Marietta) 지역 야외전도집회에서 회심하였다. 회심하기 전, 그는 자살을 계획하던 가난한 알코올 중독자였다. 회심으로 인해 그의 삶은 완전히 바뀌었다. 그는 곧 능력 있는 감리교회 전도자가 되었다. 1816년, 존 스튜어트는 하나님께서 자신을 미국 인디언들을 위한 설교자로 부르신다는 것을 깨달았다. 인디언을 향한 그의 사역은 성공적이었다. 그는 오하이오에서 인디언 사역을 개척했다. 그리고 이 사역은 미국 감리교회의 첫 번째 미국 인디언 사역으로 역사에 기록되고 있다.

피비 워럴 팔머 Phebe Worrall Palmer (1807-1874)

팔머는 감리교회의 평신도였고 전도자였으며, 작가이자 편집자이자 사회개혁가였다. 그녀는 300회의 야외전도집회와 부흥운동을 통해 미국, 캐나다 그리고 잉글랜드에서 전도활동을 펼쳤다. 매튜 심슨(Mettew Simpson) 감독은 그녀에 대해 이렇게 말했다.

"그녀는 깔끔하고 유창하고 능력 있는 말씀을 전했다. 그 말씀은 많은 사람들을 십자가 앞에 엎드리게 만들었다."

마가렛 판 코트 Margaret Van Cott (1830-1914)

"매기", 마가렛 판 코트는 일대일 전도에 능하였으며, 개인을 그리스도께로 인도하는 데 탁월한 능력을 갖춘 사람이었다. 그녀는 전도하는 일에 삶을 바치기로 결정했다. 1869년, 감리교회는 그녀에게 설교자의 자격을 주었고, 코트는 미국 최초의 여성 설교자가 되었다. 그녀는 30년이 넘는 세월 동안 야외전도집회에서 말씀을 전했다. 모임 이후에는 회심한 사람들이 함께 기도할 수 있도록 기도모임을 만들었다. 그녀는 75,000명의 사람들을 그리스도께로 인도했고, 그 중 절반이 감리교회에 등록했다.

새무엘 포터 ("샘") 존스 Samuel Porter ("Sam") Jones (1847-1906)

사무엘 포터 존스는 아버지의 죽음을 계기로 회심했다. 그의 아버지가 세상을 떠나면서 그의 신앙을 걱정했기 때문이었다. 아버지의 유언은 그의 마음을 움직였다. 그는 곧 할아버지의 설교를 통해 회심을 하게 되었다. 이후 존스는 조지아에 있는 작은 교회의 목회자로 섬겼다. 또 전도자로 섬기기 시작했다. 그의 맑고 강력한 목소리는 많은 사람들에게 설교를 하기에 적합했다. 존스는 부흥을 일으키며 많은 사람들을 교회로 이끌었다. 그의 명성이 온 나라에 퍼졌고, 거의 모든 주에서 부흥을 일으켰다.

존스는 열정적으로 금주를 외쳤다. 그의 설교는 국가적인 금주운동을 일으켰다. 유머와 재치 있는 입담으로 인해 그의 명성은 더욱 높아졌다. 누군가 고양이의 털을 잘못 쓰다듬고 있는 존스를 비난하자, 그는 "그러면 고양이가 반대로 눕게 하세요."라고 말했다. 그의 사역을 통해 700,000명의 사람들이 회심했고, 2,700회의 집회가 개최되었다. 그의 장례식에서 30,000명이 넘는 사람들이 그의 죽음을 애도했다. 온 나라에서 그의 사역을 기리며, 40개가 넘는 장소에서 추모예배를 드렸다.

아이라 데이비드 생키 Ira David Sankey (1840-1908)

아이라 데이비드 생키는 15살에 감리교회에 등록했다. 그리고 곧 음악사역을 시작했다. 그는 바리톤의 목소리로 콘서트홀을 가득 채웠다. 그의 훌륭한 목소리는 많은 사람들을 감동시켰다. 생키는 집회에서 가스펠 찬양을 부르는 운동을 일으켰다.

1870년 드와이트 무디(Dwight L. Moody)는 생키가 YMCA 대회에서 노래를 부른다는 소식을 들었다. 무디는 생키의 사역에 감명을 받았고, 그를 시카고로 초대하여 전도를 목적으로 하는 찬양팀에서 사역할 것을 권유했다. 생키는 무디의 제안을 받아들였고 25년 간 찬양팀을 섬겼다. 생키의 음악은 미국 뿐 아니라, 해외 여러 나라 성도들의 마음을 움직였다. 생키는 가스펠 찬양을 홍보하며, 감정이 담긴 가스펠 찬양인 '이야기 찬양'를 발전시켰다. 그의 유명한 찬양으로는 '99(The Ninety and Nine)' 과 '나사렛 예수가 지나가신다(Jesus of Nazareth Passeth By)'가 있다. 생키의 가스펠 찬양집은 유명해졌다. 그는 찬양집에서 발생되는 모든 수입을 기독교 교육기관을 위해 기부했다. 생키는 찬양 사역으로 인해 능력 있는 전도자로 성장했다.

스탠리 존스 E. Stanley Jones (1884-1973)
레티 맥콤 라이켄스(Letty McComb Lykens)의 유화 작품으로, 원작은 애즈베리 신학교의 세계선교와 복음전도를 위한 스탠리 존스 스쿨에 전시되어 있다.

많은 사람들은 20세기에 가장 유명한 감리교회 전도자로 스탠리 존스를 꼽는다. 그는 애즈베리 대학교에서부터 설교를 시작하였다. 존스는 생애의 대부분을 인도 선교에 헌신했다. 그는 그곳에서 교육받은 힌두교인을 상대로 사역을 했다. 1928년, 총회는 그를 감독으로 선출했지만 그는 그 자리를 고사하고 선교활동에 힘을 쏟았다. 존스는 웨슬리가 말한 개인적인 회심과 사회적 책임의 균형을 주장했다. 그가 쓴 30권의 책 중 많은 책들이 베스트셀러가 되었다. 가장 유명한 저서로는 "인도에서의 그리스도 (The Christ of the Indian Road)"가 있다. 이 책은 선교사들과 전도자들에게 문화이해를 통해 전도를 해야 한다고 격려하고 있다. 또한 존스는 "길(The Way)", "풍성한 삶 (Abundant Living)", "그리스도인의 성숙(Christian Maturity)"과 같은 책들을 통해 그리스도를 따라가는 것은 풍성한 삶과 개인적인 성취를 가져다준다고 말한다. 그의 가르침은 신앙과 일, 그리고 개인적인 경건함과 사회적인 거룩함에 대해 이해하도록 도와주었다.

로렌스 ("래리") 라쿠어 Lawrence ("Larry") Lacour

라쿠어는 20세기 중반 가장 유명했던 감리교회 전도자들 중 한 사람이다. 그는 미국 해군군목으로 섬겼고, 교단의 임원, 라디오 진행자, 작가, 신학교수 그리고 전도자로 활동했다. 그는 자신이 어린나이에 헌신하게 된 것에 대해 다음과 같이 말했다.

"나는 많은 사람들이 큰 소리로 찬양을 부르며 대형 운동경기에서나 볼 수 있는 열정을 쏟아내는 것을 보았다. 작은 소년이었던 나는 1시간이 넘는 설교를 들었지만, 시간이 길게 느껴지지 않았다. 설교자들은 그리스도를 위해 사는 것이 가장 위대한 것이라는 것을 느끼게 해주었다. 그들은 그리스도가 삶을 어떻게 바꾸는지 보여주는 살아있는 증인이었다. 하나님을 전하는 것은 내게 큰 감동을 주었다. 나는 이것이 대통령, 영화배우, 운동선수가 되는 것보다 더 중요한 것이라고 깨달았다."

해리 댄맨 Harry Denman (1893-1976)
이 유화의 원작은 북 캐롤라이나 주날루스카 호수가에 있는 램버트 인(Lambuth Inn)에 전시되어 있다. 데이브 핸더슨(Dave Henderson)이 찍은 사진이다.

댄맨은 미국 전역과 해외를 여행하며 전도하던 평신도 사역자였다. 1939년에 감리교회가 연합하면서 댄맨은 감리교회의 전도를 담당하는 부서장을 맡게 되었다. 그는 능력 있는 설교자였으며, 많은 사람들을 그리스도께로 돌아오게 만든 사역자였다.

연합감리교회 전도자 협회.
National Association of United Methodist Evangelists

NAUME는 감리교회 전도자들의 공식협회이다. 이 협회는 연합감리교회의 전도자들이 교제하고 영감을 얻을 수 있는 연간 모임을 주최한다. NAUME는 전도자들 간의 네트워크를 형성할 수 있도록 하고, 사역의 원활한 진행을 돕고 있다.

복음전도를 위한 재단
The Foundation for Evangelism
이 재단의 로고는 케니스 와이어트(Kenneth Wyatt)가 준비했다.

1949년, 댄맨은 북 캐롤라이나의 주날루스카 호수 지역에 '복음전도를 위한 재단'을 설립했다. 이 재단은 '가서 제자 삼으라.'라고 말씀하신 예수님의 지상명령을 따라 전도에 힘썼던 감리교회의 유산을 지켜나가기 위해 노력하고 있다. 재단의 주요사업은 연합감리교회의 전도사역을 후원하는 것이다. 또한 거스 구스타프슨(Gus Gustafson)이 세운 '하나님의 소명 찾기(Discover God's Call)'라는 교단 프로그램을 지원하고 있다. '하나님의 소명 찾기'는 기독교인들이 자신의 영적 은사를 찾고, 그것을 사역을 위해 사용하도록 돕는 프로그램이다.

12 온 세상을 위한 복음

감리교회 선교정신은 "세계는 나의 교구다."라고 외친 존 웨슬리로부터 시작된다. 미국 복음화를 향한 웨슬리의 열망은 정착을 소망했던 그의 삶을, 순회하며 말씀을 전하는 삶으로 바꾸어 놓았다. 영국 전역을 돌아다니며 말씀을 전하는 웨슬리를 보며, 성당 참사회원인 오버튼(Canon J. H. Overton)은 "그는 운석처럼 날아다니는 것 같다"고 말했다. 유명한 의사 새무엘 존슨(Samuel Johnson)은 존 웨슬리와 대화하는 것을 좋아했지만, 웨슬리의 끊임없는 순회로 인해 대화할 기회를 놓치곤 했다. 존슨은 "존 웨슬리와 이야기하는 것은 좋다. 그러나 그는 한가로이 시간을 보내는 적이 없다. 그는 항상 시간에 맞추어 이동해야만 한다. 이것은 나처럼 가만히 앉아 이야기하는 것을 좋아하는 사람들에게는 잘 맞지 않는 일이다."라고 말하기도 했다. 웨슬리는 자신의 삶이 다른 사람들과 다른 것에 대해 다음과 같은 유명한 말을 남겼다. "사람은 누울만한 그림자 밑에서 태어나지 않았다." 웨슬리는 자신의 '부랑자' 같은 삶에 대해 "분명 육신에는 즐거운 일이 아니다. 만일 천국이 있다는 것을 믿지 않았더라면 나는 이 일을 하지 않았을 것이다."라고 말하기도 했다.

미국 감리교회는 복음운동의 작은 시발점이었다. 로버트 스트로브리지(Robert Strawbridge), 바바라 헤크(Barbara Heck). 그리고 필립 엠버리(Philip Embury) 같은 사람들은 그들의 가족, 친구 그리고 이웃에게 신실하게 복음을 전했다. 사람들의 회심으로 인해 감리교회의 메시지는 더욱 넓게 퍼져나갔다. 미국에서 정식교단으로 세워진 이후에도 감리교회의 선교정신은 계속 확장되었다. 조슈아 소울(Joshua Soule) 감독은 교회가 얼마나 선교에 힘썼는지에 대해 다음과 같이 말했다.

순회하는 지역의 바깥쪽으로 복음을 전해야 할 때에는 한 명을 선택하여 선교할 지역을 정하고 교육을 한 후에 파송했다. 그는 그곳에서 복음을 전하고, 교회를 일으키고, 또 다른 순회지역을 형성했다.

미국 감리교회의 선교정신

프랜시스 애즈베리 감독은 존 웨슬리의 선교의 열정을 계승한 인물이었다. 그는 미국으로 파송되면서 일기에 "1771년, 나는 선교사로 이곳에 왔다"라고 기록했다. 애즈베리는 감독이 된 후에도 순회설교를 하는 사람들을 '선교사'라고 불렀다. 웨슬리가 미국으로 보낸 사람들에 대해서도 "그들은 선교사로 이곳에 왔다. 이제 이 선교의 결과를 주목하라"라고 말했다. 1784년, 감리교 감독 교회가 세워질 때, 교회는 선교부를 만들지 않았다. 그들은 교회 전체가 선교운동 그 자체라고 생각했기 때문이었다.

한 번은 성직자 가운데 한 사람이 토마스 웨어(Thomas Ware)에게 비꼬듯이 물었다.
"당신은 선교사입니까?"
웨어는 이렇게 대답했다.
"나는 감리교인이고, 감리교인은 모두 다 선교사입니다."

선교에 있어서 설교는 매우 중요했다. 따라서 교회는 설교자를 세우는 일에 주의를 기울였다. 감독은 설교자가 될 사람에게 다음과 같은 질문을 던졌다.
1) 당신은 하나님의 사랑과 지식을 알고 있습니까?
2) 당신은 사역에 대한 달란트가 있습니까?
3) 당신의 사역에서 열매들이 있습니까?

1798년, 코크와 애즈베리 감독은 이렇게 선포했다.
"설교자는 예수 그리스도의 보혈에 대해 말해야 한다. 애통하는 자를 구세주께로 이끌고, 그리스도께서 지금 그에게 은혜주시기 원하신다는 것을 보여주어야 한다. 그리고 그의 영혼과 가정에 온전한 구원을 가져다주어야 한다. 또 설교자는 참 목자와 같이 양들을 먹이고, 사탄의 궤계를 지적하고, 믿음이 약해지는 이들을 붙잡아주어야 한다. 또한 복음 안에서 사람들에게 주어진 영광스런 특권에 대해 이야기해주어야 한다. 설교자는 말씀의 젖으로 사람들을 양육하고 믿음이 성장하면 고기로 양육해야한다. 그는 매일 십자가에 못 박히고, 매일 죽는 것이 왜 필요한지 보여주어 '육신의 것을 이기지 않으면 죽는다는 것'을 알려주어야 한다. 또 우리 구세주 예수 그리스도께서 우리를 가르치시는 선지자이며, 용서하시는 대제사장이시며, 우리를 다스리시는 왕이심을 가르쳐야 한다. 그는 돌과 같은 마음을 매일 깨부수어야 하고 무너진 것들을 다시 일으켜야 한다. 그의 내적인 것들과 외적인 것들이 거룩해야 하며 거룩함이 그의 목표가 되어야 한다. 누가 이런 것들을 능히 감당하겠는가? 주 하나님께서 우리를 도우신다. 우리는 최선의 것으로 노력하고, 나머지는 하나님께 맡겨야 한다."

각 연회는 설교자가 갖추어야 할 자격에 대해 논의하였다. 1796년, 총회는 잘못된 교리를 가르치거나 목회자로서 부적절한 행위를 한 것이 적발될 경우 설교자의 자격을 박탈시키기로 결정했다. 감독들도 같은 기준의 자격을 갖추어야 했다. 또한 총회의 멤버들도 이런 기준을 지키지 않을 경우 파면되었다.

출판

미국 감리교회는 선교사역을 돕기 위하여 출판사역을 시작했다. 초반에는 몇몇 사람들이 웨슬리의 저서를 수입하여 팔았다. 또 개인적으로 웨슬리의 책들을 출판하여 판매하는 사람들도 있었다. 그러나 이는 교단의 허가를 받지 않은 것들이었다. 이런 일의 질서를 세우기 위해 1773년 총회는 모든 출판은 교단의 허락을 받아야 한다고 결정했다. 이후 1789년, 감리교회는 공식적으로 감리교 출판협회(Methodist Book Concern)를 창설했다.

목회자들 중 한 사람이 교회 출판부의 관리인으로 세워졌다. 그의 이름은 존 디킨스였다. 애즈베리 감독은 그를 필라델피아로 보내어 새로운 사역을 시작하도록 했다. 새로운 출판사역을 지원하기에는 교회의 재정이 턱없이 부족했으므로 디킨스와 그의 협력자들은 사비로 재정을 충당하며 사역을 유지했다. 1793년, 출판협회는 27권의 책을 출판하였고 1795년에는 출판물 카탈로그를 발행했다. 디킨스의 헌신으로 인해 교회와 성도들은 큰 감동을 받았다. 애즈베리 감독은 그를 가리켜 '아량이 넓고 정의로우며 믿음과 실력을 겸비한 사람'이라고 말했다.

에제키엘 쿠퍼가 존 디킨스의 뒤를 이었다. 쿠퍼는 1784년, 순회 설교자로 그의 사역을 시작했다. 애즈베리 감독은 그에게 첫 번째 사역을 주며 "캐롤라이나 지역으로 가서 말씀을 전하라."라고 말했다. 쿠퍼는 출판부 대표로 선발된 1798년까지 순회 설교자로 섬기며 지역 대표를 역임했다. 그는 다른 많은 감리교회 설교자들처럼 미혼으로 남아 출판부를 섬기며, 설교사역을 하고 시를 쓰는 데에 힘을 쏟았다. 쿠퍼가 대표로 있는 동안 출판부는 뉴욕으로 옮겨졌다. 쿠퍼는 그곳에서 출판사역을 크게 확장해 나갔다. 쿠퍼의 리더십 하에 출판부는 출판정책을 정했다.

"우리는 신성과 도덕에 관한 책들과 팸플릿을 출판하는 데에 목적을 둔다. 특히 실험적이고 실용적으로 종교를 다루는 책을 출판하는 일에 힘을 쏟는다."

존 디킨스 John Dickins (1747-1798)

디킨스를 표현하는 수식어에는 '최초'라는 단어가 많이 붙어있다. 그는 미국에 온 토마스 코크를 환영했던 최초의 사람이었고, 최초로 '감리교회'라는 말을 제안하기도 했다. 교단 최초의 편집자였으며, 그의 아내는 감리교회 최초의 여성 성도였다. 1789년에 감리교회 출판부의 대표가 되었을 때, 디킨스는 사역을 위해 125 파운드(600달러)를 기부했다. 매튜 심슨 감독은 디킨스에 대해 "그는 편집자로서 훌륭한 재능과 성실함을 갖고 있었다. 모든 출판사역이 제 시간에 맞게 마무리되었고, 내용 역시 훌륭했다"라고 말했다.

1798년, 필라델피아에서는 심한 전염병인 황달로 인해 많은 사람들이 고통 받았다. 사람들은 디킨스에게 도시를 떠나라고 조언했다. 40,000명이 넘는 사람들이 이미 도시를 떠났지만, 디킨스는 필라델피아에 남아 계속해서 사역을 했다. 결국 그는 전염병으로 세상을 떠나게 되었다. 임종 전에 그는 아내에게 이렇게 말했다.

"여보, 매우 아프네요. 하지만 나는 당신이 불안해하거나 슬퍼하지 않았으면 좋겠어요. 나는 살든 죽든 하나님의 영광으로 즐거워 할 수 있어요. 모든 것이 잘 될 거예요. 주님께 영광을!"

감리교회 출판부의 로고
The emblem of the Methodist Publishing House

이 로고는 책을 들고 있는 순회 설교자의 모습을 표현하고 있다. 'Since 1789'는 출판부가 세워진 연도를 의미한다. 출판부는 미국 감리교회의 이익과 출판을 위해 만들어졌다.

감리교회 출판부의 첫 번째 카탈로그
First catalog of the Methodist Book Concern 1795

1795년, 디킨스는 감리교회 출판부의 카탈로그를 펴냈다. 이 목록에는 존 웨슬리의 "신약성서주해(Notes Upon the New Testament)", "알미니언 매거진 1, 2권(Arminian Magazine)", "토마스 아 켐피스의 그리스도를 본받아(Imitation of Christ)", "제자(the Discipline)", "프리번 게렛슨의 경험과 여행(The Experience and Travels of Mr. Freeborn Garrettson)", "포켓 찬송가(A Pocket Hymn-Book)", "유아세례 발췌(An Extract on Infant Baptism)", "자녀지도(Children's Insructions)", "로우 부인의 경건한 마음의 훈련의 요약(An Abridgment of Mrs. Rowe's Devout Exercises work of the Heart)", "존 플레처의 작품(The Work of John Fletcher)" 그리고 "리처드 박스터의 성도의 영원한 안식(The Saints' Everlasting Rest)"이 포함되어 있다.

에제키엘 쿠퍼 Ezekiel Cooper (1763-1847)

1798년, 쿠퍼는 디킨스의 뒤를 이어 출판부의 두 번째 편집장이 되었다. 그는 탁월한 리더십으로 감리교회 출판부를 미국에서 가장 큰 출판부로 성장시켰다. 쿠퍼는 '살아있는 백과사전'이라고 불릴 정도로 신학에 통달했으며, 매번 올바른 결정을 내렸다. 그 당시의 기록은 쿠퍼에 대해 이렇게 기록하고 있다.

"그는 이 시대 최고의 언변가 중 한 사람이다. 그가 야외 설교를 할 때, 10,000명의 사람들이 그의 심오하고 흥미로운 설교에 빠져들었다. 토론회에서는 누구도 따라올 수 없는 언변을 펼치며 토론을 했고, 말이 안 되는 주장은 결코 하지 않았다. 또한 항상 상대방을 존중하였다."

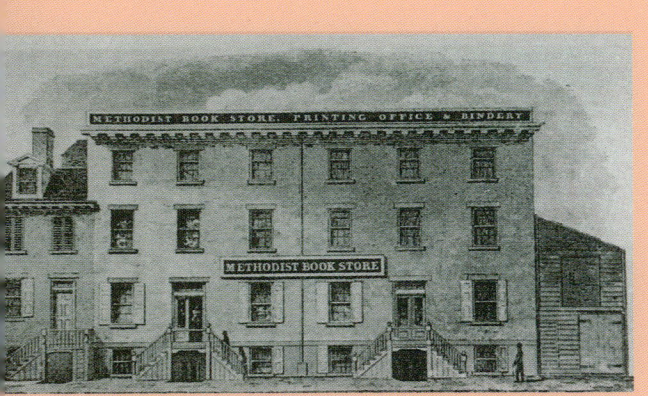

1824년 뉴욕에 세워진 감리교회 출판부 본부건물
First New York headquarters of the Methodist Book Concern

콕스베리 출판부
Cokesbury Press

콕스베리 출판부는 남부 감리교회에 소속되어 있었다. 1939년, 감리교회가 통합되자 콕스베리 출판부는 애빙던 출판부와 합병했다. 순회 설교자가 그려진 로고는 감리교회 출판부의 트레이드마크가 되었다. '콕스베리'라는 이름은 이제 감리교회 출판국이 담당하는 서점의 이름으로 사용되고 있다.

순회 설교자들은 출판물을 나누고 전하는 일에 헌신했다. 설교자들은 말 안장에 가죽 주머니를 달고 그 안에 출판물들을 가득 실었다. 그리고 순회하는 지역마다 사람들에게 출판물을 나누어 주었다. 출판부에 편지를 보내어 책을 요청하는 사람들도 있었다.

광야에 살고 있는 우리에게도 좋은 책을 보내주십시오. 보내주시는 이야기 책을 통해 진리를 알게 되고, 교훈서를 통해서는 그리스도에 대한 증거를 확신하게 됩니다. 일반 신앙 서적을 통해 복음을 깨닫기도 합니다. 우리 아이들과 이웃들의 마음을 가꿀 책을 보내주십시오. 거룩하고 행복한 천국, 그리고 이 땅을 살아가는 데에 필요한 책들을 보내주십시오.

쿠퍼의 시대를 살았던 한 사람은 감리교회 출판물이 "가을 낙엽처럼 온 땅을 덮었다"라고 표현하기도 했다.

출판부는 존 웨슬리의 설교집과 찰스 웨슬리의 찬송가, 교회의 지성을 높이기 위해 쓰여진 존 플레처(John Fletcher)의 변증서를 비롯하여 기독교를 설명하는 여러 책자들을 출판했다. 감리교회 출판부는 어느새 미국에서 가장 큰 출판사가 되었다.

선교사 협회

초기 미국 감리교회의 주요 사역은 넓은 미국 땅에 퍼져있는 영어권 사람들을 향한 것이었다. 가용할 수 있는 모든 자원들이 이 일에 사용되었고, 대신 그 외의 사역들은 제한되었다. 더 넓은 지역과 다양한 사람을 아우르는 사역을 생각하지 않았던 것은 아니었다. 감리교회를 설립하고 난 후, 토마스 코크 감독은 미국 원주민 사역에 대한 열망을 표현하기도 하였다.

"우리에게는 북 캐롤라이나 지역이 있습니다. 그곳에서 비교적 온순한 체로키(Cherokee) 인디언들을 상대로 사역할 수 있을 것입니다. 저는 하나님께서 그들에게 역사하실 것이라고 믿습니다."

1789년, 애즈베리 감독은 일기에 이렇게 기록했다.

"세네카(Seneca) 지역 인디언 추장인 콘플랜터(Cornplanter)에게 편지를 썼다. 나는 하나님께서 그들의 마음을 움직이셔서 곧 구원사역의 시작을 위한 반가운 소식을 들을 수 있을 것이라고 믿는다."

인디언들을 향한 관심에도 불구하고(남쪽 지방에 있는 미 전도지역 노예들도 포함해서) 코크와 애즈베리 감독이 사망할 때까지 감리교회는 그들을 향한 사역을 준비하지 못했다. 첫 번째 인디언 사역은 1819년에 시작되었다. 뉴욕의 사역자들이 '멀리 떨어진 지역에 새로운 사역'을 일으키기로 한 것이었다. 뉴욕의 사역자들과 성경협회는 큰 비전을 품었다.

"우리는 출신이나 피부색에 제한받지 않는다. 원주민들과 미국 남부의 스페인계 사람들, 루이지애나와 캐나다의 프랑스계 사람들과 이외의 모든 사람들에게 복음의 은혜를 전할 것이다. 선교사들의 힘이 닿는 데까지, 열정적인 헌신이 이어질 것이다."

이 새로운 협회의 협회장은 나단 뱅스, 프리번 게렛슨, 그리고 라반 클라크였다. 같은 시기, 필라델피아의 목회자들 또한 선교사역을 시작했다. 그러나 뉴욕 선교협회와 필라델피아 선교협회 모두 교단의 공식적인 협회는 아니었다. 이 두 협회는 선교사들을 새로운 지역에 파송하기 위해 재정을 모았다.

그리고 1820년, 총회는 뉴욕 선교협회와 성경협회를 맡아 운영하기로 결정했다. 감리교회의 공식 선교협회가 세워진 역사적인 날이었다. 1820년 총회에서 윌리엄 맥켄드리는 이렇게 말했다.

"우리는 지금껏 하나님의 음성에 주의를 기울이지 못했던 것 같습니다. 하나님께서는 멀리 흩어져 있는 도시와 인디언들에게 복음을 전하라는 말씀을 하고 계셨습니다. 마을과 오두막, 도시에서 기다리고 있는 수천 명의 사람들을 위해 선교사를 보내달라고 요청하는 와이언도트(Wyandotte) 인디언들과 이미 설립되어 모금을 하고 있던 선교협회 덕분에 이제야 사역에 주목하게 되었습니다."

나단 뱅스 Nathan Bangs (1778-1862)

1819년, 뱅스는 감리교회 선교협회의 지도자가 되었다. 선교사역에 대한 그의 기여는 대단했다. 1804년 성직자 임명을 받은 후, 뱅스는 6년 동안 캐나다에서 선교사로 섬겼다. 1820년에는 교회의 선교협회를 설립하는 데에 도움을 주었다. 뱅스는 감리교회 서적사업의 서적판매 외교원으로서 20년을 섬겼다. 그는 외교원으로 있으면서 "The Christian Advocate", "The Methodist Magazine", 그리고 "The Quarterly Review"를 편집했다. 또한 뱅스는 4권으로 구성된 "감리교회의 역사(History of the Methodist Episcopal Church)"를 썼다. (이 책은 1838-1841에 출판 되었다.)

뱅스는 캐나다 선교사로 섬길 때 인디언 지역에서 설교를 한 적이 있었다. 그때의 경험에 대해 그는 이렇게 기록하고 있다.

설교가 끝나자, 인디언의 우두머리가 다가와 나를 아버지라 부르며 나의 목에 팔을 둘러 껴안고 입을 맞추었다. 그리고 자신들의 지도자가 되어 달라고 요청했다. 나의 말을 순수하게 받아들이는 모습과 그들이 보여준 큰 사랑, 어린아이들과 보냈던 시간들은 그간 내가 겪었던 모든 불편함을 보상받고도 남는 것이었다. 이 이교도들이 하루 빨리 그리스도께로 돌아와 그분의 상속을 받을 수 있기를 소망한다."

라반 클라크 Laban Clark (1778-1868)

클라크는 1800년에 설교를 시작하였으며, 1801년 뉴욕에서 열렸던 총회에 참석했다. 이 총회는 그를 움직이는 계기가 되었다.

"총회에는 주로 젊은이들이 참석했는데, 그들은 모두 인생의 전성기였다. 그들을 보며 나는 생각했다. '이런 젊은이들이라면 우리는 이 세상을 차지할 수 있다.'"

1803년, 클라크은 캐나다 남부지역으로 이동하여 선교사로 섬겼다. 그는 무려 50년이 넘는 세월동안 사역을 했다. 특히 교육에 관심이 많았던 그는 웨슬리언 대학교를 포함하여 많은 감리교회 교육기관의 설립자가 되었다.

맥켄드리는 변화된 인디언들이 미국의 발전에 큰 기여를 할 일꾼들이라고 믿었다. 그리고 인디언 사역이 크게 성공할 수 있을 것이라고 확신했다. 맥켄드리는 개종한 부족 추장에게 물었다.

"이전의 삶으로 돌아가고 싶게 만드는 유혹이 있습니까?"

그러자 추장은 대답했다.

"네, 내적이며 외적인 부분에서 그렇습니다. 악한 영들이 종종 내 마음에 들어옵니다. 하지만 하나님께 기도하며 그것들을 이겨냅니다."

맥켄드리의 추진으로 인디언들을 향한 선교는 빠르게 확산되었다.

인디언들을 전도하는 일에는 몇가지 어려움이 있었다.

1) 회심한 인디언들이 동족에게 죽임을 당하는 일이 많았다.
2) 미국 연방정부가 인디언들의 땅을 교환할 때, '워싱턴에 있는 위대한 아버지(하나님)가 너희를 보호하실 것'이라고 약속한 데에서 오는 악영향이 있었다.
3) 위스키 상인들이 인디언들에게 알코올 중독을 부추기며, 선교사들은 너희의 적이라고 선동하기도 했다.
4) 많은 인디언들이 토속신앙을 믿고 있었고, 자연계가 삶의 원천이며 삶에 대한 최종적 질문의 답이라고 생각했다.

여러 가지 문제점에도 불구하고 감리교인들은 인디언 사역에서 큰 성공을 거두었다. 한 인디언 개종자는 이렇게 말했다.

"종교는 나의 코트보다 더 나를 따뜻하게 합니다. 내 코트는 해지고 구멍이 나지만, 종교는 오래될수록 좋아집니다. 더 두꺼워지고 따뜻해지며 단단해집니다. 나를 죄와 근심의 세상에서 구해줍니다."

인디언 개종자에 관한 이야기는 "감리교회 잡지(Methodist Magazine)"에도 실렸다. 이제 여러 지역에서 자체적으로 인디언 선교를 추진하기 시작했다.

설교자들은 농장의 노예들을 향한 사역도 시작했다. 일부 노예 주인들은 자신들의 노예가 농장을 떠나 교회에 가는 것을 허락해주지 않았다. 이에 순회 설교자들은 농장을 순회지에 포함시켜 말씀을 전했다. 몇몇 농장들은 말라리아 발병 지역이었다.

1829년, 남 캐롤라이나 지역의 집회는 노예사역을 전담하는 부서를 최초로 만들었다. 찰스턴(Charleston) 지역의 대표였던 윌리엄 캐이퍼스(William Capers)가 이 사역을 맡았다. 노예사역을 위한 첫 번째 선교사는 존 아너(John Honour)와 존 매시(John Massey)였다. 농장주가 이 사역을 항상 지원해주는 것은 아니었으나, 캐이퍼스와 두 선교사는 사역을 계속해 나갔다. 복음을 받은 노예들이 이전보다 말을 잘 듣고 일을 열심히 하자, 일부 노예 주인들은 선교사들을 반기기 시작했다.

남 캐롤라이나 지역의 노예들이 복음에 대해 긍정적인 반응을 보이자, 다른 지역들도 이를 본보기로 노예선교에 나섰다. 1837년에 보고된 노예선교는 10건에 불과했지만, 1840년 3명의 대표자와 7명의 전임 선교사는 150,000명이 넘는 흑인들이 회심하여 남 캐롤라이나 감리교회에 등록했음을 보고하였다. 다른 지역에서도 농장사역을 통하여 많은 회심자들이 생겨났다. 1860년, 남부 감리교회의 성도들 가운데 207,000명이 흑인이었으며, 그 외의 많은 노예들이 감리교회 모임에 참여하였다.

인디언과 흑인들 사이에서도 설교자가 세워지기 시작했다. 존 스튜어트는 오하이오의 와이언도트 부족에서 설교자와 전도자로서 활동했다. 헨리 에반스(Henry Evans)는 뛰어난 흑인 설교자 중 한 명이었다. 감리교회 감독은 에반스에 대해 "마을에서 가장 뛰어난 신앙인이다. 많은 방문자들이 그의 설교를 듣기 위해 페이엣빌(Fayetteville)에서 주일을 보낸다."라고 말했다. 그러나 안타깝게도 지역 교회는 흑인과 인디언 설교자들의 안수에 제한을 두기도 했다.

독일계 미국인 감리교회

감리교회는 인디언과 흑인에 대한 사역 뿐 아니라, 미국 내의 다른 선교사역에도 힘썼다. 그 중 하나는 독일 이민자들에 대한 사역이었다. 미국 내에는 독일인들이 정착하는 곳으로 유명한 지역이 있었다. 예를 들면, 1840년 신시내티 주민의 23%는 독일인들이었다. 세인트루이스를 비롯한 몇몇 도시에도 많은 독일인들이 거주하고 있었다. 그러나 독일 이민자들 사이에는 종교적인 분위기가 형성되어 있지 않았다.

빌헬름 나스트 Wilhelm Nast (1807-1889)

독일에서 태어난 나스트는 21살에 미국으로 건너왔다. 그는 젊은 시절부터 그리스도인으로서의 확신을 찾기 시작했다. 그동안 그는 미 육군교육기관이었던 웨스트포인트(West Point)에서 교수이자 도서관 사서로 일을 했다. 후에는 오하이오에 있는 대학에서 그리스어와 히브리어 교수로 근무했다. 1835년, 그는 만족스러운 신앙의 경험을 하게 되었다. 그리고 감리교회 사역에 함께하기 시작했다. 그의 삶의 소명은 독일 이주민들 사이에서 사역을 하는 것이었다. 그는 곧 '독일인 감리교회의 사도'로 알려졌다.

1838년, 나스트는 오하이오 총회에서 독일어 출판사를 만들자고 발언했다. "웨슬리의 교리문답서, 플레처의 탄원, 웨슬리의 설교집들을 비롯하여 독일 감리교회 정기간행물들을 가능한 한 빨리 출판할 필요가 있습니다. 이 작업은 독일인들의 구원 역사를 장려하게 될 것입니다."

일부 사람들은 '그 신앙 없는 외국인들'에게 아무 일도 일어나지 않을 것이라고 주장했다. 그러나 그 회의에서 나스트는 "기독교 옹호자(Christian Apologist)"의 편집장으로 임명되었다. 미국에서 출판된 독일 감리교회의 공식 간행물이었던 "기독교 옹호자(Der Christliche Apologete)"의 편집장(1839-1889)으로서 섬겼던 것은 나스트의 사역들 중 가장 중요한 것으로 기억되고 있다.

미국에 거주하는 독일인들 가운데는 독일에서 교회를 다녔음에도 그리스도를 만나지 못한 사람들이 많았다. 그들은 종교를 중요하게 여기지 않았다. 19세기 당시의 독일은 이성주의와 종교적 회의감이 팽배한 분위기였다. 많은 이민자들이 세속적인 철학을 가지고 미국으로 들어왔다. 감리교회는 독일계 미국인들이 봉착한 이 '영적 암흑'과 전쟁을 치르기로 결정했다.

그러나 감리교회 예배에 참석하고자 했던 독일인들은 영어를 알아듣지 못하는 사람들이 대다수였다. 이에 감리교회는 이민자들의 영적인 필요를 채워주어야 한다고 판단하여 독일어를 구사할 수 있는 설교자들을 모집하였고, 다른 설교자들에게도 독일어를 배울 것을 독려하였다. 1835년, 오하이오 집회는 독일계 미국인들을 위해서 100달러의 기금을 마련했다. 또 감독은 '신시내티 주위에 거주하는 독일인들을 위한 선교사'를 임명했다. 그의 이름은 빌헬름 나스트(Wilhelm Nast)였다.

나스트는 정식 교육을 받은 사람으로, 에너지가 넘치며 두려움을 모르는 사역자였다. 그의 사역이 처음부터 열매를 맺은 것은 아니었다. 그는 다음과 같이 말했다.

"독일인들은 말씀을 듣고 곧 기쁨으로 받아들이는 사람들이 아니다. 그들은 완전히 마음을 정할 때까지 복음의 일에 손을 대지 않을 것이다."

독일인들이 교회에 참석하도록 설득하는 것은 쉬운 일이 아니었다. 이에 나스트는 가정이나 학교 같이 사람들이 모여 있는 곳을 찾아가 설교했다.

나스트의 사역을 방해하는 이들은 노골적이었으며 무례했다. 청중들 중에는 썩은 달걀이나 반쯤 씹은 담뱃잎을 던지는 사람들도 있었다. 한번은 술에 취한 사람이 그가 말씀을 전하고 있는 집으로 돼지와 소를 끌고 오기도 했다. 예배 중에 닭을 데려와 소란을 피우는 사람도 있었으며, 그가 설교하는 동안 뒤로 숨어들어와 그의 외투자락을 가위로 자르는 사람도 있었다. 나스트가 설교하는 도중에 무례한 태도로 나가버리는 사람도 있었다. 나스트는 신시내티에서 비참한 비웃음거리였다.

그렇게 일 년 정도 지났을 때, 나스트의 곁에는 3명의 회심자를 포함하여 12명의 사람들이 있었다. 그는 고집스럽게 집집마다 방문하며 사람들에게 종교에 관한 이야기를 들려주고자 노력했다. 나스트의 초기 사역 때 회심한 사람 중 한 명인 에두아르트 호흐(Eduard Hoch)는 그의 보디가드가 되어 술 취하거나 폭력적인 사람들로부터 나스트를 보호했다. 다른 회심자인 존 츠벨렌(John Zwehlen)은 서부 버지니아의 휠링(Wheeling) 지역에 세계 최초의 독일인 감리교회를 세우는 데 앞장섰다. 나스트는 비누를 만드는 일을 했던 아일랜드인 제임스 갬블(James Gamble)과 친하게 지냈는데, 그는 후에 미국 감리교회에 재정적인 후원을 하는 사람이 되었다. 나스트를 통해 회심한 많은 사람들은 감리교회의 기둥과 같은 인물로 성장했다. 나스트의 사역은 켄터키, 일리노이, 위스콘신, 아이오와, 미주리 그리고 펜실베이니아로 확장되었다.

방문 선교의 또 다른 주요 지역은 텍사스였다. 신시내티에서 열린 1836년 총회 도중, 샘 휴스턴(Sam Houston) 장군의 군대가 샌재신토(San Jacinto)에서 산타 안나(Santa Anna)의 멕시코 군대를 이겼다는 소식이 전해졌다. 이에 총회는 텍사스 지역에 선교사를 파송하기로 했다. 당시 텍사스는 독립된 자치국가였다.(1836-1845) 따라서 텍사스는 '해외 선교지'로 분류되었다. 미국 감리교회의 교육 수준을 끌어올리는 데에 큰 역할을 했던 마르틴 루터(Martin Ruter)가 텍사스 선교에 지원했다. 루터와 함께 미시시피 지역의 로버트 알렉산더(Robert Alexander)와 테네시 지역의 리틀턴 파울러(Littleton Fowler)가 텍사스로 향했다. 감리교회가 텍사스 선교를 시작한지 10년 만에 지역집회를 만들 정도로 그 사역이 성장하였으며 또 부흥했다.

해외 선교

1833년, 감리교회의 첫 번째 해외선교협회가 설립되었다. 그 해에 감독은 멜빌 콕스(Melvill Cox)를 아프리카 대륙에 선교사로 파송했다. 콕스는 결핵을 앓고 있었기 때문에 자신에게 남은 날이 길지 않다는 것을 알고 있었다. 콕스의 지인은 그에게 아프리카에 관을 함께 가져가라고 조언했다. 또 한 친구는 "하나님 나라에 가려고 하느냐"며 경고하기도 했다. 그러나 콕스는 이렇게 대답했다.

"감독제도는 나를 라이베리아(Liberia)로 보낼 것을 결정했다. 나는 나의 길을 갈 것이다. 나는 내게 주어진 사명을 감당할 수 있는 몸과 영혼을 허락해달라고 기도했다. 하나님께서 나와 함께 하실 것이다. 머뭇거림이나 두려움 따위는 없다. 하나님이 함께 하신다면 죽음의 아프리카도 나에게는 안식처와 같다."

콕스의 짧았던 라이베리아의 사역기간 동안 자신의 삶과 복음의 증거를 통해 많은 영혼들을 그리스도께로 이끌었다. 그는 아프리카 첫 번째 야외전도집회를 조직하고 설교했다. 또한 주일학교를 세우고, 그를 따르는 사람들에게 복음을 전했다.

콕스의 뒤를 이은 선교사는 앤 윌킨스였다. 그녀는 17살의 나이에 결혼을 하였으나 곧 남편에게 버림을 받았다. 그녀는 남은 인생을 하나님을 위해 살기로 결정했다. 1836년, 뉴

멜빌 베버리지 콕스
Melville Beveridge Cox
(1799-1833)

콕스는 감리교회 선교협회에서 파송한 첫 번째 해외 선교사였다. 라이베리아로 떠나기 전, 그는 자신이 죽을병에 걸렸다는 것을 알고 있었다.

그는 자신의 묘비명에 "아프리카가 포기되기 전까지 수천의 사람들이 오게 하소서."라고 적도록 했다. 1832년, 라이베리아에 도착한 콕스는 곧 그곳에 감리교회 사역본부를 세웠다. 그리고 짧은 사역활동 후, 33세의 나이로 생을 마감했다.

한 감리교회 선교역사학자는 콕스의 헌신에 대해 다음과 같이 기록했다.
"그는 선교의 가치를 드높였으며, 두려움 없이 마지막까지 힘을 다해 자신을 내어주는 모습으로 수천 명의 사람들에게 감명을 주었다."

앤 그린 윌킨스
Ann Green Wilkins
(1806-1857)

윌킨스 부인은 감리교회 선교협회에서 파송한 최초의 여성 선교사였다.

그녀는 1836년에서 1857년까지 아프리카 라이베리아에서 섬겼다. 갑작스런 병과 죽음으로 어려움을 겪는 선교사들이 많지만, 그녀는 비교적 긴 기간 동안 사역을 하였다. 윌킨스 부인은 아프리카 선교 사역의 역사에 위대한 발자취를 남긴 인물이다.

욕 싱싱(Sing Sing) 지역 근처의 야외전도집회에 참여했던 윌킨스는 설교자였던 나단 뱅스에게 쪽지를 써서 보냈다. 당시 뱅스는 선교협회의 서기로 일하고 있었다. 그녀는 쪽지에 자신의 일이 아닌 것처럼 이렇게 적었다.

"한 자매가 자기가 가진 돈을 헌금하고, 필요하다면 여자 교사로 섬기고 싶다고 합니다."

협회는 곧 윌킨스를 선교사로 임명했다. 그리고 그녀는 1837년, 라이베리아로 갔다. 윌킨스는 미국 감리교회의 첫 번째 해외 여성 선교사였다(선교사의 부인을 제외하면 그렇다). 윌킨스의 사역에 큰 은사와 은혜가 함께 하였고, 그녀는 크게 성공한 선교사가 되었다. 윌킨스의 수많은 공헌 중 하나는 밀스버그 여성 아카데미(Millsburg Female Academy)를 세운 것이었다. 이는 감리교회가 외국에 세운 최초의 여학교였다.

1834년, 감리교회 선교협회는 남미지역에 선교사를 파송하기로 결정했다. 협회는 이 사역의 개척자로 내슈빌에 있는 맥켄드리 감리교회의 목사 폰테인 피츠(Fountain E. Pitts)를 임명했다. 피츠는 1835년, 브라질에 도착하여 2주간 리우데자네이루(Rio de Janeiro)에서 사역하며 감리교회 속회모임을 만들었다. 우루과이 몬테비데오(Montevideo)에서 또 다른 감리교회 조직을 만들기도 했다. 피츠는 이후 부에노스아이레스(Buenos Aires)로 옮겨갔다. 그곳은 정부의 허락을 받아야 설교를 할 수 있는 곳이었다. 그는 앤드루 잭슨(Andrew Jackson) 대통령과 헨리 클레이(Henry Clay) 의원에게 받았던 추천장을 가져갔다. 마침내 피츠는 설교할 수 있다는 허락을 받았다. 복음을 원하는 많은 사람들이 그의 설교를 듣기 위해 모이기 시작했다.

피츠는 선교협회에 장기 선교사를 요청했다. 이에 엘리야 헤딩 감독은 1836년, 저스틴 스폴딩(Justin Spaulding)을 파송했다. 스폴

저드슨 드와이트 콜린스 Judson Dwight Collins
(1823-1852)

콜린스는 중국에 파송된 최초의 감리교회 선교사였다. 그는 독실한 기독교 가정에서 자라났으며, 그의 8형제 중 4명이 기독교 선교사로 성장했다. 1841년, 콜린스는 미시건 대학교에 입학했다. 졸업 후에는 설립된 지 얼마 안 된 여학교 앨비언 칼리지(Albion College)의 자연과학과 윤리학 교수가 되었다. 그는 중국선교사로 강한 부르심을 느꼈지만, 감독은 중국에는 교회사역이 없었을 뿐더러 새로 사역을 시작하기에는 재정이 부족하다는 이유로 이를 반대하였다. 콜린스는 이렇게 대답했다.

"내게 배의 돛대 앞에 자리 하나만 주십시오. 강한 팔이 나를 중국으로 데려갈 것이고 도착한 후에도 나를 지지할겁니다. 하나님이 부르고 계십니다. 저는 가야만 합니다." 1847년, 그에게 길이 열렸다.

딩은 부에노스아이레스에 도착한 후, 곧 존 뎀스터와 함께 사역을 시작했다. 뎀스터는 훗날 미국 신학교육의 지도자가 되었던 사람이었다. 뎀스터는 부에노스아이레스에서 저명인사들을 비롯한 많은 주민들과 대화하며 남미 선교에 대해 큰 감명을 받았다. 짧은 기간 동안 브라질의 감리교회는 교회와 학교를 세워나갔다.

루트비히 지기스문트 야코비 Ludwig Sigismund Jacoby (1813-1874)

독일 이주민이었던 야코비는 신시내티에서 빌헬름 나스트의 설교를 듣고 회심했다. 그 후, 독일계 감리교인들 사이에서 열심히 활동하던 야코비는 결국 세인트루이스의 감리교회 독일인 공동체에서 총감독자로서 섬기게 되었다. 1849년, 그는 독일에서 감리교회를 전하라는 부르심을 받았다. 야코비는 그곳에서 출판사와 신학교를 조직했다. 또한 독일 감리교회에서 총감독자로 섬기며 감리교회의 전파를 감독하였다.

헨리 게르하르트 아펜젤러 Henry Gerhard Appenzeller (1858-1902)

1886년, 아펜젤러는 한국으로 건너가 학교를 설립했다. 또한 한국 최초의 감리교회를 세웠다. 그는 총감독자로서 한국의 이곳 저곳을 돌아다녔으며, 사람들의 사랑을 받았다. 아펜젤러는 한국어 성경을 만든 번역사업의 멤버이기도 했다. 또한 그는 여러 가지 책을 쓰고 번역하며 감리교회 출판사를 세우는 데에 도움을 주었다. 그는 매주 출판되는 "Korean Christian Advocate(한국크리스쳔옹호)"와 매달 출판되는 "Korean Repository(한국의 보고)"를 편집하고 출판했다.

아펜젤러의 자녀들 가운데 세 명은 한국의 선교사가 되어 총 68년의 세월동안 한국을 섬겼다. 그의 딸 중 한 명(한국에서 출생한 최초의 미국인)은 한국에서 최초이자 세계에서 가장 큰 여자 대학교인 이화여자대학교의 학장으로 오랜 기간을 섬겼다.

윌리엄 버틀러 William Butler (1818-1899)

버틀러가 매사추세츠의 린(Lynn)에서 목사로 활동하고 있을 때, 매튜 심슨 감독이 그를 인도로 파송했다. 1857년에 인도에 도착한 버틀러와 그의 가족은 3년 만에 9개의 주요지역에 선교본부를 세웠다. 이후 버틀러는 미국으로 돌아와 다시 목회를 시작했다. 그때 심슨 감독이 다시 한 번 멕시코에서 감리교회 선교개척자가 되어달라고 부탁했다. 버틀러는 1873년, 멕시코에 도착하여 주요지역에 선교본부를 설립했다. 그는 그곳에서 매우 뛰어난 리더십을 보여주었다. 버틀러는 천주교를 비난하는 개신교 선교사들을 권면하기도 했다. 시온 헤럴드(Zion's Herald)는 그에 대해 이렇게 기록했다.

"그는 어떤 곳에서도 자기의 집과 같은 편안함을 느낄 정도로 해외선교에 익숙한 사람이다. 그의 대표기도는 마치 모세가 하나님과 대면하여 말하는 것과 같아 보였다. 목사와 부흥회 설교자로서 그를 따라올 사람이 없을 것이다. 그는 사도와 같은 경건함을 갖고 있었다."

버틀러는 뉴욕의 선교 본부와 행정적인 문제에서 갈등을 겪은 후, 미국으로 돌아왔다. 그리고 다시 목회를 시작하여 프리드먼 자선협회(Freedman's Aid Society)에서 왕성한 활동을 펼쳤다. 와스콤 피케트(J. Wascom Pickett) 감독은 버틀러에 대해 이렇게 말했다.

"그의 주변 사람들은 물론 역사학자들도 확인했듯이, 그는 행정적으로는 부족한 면이 있었으나 위대한 희생을 보여주었던 현명하고 헌신적인 선교사였다. 그는 통찰력과 예민함을 바탕으로 인도와 멕시코의 사람들의 필요를 채워주었다."

제임스 밀즈 쏘번 James Mills Thoburn (1836-1922)

1859년, 쏘번 선교사는 인도에서 매우 영향력 있는 감리교회 지도자가 되었다. 그는 "인도의 증인들(The Indian Witness)"의 최초 편집장이 되었고, 그 잡지를 통하여 인도선교의 지원을 독려했다. 1864년 감리교회 총회에서 쏘번의 선교열정은 큰 인상을 남겼다. 이윽고 교회는 그를 말레이시아와 인도의 첫 번째 감독으로 임명했다. 쏘번은 "미국인들의 가슴에 인도를 심었다"라고 평가되고 있다. 쏘번의 여자형제 이사벨라(Isabella)는 감리교회의 여성 선교협회에서 임명한 최초의 선교사이기도 했다.

찰스 테일러 Charles Taylor (1819-1897)

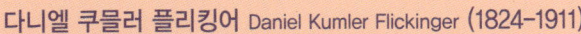

테일러는 남부 감리교회의 첫 번째 해외 선교사였다. 그는 뉴욕대학교를 수석으로 졸업한 인재였다. 대학을 졸업한 후, 그는 고대 언어를 가르치기도 했다. 1848년, 테일러는 필라델피아 의과대학에서 박사학위를 취득했다. 그리고 그 해, 중국 상하이로 의료선교를 떠났다. 그는 중국에 머물며 "복음의 조화(Harmony of the Gospels)"를 비롯하여 많은 종교적 책들을 중국어로 제작했다. 미국으로 돌아온 후, 그는 스파튼버그(Spartanburg) 여자대학교에서 학장으로 섬겼으며, 남부 감리교회에서 주일학교 총무의 직분을 맡기도 했다. 또 켄터키 총회에 참여하여 켄터키 웨슬리언 칼리지의 학장이 되었다. 그의 선교적인 관심은 죽는 순간까지도 계속되었다.

다니엘 쿠믈러 플리킹어 Daniel Kumler Flickinger (1824-1911)

연합형제교회의 사역자였던 플리킹어는 1855년 가나에서 연합형제교회 선교를 개척하여 40년 동안 가나를 섬겼다. 그는 "선교 방문객(Missionary Visitor)"이라는 잡지를 만들어 20년 동안 출판을 담당했다. 또한 "에티오피아(Ethiopia)", "서아프리카에서의 26년 동안의 선교생활(Twenty-six Years of Missionary Life in Western Africa)", "선교사의 일(Our Missionary Work)", "55년 동안의 복음사역(Fifty-five Years in the Gospel Ministry)" 등 선교에 관한 많은 책을 쓰기도 했다. 아프리카 사람들은 그를 '큰 마음을 가진 작은 남자'라고 불렀다. 그리고 '연합형제교회 선교의 아버지'라는 명성을 얻었다.

아서 제임스 무어 감독 Bishop Arthur James Moore (1888-1974)

능력있는 전도자였던 무어 감독은 오랜 기간 동안 감리교회 선교회의 총장으로 섬겼다. 1937년, 그는 모든 나라에 제자를 만들라는 그리스도의 명령을 다시 선포하는 '감독의 십자군(Bishop's Crusade)'을 이끌었다. 이 운동으로 인해 7백만 달러나 되었던 선교회의 빚을 모두 갚기도 했다. 그는 1974년에 사망할 때까지 선교정신을 일깨우는 일에 힘썼다.

무어 감독은 이런 말을 남겼다.

"기독교는 선교를 위한 종교이다. 세상을 바라보는 관점들과 선교의 열정을 빼앗는 것은 기독교에서 기독교다움을 없애는 것이다. 기독교는 용감한 개척자들, 성도들, 사역자들이 세계를 품고 그리스도를 따라 십자가의 위험한 길을 기꺼이 가려고 할 때, 진정 살아있게 되며 널리 전파될 것이다."

이렇게 성장해나가던 브라질 사역은 심각한 반전을 맞게 되었다. 1842년, 미국이 잠시 경기침체를 겪는 동안 선교협회는 남미 선교에 대한 지원을 중단했다. 마침 브라질 선교에는 재정적 지원이 절실한 상황이었다. 브라질은 당시 감리교회가 전했던 것과 같은 강한 복음의 선포가 필요했다. 다행히 선교협회의 재정상황은 곧 나아지게 되었고 재정지원 중단도 철회되었다.

감리교회의 해외 선교는 나날이 성장하여, 5개 대륙에 선교사를 파송하게 되었다. 아시아는 이제 이러한 선교 사업의 새로운 도전지역이었다. 1847년 선교협회는 젊은 설교자들 중 저드슨 드와이트 콜린스를 중국으로 파송했다. 콜린스는 그의 아내와 동료인 모제스 화이트(Moses White)와 함께 3개의 학교를 세우고, 성경을 중국어로 번역하는 일에 힘썼다. 중국 선교 1년 만에 콜린스의 아내가 숨을 거두었다. 콜린스 또한 건강이 나빠지자, 의사는 미국으로 돌아갈 것을 권유했다. 그는 결국 29살의 나이로 세상을 떠났다. 콜린스는 아시아 지역에 감리교회의 위대한 유산을 전하는 사역을 성공적으로 감당한 인물이다.

빌헬름 나스트를 통해 회심을 경험하였던 루트비히 야코비(Ludwig S. Jacoby)는 1849년, 독일에서 감리교회 사역을 시작했다. 1873년에는 로버트 매클레이(Robert S. Maclay)가 일본에 감리교회를 알렸다. 또 1885년, 헨리 아펜젤러(Henry G. Appenzeller)는 감리교회가 한국에 뿌리를 내릴 수 있도록 도왔다. 윌리엄 버틀러(William Butler)의 헌신으로 감리교회가 인도와 멕시코에 전파되기도 했다. 1879년에는 제임스 쏘번(James M. Thoburn)이 버마(현재는 미얀마)에 감리교회를 전파했다. 또 1899년, 감리교인들은 필리핀에서 사역을 시작했다.

미국 남부 감리교회는 1848년에 해외선교를 시작했다. 그들은 찰스 테일러(Charles Taylor)를 중국으로 파송했다. 얼마 후, 연합형제교회(Church of United Brethren)도 아프리카로 선교사를 파송했다. 감리교회 선교의 끊이지 않는 이야기는 용기와 비전, 희생의 드라마로 남아있다. 선교사를 파송한 교회들을 나열하자면 끝이 없다. 또한 수많은 선교사들이 감리교회를 세계에 세우는 일을 도왔다.

19세기부터 20세기 초반까지, 감리교회 선교는 크게 성장하였다. 미국 감리교회는 매년 선교대회를 열어 많은 선교사들을 초대하고 말씀을 전하도록 했다. 그들의 감명 깊은 설교를 통해 일부 성도들은 선교의 열정을 품고 선교사에 지원하기도 했다. 각 가정은 선교사의 사진을 걸어두고 아침식사 때마다 그들의 사역을 위해 기도했다. 여전도회는 음식과 옷들을 모아 선교사들에게 보냈고, 아이들은 1센트씩 저축하여 '선교주일'에 헌금으로 냈다. 선교사들을 위한 기도는 감리교회의 문화가 되었다.

20세기 후반, 감리교 선교의 열정이 흔들리기 시작했다. 사회적 활동이 대부분의 복음을 전파하는 일을 대신해버렸고, 다른 종교를 가진 사람을 기독교로 변화시키는 것에 대한 정당성에 대해 의심을 가지는 사람들도 생겨났다. 많은 수의 감리교 선교사들은 독립적인 선교 단체를 통해 일하기 시작했다.

해외 선교사들은 고통과 환희라는 상반된 감정을 경험했다. 풍토병에 시달리고, 입에 맞지 않고 부족한 음식들과 낯선 문화 속에서 고생하기 일쑤였다. 일부 선교사들은 순교하기도 했고, 아이들을 멀리 있는 학교로 보내야 하기도 했다. 앤 윌킨스는 라이베리아에서 여학생들을 모집하는 일이 매우 어렵다는 것을 알게 되었다.

"가장 큰 어려움은 아이들이 어렸을 때나 심지어 태어나기도 전에 누군가의 아내로 결정된다는 것이다."

또한 선교사들은 부족한 재정지원으로 인해 최소한의 필요도 채우지 못했다. 멜빌 콕스는 엄마에게 편지하며 아래와 같이 적었다.

탁자, 촛대, 컵과 컵받침, 차 한 봉지, 쌀 조금, 고등어 몇 마리를 샀습니다. 티스푼이랑 잠을 잘 간이침대도 빌렸습니다. 하루 세끼 밥을 먹고 있습니다. 맛있어요. 여기에도 고기가 있지만 너무 비싸서 그런 것들을 즐길 수는 없습니다.

이러한 고난 속에서도 선교사들은 훌륭하게 사역을 성공시켰다. 아프리카에서 사역했던 조지 브라운(George S. Brown) 선교사는 자신을 파송한 목회자에게 편지를 보냈다.

"와서 관목나무가 불타는 것을 보셔야 합니다. 와서 사막에 꽃이 피는 것을 보셔야 합니다. 와서 하나님이 불신자들을 변화시키는 것을 보셔야 합니다."

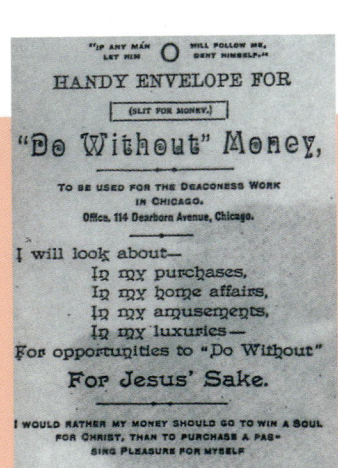

Do-without Band Collection Envelope

없이 지내기 운동 The Do-without Band

19세기의 미국 감리교회 여성들은 'Do-without Band(없이 지내기 모임)'에 참여하여 선교를 도왔다. 이 조직은 회비가 없었으며, "예수님을 위해, 필요한 것 없이도 잘 생활하도록 노력하자"라는 의견에 동의하는 감리교회 여성들의 모임이었다. 예를 들어, 그들은 돈을 모으기 위해 자신들의 차에서 설탕을 빼고, 다림질을 할 때 풀을 먹이지 않았다. 여성들은 이 '없이 지내기 운동'을 통해 모은 돈을 감리교회 선교협회에 헌금하였다.

선교사들은 존 웨슬리를 본받았다.

"육신에는 즐거운 일이 아닙니다. 천국이 있다는 것을 믿지 않았더라면 저는 이 일을 하지 않았을 것입니다."

존 웨슬리는 '복음의 일반적인 확장(The General Spread of the Gospel)'이라는 제목의 설교에서 감리교회의 성장을 칭찬했다. 그리고 선교정신의 필요성을 언급했다.

옥스퍼드에서부터 이 작은 누룩이 점점 넓게 퍼져 나갔습니다. 우리는 예수 그리스도 안에 있는 진리와 그 사랑을 받은 자들을 보았습니다. '예수의 피로 인한 죄의 용서와 구원'을 계속해서 발견하고 있습니다. 그들의 영혼은 다시 태어나고 정의와 평화와 성령의 기쁨으로 채워지고 있습니다. 그리고 온 땅으로 퍼져나가 한 명이 천 명이 되었습니다. 또 영국 북쪽과 아일랜드로 퍼져나갔습니다. 몇 년 후에는 뉴욕, 펜실베이니아를 비롯하여 미국 전역으로 확대되었습니다. 이런 '겨자씨'는 '모든 씨앗 중에서 가장 작은 씨앗'이었지만, 몇 년이 지난 후 '수많은 가지를 가진 큰 나무'로 변했습니다. 아직도 밖에는 우리가 가보지 못한 이교도의 나라가 많이 있습니다. 무역도 복음도 들어가지 못한 나라들입니다. 지금 그들을 위해 무엇을 해야 합니까? 듣지 못한 것을 어떻게 믿고, 전하는 자 없이 어떻게 들을 수 있겠습니까?'

미국 감리교회는 하나님의 지상명령을 가지고 신실하게 헌신했던 초대 선교사들에게 큰 빚을 지고 있다는 사실을 인지하고 있다. 그들은 일생을 통해 모든 것을 견뎌내며 초대 선교사들의 뒤를 이었다.

찰스 웨슬리는 자기 자신을 희생하며 섬겼던 사람들이 받을 영원한 상급에 대해 다음과 같은 찬송을 남겼다.

하나님의 종이여, 잘하였도다!
너의 영광스런 전투는 끝났다.
이미 이긴 싸움, 이미 이긴 경주
그리고 너는 면류관을 받겠노라
높이 앉은 성인들과 함께
너의 주께서 선포하시리라
구원하심이 어린양에게 있도다!

오, 즐거운 영혼이여! 환희의 찬양을,
영원 같던 시간을 지나
구주의 얼굴을 보네.
저 땅의 고통으로부터 떠나
아! 우리는 언제 올라갈까?
예수님의 임재하심과 함께
세세토록 통치할까?

감리교회의 선교드라마는 그리스도의 명령에 순종하여 세상으로 나가 제자를 삼았던 사람들에 대한 이야기를 담고 있다. 기도하고 헌신하며, 고통을 받았던 많은 사람들은 안타깝게도 자신들의 열매를 생전에 다 보지 못했다. 오늘날 우리는 땅의 보물보다 하늘의 보물을 위해 살았던 증인들의 열매에 둘러싸여 있다. 그들은 영원한 기쁨을 위하여 십자가를 참아내고 부끄러움을 개의치 않았으며, 하나님 우편에 앉아계신 예수님만을 바라보았다.

저자에 관하여

　케니스 케인 킹혼(Kenneth Cain Kinghorn)은 애즈베리 신학교(Asbury Theological Seminary)에서 43년이 넘게 감리교 역사를 가르쳐왔다. 현재 은퇴한 교회사 명예교수이지만 계속해서 감리교의 역사를 가르치는 일을 하고 있다. 그는 애즈베리 신학교에서 목회학 석사(M.Div.)과정을 마쳤고, 에모리 대학교(Emory University)에서 박사학위를 취득했다. 그 후 컬럼비아 대학교(Columbia University)와 케임브리지 대학교(University of Cambridge)에서 박사후 과정까지 밟았다. 케니스는 신학교에서 가르치는 것뿐만 아니라, 지역교회와 컨퍼런스에서도 자주 강연을 해왔으며, 영국, 일본, 한국, 이스라엘 등 수많은 나라에서 강연초청을 받아 사역하고 있다.

　케니스와 그의 아내 힐다(Hilda)에게는 네 명의 자녀들이 있으며, 그들 모두 기독교 사역에 각자의 방식으로 참여하고 있다. 케니스는 총 19권의 책을 발간하였으며, 그 가운데 몇 권은 일본어, 러시아어, 스페인어, 스웨덴어, 에스토니아어로 번역되었다. 그는 존과 찰스 웨슬리의 초상화나 판화들을 수집하는 것을 좋아한다. 그의 취미는 영국을 비롯하여 여러 나라의 성당들이나 교회들을 방문하고, 정원을 관리하며, 나무공예와 클래식 음악을 감상하는 것이다.